S. FISCHER

Malte Fuhrmann

Konstantinopel – Istanbul

Stadt der Sultane und Rebellen

S. FISCHER

MIX
Papier aus verantwortungsvollen Quellen
FSC
www.fsc.org
FSC® C014496

Erschienen bei S. FISCHER

Satz: Pinkuin Satz und Datentechnik, Berlin
Druck und Bindung: GGP Media GmbH, Pößneck
Printed in Germany
ISBN 978-3-10-397262-7

Inhalt

Einführung

Am Abend des 15. Juni 2013 gegen 21 Uhr wurde der Gezi-Park am Taksim-Platz in Istanbul durch die Polizei gewaltsam geräumt. Vierzehn Tage lang war er von einer großen spontanen Volksbewegung besetzt gewesen. An diesem Samstagabend war der Park besonders dicht gefüllt. Niemand hatte mit einer Räumung am Wochenende gerechnet. Ich war an dem Tag in einem abgelegenen Stadtteil unterwegs. Von der Räumung erfuhr ich erst, als ich im Bus zurück eine junge Frau am Telefon zu ihrer Mutter sagen hörte, sie könne heute nicht nach Hause kommen. In der Hand hielt sie eine Zitrone – ein oft benutztes Mittel zur Behandlung von durch Tränengas gereizten Augen. Schließlich bekam der Busfahrer die Weisung, uns ohne Stopp im großen Bogen um den Taksim-Platz herumzufahren. Wir wurden erst drei Kilometer hinter dem Platz herausgelassen. Zu Fuß strömten die Menschen in Richtung Gezi-Park. Als wir die Gegend erreichten, war der Park bereits geräumt, aber auf der Cumhuriyet Caddesi, einer sehr breiten Allee, die auf den Park zuführt, befanden sich Zehntausende, wenn nicht Hunderttausende von Menschen. Die meisten schienen spontan und unvorbereitet zur Rettung des Parks herbeigeeilt zu sein. Ich erinnere mich an eine Frau in Abendkleid und Stöckelschuhen, die als Teil einer Menschenkette Pflastersteine für den Bau einer Barrikade weiterreichte. Trotz der Menschenmassen war die Räumung der Allee nur eine Frage der Zeit. Immer wieder schoss die Polizei Tränengas in die Menge, gegen das nur wenige mit Atemmasken geschützt waren. Die wenigsten der dort versammelten Menschen hatten Erfahrung im Straßenkampf, so dass sie vor den übermüdeten und daher aggressiven und gewaltbereiten Polizisten ohne größeren Widerstand zurückwichen.

Tief in der Nacht, nach mehreren Stunden, in denen sich Tränengaseinsätze, Zurückweichen, Barrikadenbau und erneutes Zurückweichen abwechselten, verstreute sich die Menge. Müde und verschwitzt, die Augen vom Tränengas gereizt, beschloss auch ich, in meine nahegelegene Wohnung zu gehen. Trotz der Erschöpfung, der Wut über die Polizeibrutalität und der Sorge um Freundinnen und Freunde in anderen Stadtteilen, die ich wegen der polizeilichen Straßensperren nicht erreichen konnte, hatte ich erstaunlicherweise ein gutes Gefühl. Es war das Gefühl, mit mir, meinen Mitmenschen und der Stadt um mich herum im Reinen zu sein. Es ist eine eigenartige Stimmung, die schwer zu beschreiben ist und die wohl nur in historisch bedeutenden Momenten klar hervortritt. Hier hatten Menschen kreativ, solidarisch und verantwortungsvoll gehandelt und so ihr »Recht auf Stadt« ausgelebt.

Das »Recht auf Stadt« wurde am deutlichsten von Henri Lefebvre in seinem 1968 erschienenen gleichnamigen Buch formuliert. Demnach ist die Stadt mehr als lediglich eine Reservatenkammer an Arbeitskräften, die nach getanem Werk ihre Bedürfnisse durch Massenkonsum befriedigen und ansonsten in schlichten Großwohnanlagen weggeschlossen werden. Stattdessen schwebte Lefebvre die Vision einer Stadt als gelebte Utopie vor, als Ort der Vielfalt, des Austausches und des gemeinsamen Feierns. Der Mehrwert, der dadurch entsteht, dass die Stadtbewohner sich auf unterschiedliche Aufgaben spezialisieren, sollte allen als öffentliches Gut zur Verfügung stehen. Dies meinte Lefebvre nicht nur im Sinne von Geld: Vor allem sollten die kulturelle und intellektuelle Produktion, die soziale Infrastruktur und insbesondere der städtische Raum allen im gleichen Maß zur Verfügung stehen.[1] Ein solches utopisches Fest, bei dem Kreativität, Ressourcen und Aufgaben freigiebig geteilt wurden, hatten die Bewohner Istanbuls im Gezi-Park gerade hinter sich.

Doch nicht nur mit den heutigen Menschen Istanbuls – und mit seinen zahlreichen Straßenkatzen und -hunden, die bei der Verarztung nach den Tränengaseinsätzen nicht vergessen wurden – fühlte ich mich verbunden. Auf eine seltsame Weise fühlte ich mich auch mit dem Geist dieser Stadt im Reinen. Mark Mazower hat in seinem Buch *Salonica* Thessaloniki als »Stadt der Geister« bezeichnet, als Stadt, in der es bis heute spukt. So sei in den 1930er Jahren der Geist des islamischen Heiligen Musa Baba gesehen worden, wie er in der Nähe seines Grabes in der Oberstadt umherwandert. Noch heute träumen Menschen dort von Kellern voller Janitscharen oder byzantinischen Nekropolen, die unter ihren Häusern liegen. Gerüchte über versteckte Schätze der deportierten Juden oder Geister in den verfallenen Villen am Meer halten sich hartnäckig. Denn die deutschen Besatzer (1941–1944) und der griechische Nationalstaat seit 1913 hatten die multikulturelle Geschichte der Stadt auslöschen wollen und dazu die muslimischen und jüdischen Friedhöfe, die Derwischkonvente und die Synagogen zerstört. Durch den Spuk, so Mazower, kommt zum Ausdruck, dass das Gedenken an die Toten vergangener Jahrhunderte in der heutigen Stadt keinen Ort mehr findet, jedoch ebenso wenig dem Vergessen anheimfällt.[2]

Mit Istanbul verhält es sich anders. Im Jahr 2014 spürte der Filmemacher Ben Hopkins in einem experimentellen Dokumentarfilm den Geistern Istanbuls, der langen Vergangenheit der Stadt, nach. Er durchstreifte mit seinem Kamerateam die Straßen und fand zahlreiche Hinweise auf frühere Zeiten.[3] Zwar wurde durch Fortschrittsglauben, kurzsichtiges Profitstreben, einseitige Erinnerungspolitik und Vernachlässigung sehr viel der alten städtischen Substanz zerstört. Sowohl das Gedächtnis der Menschen weit über die Stadtgrenzen hinaus als auch die zahlreichen Bibliotheken, die Straßen und vor allem der Istanbuler Boden sind jedoch so gesättigt mit Überresten aus der Vergangenheit, dass ihre Geister stets Gehör und einen Ort finden werden. Neben den großen, spektakulären Moscheen, Kirchen und Palästen sind es vor allem die unscheinbaren, kleinen Orte, an denen dies möglich erscheint. So folgte ich vor ein paar Jahren einigen Jugendlichen durch eine einfache Tür, hinter der es abwärts ging, bis wir mehrere Stockwerke unterhalb der Straßen ankamen. Dort spazierten wir durch die gewaltigen Bögen des Verlieses, in das der oströmische Kaiser Alexios I. Komnenos einst den unbotmäßigen General Michael Anemas gesperrt hatte und in dem der abgesetzte Kaiser Andronikos seine letzten Tage verbrachte. Bei anderer Gelegenheit zeigten mir Arbeiter in einer ärmlichen Metallwerkstatt im Stadtteil Galata stolz das zwischen ihren zurechtgeschnittenen Blechen sichtbare Deckengemälde, das offenbar auf die vor Hunderten von Jahren hier residierenden Italiener zurückgeht. Vor allem aber sind es die Friedhöfe der Stadt, die noch heute Zeugnis ablegen vom Leben der vielen vorangegangenen Generationen und von der einstigen religiösen Vielfalt der Stadt. Muslimisch, griechisch-orthodox, bulgarisch-orthodox, rumänisch-orthodox, armenisch-apostolisch, jüdisch-sephardisch, jüdisch-karaimisch, katholisch, evangelisch, anglikanisch – all diese Gemeinden haben noch heute eigene Grabplätze in der Stadt. In meinem Stadtteil Beşiktaş frühstückten Studenten bis vor kurzem in Pandos Café, dessen Familie aus der Gegend des heutigen Bulgariens stammt. Pando selbst hatte als Kind noch den Paschas der letzten Sultane Sahne *(kaymak)* in ihre Villen geliefert. Und nur wenige Meter von dem inzwischen durch den Hausbesitzer geschlossenen Café entfernt steht eine Backstube, die bis heute »7-8 Hasan Pascha« heißt, nach dem berüchtigten Polizeichef von Sultan Abdülhamid, dem sie im 19. Jahrhundert gehörte.

Mit diesen Geistern, oder besser gesagt: mit dem Geist der Stadt fühlte ich mich nun, nach fünf Jahren in Istanbul, mehr verbunden als je zuvor. Denn wie erst im Nachhinein deutlich wurde, hatten wir in diesen Tagen Ende Mai und Anfang Juni 2013 tatsächlich an einem bedeutenden Ereignis teilgehabt. Es war allerdings in der langen Geschichte dieser Stadt keineswegs einzigartig, sondern stand in einer langen Tradition. Istanbul und zuvor Konstantinopel ist zwar wie keine andere Stadt von Anfang an eine Stadt der Kaiser und Sultane gewesen; gleichzeitig haben sich jedoch zu den unterschiedlichsten Zeiten stets Menschen in der Stadt zusammengefunden, die ihr »Recht auf Stadt« reklamierten und nicht bereit waren, dem Kaiser zu geben, was angeblich des Kaisers ist. Sie versammelten sich auf den Plätzen oder in den Kaffeehäusern, im Stadion oder an den Ufern, um sich den sozialen, infrastrukturellen oder kreativen Mehrwert der Stadt anzueignen oder ihn umzuverteilen. Nicht alle diese Menschen kann man umstandslos als Helden feiern, und vielleicht sind nicht alle Herrschenden, die die Stadt gesehen hat, uneingeschränkt als Tyrannen zu bezeichnen. Doch das Wechselspiel zwischen diesen unterschiedlichen Polen, der Gestaltung der Stadt von oben wie von unten, hat wesentlich zu ihrem facettenreichen Charakter beigetragen.

Diese wechselhafte Geschichte der Auseinandersetzung zwischen Herrschenden und Widerspenstigen um Konstantinopel-Istanbul, die das Leben in dieser Stadt über die Epochen hinweg geprägt hat, soll auf den folgenden Seiten erzählt werden. Zahlreiche spannende Geschichten gäbe es zu erzählen, denn über viele Jahrhunderte war Istanbul die bevölkerungsreichste, intellektuell produktivste und reichste Stadt in Europa und dem Nahen Osten. Zwar werden auch die Entwicklung der Stadt im Laufe der Jahrhunderte, ihre Geographie und ihre Bauten eine wichtige Rolle spielen. Doch vor allem geht es darum, bestimmte entscheidende Momente, einzelne Personen und Zeiträume genauer in den Blick zu nehmen und zu veranschaulichen, wie die unterschiedlichen Menschen ihre Zeit jeweils sahen und erlebten.

Die Geschichte ist nie nur die der Herrschenden. Sie wäre unvollständig ohne diejenigen, die die Vorgaben der Herrschenden ausführen, sie aufgreifen, um sich hieraus eigene Chancen zu erschließen, die Vorgaben mehr schlecht als recht an ihren Alltag anpassen oder sich offen gegen sie auflehnen. Im Konstantinopler Hippodrom beispielsweise drückte sich die Herrschaft der oströmischen Kaiser aus. Seine Geschichte wäre aber unvollständig, wenn man die Anhänger der Pferderennen vergessen würde, die mit ihrer Begeisterung dem Gebäude erst Leben eingehaucht haben, hier den Kaiser verhöhnten und schließlich grausam massakriert wurden (siehe Kapitel 2). Und so war Istanbul immer wieder Schauplatz von Machtkämpfen zwischen autoritären Herrschern und Marodeuren. Mal als Hort der Schönheit, mal als menschenverachtender Moloch bezeichnet, verstand diese Stadt es über die Zeiten hinweg, sich immer wieder neu zu erfinden und dabei doch sie selbst zu bleiben, während andere, teils weit ältere Städte untergingen, zu provinziellen, musealen Hüllen ihrer selbst verfielen oder bis zur Unkenntlichkeit umgestaltet wurden.

Konstantinopel-Istanbul war über anderthalb Jahrtausende – wenn auch mit einigen Unterbrechungen – die Hauptstadt eines der größten Reiche des euromediterranen Raums, ob dessen Herrscher nun römische Kaiser oder osmanische Sultane waren. Mit dem Ende des Ersten Weltkriegs verlor die Stadt diese Rolle, ist aber mittlerweile wie bereits in der Spätantike eine der bevölkerungsreichsten und durch Handel und Finanzen am stärksten vernetzten Städte der Welt. Einerseits hat Istanbul den euromediterranen Raum geprägt: In der Sophienkathedrale von Kiev findet man genauso Darstellungen Konstantinopels und seiner Herrscher wie in den Kirchen Ravennas. Der Kölner wie der Limburger Domschatz, der Dogenpalast wie der Markusdom in Venedig haben Konstantinopel viel von ihrer Berühmtheit und Pracht zu verdanken, durch rechtmäßigen Erwerb ebenso wie durch Plünderungen. Viele der noch heute erhaltenen Brücken, Bäder oder Moscheen in Orten wie Skopje, Thessaloniki oder Budapest gehen auf die Hofarchitekten Istanbuls zurück. Andererseits wurden die Geschicke Konstantinopels nicht nur von ihren Bewohnern, sondern stets auch von Geschehnissen in weiter Ferne mit beeinflusst. Eine verlorene Schlacht in Armenien, eine neue militant-religiöse Bewegung in Frankreich, die Ausfuhrbestimmungen in China, ein Ernteausfall in Arabien oder eine Epidemie in Ägypten sind nur einige Beispiele für Faktoren, die schon in der Spätantike und im Mittelalter weitgehende Konsequenzen für die Stadt am Bosporus mit sich bringen konnten. Deswegen muss eine Erzählung über die Geschichte dieser Stadt stets ein Stück Imperial- und Globalgeschichte sein.

Nomen est omen? *Zur tückischen Frage der richtigen Namen von Stadt und Staat*

Das Kapitel »Begriffe und Namens- und Transkriptionsformen« ist meist eine müde Pflichtübung, über die gerne hinweggeblättert wird. Allerdings ist gerade für die Geschichte Istanbuls Sprache ein wichtiger Punkt. Deswegen hier ein paar Worte zu den Namen für die Stadt und für die wechselnden Staaten, die von hier aus regiert wurden.

Auf den ersten Blick scheint alles einfach: Das antike Byzanz, so eine gängige Annahme, wurde durch Kaiser Konstantin 330 in Konstantinopel umbenannt; seit der osmanischen Eroberung 1453 heißt die Stadt Istanbul. Doch ganz so einfach ist es nicht. Zur Zeit Konstantins wurde mit dem Namen der neuen Reichshauptstadt zunächst experimentiert. »Das neue, zweite Rom«, »östliches Rom«, »Alma Roma«, »Byzantias Romi« sind nur einige der Namen, die in dieser Zeit geformt wurden, wobei sich zunächst Neu-Rom (Nova Roma) durchsetzte. Erst in den kommenden Jahrhunderten wurde Konstantinstadt (Konstantinopel oder genau genommen Konstantinoúpolis) die übliche Bezeichnung, während der eine oder andere literarisch versierte Autor gerne immer noch »Byzantion« als Variante einsetzte.

Und obwohl Konstantinopel für die nächsten Jahrhunderte der offizielle Name war, waren doch viele Zeitgenossen zu mundfaul, ihn auszusprechen. Griechischsprachige Bewohner des Reichs nannten sie oft schlicht »i Poli« – die Stadt. Was für eine andere, vergleichbare Stadt konnte es auch neben dieser geben?

Auf dieser griechischen Variante, genauer auf der Variante »stin Poli« (in der Stadt), beruht ebenfalls der türkische Name Istanbul, der nachweislich schon vor 1453 existierte. Allerdings wurde dieser Name jahrhundertelang vor allem umgangssprachlich verwendet, wenngleich er gelegentlich in offiziellen Wendungen und Dokumenten auftritt. Nachdem sie 1453 die Stadt eingenommen hatten, waren die osmanischen Herrscher zunächst damit zufrieden, weiter von Konstantinstadt zu reden, wenn auch in der arabischen Variante (Konstantiniyye). In den kommenden Jahrhunderten kamen einige höchst blumige Namen hinzu: »Hort des Islams« (Islambol) oder »Pforte zur Glückseligkeit« (Dersaadet) zieren offizielle Dokumente des Hofes oder städtische Einrichtungen. Die 1923 gegründete Türkische Republik verstand sich als volkstümlicher, laizistischer und antimonarchistischer Staat, der sowohl die religiös als auch dynastisch geprägten Namensvarianten abschaffte und »Istanbul« als einzig gültigen Namen betrachtete. In Sprachen der christlichen Welt war »Konstantinopel« noch bis ins frühe 20. Jahrhundert die übliche Bezeichnung für die Stadt, doch allmählich setzte sich durch den Druck der neuen Türkischen Republik die umgangssprachliche, halb griechische, halb türkische Bezeichnung Istanbul weltweit durch.

Ungeachtet dessen existierten und existieren in zahlreichen Sprachen – neben den vielen Varianten von »Konstantinstadt« und »(in) die Stadt«, wie beispielsweise dem armenischen »Bolis« oder dem hebräischen »Kuschta« – zum Teil bis heute eigenständige Bezeichnungen für die Stadt, darunter in so unterschiedlichen und fern der Stadt gesprochenen Sprachen wie Urdu, Isländisch und Russisch.[4] Die Stadt hat also viele Namen, und keine Periodisierung oder nationale Zuschreibung der vielen verschiedenen Namen ist so eindeutig, wie man es sich wünschte. Diese Vielfalt soll sich auf den folgenden Seiten widerspiegeln, indem die Stadt nicht mit einem oder zwei, sondern mit vielen verschiedenen Namen genannt wird.

Auch in einem anderen Punkt muss ich mit den im Deutschen üblichen Konventionen brechen. Denn es gab strenggenommen nie ein Byzantinisches Reich. Die Bezeichnung des Herrschers mit Sitz in Konstantinopel war bis 1453 »römischer Kaiser«, und sein Herrschaftsbereich war das »Römische Reich«. Die Untertanen waren »Römer« beziehungsweise »Romäer« (die gräzisierte Form von Römer), gelegentlich auch umgangssprachlich »Griechen«, nie jedoch »Byzantiner«. Diese Bezeichnung erscheint erstmals im 16. Jahrhundert in deutsch- und französischsprachigen Geschichtswerken. Erst mit der Vorherrschaft der westeuropäischen Wissenschaft seit dem 19. Jahrhundert hat sich der Begriff »Byzantinisches Reich« überall durchgesetzt. Er negiert jedoch die Kontinuität zwischen dem Römischen Reich der Antike und Konstantinopel. Denn obwohl das Reich sich im Laufe der Jahrhunderte stark veränderte, gab es nie einen eindeutigen Bruch mit der römischen Vergangenheit. Ganz anders war die Situation in Westeuropa, wo seit der Eroberung Roms 476 kein Herrscher mehr den Titel »römischer Kaiser« führte, bis der Papst mehr als 300 Jahre später aus Machtkalkül diesen Titel dem König der Franken verlieh. Noch einige weitere Jahrhunderte später entstand die Staatsbezeichnung »Heiliges Römisches Reich«, allerdings wie der Titel des »römischen Kaisers« ohne eine organische Beziehung zum Vorgängerstaat. Durch die Bezeichnung »byzantinisch« sollten jedoch die fränkischen beziehungsweise deutschen Herrscher als die einzig wahren Nachfahren Roms inszeniert werden. Es gibt also gute Gründe, nicht von Byzanz, sondern dem eigenen Sprachgebrauch des Reichs folgend vom Römischen Reich zu sprechen. Um dennoch keine Missverständnisse aufkommen zu lassen, werde ich für 330 bis 1453 vom Oströmischen Reich sprechen.

Der Begriff »Rom« wurde in diesem Sinne auch in den Nachbarstaaten wie Serbien, Bulgarien und unter Arabern, Türken und Persern benutzt. Interessanterweise überlebte dieser Begriff für das ehemals oströmische Territorium sogar den Untergang des Reichs. Nachdem türkisch-muslimische Invasoren im 11. Jahrhundert Teile Kleinasiens erobert hatten, nannten sie dieses Gebiet »Rum« (Rom) und bezeichneten die sich dort etablierende Dynastie der Seldschuken als das Sultanat von Rum. Noch Jahrhunderte später, als es längst kein Oströmisches Reich mehr gab, stand »Rum« in der muslimischen Welt für das Gebiet vom Balkan bis Kleinasien und dessen oft türkische Bewohner.[5]

Viel Verwirrung kommt gelegentlich bei den Begriffen »Türken« und »Türkei« auf, denn beide können etliche verschiedene Bedeutungen haben. Die älteste dieser Bedeutungen bezieht sich auf die Bezeichnung der Sprachfamilie. Neben der Sprache, die wir heute als »Türkisch« bezeichnen, gehören zahlreiche der bis heute von Osteuropa bis Westchina verbreiten Sprachen zu den miteinander verwandten sogenannten

Turksprachen – beispielsweise Aserbaidschanisch, Kasachisch und Usbekisch, aber auch zahlreiche weniger bekannte Minderheitensprachen in China, Russland, Afghanistan oder Iran. Seit dem Beginn der sogenannten Völkerwanderung kamen in mehreren Wellen immer wieder turksprachige Völker nach Europa, wie etwa die (ursprünglichen) Bulgaren. Turksprachige Menschen praktizierten und praktizieren in verschiedenen Gebieten so unterschiedliche Religionen wie Christentum, Judentum oder Buddhismus und den Islam. Seit jedoch ab etwa dem Jahr 1000 einige der mächtigsten Fürstentümer im Nahen Osten von muslimischen, Türkisch sprechenden Herrschern begründet wurden, verwenden Quellen aus europäischen christlichen Ländern oft den Begriff »Türken« für alle Muslime, wenngleich sie eigentlich von Arabern, Kurden oder Albanern muslimischen Glaubens handeln. Ebenso werden die von türkischsprachigen Fürsten beherrschten Gebiete auf alten europäischen Karten meist schlicht als »Türkei« bezeichnet. In neuerer Zeit hat sich die genauere sprachliche Differenzierung nach den jeweiligen Dynastien durchgesetzt, von denen zwischen etwa 1000 und 1308 die Rum-Seldschuken und später die Osmanen die mächtigsten waren. Die von Osman (reg. 1299–1323) begründete Dynastie errichtete schließlich das Weltreich, das von Ungarn bis in den Kaukasus sowie von der Krim bis in den Jemen reichte und von Konstantinopel-Istanbul aus regiert wurde.

Genauso wenig wie das Oströmische Reich ein rein griechischsprachiges Reich war, waren das Sultanat der Rum-Seldschuken und das Osmanische Reich rein türkischsprachig. Das Griechische verdrängte im Laufe der Zeit Latein als wichtigste Staatssprache im Oströmischen Reich. Am osmanischen Hofe galten Persisch und Arabisch als die prestigeträchtigeren Sprachen in Dichtung und Theologie. Wichtig war in allen Reichen die leitende Religion, nicht die Sprache. Erst im 19. Jahrhundert, mit dem Aufkommen des Nationalismus nach europäischem Vorbild, und vor allem nach der Gründung der Türkischen Republik 1923, setzte sich der Begriff »Türkisch« als Bezeichnung einer angeblich unzweideutigen, auf Sprache und Religionszugehörigkeit basierenden

Nationalität durch. Da die Bevölkerung der Türkischen Republik aber de facto die Nachkommenschaft eines multiethnischen Reichs ist, gibt es bis heute Zwist darüber, wer als »Türke« gilt und wer nicht.

Eine kleine Warnung noch bezüglich der Personennamen: Für lange Phasen sowohl innerhalb des Oströmischen als auch des Osmanischen Reichs waren die Bewohner Konstantinopels-Istanbuls alles andere als erfinderisch, wenn es darum ging, ihren Kindern Namen zu geben. Vor allem die Herrscherhäuser bevorzugten Wiederholung statt Originalität. Deswegen werden im Folgenden gelegentlich gleich mehrere Alexios, Irenes, Theodoras oder Ibrahims, Mehmeds, Mustafas zugleich auftreten. Soweit möglich wird diese konfuse Situation durch Namenszusätze aufgelöst.

Die Umschrift griechischer Namen wird hier in etwas vereinfachter Form erfolgen. Türkisch hat eine sehr einfache, überwiegend mit dem Deutschen übereinstimmende Schreibweise. Ausnahmen sind:

c – entspricht »dsch«, wie in Dschungel
ç – entspricht »tsch«, wie in Tscheche
ı – entspricht einem unbetonten e, wie in Tasche
j – wie in Jury
ş – entspricht »sch«, wie in Schach
z – entspricht einem weichen s, wie in Salbei

1.
Wie eine Landzunge zur Welthauptstadt wurde

Natürliche Umwelt, Vor- und Frühgeschichte Byzantions

Istanbul ist eine Stadt mit großem Reichtum und ebenso großer Armut. Von ihren über 15 Millionen Einwohnern sind 37 Milliardäre, was der Stadt einen Platz unter den weltweiten Top Ten der Milliardärsstädte einbringt.[1] Gleichzeitig begegnet man auf den Straßen jedoch einer Heerschar von Menschen, die sich mit sehr wenig begnügen müssen: syrischen Bettlerinnen, Recycling-Kleinstunternehmern, die im Müll wühlen und alles Wiederverwertbare in ihre riesigen Karren werfen, oder Rentnerinnen, die Taschentücher an Passanten verkaufen. Vor dem europäischen Bahnhof Sirkeci steht jeden Morgen eine große Traube von Männern, die darauf warten, dass ein Spediteur sie für eine Lkw-Fahrt anheuert. Gelegentlich trifft man auch noch auf Vertreter älterer, fast ausgestorbener Berufe wie Messerschleifer oder Lastenträger im Basarviertel, die Waren auf ihrem Rücken durch die engen Gassen schleppen. Zahlreiche Arbeiter schuften auf Baustellen und Werften sowie in den Fabriken an den Rändern Istanbuls, und unzählige kleine Angestellte, Taxifahrer, Kellner, Verkäufer und Wachleute halten den Betrieb der Stadt aufrecht.

Diese Stadt hat stets Reiche wie Arme angezogen: Seit mehr als 1500

Jahren wächst die Stadt, mit wenigen Unterbrechungen, durch Zuzug. Wieso suchen die Menschen ihr Auskommen ausgerechnet hier, wo stete Überfüllung und Konkurrenz das Leben nicht einfach machen? Denn nicht erst seitdem Istanbul sich *global city* nennt, sind Wohnraum und Lebensmittel teuer. Man könnte sagen, die Menschen kommen wegen des Meeres. Es ist bis heute steter Begleiter des städtischen Lebens. Doch davon abgesehen kommen Menschen seit Jahrtausenden, um eben hier das Meer zu überqueren. So schufen sie die Grundlagen für die Reichtümer, die sich hier anhäuften. Diese sorgen bis heute dafür, dass die Anziehungskraft der Stadt ungebrochen ist, obwohl die Fortschritte der Verkehrstechnik die Bosporuspassage längst überflüssig gemacht haben.

Trotz aller Versuche gelang es nie, das Meer ganz dem Zugang durch die Bewohner zu entziehen. Die oströmischen Kaiser wie die osmanischen Sultane beschlagnahmten weite Teile des Ufers für ihre Paläste, Marinewerften und Kasernen. Heute kostet eine Wohnung mit Blick aufs Meer (vom Zugang ganz zu schweigen) leicht doppelt so viel wie eine Wohnung, die nur den Blick über die Häuser bietet. Und dennoch ist es von fast jedem Punkt in den Innenstadtbezirken Istanbuls nur ein kurzer bis mittlerer Spaziergang, bis man am Wasser ist: am Marmarameer, am Bosporus oder am Goldenen Horn. Mindestens seit der Zeit des Oströmischen Reichs gilt die Meeresbrise – vor allem in den heißen Sommermonaten – als gesundheitsfördernd. Ein paar Minuten am Ufer zu sitzen ist die angenehmste Möglichkeit, dem Verkehr, dem Gedränge und der Enge in dieser Megastadt zu entkommen. Wenn man den Blick übers Wasser schweifen lässt, den Schiffen und den Möwen zuschaut, spürt man die Weite und die Nähe zur Natur. Dies ist im Istanbuler Alltag sonst schwierig. Laut manchen Berechnungen hat Istanbul die zweitschlimmsten Staus der Welt, noch vor Mexiko-Stadt, Rio de Janeiro und nur noch übertroffen von Moskau.[2] Und doch: Während der Berufsverkehr täglich für mehrere Millionen Menschen Stress bedeutet, die meisten Pendler in Werkbussen dösen, die auf der Stadtautobahn steckengeblieben sind, sich in überfüllte U- und Straßenbahnen quetschen oder als Fußgänger unter Abgasen und Lärm leiden, sitzt ein kleiner Teil von ihnen auf großen Fähren und genießt das Stadtpanorama, trinkt Tee, knabbert Sesamkringel und wirft die Reste den die Schiffe stets begleitenden Möwen zu.

Um eine Stadt zu verstehen, setzen viele zunächst bei der Geographie an. Bei wenigen Städten ist die natürliche Landschaft so eigenartig und bestimmend für die Entwicklungsmöglichkeiten wie bei Istanbul. Denn folgt man den verschiedenen Straßenzügen bis zur größten Bebauungsdichte und in die ältesten Teile der Stadt, wird man nicht wie in anderen älteren Städten auf einen Platz treffen, von dem alle Straßen ausgehen, sondern auf das Meer. Drei Landzungen schieben sich aus verschiedenen Richtungen aufeinander zu, bleiben aber durch den Bosporus und seine Nebenbucht, das Goldene Horn, voneinander getrennt. Die urbanen Zentren Istanbuls bildeten sich rund um die jeweiligen Buchten, die als natürlich geschützte Häfen dienten und bis heute als Hauptanlegestellen der zwischen den verschiedenen Ufern pendelnden Fähren genutzt werden. Eine der Landzungen ist die asiatische beziehungsweise anatolische, die sich zwischen Schwarzem Meer und dem Golf von İzmit über eine Länge von fast 100 Kilometern erstreckt, weit über das heutige Stadtgebiet hinaus. An ihrer westlichen Spitze liegen die Istanbuler Stadtteile Üsküdar und Kadıköy, von wo aus seit Tausenden von Jahren nach Europa übergesetzt wurde. Auf der europäischen Seite liegt das historische Konstantinopel auf der südlichen der zwei Landzungen, die im Süden zum weitläufigen Marmarameer blickt und im Norden durch eine 7,5 Kilometer lange und bis zu 750 Meter breite Bucht begrenzt ist, das Goldene Horn. Nördlich davon befindet sich eine weitere Halbinsel, auf der die mittelalterliche Stadt Galata liegt und die heute vor allem durch die Stadtbezirke Beyoğlu, Beşiktaş und Şişli gekennzeichnet ist. Was die zwei europäischen Halbinseln von der asiatischen trennt, ist der Bosporus. Die Meeresenge, 30 Kilometer lang und zwischen 700 und 2500 Meter breit, wirkt vom Schiffsdeck aus gesehen fast wie ein norwegischer Fjord, so steil und zerklüftet sind die Ufer. Auf einer Karte sieht der beidseitige Uferverlauf aus, als seien zwei ineinander verschränkte

Hände soeben auseinander gezogen worden, so dass man noch erkennt, welche Finger der linken Hand zwischen welchen Fingern der rechten Hand gelegen hatten.

Der Bosporus ist in seiner heutigen Form relativ neuen Datums. In der letzten Eiszeit wurden große Mengen des Wassers der Weltmeere und der großen Seen als Eis gebunden, entsprechend sanken die Meeresspiegel. Das Schwarze Meer wurde zu einem Binnensee mit sehr viel kleinerer Oberfläche als heute, genauso wie das Marmarameer. Als diese großen Eismassen schließlich allmählich wieder abtauten, wurde dem Schwarzen Meer mit seinen zahlreichen Zuflüssen – Wolga, Donau, Don, Dnjepr, Dnjestr – schneller und mehr Wasser zugeführt als dem Marmarameer über Ägäis und Mittelmeer. Das im Schwarzen Meer gestaute Wasser suchte sich seinen Weg durch die dünne, aber gebirgige Landzunge, so dass ein Fluss entstand. Dieser wandelte sich schließlich vermutlich um 7400 v. Chr., als der Abtauprozess weitgehend abgeschlossen war und die Meere wieder annähernd das gleiche Niveau erreicht hatten, in eine Meeresenge, in der bis heute die Strömung an der Oberfläche ins Marmarameer fließt, in der Tiefe jedoch in Richtung Schwarzes Meer.[3]

Seit seiner Entstehung nehmen der Bosporus und die Landzungen zu beiden Seiten für Reisende eine bedeutende Rolle ein. Wer mit dem Schiff aus dem Mittelmeer, der Ägäis oder dem Marmarameer kommend das Schwarze Meer erreichen will, muss durch den Bosporus. Gleichzeitig können über Land aus Süd- oder vor allem Südosteuropa nach Asien Reisende, die keine aufwendige Seereise auf sich nehmen wollen und für die die Steppen nördlich des Schwarzen Meers zu weit ab von ihrer Route liegen, das Meer am einfachsten bei den Dardanellen oder am Bosporus überqueren. Eine Stadt an der Mündung der Meeresenge war deswegen als Hafen und Handelsplatz äußerst geeignet. Schiffe konnten ausgebessert werden, bevor sie die gefährliche Fahrt ins Schwarze Meer fortsetzten, und die Mannschaften konnten sich von den Strapazen der Reise erholen. Am Kreuzungspunkt zwischen der Landroute und der Seeroute kamen alle möglichen Waren zusammen, so dass die Märkte der Stadt von dem Umschlag zwischen ein- und auslaufenden Schiffen als auch vom Austausch mit den Landreisenden gut leben konnten. Mit Holz, Fellen, Metallen und Bernstein, die von den nördlich des Schwarzen Meeres gelegenen Gebieten die Stadt erreichten, wurde ebenso gehandelt wie mit Öl, Getreide, Papyrus und Gewürzen, die über das Mittelmeer und Kleinasien eintrafen.[4]

Archäologische Entdeckungen der letzten Jahre zeigen, dass das heutige Stadtgebiet eine lange Besiedlungsgeschichte hat. Es finden sich 400000 Jahre alte Spuren des Vorläufers der heutigen Menschen, des *Homo erectus*, ebenso wie eiserne Gottesfiguren der Hetither aus dem 17. bis 15. Jahrhundert v. Chr. Eine Stadt im eigentlichen Sinne, mit Befestigungen, festen Häusern und komplexerer Arbeitsteilung, entstand laut Plinius dem Älteren schließlich um 1200 bis 1100 v. Chr. auf dem Gebiet des späteren Konstantinopels. Diese Stadt wurde von Thrakern begründet und laut Plinius Lygos genannt. Auf der asiatischen Seite entstand im Gebiet des heutigen Stadtteils Kadıköy eine phönizische Stadt, was man vor allem am phönizischen Ursprung des Namens Chalkedon festmachen kann, den die später an dieser Stelle entstandene griechische Siedlung trug.

Ab der griechischen Besiedlung der Region wissen wir mehr über ihre Geschichte. Im 7. Jahrhundert v. Chr. kam es im Zuge der Stadtneugründungen durch griechische Siedler rund ums Mittelmeer zum Ausgreifen Richtung Schwarzes Meer und zu Niederlassungen zu beiden Seiten des südlichen Endes des Bosporus. Chalkedon wurde 685 v. Chr. von Griechen aus Megara besiedelt, 667 v. Chr. ließen sich Zuwanderer aus Megara, Argos und Korinth in Lygos nieder, das künftig Byzantion genannt wurde. Antike Quellen spotteten über Chalkedon und lobten Byzantion: Für Schiffe, die aus Griechenland kamen und das Schwarze Meer ansteuerten, lag Chalkedon hoffnungslos abseits, während Byzantion optimal lag. Ein aus Westen durchs Marmarameer kommendes Schiff müsste gegen die gefährlichen und schwer bezwingbaren Strömungen am Ausgang des Bosporus segeln beziehungsweise rudern, um das asiatische Ufer und Chalkedon zu erreichen. Byzantion und die schützende Bucht des Goldenen Horns, in der man leicht ankern und an Land gehen konnte, lagen hingegen direkt am Weg. Wegen dieses Standortnachteils erhielt Chalkedon den Spottnamen »Stadt der Blinden«. Diese Perspektive war natürlich zutiefst griechisch, denn sie übersah, dass die asiatische Hafenstadt sowohl für den Land- als auch für den Seeverkehr aus dem Golf von İzmit beziehungsweise Anatolien sehr günstig gelegen war.[5]

Bei einer Stadt in so exponierter Lage ist es nicht verwunderlich, dass von Anfang an die Götter angeblich ein Wort mitzureden hatten. Über den legendären Begründer von Byzantion, Byzas, wurde verbreitet, dass er die Stadt mit der Hilfe des Meeresgottes Poseidon (dessen Sohn er gewesen sein soll) und des Sonnengottes Apollon befestigte. Dies scheint naheliegend, da die Stadt auf so einzigartige Weise mit den Elementen und insbesondere dem Meer verbunden ist. Der heilige Charakter Byzantions wurde auch in christlichen und muslimischen Zeiten aufrechterhalten, obwohl die Stadt weder in der Bibel noch in der Lebensgeschichte Muhammads eine Rolle spielt. Die Legenden von Heiligen, deren Lebensweg an den Bosporus führte, der Bau zahlreicher imposanter Kirchen, Klöster und Moscheen, der Erwerb von Reliquien und vor allem der Kult um den Kaiser oder Sultan als Gottes Vertreter auf Erden taten ihr Übriges, um den religiösen Kult um Byzanz bis in die Moderne fortzutragen.

Wie bereits erwähnt, beförderte die verkehrsgünstige Lage die Entwicklung des Handels. Fatal wirkte sie sich jedoch zu Kriegszeiten aus. Bereits von Byzas und seiner Frau Phidaleia wird überliefert, dass sie die Stadt gegen skythische und thrakische Truppen verteidigen mussten. So gut wie nie blieb Byzantion im Windschatten der Ereignisse. Die Kriege zwischen dem Perserreich und den griechischen Stadtstaaten, der Machtkampf zwischen Sparta und Athen, die Eroberungszüge der makedonischen Könige, das Vordringen der Kelten, die Rivalitäten der verschiedenen römischen Generäle um die Reichsführung – fast alle großen Auseinandersetzungen der antiken Welt fanden auch am Bosporus statt. Meist versuchten die Stadtobersten, zwischen den gegnerischen Seiten taktisch zu lavieren, das aber ging oft genug schief und führte zur Zerstörung der Stadt und der Vertreibung der Bevölkerung. Nichtsdestotrotz dauerte es nie lange, bis die Stadt, egal unter wessen Herrschaft, neu aufgebaut und befestigt wurde, da sie strategisch so bedeutsam war.

Doch obwohl der Standort für eine prosperierende mittelgroße Handelsstadt spricht, mögen antike Stadtplaner die Hände über dem Kopf zusammengeschlagen haben, als ein Kaiser auf die Idee kam, an dieser Stelle seine Reichshauptstadt nach dem Vorbild Roms zu errichten. Denn viele Fragen der Grundversorgung waren hier nur schlecht zu lösen. Es fehlt bereits am Elementarsten: Die wenigen Süßwasservorkommen im Stadtgebiet oder seiner unmittelbaren Nähe reichen bei weitem nicht aus, um eine Großstadt mit mehreren hunderttausend Einwohnern zu versorgen; aufwendige Aquädukte über weite Entfernungen waren bereits in der Frühzeit Konstantinopels nötig. Die Ernährung war das nächste Problem: Genug Getreide, um Brot für die gesamte Bevölkerung zu backen, war in den steilen Gebirgen der Umgebung kaum anzubauen. Über viele Jahrhunderte hinweg importierte die Stadt ihr Mehl deswegen aus dem entfernten Ägypten. Immerhin boten die Gewässer, die die Stadt umströmten, einen permanenten Nachschub an Fisch als billige und nahrhafte Speise. Doch gerade wegen dieser Lage am Meer gab es andererseits kein Umland, aus dem man Arbeitskräfte rekrutieren konnte. Man musste sie aus bis zu tausend Kilometer entfernten Regionen holen. Manche von ihnen lockte man mit guter Bezahlung und besonderen Vergünstigungen, andere brachte man gewaltsam durch Zwangsumsiedlungen in die Hauptstadt. Der Baugrund war ebenfalls problematisch. Die hügelige, felsige Landschaft zu beiden Seiten des Bosporus bot zwar einen gewissen Schutz vor Gefahren wie Erdbeben oder den im Tiefland verbreiteten Krankheiten; sie ließ aber zugleich jegliche Bautätigkeit zu einem aufwendigen Unterfangen werden.

Trotz alledem traf der römische Kaiser Konstantin 324 die Entscheidung, die Reichshauptstadt aus Rom hierher zu verlegen. Konstantin fehlte es nicht an Alternativen. Er hatte zu dem Zeitpunkt weite Teile des Römischen Reichs und insbesondere Europas mit eigenen Augen gesehen. Geboren in Naissus (heute Niš) auf dem Balkan, wurde er als Sohn des verstorbenen Kaisers Constantius Chlorus 306 in Eboracum (heute York) in Britannien von seinen Truppen zum Kaiser ausgerufen. Das spätrömische Regierungssystem, die Tetrarchie, in der sich vier Kaiser mit unterschiedlichen Kompetenzen die Macht teilten, zerbrach. Es folgten turbulente Jahre, in denen Konstantin abwechselnd mit rivalisierenden Kaisern brüchige Frieden schloss und dann wieder Krieg führte. Er regierte zeitweise aus Trier, schlug 312 seinen Kontrahenten Maxentius bei Rom, ehe er 324 bei Chrysopolis (heute der Stadtteil Üsküdar) auf der asiatischen Seite gegenüber Byzantion seinen letzten großen Rivalen Licinius schlug, der in Nikomedia (İzmit) residiert hatte. Ab 324 war Konstantin Alleinherrscher über das Römische Reich. Durch die Morde an seiner Ehefrau, einem seiner Söhne und an Licinius festigte er seine Macht und begründete das dynastische Prinzip in der Kaiserfolge.

Der Entscheidung, die Hauptstadt an den Bosporus zu verlegen, lag zweifelsohne die Überlegung zugrunde, auf diese Weise die Handelswege und gleichzeitig feindliche militärische Bewegungen zu kontrollieren. Das zeigt schon ein Blick auf die seinerzeit debattierten Alternativen: Ilion (Troja) an den Dardanellen, das ebenfalls an einer Schnittstelle eurasischer Land- und Seewege liegt; Thessaloniki, das über den zentralen Hafen der südosteuropäischen Halbinsel verfügt; und Serdica (heute Sofia), an der römischen Militärstraße gelegen, die von Byzantion ins südosteuropäische Binnenland und weiter nach Mitteleuropa führte.[6]

Möglicherweise fiel die Entscheidung Konstantins für Byzantion nach den langen Kriegen des frühen 4. Jahrhunderts vor allem aus militärstrategischen Gründen. Dabei war die Befestigung von Byzantion wie der Hauptstadtumzug an sich durchaus ambitioniert, aber nicht unmöglich. Von Vorteil war, dass die ursprüngliche Stadt auf einer Anhöhe lag, die auf zwei Seiten zum Meer abfällt. Daher wurde Konstantinopel von Anfang an als Dreieck geplant: Von der heutigen Saray-Spitze aus verlief eine Stadtmauer im Norden am Ufer des Goldenen Horns entlang, eine weitere im Süden entlang des Marmarameers. Die beiden Mauern waren im Westen durch die von Nord nach Süd verlaufende Landmauer miteinander verbunden. Das Goldene Horn wurde zusätzlich durch eine riesige Kette gesichert, die in Kriegszeiten von der Stadt zum gegenüberliegenden Ufer gezogen werden konnte und so die gesamte Bucht für den Schiffsverkehr sperrte. Bei einer Stadt, die für ihre Wasserversorgung auf Leitungen aus dem Umland angewiesen war, musste auch die in der Antike oft angewandte Taktik einkalkuliert werden, während einer Belagerung die Wasserzufuhr zu blockieren und zu warten, bis die Verdurstenden sich ergaben. Deswegen existieren im Untergrund Konstantinopels bis heute eine Vielzahl teilweise riesiger Zisternen. Gleichzeitig dienten die umfassenden Zisternenbauten bei der Stadtneugründung zum Ausgleich des unebenen Geländes.

Wichtigster Bestandteil der Verteidigungsanlagen war die Landmauer. Die ursprüngliche konstantinische Mauer ist heute nicht mehr erhalten (bis auf wenige vor kurzem aufgefundene Stücke im ehemaligen Hafengelände von Yenikapı), aber die 413 unter Kaiser Theodosios II. (reg. 408–450) erbauten Befestigungsanlagen stehen überwiegend noch. Die drei- bis vierfachen massiven und hohen Mauern zeugen von einer Stadt, die unter dem Eindruck der verlorenen Schlacht gegen die Goten beim nur 240 Kilometer entfernten Adrianopel (heute Edirne) 378 und der Plünderung Roms 410 durch die Westgoten beschlossen hatte, unter allen Umständen uneinnehmbar zu sein. Zu diesem Zweck entwarfen die Konstantinopolitaner die für lange Zeit aufwendigste Militäranlage des euromediterranen Raums. Und tatsächlich sollten die Festungsmauern trotz zahlreicher Belagerungen immer wieder standhalten und ihre Bewohner vor Plünderungen schützen.

Doch die aufwendigen Bauten dienten nicht nur der Infrastruktur und der Verteidigung. Konstantinopel sollte sich von Anfang an absetzen von den zahlreichen Städten, die wie Augusta Treverorum (Trier), Antiochia (Antakya) oder Nikomedia als Kaiserresidenzen gedient hatten. Es sollte auf Dauer angelegt sein und in seiner Pracht nicht hinter Rom zurückstehen. Nach römischem Vorbild identifizierte man sieben Hügel im Stadtbild und errichtete auf ihnen repräsentative Kaiserpaläste,

Foren und Kirchen. Mittelpunkt war der Platz zwischen Kaiserpalast, Hippodrom und den großen Kirchen, das Augustaion. In unmittelbarer Nachbarschaft wurde als prachtvolles Monument das Milion erbaut, der Punkt null, von dem aus alle Wegentfernungen des Reichs künftig gemessen werden sollten. Hier begann die Mese (später Divan Yolu), die Paradestraße, die vom Palastviertel aus westwärts verlief und die prunkvollen neuen Plätze passierte. Entlang der Mese erreichte man zuerst – gebaut auf einen Friedhof jenseits der Stadtmauern des früheren Byzantion – das elliptische Konstantinsforum, in dessen Mitte eine (teilweise bis heute erhaltene) Säule mit einer Statue Apollons stand, die als Abbild Konstantins umgedeutet wurde. Westlich des Forums gabelte sich die Mese. Ihre verschiedenen Abzweigungen führten zu den Stadttoren in der Landmauer. Entlang dieser Hauptstraßen errichteten Konstantins Nachfolger weitere prunkvolle Foren wie das Forum des Theodosios (heute Beyazit-Platz), das Forum Bovi (Ochsenforum, heute in Aksaray) oder das Forum des Arkadios (heute in Haseki). Letzteres wurde von einer 50 Meter hohen Säule mit einer Reiterstatue überragt, von der heute nur noch der Sockel steht. Die Pracht, die sich hier binnen weniger Jahre entfaltete, muss für die Zeit beachtlich gewesen sein, obwohl der zynische Historiker Zosimus behauptet, dass viele von Konstantins Bauten sogleich nach ihrer Fertigstellung einstürzten.[7]

Brot und Spiele, in heutigen Begriffen Grundversorgung und Unterhaltung – die Formel, mit der sich die Kaiser die Loyalität der römischen Bevölkerung gesichert hatten –, durften auch in Konstantins Nova Roma nicht fehlen. Unmittelbar angrenzend an den neuen Kaiserpalast entstand eine gewaltige Pferderennbahn, deren Anlage teilweise bis heute erkennbar ist. Das 430 Meter lange und 120 Meter breite Hippodrom, wegen des abfälligen natürlichen Geländes teilweise auf einem eigenen, mehrere Stockwerke hohen Unterbau errichtet (der bis heute erhalten ist), war die lokale Variante des Kolosseums. Allerdings waren die hier stattfindenden Pferderennen eine humanere Sportart als die menschenverachtenden Gladiatorenspiele Roms. Bereits zur Einweihung Konstantinopels am 11. Mai 330, nach nur sechs Jahren

Bauzeit, wurden Rennen abgehalten und die angrenzenden prächtigen Zeuxippos-Bäder eingeweiht. Den römischen Familien, die in die neue Hauptstadt umzogen und dort bauten, versprach Konstantin kostenlose Versorgung mit Brot.[8]

Und doch war Nova Roma nicht einfach eine Kopie der alten imperialen Hauptstadt. Zum einen hatte Konstantin als erster Kaiser seit langem wieder alle Macht im Reich in seiner Person vereinigt und mühte sich, ähnlich wie vor ihm Diokletian (reg. 284–305), sich als Gottkaiser *(dominus et deus)* zu inszenieren. Diokletian hatte im späten 3. Jahrhundert begonnen, sich von Volk und Heer fernzuhalten, seine Auftritte durch Trompetenstöße, Wachen und Herrschaftsinsignien zu inszenieren und seinen Hof *sacra aula* zu nennen.[9] Im Unterschied zu ihm bediente sich Konstantin jedoch einer neuen Legitimationsquelle: des Christentums. Schon seit der frühen Kaiserzeit in Rom galt das klassische Pantheon als hierarchisch, arrogant und unnahbar. Würden die althergebrachten Götter die Menschen in den zunehmend unruhigen Zeiten denn wirklich behüten? Alternativen boten exotische und esoterische Kulte, deren Herkunft in den südlichen und östlichen Gebieten des Reichs lag. Kulte, die von menschlichen Inkarnationen eines Gottes und von Auferstehung handelten, eine Gemeinschaft der Gläubigen versprachen und sich über Standesgrenzen hinwegsetzten, genossen großen Zulauf. Neben der Throngöttin Isis aus Ägypten, der Muttergöttin Kybele aus Kleinasien und dem Lichtgott Mithra aus Persien erfreute sich eine häretische Lehre aus Palästina einer wachsenden Anhängerschaft, die Jesus von Nazareth zum Messias des jüdischen Glaubens erklärte.[10] Während die bekennenden Anhänger dieser Sekte der Christen zunächst als Staatsfeinde bekämpft wurden, protegierte Konstantin sie seit seiner Machtergreifung 312 im Westen des Römischen Reichs.[11] In seiner neuen Stadt ließ er mehrere Kirchen bauen, darunter die monumentale Hagia Irene und die Apostelkirche, in der Reliquien der Aposteln bewahrt wurden und wo sich auch das Mausoleum für Konstantin befand (an der Stelle der heutigen Fatih-Moschee, *Fatih Camii*).

Dennoch bedeutete die Protektion des Christentums durch den Kaiser kein unmittelbares Ende der klassischen oder der esoterischen Kulte. Diese blieben noch lange Zeit toleriert. Zum einen gab es noch keine etablierte eigene christliche Kunst, so dass man für viele Darstellungen auf die traditionelle Bildsprache zurückgriff. Zum anderen vermischten sich mit dem Christentum Elemente der anderen Mysterienkulte: Der Sonnengott in seinen römischen, griechischen und persischen Ausprägungen (Sol, Helios/Apollon und Mithra) hinterließ Spuren, etwa indem der »Tag der Sonne« zum wöchentlichen Ruhetag erklärt oder die Wintersonnenwende (25. Dezember) nicht nur als Geburtstag des Sol Invictus (»unbesiegte Sonne«) angesehen, sondern mit dem Tag von Christi Geburt gleichgesetzt wurde. So verwundert es nicht, dass der dem Christentum gewogene Konstantin sich auf seinem eigenen Forum als Apollon darstellen ließ. Dies war seine Variante von Diokletians Gottkaiserkult, in dem der Kaiser der einzige Vertreter Gottes auf Erden sein sollte. Wie persische oder hellenistische Könige vor ihm, begann Konstantin, ein Diadem zu tragen.[12]

Der heidnische Historiker Zosimus begründete sogar Konstantins Umzug aus Rom damit, dass der Kaiser dem Groll der dortigen, mehrheitlich altgläubigen Bevölkerung über seine Apostasie entfliehen wollte. Zosimus musste aber feststellen, dass die neue Herrscherstadt mit heidnischen Denkmälern aus allen Ecken des Reichs geschmückt war, wenn sie auch eher Trophäen waren als Gegenstände der Verehrung. Ein Teil des Hippodroms war ein Heiligtum der Dioskuren, in der Mitte der Rennbahn war der Dreizack des Apollon aus Delphi aufgestellt, angeblich geformt aus den eingeschmolzenen Schilden der im Kampf besiegten Perser. Auf einem Forum begegnete man einem Denkmal der Muttergöttin Kybele aus Kyzikos und einer römischen Fortuna samt Tempel.[13] Der Christ Eusebius interpretierte die heidnischen Statuen im Stadtbild als spöttisches Bloßstellen der Götzenbilder.[14] Naheliegender ist aber eine andere Erklärung: Konstantins Hauptstadtumzug war mit sechs Jahren sehr ambitioniert, bei der Einweihung war Nova Roma noch eine riesige Baustelle. Indem man auf alte, schon vorhandene Denkmäler zurückgriff, kam man weit schneller an bedeutende Kunstwerke, als wenn man sie erst in Auftrag gegeben hätte. Wie hätte auch eine christliche Kunst aussehen sollen? Sie musste ja erst noch eine Formensprache finden. Was womöglich als Improvisation begann, wurde zur Tradition: Theodosios I. (reg. 379–395) ließ einen aus dem Jahr 1490 v. Chr. stammenden Obelisken aus Ägypten heranschaffen, der bis heute auf dem Hippodrom steht.

Der Kaiser, der dem Christentum zum Durchbruch verholfen, die Macht seiner Familie konsolidiert und die Basis zu einer Welthauptstadt seines Namens gelegt hatte, konnte die Früchte seiner Arbeit kaum genießen. Zu oft war er für weitere Kriege fern von Nova Roma, zu lange dauerte der eigentliche Aufbau der Stadt. Nichtsdestotrotz wurde Konstantins neues Rom bereits nach wenigen Generationen zu einer einzigartigen Erfolgsgeschichte. Von überallher strömten Menschen in die neue Reichshauptstadt. Hatte Konstantin die Stadtmauer bereits bedeutend erweitert, so dass sie sechs Quadratkilometer umschloss, reichte diese schon um 400 nicht mehr aus, da die Bevölkerung 70 Jahre nach der Gründung etwa 200 000 bis 300 000 Menschen umfasste. Konstantins Zuzugsprämien wurden deshalb abgeschafft. Der bis heute erhaltene Aquädukt des Valens wurde 368 als letztes innerstädtisches Teilstück der Wasserleitung aus den umliegenden thrakischen Bergen in Betrieb genommen, doch bereits 382 herrschte Dürre, so dass neue Wasserleitungen zu neuen Quellen verlegt werden mussten. Schreiber wie der oben erwähnte Zosimus beklagten bereits die Gefahren des ständigen Verkehrsstroms aus Menschen und Tieren in den Straßen der Stadt. Doch wegen der großen Nachfrage nach Baugrund erlaubten laut dem Historiker die Kaiser eine so dichte Bebauung, dass man weder auf den Straßen noch in seinen eigenen vier Wänden der Enge entfliehen konnte. Selbst auf das Wasser wichen Bauherren aus und errichteten auf Pfählen, die in den Meeresgrund eingerammt wurden, Viertel so groß wie eigene Städte.[15] Eine Verordnung legte den Mindestabstand zwischen zwei Häusern schließlich auf viereinhalb Meter fest. Theodosios II. verschaffte der Stadt zu Beginn des 5. Jahrhunderts die Mauererweiterung, so dass sich der *inter mures*-Raum auf zwölf Quadratkilometer verdoppelte und gleichzeitig eine scheinbar uneinnehmbare Befestigungsanlage die Stadt vor einer Invasion schützte.

Als Konstantin 337 starb, war seine Stadt noch weitgehend eine Baustelle und die Bevölkerung überschaubar; religiöse Toleranz und dynastische Konsolidierung schienen eine neue Stabilität zu ermöglichen, die im alten Rom vermutlich nicht mehr möglich gewesen wäre. Doch die Kämpfe zwischen Konstantins Söhnen einerseits und den Kindern seiner Stiefmutter Theodora, an denen sich die in und um Konstantinopel anwesenden Militärs eifrig beteiligten und die zu mindestens neun Morden an Mitgliedern von Theodoras Familie führten, waren ein Vorgeschmack darauf, wie Machtfragen in den kommenden Jahrhunderten trotz dynastischen Prinzips oft gelöst wurden.

Im Verlauf des späteren 4. Jahrhunderts, als die Stadt rapide wuchs, zeichneten sich bereits drei Dauerkonflikte ab, die sich durch die Jahrhunderte der Geschichte Konstantinopels ziehen sollten. In Zeiten der wirtschaftlichen Prosperität musste die Stadt zahlreiche Menschen aus entfernten Regionen anziehen, um die Arbeit in der Stadt zu verrichten. Doch der Zuzug von Arbeitskräften wurde nicht nur von den Bedürfnissen der Stadt gesteuert, sondern auch von den Lebensbedingungen in den Provinzen, die als Arbeitskräftereservoir dienten. Bei ungünstigen Bedingungen, etwa aufgrund von witterungsbedingten Ernteausfällen, Bevölkerungsüberschuss oder schlechter Verwaltung, versuchten die Bewohner auch ohne tatsächliche Nachfrage nach Arbeitskraft ihr Glück in der Stadt. Wenn es einen solchen erhöhten Abwanderungsdruck aus den Provinzen gab, aber ebenso wenn die wirtschaftliche Konjunktur Konstantinopels einen plötzlichen Einbruch erlitt, waren die Straßen voll von Menschen, die nur schwer in die städtische Gesellschaft integrierbar waren. Aufgrund ihrer Herkunft aus entfernten Gebieten fielen sie in besonderer Weise auf, wegen ihrer exotischen Kleidung, ihrer rudimentären Beherrschung des Griechischen (oder später Türkischen) und gelegentlich wegen ihrer Hautfarbe. Die Heimkehr war für sie wenig attraktiv, denn der Fußmarsch oder die Schiffsreise in ihre Heimat waren oft nur schwierig zu bewältigen.

Die Frage nach dem »Recht auf Stadt« im Sinne Lefebvres stellt sich bereits hier, mit Blick auf diesen mobilen Teil der Stadtbevölkerung. Gelang es nicht, diese Menschen zu versorgen, durch Unterhaltung bei Laune zu halten oder ihnen zumindest das Gefühl zu vermitteln, Teil der hauptstädtischen Gesellschaft zu sein, konnte dies einerseits zu unbotmäßigen Gegenkulturen führen. Dies wiederum konnte womöglich die innere Sicherheit und das Wohlbefinden der übrigen Einwohner beeinträchtigen. Die Alternative, die mobile Bevölkerung durch gewaltsame Maßnahmen, Zuzugsbeschränkungen oder Kontrolle in den Griff zu bekommen, war zwar das Ziel vieler späterer Herrscher, doch oft mit großen Schwierigkeiten verbunden. Andererseits war auch die Versorgung einer wachsenden Stadtbevölkerung nicht leicht. Sie war insbesondere dann gefährdet, wenn die Nachschubrouten bedroht waren. So konnten sich Piraterie oder Kriege auf die Getreidelieferungen aus Ägypten auswirken. Die enge Verzahnung von Fragen der Arbeitskraft, der Versorgung, der Verkehrswege und des innerstädtischen Friedens und Zusammenhalts zeichnete sich also bereits früh ab.

2.
Die Wiedergeburt Roms

Konstantinoupolis unter Justinian und der Nika-Aufstand

Durchschnittlich einmal die Woche herrscht Ausnahmezustand in der *global city* Istanbul. Der Feierabendverkehr, schon sonst rekordverdächtig langsam, kommt komplett zum Erliegen. Menschenmassen schieben sich durch die Straßen, es fließt Bier in Strömen, Nebelkerzen produzieren Rauchschwaden, und die Sprechchöre der Menge werden durch dröhnende Musik aus den Geschäften unterstützt. Auf den Straßen müssen die Passanten einen Bogen machen um Pfützen aus Urin oder Erbrochenem.

»Maç var« (gesprochen: Matsch war) lautet der knappe Kommentar der meisten Beobachter dieses Treibens: »Es gibt ein Spiel.« Und das gibt es über die Stadt verteilt fast immer: Fünf der achtzehn Fußballmannschaften in der ersten türkischen Liga sind aus Istanbul und tragen den Namen ihres jeweiligen Stadtteils. Da diese Vereine meist die ersten Plätze unter sich entscheiden, häufen sich Ligaspiele, Pokalspiele, Champions-League- und UEFA-Cup-Spiele. Doch während der Verein aus dem bescheidenen Hafenviertel Kasımpaşa und der durch üppige Subventionen der Zentralstadtverwaltung in kurzer Zeit ohne Basis etablierte Club Başakşehir nur eine verhältnismäßig bescheidene Anhängerzahl haben, kommen zu den Spielen der drei großen und finanziell gutgestellten Traditionsclubs Beşiktaş, Fenerbahçe und

Galatasaray stets mehrere Zehntausende. Weitere Zehntausende Fans feiern in den Kneipen und auf den Straßen des jeweiligen Stadtteils. Die Zahl derjenigen, die sich an den Spieltagen in den Vereinsfarben kleiden – Schwarz-Weiß für Beşiktaş, Blau-Gelb für Fenerbahçe und Rot-Orange für Galatasaray –, geht in die Hunderttausende. Besonders aufgeladen ist die Atmosphäre bei den Derbys, wenn die großen Teams aufeinandertreffen. Unrühmliche Bekanntheit erlangte beispielsweise der 12. Mai 2012, als nach dem Finale zwischen Fenerbahçe und Galatasaray das Stadion im Nebel von Leuchtmunition und Tränengas versank, die herausgerissenen Sitze als Wurfgeschosse dienten und auch auf den Straßen die Auseinandersetzungen zwischen Polizei und Fans beider Clubs noch lange weitergingen.

Viele Beobachter wundern sich, dass nach der autoritären Wende in der Türkei dem ungezügelten Treiben auf der Straße nach wie vor kaum Einhalt geboten wird. Gleichzeitig rätseln so manche Bürger über das Verhalten vor allem junger Männer, die an Spieltagen die ansonsten in der Istanbuler Gesellschaft geschätzten Regeln der Höflichkeit grob missachten. Es wird spekuliert über die Verrohung des modernen Menschen in der Großstadt, über den Sport als Ventil für den Druck der neoliberalen Wirtschaftsordnung oder ob die Fanclubs nicht eigentlich eher als politische Verbindungen anzusehen sind. Dabei ist das Phänomen an sich gar nicht neu, sondern fast so alt wie die Stadt selbst, und die organisierten Fans sind eher friedlicher geworden als in den alten Zeiten.

»Eine Seelenkrankheit?« – Der Sportfanatismus im 6. Jahrhundert

Das Stadion von Beşiktaş hat seit seiner Erweiterung 2016 42 000 Sitzplätze. Damit ist es nur unwesentlich größer als das 40 000 Zuschauer fassende Hippodrom im Herzen der antiken Stadt, von dem man heute noch Teile der Rennbahn und des Unterbaus, nicht aber die Tribünen sehen kann. Das Konstantinopel der Kaiserzeit kannte bereits die fanatischen organisierten Sportanhänger, die durch ihre Massen den Alltag der Stadt zum Erliegen brachten und die Ordnungsmacht beschäftigten. Beinahe hätten sie es sogar geschafft, die Macht an sich zu reißen und den Verlauf der Weltgeschichte zu ändern. Von ihrem Scheitern zeugt bis heute die Hagia Sophia, die 1000 Jahre lang die größte Kirche der Welt war.

Schon antike Beobachter standen fassungslos vor dem Phänomen des Sportfanatismus. Der Chronist des 6. Jahrhunderts, Prokop von Caesarea (in Palästina), schildert die damaligen Fangemeinschaften, die Zirkusparteien:

> »Die Demen (Stadtbezirksgemeinden, Anm. MF) in jeder Stadt sind seit alters in Venetoi (Blaue) und Prasinoi (Grüne) gespalten, doch es liegt noch nicht lange zurück, daß sie um dieser Namen und ihrer Zuschauerplätze willen ihr Geld vergeuden, sich härtesten Mißhandlungen aussetzen und selbst den schimpflichsten Tod nicht scheuen. Sogar Schlachten fechten sie mit der Gegenpartei aus, ohne recht zu wissen, warum sie sich in solche Gefahr stürzen, und sind sich nur des einen sicher, daß auch nach einem Sieg über die Widersacher nichts anderes auf sie wartet, als sofort ins Gefängnis abgeführt, dort auf das schwerste mißhandelt und schließlich hingerichtet zu werden. So wächst in ihnen ohne wirkliche Veranlassung der Haß gegen den Nächsten, und dieses Gefühl dauert in alle Ewigkeit und läßt weder Verschwägerung noch Blutsverwandtschaft noch auch das Gesetz der Freundschaft gelten, selbst wenn die nach den Farben getrennten Parteigänger Brüder oder sonst dergleichen sind. Gilt es den Sieg dieser Farben, so kümmern sie sich weder um göttliche noch menschliche Dinge, und es hat nichts zu sagen, wenn darüber von jemand ein Sakrileg begangen wird oder Gesetz und Staatsverfassung durch eigene Leute oder Feinde Gewalt leiden; sie kehren sich auch nichts daran, wenn sie vielleicht das Lebensnotwendige entbehren müssen und in bitterster Bedrängnis das Vaterland durch sie zu Schaden kommt. Wichtig ist nur, daß es ihrem Meros (Teil) – so heißen sie ihre Parteigänger – gut gehen wird. Selbst Frauen beteiligen sich bei ihnen an diesem verbrecherischen Treiben, indem sie sich nicht nur ihren Männern anschließen, sondern gegebenenfalls auch gegen sie auftreten; dabei gehen Frauen doch gar nicht ins Theater, und es gibt auch sonst keinen Grund, der sie zu einem derartigen Verhalten bestimmen könnte. Ich kann daher dies nur als eine Seelenkrankheit bezeichnen.«[1]

Ähnlich ratlos wie Prokop haben sich die nachfolgenden Generationen von Historikern erwiesen.[2] Immer wieder haben sie gerätselt, warum die frühen Konstantinopolitaner bereit waren, ihren Wohlstand, ihre Freiheit und sogar ihr Leben aufs Spiel zu setzen für eine so belanglose Frage wie die, wer einen sportlichen Wettbewerb gewinnt. Materialistisch denkende Historiker wollten in der Auseinandersetzung zwischen Grünen und Blauen einen Klassenkampf sehen, mussten sich aber bald eingestehen, dass unter den Anhängern der beiden großen Parteien gleichermaßen Handwerker waren wie Kaiser, Senatoren und Patrizier. Fehl geht ebenso die Deutung, dass es sich um einen ethnischen Konflikt zwischen den in Ostrom dominierenden Griechen und den Ostlern, also Syrern, Ägyptern und Juden, handelte. Die Quellen geben kaum Hinweise, dass die Anhängerschaften ethnisch polarisiert waren. Historiker, die religiöse Intoleranz als Hintergrund annehmen, können zu Recht auf die seit dem 5. Jahrhundert weit verbreiteten Konflikte zwischen den in Alexandria dominanten Vertretern des Monophysitismus und der Orthodoxie in Konstantinopel verweisen. Seit den 420er Jahren stritten die Christen des östlichen Mittelmeerraums um eine aus heutiger Sicht haarspalterische Frage: War Maria »nur« die Mutter von Jesus oder war sie die Mutter Gottes (die monophysitische Position)? Zwar hatten die oströmischen Kaiser sich in den 480er Jahren um eine Kompromissformel bemüht, nachdem das Konzil von Chalkedon (Kadıköy) den Monophysitismus 451 verurteilt hatte, doch blieben die Spannungen zwischen den Anhängern der verschiedenen Lehrmeinungen bis ins 6. Jahrhundert bestehen. Allerdings unterstützten beide Zirkusparteien mehrheitlich – wie die Bevölkerung der Reichshauptstadt überhaupt – die Orthodoxie.[3] Wer hingegen in den Auseinandersetzungen nur »ein bisschen Radau« zum Stressabbau in der überbevölkerten Stadt und eine kurzzeitige Flucht aus der stark hierarchischen Stadtgesellschaft sieht, kann schlecht erklären, dass die Kontrahenten selbst vor Totschlag, auf den die Todesstrafe stand, nicht zurückschreckten. Es bietet sich deshalb wohl an, bereits bei diesem Konflikt von einer Auseinandersetzung um das »Recht auf Stadt« auszugehen. Die Einwohner Konstantinopels wollten laut Joanna Ayaita bei der Machtausübung im Staat und in ihrer Stadt wieder einbezogen werden. Sie wollten ihren alten Einfluss zurückgewinnen und als eine wichtige Instanz in den Angelegenheiten des Reichs gelten, anstatt von den Kaisern nach Gutdünken behandelt zu werden.

Die Machtbalance im Römischen Kaiserreich wurde seit dem 4. Jahrhundert mehrfach neu ausgehandelt. Wie im letzten Kapitel beschrieben, riss Konstantin die alleinige Macht im Römischen Reich an sich, indem er seine Rivalen in Schlachten besiegte. Seine Herrschaft stützte sich aufs Militär, und mit dessen fortwährender Unterstützung konnte er hoffen, sich über die mächtigen Familien Roms hinwegzusetzen und in seinem Nova Roma eine neue Ordnung zu etablieren.[4] In den folgenden Jahrzehnten kam die Kirche als weiterer Machtfaktor hinzu. Zwar wurden auch die auf Konstantin folgenden Herrscher in der Regel zunächst von den Soldaten zum Kaiser ausgerufen. Allerdings folgte hierauf ab 457 eine Krönung durch den Patriarchen.[5] Außerdem lebte in Konstantinopel eine nicht zu unterschätzende Gruppe von etwa 10 000 Mönchen, die in diesen frühen Jahren des Christentums noch nicht innerhalb von hierarchischen Verbünden und unter Abwendung vom städtischen Leben ihrer Berufung nachgingen. Stattdessen lebten sie in kleinen, dezentralen Gruppen, widmeten sich karitativen Werken und intervenierten hin und wieder bei kaiserlichen Entscheidungen, wenn diese kirchliche Angelegenheiten betrafen.[6] Mitunter verschafften sich auch diejenigen Teile der Stadtbevölkerung Gehör, die weder der Oberschicht noch der Kirche oder dem Militär angehörten. Hier spielten das Hippodrom und die beiden großen Zirkusparteien eine bedeutende Rolle.

Ein prekäres Ritual der Macht: Der Kaiser und das Hippodrom

Es gehörte zu den öffentlichen Aufgaben des Kaisers, den Einwohnern seiner Hauptstadt außer militärischem Schutz und der Grundversorgung (Brot) auch öffentliche Unterhaltung (Spiele) zu bieten. Da die blutigen Gladiatorenspiele, die noch die römische Stadtbevölkerung im Kolosseum begeistert hatten, als unvereinbar mit den Geboten des Christentums galten, wurden die Wagenrennen im Hippodrom zur Hauptattraktion in Nova Roma. Zwar finanzierten die Kaiser oder auch die Senatoren diesen Sport, die Organisation lag aber in den Händen der Zirkusparteien, zu denen neben den Grünen und Blauen die Roten und Weißen gehörten. Letztere verloren im Laufe der Zeit an Einfluss, so dass die Erstgenannten die Spiele, die Loyalitäten und das städtische Geschehen dominierten.

Zu den Pflichten des Kaisers und seines Gefolges gehörte es, den Rennen und Spielen im Hippodrom beizuwohnen. Ihr Platz war die Kaiserloge, die *Kathisma*, die der Herrscher und die ihn begleitenden Würdenträger durch einen eigenen Zugang unmittelbar aus dem Palast erreichten; das Hippodrom schloss direkt an die Außenmauer des Kaiserpalastes an. Ein Relief aus dem 4. Jahrhundert auf dem Sockel des ägyptischen Obelisken im Hippodrom zeigt, wie Kaiser Theodosios I. das Pferderennen verfolgt. Das Hippodrom wurde zu dem Ort, wo der Herrscher am unmittelbarsten mit großen Teilen der Bevölkerung der Reichshauptstadt in Berührung kam.

Öffentliche Demonstrationen der Zustimmung des Volkes konnten einem Herrscher dienlich sein, wenn es galt, Unzufriedenheit in Schach zu halten und politische Rivalen kaltzustellen. Theodosios II. beispielsweise nutzte das Hippodrom 425, um die Niederlage des Gegenkaisers Johannes zu verkünden.[7] Klug inszenierte Demonstrationen von öffentlichem Missfallen wiederum konnten dem Herrscher dazu dienen, aus angeblicher Rücksicht auf den Volkswillen seine Versprechungen nicht zu halten.[8] Ab 473 wurde es üblich, dass die Kaiserkrönung im Hippodrom stattfand, wo eine große Menge die Zeremonie verfolgen und ihre Zustimmung zum Ausdruck bringen konnte.[9] Die Zirkusparteien waren Teil dieser öffentlichen Inszenierung von Macht, nicht allein weil die Kaiser sie in ihr Kalkül einbezogen, sondern auch weil sie selbst vom allgemeinen Pferderennfieber und der Begeisterung über die gefeierten Wagenlenker erfasst wurden. Theodosios II., der Erbauer der bis heute existierenden Mauer, war Anhänger der Grünen, sein kurzzeitiger

Nachfolger Markian (reg. 450–457) bevorzugte die Blauen. Unter Zenon (reg. 474–491) waren wieder die Grünen die Favoriten.[10]

Die Sitzordnung im Hippodrom wurde von der kaiserlichen Gunst bestimmt. Theodosios II. beispielsweise vergab die Plätze in unmittelbarer Nähe der Kaiserloge, sowohl zu seiner Linken als auch direkt gegenüber, an die Grünen. So konnte er darauf hoffen, dass ihm nur die Sprechchöre der ihm wohlgesinnten Besucher zu Ohren kamen, während die Blauen und andere Sportanhänger in sicherem Abstand blieben.[11]

Die Hippodrombesucher waren nicht immer treue und leicht manipulierbare Untertanen. Das Spiel mit der öffentlichen Zustimmung konnte den Kaisern, wenn sie nicht achtgaben, leicht auf die Füße fallen. Gewalttätige Tumulte und politische Forderungen konnten die Harmonie zwischen Herrscher und Beherrschten schnell ins Wanken bringen. Die Stadtbevölkerung sah dies als Chance, ihren Einfluss in dem ansonsten hierarchisch monarchischen Staat geltend zu machen.

Sprechchöre waren Teil des Rituals. Durch Lobpreisungen konnten Anhänger der Kaiser oder anderer Amtsinhaber eine Harmonie zwischen Herrscher und Volk inszenieren – was die Anwesenden jedoch auch zu ihrem eigenen Vorteil nutzten. Mitunter enthielten die Sprechchöre politische oder religiöse Forderungen. Dann stand der Kaiser unter Zugzwang. Entweder ignorierte er sie, indem er so tat, als habe er sie nicht gehört oder als unterstützten zu wenige Anwesende eine bestimmte Forderung. Oder er konnte der Forderung nachgeben, woraufhin die Fordernden in Huldigungen ihres gerechten Herrschers ausbrachen, so dass der Anschein der Harmonie zwischen Herrscher und Volk wiederhergestellt war. Wies er aber die Forderung ausdrücklich zurück, riskierte er negative Reaktionen, womit der Konflikt zwischen Herrscher und Beherrschten vor allen Augen sichtbar geworden wäre.

Zu einem besonders heiklen Moment kam es beim Tod eines Kaisers. Oft fiel die endgültige Entscheidung, wer Thronnachfolger wurde, erst nach dem Ableben des alten Herrschers. Wer in diesem Moment taktisch klug handelte, konnte Einfluss auf die Entscheidung nehmen. In dieses Geschehen schaltete sich in einigen Fällen auch die im Hippodrom versammelte Stadtbevölkerung ein. Als der unbeliebte Kaiser Zenon 491 verstarb, trat der Senat zusammen, um einen Nachfolger zu bestimmen. Währenddessen füllte sich das Hippodrom. Sprechchöre ertönten. Zenon war Isaurier gewesen, stammte also von der kleinasiatischen Mittelmeerküste beim heutigen Anamur. Die Isaurier waren zwar im Heer einflussreich, in Konstantinopel aber als barbarisch verschrien. Bereits 473 wurden bei Ausschreitungen im Hippodrom etliche der anwesenden Isaurier massakriert. Ferner hatten Zenons religionspolitische Kompromissformeln und seine angebliche Habgier die Stadtbevölkerung erbost. Seine Witwe Ariadne verhandelte mit den im Hippodrom Versammelten und machte dabei weitgehende Zugeständnisse. Die Kaiserin bat die Anwesenden, das Votum des Senats abzuwarten, versprach aber, dass der Nachfolger ihres Mannes Romäer (also aus der griechisch geprägten Leitkultur), orthodoxer Glaubensrichtung und nicht habgierig sein werde. Schließlich musste sie überdies die Absetzung des ebenfalls als gierig angesehenen Stadtpräfekten zugestehen. Der neue Kaiser trat dann gleich zweimal vor den Versammelten auf, um zu zeigen, dass ihre Forderungen Erfolg gehabt hatten.[12]

Der Konflikt zwischen Zirkusparteien und der Ordnungsmacht spitzt sich zu (491–527)

Die Kaiserwahl fiel unter diesen Umständen auf den bereits betagten Kämmerer Anastasios (reg. 491–518), doch die Spannungen mit der städtischen Bevölkerung und insbesondere den Zirkusparteien hielten an. Im Gegensatz zu seinen Vorgängern unterstützte Anastasios weder die Grünen noch die Blauen, sondern wählte die weitaus kleinere Partei der Roten. Er wollte wohl signalisieren, dass er die Wagenrennen prinzipiell unterstützte, die dominante Rolle der beiden großen Parteien jedoch nicht. Wagenrennen sollten wieder zum reinen Sport und nicht mit Politik und Straßengewalt vermischt werden.[13]

Doch in der Regierungszeit von Anastasios erreichte die Beliebtheit der Wagenrennen einen neuen Höhepunkt. Während zuvor auf der Mittelbahn des Hippodroms nur Statuen und Reliefs von Kaisern sowie antike mythische Objekte gestanden hatten – unter anderem die bis heute vorhandene dreiköpfige Schlange des Orakels von Delphi und der ägyptische Obelisk –, wurden nun auch Statuen von erfolgreichen Wagenlenkern aufgestellt. Allein der herausragende mehrfache Sieger Porphyrios, der von der ganzen Stadt und darüber hinaus verehrt wurde, soll mit sieben Abbildern geehrt worden sein. Als er nach vielen Erfolgen von den Blauen zu den Grünen wechselte, kam es sogar im fernen Antiochia zu blutigen Unruhen.[14]

Auch in der Hauptstadt nahmen die gewaltsamen Auseinandersetzungen der rivalisierenden Anhänger zu, bereits 491 kam es zu Randalen. Um 505 soll sogar ein Sohn des Kaisers bei Stadionunruhen ums Leben gekommen sein. Anlass war ein härteres Vorgehen gegen Randalierer: Der neue Stadtpräfekt Julianos verfasste bald nach seiner Berufung einen Erlass, der Randalieren im Hippodrom mit Hausverbot bestrafen sollte. Ferner gab es Verbannungen von Mitgliedern der Zirkusparteien und eine Art standrechtliche Bestrafung von Krawallmachern unmittelbar nach ihrer Ergreifung. Allein die Bitte, verhaftete Steinewerfer wieder freizulassen, konnte Anastasios zum Einsatz seiner Garde reizen. Trotz der verschärften Maßnahmen vermochte er nicht, die Gewalttätigkeit der Zirkusparteien zu beenden, und provozierte wegen seiner Bevorzugung der Monophysiten auch noch religiös motivierte Gegendemonstrationen.[15]

Vom Zirkus für den Zirkus: Das frühe Leben von Justinian und Theodora

Auf Anastasios folgte für lediglich neun Jahre der vom Balkan stammende Offizier Justin. An dessen Seite wurde schon bald sein ambitionierter Neffe zum wichtigen Protagonisten und schließlich zu seinem Nachfolger als Kaiser. Flavius Petrus Sabbatius Iustinianus stammte aus Tavresion (unweit des heutigen Skopje) in Makedonien, seit seiner Thronbesteigung nannte er sich Justinian.

In eine Bauernfamilie geboren, hochgebildet und lange als Offizier tätig, war Justinian zunächst Mitkaiser seines kränkelnden Onkels, ehe er nach dessen Tod 527 alleiniger Herrscher wurde. In Tavresion wurde Latein gesprochen, und es ist überliefert, dass Justinian Griechisch mit einem starken Akzent sprach, was die Konstantinopolitaner die Nase rümpfen ließ.

Das frühe Leben des Kaisers Justinian und vor allem seiner Ehefrau, der Kaiserin Theodora, ist eng mit den Zirkusparteien verflochten. Justinian soll ein leidenschaftlicher Anhänger der Blauen gewesen sein, und noch als Konsul beschenkte er die Sieger großzügig und spendete Tiere für die Zirkusauftritte.[16] Theodora wuchs im Zirkusmilieu auf. Laut Prokops *Geheimgeschichte* war sie die zweitälteste unter den drei Töchtern von Akakios, dem Wärter für die Zirkustiere der Grünen. Die Parteien veranstalteten nicht nur Pferderennen, sondern ebenfalls Zirkusauftritte. Als Akakios an einer plötzlichen Krankheit starb, heiratete die Witwe schnell wieder, in der Hoffnung, dass ihrem neuen Ehemann dieselbe Stelle anvertraut werde und so das Auskommen der Familie gesichert sei. Angeblich soll der grüne Zirkusmeister Asterios jedoch bestochen worden sein, die Stelle einem anderen Mann zu geben und die Familie des Akakios vor die Tür zu setzen. Daraufhin begann die Witwe mit ihren drei kleinen Töchtern eine Art Mahnwache bei einer Zirkusveranstaltung, um mit Unterstützung des Publikums die Stelle für ihre Familie zurückzuerhalten. Während diese Aktion die Grünen kaltließ, beriefen die Blauen die geschasste Familie als Tierwärter, vermutlich um das Ansehen der Gegenpartei herabzusetzen.[17]

Theodoras Herkunft aus dem Zirkusmilieu galt nach den Standards nicht nur der spätrömischen Gesellschaft als moralischer Makel. Laut Prokops *Geheimgeschichte*, in der er sein Bestes tut, den Ruf der Kaiserin zu ruinieren, trat sie im Theater in lasziven Szenen auf – angeblich legte sie sich nur mit einer Art Bikini bekleidet auf die Bühne und ließ Gänse auf ihrem Körper verstreute Gerstenkörner aufpicken – und arbeitete in verschiedenen Städten des Reichs als Prostituierte. Als sich bei einem ihrer Auftritte der damalige Senator Justinian in sie verliebte, kehrte sie dem Showgeschäft den Rücken und zog mit ihm zurück nach Konstantinopel. Dort arbeitete sie bescheiden als Spinnerin und hoffte auf eine baldige Hochzeit mit Justinian. Indes war die Ehe zwischen einem Senator und einer Schauspielerin verboten, so dass der Heiratswillige zunächst mühselige Überzeugungsarbeit bei seinem Onkel und vor allem seiner Tante leisten musste, ehe Justin das Gesetz aufhob.[18]

Vorspiel im Hippodrom: Die Grünen klagen den Kaiser an

Von Beginn ihrer Regentschaft an verfolgten Justinian und Theodora den ambitionierten Plan, die »römische Welt« *(orbis romanus)* in altem Glanz wiedererstehen zu lassen. Dazu sahen sie sich von Gott berufen.[19] Wer aber seinen Herrschaftsauftrag direkt von Gott erhält, fragt die Menschen nicht um ihre Zustimmung. Es verwundert deswegen nicht, dass die Bevölkerung von Konstantinopel sich vom politischen Geschehen ausgeschlossen fühlte. Anders als seine Vorgänger ließ Justinian die Krönungszeremonie im Palast und nicht im Hippodrom stattfinden. Möglicherweise führten auch seine Steuererhöhungen trotz der unter Anastasios gebildeten Haushaltsreserven und ein erfolgloser Feldzug gegen das Perserreich zu seiner Unbeliebtheit in den frühen Jahren. Ausschlaggebend für den Unmut waren jedoch die eskalierenden Auseinandersetzungen zwischen den Zirkusparteien, Justinians harte Haltung gegenüber Randalierern sowie generell seine Unnahbarkeit gegenüber den Bewohnern der Hauptstadt.

Einen Eindruck von der angespannten Stimmung bietet ein Wortwechsel, der vermutlich unmittelbar vor Ausbruch der Unruhen stattgefunden hat. Bei Justinians Erscheinen im Hippodrom verursachten die Grünen ein solches Getöse, dass der Kaiser genötigt war, sich vor Beginn der Spiele ihre Klagen anzuhören. Er sprach aber nicht direkt mit den Lärmmachern, sondern überließ die Verhandlung einem Herold, der aus seiner Abneigung gegenüber den Grünen keinen Hehl machte. Die Grünen klagten, dass sie sich in ihrer eigenen Stadt nicht mehr daheim und sogar verfolgt fühlten: »Wir wissen nicht mehr, dreifach Erhabener, wo der Palast oder die Regierung sind; wir kennen die Stadt nur noch vom Rücken eines Esels aus.«

Auf einem Eselsrücken durch die Stadt geführt zu werden bedeutete eine Schmach und war für überführte Verbrecher vorgesehen. Der Appell der Grünen, dass sie Gehör im Palast bekommen und sich in ihrer Stadt wieder wohl fühlen wollten, stieß jedoch auf taube Ohren. An sich war dies für den Kaiser die Gelegenheit zu einer versöhnlichen Geste, die es ihm erlaubt hätte, die Grünen zumindest vorerst zu beruhigen. Sein Herold antwortete ihnen jedoch, als hätte er sie gar nicht verstanden: »Jeder freie Mann kann sich ohne Gefahr in der Öffentlichkeit zeigen oder wo immer er will.«

Das ließen sich die Grünen nicht gefallen: »Wir wissen wohl, dass wir frei sind; nur lässt man uns diese Freiheit keineswegs nutzen. Und wenn ein freier Mann verdächtigt wird, Grüner zu sein, wird er stets durch die Staatsgewalt bestraft.«

Insbesondere beklagten sich die Grünen über eine Mordserie an ihren Anhängern, denen bereits sechs Menschen in verschiedenen Stadtteilen zum Opfer gefallen waren. Dahinter stecke ein einzelner Mann, welcher der »Henker« der Grünen sei. Nun forderte der Herold die Grünen auf, entweder einen Namen zu nennen oder zu schweigen. Daraufhin beschuldigten sie den Eunuchen und kaiserlichen Leibwächter Kalopodios. Dieser wurde aber vermutlich nur vorgeschoben. Denn im weiteren Verlauf des Streitgesprächs mit dem Herold, der die Grünen als Unruhestifter, Mörder und Ketzer beschimpfte und drohte, sie einen Kopf kürzer zu machen, wurden die Redner der grünen Partei immer mutiger, bis sie den ihrer Meinung nach wahren Henker beim Namen nannten. An den Kaiser gerichtet riefen sie:

> »Du erlaubst, dass man uns ermordet und obendrein befiehlst Du, uns zu bestrafen. Du bist der Quell des Lebens und Du lässt töten, wen Du

> willst. Wahrlich, die Natur kann diese zwei Gegensätze nicht mehr aushalten. Ach! Wenn doch Dein Vater Sabbatios nie geboren worden wäre, so dass er nicht einen Meuchelmörder gezeugt hätte! (…) Wenn es wahr ist, dass Gott die Welt regiert, woher kommt dann all dieses Unheil?«[20]

Als sie sich dann noch mit den Blauen in einem Wortgefecht verzettelten, welche von beiden Parteien an den Morden tatsächlich schuld sei, verließen die Grünen aus Protest das Hippodrom, was einen weiteren Affront gegen den Kaiser darstellte. Auch Prokop, der kein Freund der Zirkusparteien war, behauptet in seiner *Geheimgeschichte*, Justinian habe bereits während der Amtszeit seines Onkels und noch in seinen ersten Regierungsjahren zugelassen, dass Teile der Blauen sich bewaffneten, unter dem Deckmantel ihrer Partei organisierte Kriminalität betrieben und obendrein Ämter in seiner Verwaltung innehatten. Ferner sei die Gewalt unter den Parteianhängern laut Prokop gut geeignet gewesen, um vom Fehlverhalten und kriminellen Machenschaften der sonstigen Amtsinhaber abzulenken.[21] Ob Justinian tatsächlich Organisator einer kriminellen Vereinigung im Pferderennenmilieu war, lässt sich nach anderthalbtausend Jahren nicht mehr feststellen. Sicher ist jedoch, dass das Zusammenspiel von drakonischen Strafen gegen Anhänger der Grünen und dem gleichzeitigen Aufstieg der Blauen im Palast nicht nur unter den Grünen selbst, sondern in weiteren Teilen der Bevölkerung zum Eindruck geführt hatte, hier werde die eine Partei kriminalisiert und die andere über die Maßen privilegiert sowie vor Bestrafung geschützt.

»Nika!« –
Die Parteien erobern die Straßen, der Kaiser verschanzt sich im Palast

Über den Ausbruch des Nika-Aufstandes gibt es wie generell bei Massenereignissen unterschiedliche Versionen. Laut dem zeitgenössischen Historiker Johannes Malalas waren sieben Anhänger aus beiden großen

Zirkusparteien wegen Aufruhr zum Tode verurteilt worden. Vier sollten geköpft, drei erhängt werden – anscheinend das Ergebnis einer neuen, bisher nicht dagewesenen Nulltoleranz-Politik gegenüber randalierenden Zirkusparteianhängern.[22] Falls es tatsächlich einen »tiefen Staat« gab – also eine Geheimorganisation aus Ergebenen des Kaisers und gewalttätigen Pferderennenfans –, so bedeutete das Todesurteil für die Blauen wohl, dass Justinian dieses Bündnis nun auflösen und sich seiner nicht ungefährlichen Mitglieder entledigen wollte.

Die Verurteilten wurden am 10. Januar 532 durch die Straßen geführt, anschließend sollten die Hinrichtungen stattfinden. Als ein Grüner und ein Blauer gleichzeitig gehängt werden sollten, brach der Balken, an dem die Stricke hingen, so dass die Verurteilten überlebten. Die Anwesenden aus den Reihen der beiden Parteien werteten dies als göttliche Intervention und forderten die Begnadigung der Männer. Als die anwesenden Amtsinhaber nicht reagierten, wurden die beiden kurzerhand durch die Menge befreit und ins nahe Kloster des heiligen Konon gebracht. Auf Befehl des Präfekten der Garde, Johannes des Kappadokiers, umstellten Soldaten das Kloster und forderten die Herausgabe der Männer. Diese Situation dauerte bis zum 13. Januar an, als die nächsten planmäßigen Pferderennen zum Anlass genommen wurden, Justinian in Sprechchören um eine Begnadigung zu bitten. Als dieser sich erneut taub stellte, verbündeten sich Blaue und Grüne und zogen gemeinsam aus dem Hippodrom aus. Unter »Nika!«-Rufen (»Siege!«), mit denen normalerweise die Wagenlenker angefeuert wurden, zog die Menge zum Präfekten Johannes. Als sie auch hier keinen Erfolg hatten, zündeten die aufgebrachten Menschen sein Haus an. Danach zogen sie weiter und befreiten Gefangene aus dem Praetoriumsgefängnis, außerdem wurden an weiteren Orten Feuer gelegt.[23]

Am folgenden Tag hoffte Justinian, der Ärger des Mobs hätte sich zwischenzeitlich erschöpft. Er lud zu neuen Pferderennen, um die Gemüter zu beruhigen. Trotzdem forderten die Aufständischen die Entlassung des Gardepräfekten Johannes, des Rechtsberaters des Kaisers, Tribunianos aus Pamphylien (die Gegend des heutigen Antalya), sowie des Stadtpräfekten. Justinian gab in dieser Sache nach und entließ seine engen und treuen Mitarbeiter. Dennoch kam es erneut zu Brandstiftungen in der Innenstadt. So gingen die an das Hippodrom angrenzenden Zeuxippos-Bäder in Flammen auf.

In den nächsten Tagen setzten sich die Tumulte fort. Justinian verschanzte sich in seinem Palast, während die Aufständischen mehrfach erfolglos versuchten, das Nordtor des Palastes zu erstürmen. Da unter den Soldaten ebenfalls eine gewisse Unzufriedenheit mit Justinian herrschte, verhielten sich viele von ihnen neutral. Die wenigen kaisertreuen Truppen waren im Gegensatz zu den Parteianhängern schwer bewaffnet, so dass diese zum Mittel der Brandstiftung griffen. Zwar misslang der Durchbruch zum Palast, aber die Gebäude im Umfeld – das Augustaion, die Palastwache *(Chalke)*, der Senat und die Hagia Sophia – wurden ein Raub der Flammen; die Hagia Irene wurde schwer beschädigt. Auch an anderen Stellen des Zentrums – beispielsweise entlang der Mese – kam es zu Auseinandersetzungen und Bränden. Loyale Truppen rückten mehrfach aus dem Palast aus, um die Straßen wieder unter ihre Kontrolle zu bringen, mussten sich aber früher oder später zurückziehen und das Feld erneut den Aufständischen überlassen. Laut manchen Quellen sollen Mord und Plünderungen in der Stadt geherrscht haben, Aufständische hätten ihre Gegner im Bosporus ertränkt. Zahlreiche Bürger flüchteten aus der Stadt ans asiatische Ufer oder auf die nördliche Seite des Goldenen Horns. Von dort aus verfolgten sie das Geschehen, zumindest soweit die Rauchschwaden, die über die Stadt aufstiegen, dies zuließen. Am Samstag, dem vierten Tag des Aufstands, erreichte Verstärkung durch kaisertreue Truppen aus dem Umland den Palast, ohne dass diese das Blatt hätten wenden können.

Am folgenden Sonntag, dem 18. Januar 532, fiel schließlich die Entscheidung. Die Aufrührer begaben sich zum Haus des Hypatios, eines Neffen des vorletzten Kaisers Anastasios. Berauscht von ihren bisherigen Erfolgen glaubten sie, Justinian absetzen und Hypatios zum neuen Kaiser machen zu können. Dessen Frau Maria aber befürchtete ein böses Ende, klammerte sich an ihren Mann und konnte nur mit Gewalt von ihm gelöst werden. Hypatios wurde auf das Konstantinsforum geführt und dort zum Kaiser ausgerufen. Der Senator Origenes, der sich wie einige seiner Kollegen dem Aufstand angeschlossen hatte, mahnte in dieser Situation zur Besonnenheit. Bei einem sofortigen Sturm auf den Palast hätten die Aufständischen aufgrund ihrer mangelhaften Bewaffnung und Organisation nur eine Fünfzig-fünfzig-Chance. Der frisch ernannte Gegenkaiser sollte zunächst von einem anderen Palast aus die Geschäfte aufnehmen, die Stadt unter seine Kontrolle bringen und den Kampf gegen Justinian organisieren. Von dem in seinem Palast isolierten Justinian würde keine unmittelbare Bedrohung ausgehen.[24]

Die euphorischen Aufständischen hörten jedoch nicht auf Origenes und zogen zum Hippodrom. Dort hatte sich Justinian nach mehreren Tagen, in denen er von der Bildfläche verschwunden war, soeben erneut dem Volk gezeigt und eine komplette Amnestie versprochen, wenn die Aufständischen sich nun zurückzögen. Doch erneut erntete er nur feindliche Sprechchöre. Er musste sich zurück in seinen Palast retten.[25] Dort war die Stimmung an diesem Sonntag auf ihrem Tiefpunkt angelangt. Der Kaiser und seine Vertrauten diskutierten, ob sie nicht lieber übers Meer aus der Stadt fliehen sollten. In dieser Situation war es die Kaiserin Theodora, die die Wende einläutete. In einer feurigen Rede hielt sie ihrem Mann und dem Hofstaat vor Augen, was sie im Exil erwarten würde und dass einem solchen Leben der Tod vorzuziehen sei.

> »Wo sich nämlich der Staat in äußerster Gefahr befindet, gibt es offensichtlich nur eine wichtige Aufgabe: die drängenden Nöte möglichst gut zu meistern. Ich bin der Auffassung, daß Flucht, mag sie auch Rettung schaffen, gerade im jetzigen Augenblick Nachteile bringt; denn wie ein Mensch, einmal geboren, dem Tode nicht entgehen kann, so muß jedem, der einmal den Kaiserpurpur trug, ein Flüchtlingsdasein unerträglich erscheinen. Niemals möchte ich daher dieses Purpurkleid verlieren und auch jenen Tag nicht erleben, an dem jene, die vor mir hintreten, mich nicht mehr als Herrin ansprechen werden. Mein Kaiser, wenn du dich

in Sicherheit bringen willst, so macht dies keine Schwierigkeit. Wir verfügen ja über viel Geld, und dort ist das Meer und hier sind die Schiffe. Sieh aber zu, ob nach glücklicher Rettung du nicht am liebsten den Tod fürs Leben eintauschen würdest!«[26]

Beschämt durch den Todesmut der Kaiserin entschieden sich die zaudernden Anwesenden zum Durchhalten. Dass die Nika-Anhänger weitgehend ungestört das Regierungsviertel in Flammen aufgehen lassen konnten, lag unter anderem daran, dass, wie bereits erwähnt, viele der in der Hauptstadt befindlichen Soldaten und die Palastwache ebenfalls keine große Sympathie für Justinian hegten und sich abwartend verhielten. Absolut loyal waren bisher nur zwei Verbände gewesen, die eher zufällig in Konstantinopel zum Rapport erschienen waren: die erfolglos von der persischen Front heimgekehrten, aber kriegserfahrenen Soldaten von General Belisarios und die größtenteils aus germanischen Herulern bestehenden Truppen des Mundos, Befehlshaber auf dem Balkan. Beide Verbände setzten sich nun in Bewegung, um einen möglichen Vorstoß der Aufständischen auf den Großen Palast abzuwehren. Gleichzeitig nutzten die im Hippodrom Versammelten die Gelegenheit, um dort im größeren Rahmen den neuen Kaiser zu feiern. Der Justinian ergebene Leibwächter und Eunuch Narses versuchte derweil ein letztes Mal vergeblich, durch Geldangebote die Blauen zum Ausscheren aus dem Aufstand zu bewegen.[27]

Während Hypatios in der Kaiserloge Platz nahm, versuchten Belisarios und seine Soldaten, durch den Verbindungsgang vom Palast zur Loge vorzudringen und den Usurpator festzunehmen. Sie wurden aber von der Palastwache davon abgehalten. Nun glaubte auch der loyale Belisarios, dass angesichts der Meuterei der Wache der Kampf verloren sei, und riet dem Kaiser zur Flucht. Doch Justinian tat nichts dergleichen, sondern befahl seinem General, den weit risikoreicheren Weg durch das zerstörte Umfeld des Nordtores und das von den Aufständischen besetzte Gebiet zu nehmen. Als Belisarios es diesmal schaffte, in das Hippodrom einzudringen, wollte er zunächst, dem ursprünglichen

Plan folgend, Hypatios ergreifen. Doch in der erhöhten Loge und umringt von bewaffneten Anhängern war dieser sicher. Daraufhin änderte Belisarios seine Vorgehensweise und befahl, auf die Menschenmenge loszugehen. Angesichts ihrer kaum vorhandenen Bewaffnung und der Unmöglichkeit, in der Enge des Hippodroms, dessen Bestuhlung bereits in den vergangenen Tagen abgebrannt war, schützende Barrikaden zu errichten, blieb ihnen nur die Flucht. Jedoch liefen sie geradewegs Mundos' Männern, die sich von einem anderen Eingang her näherten, in die Arme. Ohne Möglichkeit zu entkommen und von zwei Seiten durch schwer gepanzerte und bewaffnete Soldaten angegriffen, hatten die Fliehenden keine Chance. 30000 Aufständische sollen an diesem Tag im Hippodrom ihr Leben gelassen haben – das schlimmste Massaker, das Konstantinopel in Friedenszeiten erleben musste.[28]

Vom zaudernden Kaiser zum Weltenherrscher: Die Karriere Justinians

Manchmal, wie an diesem Sonntagnachmittag, verändern die Taten weniger Individuen binnen kurzer Zeit tatsächlich den Kurs der Weltgeschichte. Hätte Justinian im entscheidenden Moment die sichere Flucht vorgezogen, wäre sein Name heute nur noch wenigen Spezialisten für oströmische Geschichte bekannt. Stattdessen ist er nach Konstantin der berühmteste oströmische Kaiser. Dies liegt nicht zuletzt an den vielen Feldzügen, die Justinian unternehmen ließ. Wie schon erwähnt schwebte Theodora und Justinian die Wiederherstellung der »römischen Welt« vor. Für die Erfüllung dieser selbstgestellten Aufgabe konnte das Kaiserpaar auf die anderen Protagonisten in den Tagen des Nika-Aufstandes zurückgreifen. Johannes der Kappadokier wurde in sein Amt wiedereingesetzt und leitete eine Verwaltungsreform in die Wege. Ebenfalls wieder am Hofe befand sich Tribunianos, der im Auftrag des Kaiserpaares eine Gesetzessammlung *(Codex Iustinianus)* des römischen Rechts zusammengestellt hatte, die noch Jahrhunderte später in vielen europäischen Ländern als Rechtgrundlage galt. Der Dritte, der unter dem nun unangefochten herrschenden Justinian Karriere machte, war Belisarios.

Zur Wiederherstellung der römischen Welt gehörte die militärische Expansion. Westrom war nach der Reichsteilung die Beute von mehreren germanischen Invasionen geworden. Auf den Trümmern der alten Ordnung etablierten die neuen Herren ihre Königreiche. Nur 50 Jahre nachdem die germanischen Verbände den Untergang des Weströmischen Reichs besiegelt hatten, fielen die Nachfolgestaaten auf dessen Boden mit Leichtigkeit an Belisarios, der anders als bei seinen ersten Erfahrungen an der persischen Grenze nun zum bejubelten Helden wurde. Seine Soldaten eroberten das Vandalenreich in Nordafrika mit der Hauptstadt Karthago, das Königreich der Ostgoten in Italien und Teile des Westgotenreichs in Südspanien. Lediglich die Westgoten in Nordspanien und das rückständige Frankenreich im fernen Nordwesten fehlten noch, um das Mittelmeer wieder wie in alten Zeiten zu einem römischen Binnengewässer zu machen, zum *mare nostrum*.

Der Kaiser nutzte die Siege im Westen, um der von ihm angestrebten Rolle als Gottes Vertreter auf Erden und Kirchenoberhaupt gerecht zu werden. Er schloss heidnische Schulen, darunter die erfolgreichen neoplatonischen Schulen Athens. Er unterdrückte die in den germanischen Reichen populäre arianische Kirche und erzwang die Unterordnung des römischen Papstes unter die kaiserliche Autorität. Gegenüber den Monophysiten zeigte er sich konzilianter, sei es aus Staatsräson, um eine Abspaltung der Kirchen Alexandrias und Antiochias zu verhindern, sei es, weil Kaiserin Theodora insgeheim selber dem Monophysitismus anhing. Gleichzeitig erließ Justinian Gesetze, die die Bevölkerung zu einem strengen christlichen Leben anhalten sollten. Auf Vergewaltigung und Ehebruch stand für Männer die Todesstrafe; ehebrecherische Frauen konnten sich dieser entziehen, indem sie Nonnen wurden. Auf Homosexualität stand ebenfalls die Todesstrafe, wobei der Hinrichtung eventuell Verstümmelung und Folter vorhergingen. Scheidungen galten nur als gerechtfertigt, wenn ein Ehepartner ins Kloster eintreten wollte.[29]

»... den herrlichsten Anblick«: Von den Bauten

Die Wiedergeburt der römischen Welt ging mit der Errichtung zahlreicher monumentaler Kirchen und anderen Bauten im gesamten Reich einher, von denen einige bis heute erhalten sind. Darunter die Kirche San Vitale in Ravenna mit ihren prächtigen Mosaiken, die unter anderem detaillierte Porträts des Kaiserpaares enthalten, die Johanneskirche von Ephesos (Efes) an der Ägäisküste, der älteste erhaltene Teil des Klosters Mor Gabriel in der heutigen Südosttürkei nahe der syrischen Grenze und die bis heute erhaltenen Bauten des Katharinenklosters auf dem Sinai. Vor allem aber prägten Justinian und Theodora das Erscheinungsbild Konstantinopels.

Nach dem Nika-Aufstand bot das durch Feuer verwüstete Stadtzentrum einen trostlosen Anblick: »Unbewohnbar wegen Staub, Rauch und dem Gestank von zu Asche gewordenen Materialien, die die Betrachter zu großem Entsetzen rühren.«[30] Bereits wenige Wochen nachdem sich Friedhofsruhe in der Hauptstadt breitgemacht hatte, wurde mit dem Wiederaufbau begonnen. Während manche Bauten wie das Hippodrom lediglich instand gesetzt wurden, sollten andere komplett neu errichtet werden. Eine praktische Lehre wurde aus der überstandenen Belagerung gezogen: Die Vorratsspeicher im Palast, die schon nach einer Woche nicht mehr für die versammelten loyalen Bürger und Soldaten ausgereicht hatten, wurden deutlich erweitert. Neben einem eigenen Getreidespeicher[31] ließ Justinian eine gewaltige Zisterne erbauen, die bis heute erhalten und eine beliebte Sehenswürdigkeit ist, vor allem wegen des Medusenkopfes, der aus einem aufgegebenen heidnischen Tempel stammte und als Säulenbasis verbaut wurde. Gleichzeitig wurden die kaiserlichen Gebäude am Nordeingang des Palastes prächtiger als zuvor wiedererrichtet: die Torwache *(Chalke)*, der Senat und das Augustaion, dem nun eine angeblich fast 50 Meter hohe Säule hinzugefügt wurde, die mit einer Reiterstatue Justinians abschloss. Um sich von den Regierungsgeschäften zu erholen, verfügte das Kaiserpaar den Bau eines Sommerpalastes in Hiereia auf einer Halbinsel bei Chalkedon auf der asiatischen Seite (heute Fenerbahçe).

Vor allem veränderten Justinian und Theodora das Stadtbild durch neue Sakralbauten. So wurde nach dem Brand die Kirche des göttlichen Friedens (Hagia Irene) neu aufgebaut, ebenso die ursprünglich kleinere benachbarte Kirche der heiligen Weisheit (Hagia Sophia). Von außen wirkt der mit einer Gesamthöhe von 56 Metern bis heute die historische Stadt und das angrenzende Meer überragende Bau eher klobig. Doch die Architekten wollten vor allem mit dem Innenraum beeindrucken. Die riesige lichtdurchflutete Kuppel mit ihren 31 Metern Durchmesser wurde so konstruiert, dass keine Stützpfeiler oder Säulen den Blick verstellen. Zum Raumeindruck trägt neben der Durchfensterung außerdem wesentlich bei, dass sich die Wände zu Seitenschiffen öffnen. Eine solche Bauweise war bereits in kleinerem Maßstab ausprobiert worden, insbesondere bei der kurz zuvor von Justinian und Theodora erbauten Sergios- und Bakchos-Kirche, die bis heute erhalten und unter dem Namen »kleine Hagia Sophia« bekannt ist. Bei den sehr viel größeren Proportionen der Hagia Sophia war dies aber ein architektonisch gewagtes Unterfangen. Noch zu Justinians Lebzeiten stürzte die Kuppel bei einem Erdbeben ein erstes Mal ein. Über die Jahrhunderte bedurfte es immer neuer Stützwerke, um den gewaltigen Druck der Kuppel aufzufangen und die problematische Statik in den Griff zu bekommen.

Es bestand kein Zweifel, dass der Neubau als steinerner Ausdruck des Triumphs über den Nika-Aufstand gedacht war. Mehrere der Elegien auf die Kirche und ihren Erbauer weisen darauf hin: Paulos Silentarios schreibt beispielsweise (nicht ganz den historischen Tatsachen entsprechend) in seiner Schilderung der Hagia Sophia:

»(...) schon sammelte sich die Rotte, war das Schwert bereit und der entscheidende Tag gekommen, schon drangen die Verschwörer in den Palast und durch das Tor, hinter dem sie Hand anlegen wollten an deinen Thron. Doch obwohl du von ihrem Vorhaben schon lange erfahren hattest und wußtest, zeigtest du dich stark und hattest Vertrauen allein zu deinem Schildträger, ich meine Gott, wodurch du alles besiegen kannst.«[32]

Silentarios kommt dann zu dem Schluss, dass Konstantinopel, das Nova Roma, durch diese Kirche endlich die Mutterstadt Rom übertrumpft habe. Auch Prokop, der eigentlich das Kaiserpaar verabscheute, verfasste eine vermutlich bezahlte Lobpreisung der Hagia Sophia, die eine womöglich ironisch gemeinte Passage über den Nika-Aufstand enthält:

> »Wenn ein Christ zuvor gefragt hätte, ob man mit der Vernichtung der Kirche und einem derartigen Neubau einverstanden sei, und den Leuten ein Bild ihres jetzigen Aussehens vorgezeigt hätte, so wären m. E. alle ohne weiters in dem Wunsch einig gewesen, die Kirche in ihrer Zerstörung zu sehen, damit sie ihre augenblickliche Gestalt bekomme.«[33]

Angeblich soll Justinian bei Fertigstellung des Neubaus gerufen haben: »Salomo, nun habe ich Dich übertroffen.« Dahinter verbirgt sich nicht nur eine Bezugnahme auf den Salomonischen Tempel in Jerusalem, von dem die Bibel berichtet, sondern auch eine Anspielung, die vor allem die Einwohner Konstantinopels verstanden haben dürften. Die aus Rom stammende Adelige Anicia Juliana, aus deren Familie mehrere Kaiser des Weströmischen Reichs stammten, hatte sich vermutlich Hoffnungen gemacht, bei der Kaisernachfolge 527 anstatt Justinian ihren Mann auf den Thron bringen zu können. Um ihr Ansehen zu steigern, hatte sie während der Herrschaft Justins nahe dem Valens-Aquädukt die bisher größte und am reichsten verzierte Kirche der Stadt, St. Polyeuktos, erbauen lassen. In einer Inschrift wurde sie gepriesen:

> »Welcher Chor wäre ausreichend, die Errungenschaften Julianas zu besingen, die nach Konstantin, Verziehrer seines Roms, nach dem heiligen, ganz goldenen Licht Theodosios', und angesichts ihrer kaiserlichen Abstammung von zahlreichen Vorfahren ein Werk würdig ihrer Familie vollbrachte, ja mehr als würdig, und das in wenigen Jahren? Sie allein hat die Zeit überwunden und die Weisheit des gehuldigten Salomons übertroffen, indem sie einen Tempel errichtete, um Gott zu empfangen, dessen reichhaltiger und anmutiger Glanz auch eine große Epoche nicht ausreichend zu würdigen vermag.«[34]

Justinian konnte stolz darauf sein, nun selbst die angesehenen Familien der Stadt im Wettbewerb um Einfluss und Prestige hoffnungslos abgehängt zu haben.

Leben in Konstantinopel nach dem Nika-Aufstand

Wie gestaltete sich das Leben in Konstantinopel unter Justinian für den Großteil der Einwohner? Der Kaiser regierte nach dem niedergeschlagenen Aufstand unangefochten. Wenngleich Pferderennen wieder erlaubt wurden und später ebenso die Zirkusparteien, erreichten diese nie wieder das Maß an Macht wie zu Beginn des 6. Jahrhunderts. Zwar erhoben sie gelegentlich immer noch politische Forderungen, beispielsweise als sie während einer Hungersnot mehr Brotrationen forderten (und Justinian verärgerten, da er durch den Protest vor dem anwesenden persischen Abgesandten bloßgestellt wurde). Nie wieder aber stellten sie prinzipiell die Herrschaft Justinians in Frage.

Generell scheint das städtische Leben stärker reglementiert worden zu sein. Zu Beginn von Justinians Amtszeit lebten um die 500000 Menschen in der Haupstadt, was wie erwähnt die Versorgungs- und Gesundheitssysteme stark belastete. Justinian ließ den Zuzug nach Konstantinopel stark beschränken, indem er eine Art Pass- und Visumssystem für Reisende aus der Provinz in die Hauptstadt einführte. Ferner galt ein Erlass, dass in bestimmten Bezirken ein Abstand von 30 Metern zwischen sämtlicher Bebauung und dem Meer eingehalten werden musste, wodurch Pfahlbauten wie zu Konstantins Zeiten vermieden werden sollten.[35]

Trotz der Zuzugs- und Baubeschränkungen war die Stadt ein Ort, in dem sich Menschen verschiedener religiöser Überzeugungen, Herkunftsorte und Sprachen begegneten. Wie Justinians Familie sprachen die Bewohner des mittleren Balkans Latein. Nicht erst seit der Eroberung der Westprovinzen, sondern schon vorher hatten sich lateinischsprachige Einwanderer aus Nordafrika und Italien in der Stadt niedergelassen, die sich vor allem der religiösen Intoleranz der arianischen Vandalen und Goten entziehen wollten. Aber auch Goten, teils Soldaten, teils Zivilisten, lebten in der Stadt. Aus der östlichen Reichshälfte konnte man Juden, Syrer, Ägypter und andere Volksgruppen antreffen. Auch unter den Menschen kleinasiatischer Abstammung wurde deutlich differenziert, wie die Namenszusätze der geschassten Staatsbeamten während des Aufstandes zeigen. Während man früher die Isaurier zu den Sündenböcken der Hauptstadt erklärt hatte, galten später die Kappadokier als Übeltäter.[36]

Ob die Einwohner Konstantinopels die brutale Niederschlagung des Nika-Aufstandes lange im Gedächtnis behielten, lässt sich anhand der Quellen nicht bestimmt sagen. Einiges spricht jedoch dafür, dass dies nicht der Fall war. Denn bald ereilte die Stadt eine sehr viel größere Katastrophe als das Massaker durch Belisarios. Im Jahr 542 erreichte die Pest, die sich über das ganze Reich ausbreitete, Konstantinopel. Täglich infizierten sich mehrere tausend Menschen, von denen viele starben. Ohne Erfahrung mit der Krankheit glaubten viele, von bösen Geistern befallen zu sein. Die Pest ließ das Leben in der Reichshauptstadt vier Monate lang zum Erliegen kommen. Die Werkstätten und die Märkte waren verlassen, denn die Einwohner verschanzten sich angsterfüllt in ihren Häusern. Als die regulären Friedhöfe überfüllt waren, wurden Massengräber ausgehoben, schließlich sogar die Wehrtürme von Sykae (Galata) mit Leichen gefüllt. Die Zirkusparteien schlossen Frieden und beteiligten sich an den Beerdigungen derjenigen Toten, die keine überlebenden Hinterbliebenen mehr hatten. Sogar Justinian steckte sich an, wurde aber wieder gesund.[37]

Bei der Pestepidemie von 542 starben vermutlich zwischen einem Viertel und der Hälfte der Einwohnerschaft Konstantinopels. Zudem kam es in den 530er und 540er Jahren im ganzen Reich und insbesondere am Bosporus zu einer ungewöhnlichen Häufung von Naturkatastrophen, so dass manche Zeitgenossen eine Strafe Gottes annahmen. Lange hat die Geschichtswissenschaft die diesbezüglichen Quellen als Ausdruck von Aberglauben abgetan, bis gemeinsame Forschungen von

Historikern und Naturwissenschaftlern die geschilderten Szenarien bestätigten. Mehrere Erdbeben und Tsunamis, eine auf Vulkanausbrüche in Island 536 folgende anderthalbjährige Sonnenverfinsterung, Folgeausbrüche 540 und 547 und damit einhergehende Klimaveränderungen, Heuschreckenplagen und Ernteausfälle traten in der zweiten Hälfte von Justinians Herrschaft geballt auf.[38]

Im stolzen Alter von 83 Jahren starb Justinian 565. Bei der Beurteilung seiner Regierung gehen die Meinungen sowohl der oströmischen Chronisten als auch der heutigen Historiker weit auseinander. Während die einen Justinians staatsmännische Qualitäten bewundern – die Reichsvereinigung, die effiziente Steuereintreibung, seinen Rechtskodex, die prächtigen Kirchbauten –, ist er für andere »eine Art Stalin«.[39] Kritiker verweisen auf seine vielen und sinnlose Kriege, das Schröpfen der Bevölkerung durch exzessive Steuern, die drakonischen Sittlichkeitsgesetze, seine Verstellungskunst und Herrschsucht und nicht zuletzt das Abschlachten der unbewaffneten Konstantinopolitaner im Hippodrom. Welcher Meinung man sich auch anschließt, Justinians Vermächtnis prägte die Vorstellung der Nachwelt vom Römischen Reich, sei es durch seine Gesetze, sei es durch seine Ambitionen, als Gottkaiser zu gelten, oder durch seine Bauprogramme. Dass die Nika-Aufständischen, wie Prokop es süffisant ausdrückt, ihm die Vorlage boten, um die größte Kirche der Welt zu bauen, ist hingegen den meisten heutigen Besuchern der Hagia Sophia unbekannt.

3.
Die »große Stadt der Römer«

Bestandsaufnahme am Ende des dunklen Zeitalters

Am 17. April 1204 verließ ein Flüchtlingstreck Konstantinopel durch das Goldene Tor. Die Porta Aurea, das prächtigste der Stadttore, das in der Vergangenheit dem triumphalen Einzug siegreicher oströmischer Armeen als Bühne gedient hatte, blickte an diesem Tag auf eine Gruppe in Lumpen gekleideter Menschen. Der äußere Schein trog, handelte es sich doch um Mitglieder der »guten Gesellschaft« der Reichshauptstadt: Unter ihnen befanden sich der Patriarch, ein Richter, ein hoher Hofbeamter und deren Familien. Aus Angst vor Raubüberfällen wagten sie nicht, ihre übliche vornehme Kleidung zu tragen. Die mit Ruß geschwärzten Gesichter der jungen Frauen sollten sie vor Vergewaltigung schützen, bewahrte jedoch zumindest ein Mädchen nicht vor einer Entführung aus der Gruppe auf dem Weg vom Stadtzentrum zur Landmauer. Nur durch einen Appell an die die Straßen beherrschende Soldateska konnte das Mädchen unversehrt aus den Händen ihres Entführers und potentiellen Vergewaltigers, eines der Soldaten, befreit werden. Der Historiker Niketas Choniates, der zusammen mit seiner hochschwangeren Frau zu der Gruppe gehörte, brach seiner eigenen Schilderung zufolge bei der Passage durch das Stadttor und dem Anblick der mächtigen Mauer in lautes Klagen aus.

> »O kaiserliche Stadt, wohlbehütete Stadt, Stadt des großen Königs, Tabernakel des Allerhöchsten, Stolz und Gesang seiner Diener und geliebtes Refugium für Fremde, Königin aller Königinnen unter den Städten, Lied aller Lieder und Herrlichkeit aller Herrlichkeiten, und seltenster Anblick der seltenen Wunder der Welt, wer ist es, der uns von dir fortgerissen hat wie die geliebten Kinder von ihrer Mutter? Was soll aus uns werden? Wohin sollen wir gehen? Welchen Trost sollen wir finden in unserer Nacktheit, von deinem Schoße fortgerissen wie aus dem Mutterleib?«[1]

Das Unfassbare war geschehen: Die Stadt, die über zahlreiche unruhige Jahrhunderte, in denen andere Städte auf- und untergegangen waren, sicher gewesen war, wurde nun von fremden Soldaten geplündert. Wenn in Konstantinopel, dem Sitz der Kaiser, der mächtigsten und prächtigsten Stadt des Erdkreises, Chaos herrschte, wo war man dann noch sicher? Was war aus der Stadt geworden, die 700 Jahre zuvor unter Justinian die Welt vom Atlantik bis an den Euphrat beherrscht hatte und deren Mauern seit der Gründung Neu-Roms nie durch eine fremde Armee eingenommen worden waren?

Vielleicht könnte man sagen, dass ihre Bewohner ihr »Recht auf Stadt« verwirkt hatten. Bereits das Mittelalter kannte eine ähnliche Vorstellung wie Lefebvres Anspruch der urbanen Bevölkerung auf den kulturellen und wirtschaftlichen Mehrwert, der in einer Stadt produziert wird, allerdings im Rahmen einer anderen moralischen und ideologischen Deutung. Der in Tunis geborene Historiker und Richter Abd-Ar-Rahman bin Muhammad Ibn Khaldun (1332–1406) versuchte, die Gesetzmäßigkeiten vom Aufstieg und Untergang von Städten zu definieren. In seinen Betrachtungen behandelt er in erster Linie die arabischen Städte und insbesondere den Verlust der prächtigen Städte Andalusiens wie Córdoba durch die Reconquista. Doch er erwähnt ebenfalls Konstantinopel (»eine großartige Stadt, Sitz der Kaiser, die Werke enthält, die berühmt sind für ihre Bauart und ihre Herrlichkeit«).[2] Laut Ibn Khaldun setzen sich Stadtbewohner vom nomadischen Wüstenleben durch ihre Arbeitsteilung ab. Da ein Teil der Bevölkerung das Lebensnotwendige für die gesamte Einwohnerschaft sichert und durch intensives Wirtschaften auch Überschüsse produziert, sind andere Städter von diesen Aufgaben befreit und können Handel und Handwerk betreiben. So entstehen die Grundlagen für die Annehmlichkeiten des Lebens. Der Mehrwert ihrer Arbeit ermöglicht Luxus wie gut gebaute Häuser, schöne Gewänder und kostbare Gegenstände. Je größer die Stadt und damit das Reservoir an Arbeitskräften und das Potential zu Arbeitsteilung, umso größer ihr Reichtum. Die Steuern, der Schutz und die Führung durch eine mächtige Dynastie fördern dieses Wachstum.[3] Allerdings folgt auf das Wachstum geradezu gesetzmäßig der Verfall.

> »Die Vernunft und die Tradition machen deutlich, dass (das Alter von) vierzig Jahren das Ende der Zunahme der Kraft und des Wachstums eines Individuums bedeutet. Wenn ein Mann die Vierzig erreicht hat, endet das natürliche Wachstum und nach einiger Zeit setzt der Verfall ein. Es sollte zur Kenntnis genommen werden, dass dies auch der Fall ist für sesshafte Kultur in der Zivilisation, denn es gibt eine Grenze, die nicht überschritten werden kann. (…) Eine mögliche Erklärung dieses (Sachverhaltes) ist, dass die Profite, die (die Menschen) erwirtschaften, nicht ausreichen für ihre Bedürfnisse, wegen der großen Anzahl (luxuriöser) Angewohnheiten und dem Verlangen der Seele, diese zu erfüllen. So sind die Angelegenheiten der Menschen in Unordnung und wenn die Angelegenheiten der Einzelnen einer nach dem anderen sich verschlimmern, wird die Stadt zunehmend desorganisiert und verfällt. (…) Dies sollte man verstehen: Es zeigt sich, dass das Ziel der Zivilisation sesshafte Kultur und Luxus ist. Wenn die Zivilisation dieses Ziel erreicht, wendet sie sich dem Verfall zu und beginnt, senil zu sein, wie dies auch im natürlichen Leben von Lebewesen der Fall ist. Wahrlich können wir sagen, dass die Charaktereigenschaften, die sich aus sesshafter Kultur und Luxus ergeben, identisch sind mit Verfall.«[4]

Ein bestimmtes Maß an Konsum kann nicht überschritten werden, ohne dass die urbane Gesellschaft aus den Fugen gerät. Menschen werden süchtig nach Luxus, nach kulinarischen Genüssen, feinen Stoffen, prächtigen Häusern und Einrichtungsgegenständen, und die steigenden

Preise für diese Güter führen letztlich zum Ruin. Zu viele Zier- statt Nutzpflanzen, Ess- und Trinksucht, das Überhandnehmen von Ehebruch und Homosexualität seien Ausdruck dieses Verfalls, Unglauben und Unmoral die Folge. Ibn Khaldun empfahl eine Rückbesinnung auf die nomadischen Tugenden und Fähigkeiten, die in den urbanen Gesellschaften noch am ehesten von Soldaten – ein Europäer seiner Zeit hätte »Ritter« gesagt – verkörpert wurden.[5]

So wie die städtische Gesellschaft als Ganzes sah er die für das städtische Leben unabdingbaren Herrscherhäuser ebenfalls als etwas, das der zyklischen Erneuerung bedurfte. Drei Generationen, also etwa bis zu 120 Jahre, betrug nach seiner Ansicht die organische Lebensdauer einer Dynastie. Die erste Generation greife noch getragen vom Zusammengehörigkeitsgefühl einer größeren Gruppe nach der Macht und die Gruppenmitglieder seien bereit, ihre besten kreativen, militärischen und organisatorischen Kräfte einzubringen. Im weiteren Verlauf rücke aber der Herrscher immer mehr in den Mittelpunkt und monopolisiere das Ansehen und die Entscheidungsgewalt für sich, so dass das Gefolge sich zunehmend durch Unterwürfigkeit anstatt durch Tapferkeit auszeichne. Die dritte Generation habe schließlich ihre ritterlichen Tugenden verloren und gebe sich so sehr dem Luxus hin, dass ein Aufstand sie leicht hinwegfege.[6]

Nicht alle Zeitgenossen teilten Ibn Khalduns sittenstrenge Weltsicht. So stieß seine altbackene Moralität angeblich auf viel Kritik, als er in der seinerzeit weltoffenen Großstadt Kairo als Richter diente. Allerdings werden seine Ansichten in der muslimischen wie christlichen Welt verbreitet genug gewesen sein, dass viele Provinzbewohner den arroganten Großstädtern ihr Leben in Luxus neideten, ihnen ihre angebliche Unmoral vorhielten oder das provinzielle Leben als moralisch überlegen betrachteten. Für Menschen mit einer solchen Weltsicht boten Konstantinopel und sein Herrscherhaus nach der Jahrtausendwende ein bestens geeignetes Feindbild.[7]

Für die Diskussion des »Rechtes auf Stadt« in Konstantinopel-Istanbul über die Jahrhunderte sollen uns Ibn Khalduns Ausführungen in den folgenden Kapiteln zum späten Mittelalter und zum Beginn der frühen Neuzeit als Korrektiv dienen. Würden wir hier versuchen, Henri Lefebvfres Vorstellungen 1:1 anzuwenden, liefen wir Gefahr, ein Konzept, das anhand der Stadt der Moderne entwickelt worden ist, anachronistisch auf frühere Epochen zu übertragen. Indem wir hingegen ergänzend Ibn Khalduns Kriterien anlegen (ohne uns seine moralischen Urteile in allen Punkten zu eigen zu machen), können wir mit größerer Sicherheit zum einen die objektiven Möglichkeiten von Herrschern und Untertanen, den Mehrwert einer Stadt zu steigern und umzuverteilen, einschätzen. Zum anderen bietet dies eine bessere Möglichkeit, zeitgenössische Betrachtungen zum Verteilungskampf um den Mehrwert der Stadt richtig zu interpretieren.

Eine sichere Festung im »dunklen Zeitalter«

Um zu verstehen, wie Konstantinopel zur allseits beneideten Königin der Städte und schließlich zum ausgeplünderten Opfer wurde, müssen wir etwas weiter ausholen und einen Blick auf die Jahrhunderte nach Justinian werfen – und einen Seitenblick auf das westeuropäische Mittelalter –, bevor wir uns das Konstantinopel der Jahrtausendwende und des 12. Jahrhunderts anschauen. Die Geschichte Ostroms nach Justinian wird in den Geschichtsbüchern oft unter dem Schlagwort »dunkles Zeitalter« abgehakt, worin sich aber mehr unsere mangelnde Quellenlage als eine politische Bewertung ausdrückt. Während aus dem 6. Jahrhundert und über Ereignisse wie den Nika-Aufstand zahlreiche Schilderungen von Zeitzeugen überliefert sind, nimmt die Anzahl der Chroniken für die folgenden Jahrhunderte so weit ab, dass wir über manche Perioden nur durch einen einzigen Schreiber Kenntnis haben.

Trotzdem sollte man nicht den Fehler machen, für die sechseinhalb Jahrhunderte nach Justinians Regierung einfach von einem Niedergang zu sprechen. Denn wenn der angebliche Niedergang so lange andauerte, dann kann es so schlecht nicht gestanden haben um das Oströmische

Reich und seine Hauptstadt. Zutreffender ist wohl zu sagen, dass die Kaiser – und damit Konstantinopel – es verstanden, sich in einer an Umbrüchen reichen Epoche immer wieder anzupassen. Die Grenzen Ostroms fluktuierten mehrfach zwischen denen eines immer noch beträchtlichen Imperiums und eines eingekesselten Stadtstaates. Letztendlich existierte das Reich über 1100 Jahre lang, nachdem Konstantin die Hauptstadt an den Bosporus verlegt hatte, es überlebte also alle anderen europäischen Staaten seiner Zeit. Seine Hauptstadt blieb der Inbegriff von Reichtum, Größe und Kunstfertigkeit.

Dabei waren insbesondere die Jahrzehnte unmittelbar nach dem Tod Justinians von zahlreichen Herausforderungen geprägt. Einerseits wirkten sich die Folgen der Pest und möglicherweise eines Klimawandels auf die Bevölkerung, die Wirtschaft und die Landesverteidigung aus. Militärisch war das Oströmische Reich in dem nun beginnenden sogenannten dunklen Zeitalter nicht mehr die Hegemonialmacht. Die sogenannte Völkerwanderung, Migrationen teils friedlicher, teils kriegerischer Verbände über große Distanzen, die zur Herrschaftszeit Justinians schon fast wie eine abgeschlossene Geschichte erschienen war, erlebte einen neuen Schub. Die Langobarden, deren Herrschaft über die ehemals römischen Territorien im Bereich des heutigen Österreichs und Ungarns Justinian toleriert hatte, drangen nur drei Jahre nach seinem Tod 565 in Italien ein. Zwar verfügte das Oströmische Reich noch bis 1071, also 500 Jahre lang, über italienisches Gebiet, dieses war aber seit der Etablierung der Langobardenherrschaft territorial aufgesplittert und häufig umkämpft.

Bedenklicher, auch für die Stadt Konstantinopel, war die Entwicklung in Südosteuropa. Slawischsprachige Verbände aus dem heutigen weißrussisch-ukrainischen Grenzgebiet ließen sich in großer Zahl in weiten Teilen der Balkanhalbinsel nieder; zeitweise war eine slawische Sprachvariante sogar die dominante Sprache auf Kreta. Der größte und beständigste Rivale des Imperiums in dieser Region war das Bulgarische Reich. Begründet wurde es von turksprachigen Kriegerverbänden, die ihrerseits aus der Region östlich des Dnjepr vertrieben worden waren und sich nun im Verbund mit den bereits südlich der Donau ansässigen Slawen als Regionalmacht auf dem Balkan zu etablieren versuchten. 680 musste Konstantinopel diesen Staat auf dem Boden seiner ehemaligen Provinzen anerkennen, in dem sich in den folgenden Jahrhunderten turksprachige Bulgaren und Slawen vermischten und schließlich eine slawische Sprachvariante und das Christentum durchsetzten.[8]

Wohlweislich hatte Justinian die Rivalität mit dem anderen Großreich seiner Zeit, Persien, ruhen lassen, um seine Feldzüge im Mittelmeerraum führen zu können. Im 7. Jahrhundert flammten die persisch-oströmischen Kriege erneut auf. Sie waren langwierig und verzehrten einen großen Teil der Ressourcen beider Reiche.

Die größte Kräfteverschiebung erfolgte zugunsten des neu errichteten Kalifats der Umayyaden mit der Hauptstadt Damaskus. Von der arabischen Halbinsel aus dehnten die Muslime ihren Machtbereich Richtung Norden aus; möglicherweise war ein Klimawandel einer der Gründe für die Expansion. Erschöpft durch die gegeneinander geführten Kriege hatten weder das Oströmische noch das Persische Reich den Arabern viel entgegenzusetzen. Persien wurde 643 erobert, Konstantinopel verlor die Herrschaft über Spanien, Nordafrika und weite Teile Syriens.

In dieser Umbruchzeit gab es stets eine Garantin für den Fortbestand Konstantinopels (lässt man die Mutter Gottes, die die Stadtbewohner in ihrer Not anriefen, unberücksichtigt): die Stadtmauer. Obwohl bereits im 5. Jahrhundert errichtet und immer wieder ausgebessert und erweitert, erwies sie sich über Jahrhunderte für fremde Armeen als uneinnehmbar. Sie bestand aus drei aufeinanderfolgenden, bis zu elf Meter hohen und fünf Meter breiten Wällen aus besonders beständigem Stein, einem tiefen Wassergraben und Wehrtürmen, die im Abstand von 75 Metern das Gebiet überblickten. Insgesamt über 20 Kilometer lang, waren diese Verteidigungsanlagen einzigartig in der euromediterranen Welt.[9] Bis zum Jahr 1204 hielt die Stadtmauer erfolgreich diversen Einnahmeversuchen stand: einer gemeinsamen Belagerung durch Perser und Awaren, drei Belagerungen durch die Umayyaden, einer Belagerung durch das Bulgarische Reich und drei Belagerungen durch die Kiever Rus. Lediglich im Bürgerkrieg zwischen Anastasios II. (reg. 713–715) und dem Usurpator Theodosios III. (reg. 715–717) hatte Letzterer nach sechsmonatiger Belagerung die Reichshauptstadt einnehmen können.

Konstantinopel an der Schwelle zum 2. Jahrtausend

Wie sahen die ersten »Millenials«, also die Generation, die die erste Jahrtausendwende unserer Zeitrechnung miterlebte, ihre Zeit? Im Oströmischen Reich wird man diesem Ereignis kaum Bedeutung beigemessen haben, da man die Jahre ab der angenommenen Erschaffung der Welt zählte. Während im katholischen Westeuropa das Jahr des Herrn *(anno Domini)* 1000 eingeläutet wurde, beging man in Konstantinopel das Weltenjahr *(anno mundi)* 6508.

Militärisch begann das 2. Jahrtausend gut für das Oströmische Reich. Nach Jahrhunderten aufreibender Kriege an zahlreichen Fronten gelang es dem Reich überall, seine alten Rivalen zurückzudrängen. Die arabischen Staaten, die im 7. und 8. Jahrhundert mehrfach Konstantinopel belagert hatten, waren um das Jahr 1000 herum nicht mehr die militärischen Großmächte, die sie 300 Jahre zuvor gewesen waren. Das Kalifat der Abbasiden, welche die Dynastie der Umayyaden abgelöst hatten, verlor während des 10. Jahrhunderts Kreta, Zypern und Kilikien auf Dauer an das Oströmische Reich. Der langjährige Rivale des Reichs auf dem Balkan, der Aussichten hatte, Konstantinopel zu unterwerfen, das Bulgarische Reich, wurde im 11. Jahrhundert vernichtend geschlagen. Der oströmische Kaiser Basileios II. (reg. 976–1025) hatte ein Bündnis mit der Kiever Rus schließen können; deren Großfürst Vladimir I. (reg. 978/980–1015) bekehrte sich zum Christentum und heiratete Basileios' Schwester Anna. Nach dem Friedenschluss begann Basileios einen 15 Jahre andauernden Krieg gegen das Bulgarische Reich. Basileios ging in die Geschichte ein als der »Bulgarentöter«, nicht zuletzt weil er angeblich 14 000 Kriegsgefangene blenden ließ. Danach ließ er sie zwar frei, doch ihr Anblick löste bei dem bulgarischen Zaren Samuel (reg. 997–1014) einen Schlaganfall aus, dem er bald erlag. Zum Ende des Krieges waren sämtliche bulgarische Territorien wieder dem Oströmischen Reich einverleibt. Beim Tod von Basileios, dem am längsten regierenden Herrscher in der gesamten römischen Geschichte, war das Reich wieder eine Weltmacht: Von Konstantinopel wurden Süditalien und das gesamte Südosteuropa südlich von Drau und Donau beherrscht, wie auch die südliche Krim, Kleinasien und Armenien bis östlich des Van-Sees und die Küste des Heiligen Landes bis kurz vor Tripolis.

»Die große Stadt der Römer«: Handelsdrehscheibe zwischen Europa und Asien

Der erneute militärisch-politische Aufschwung des Reichs ging einher mit einem wirtschaftlichen und demographischen Wachstum der Reichshauptstadt. In den ersten Jahrhunderten nach Justinians Regierung hatte es vermutlich weiterhin einen gewissen Bevölkerungsrückgang gegeben, verbunden mit wirtschaftlichen Einbußen. Doch erstrahlte Konstantinopel spätestens seit der Jahrtausendwende mit geschätzt 400 000 Einwohnern wieder als unangefochten größte, reichste und kulturell produktivste Stadt der euromediterranen Region. Keine andere Stadt unter christlicher Herrschaft konnte annähernd mithalten: Unter den anderen Städten des Mittelmeerraums erreichten nur Kairo und Córdoba eine ähnliche Größe, nördlich der Alpen waren solche Dimensionen noch gänzlich unbekannt. Im Nahen Osten hatte lediglich eine Stadt noch mehr Einwohner, nämlich Bagdad, Hauptstadt des Kalifats der Abbasiden, mit geschätzt 1,2 Millionen Menschen. Diese Größenordnung findet man zu jener Zeit sonst lediglich in Ost- und Südostasien, bei Städten wie dem chinesischen Kaifeng oder dem kambodschanischen Angkor Wat.

Neben der durch die Stadtmauer garantierten Sicherheit war ein weiterer Faktor für die anhaltende und vor allem nach der Jahrtausendwende erneuerte Bedeutung Konstantinopels seine Rolle als Drehscheibe im interkontinentalen Handel. Der Zolltarif, der mit Ausnahmen über die Jahrhunderte galt, war simpel: zehn Prozent Ein- und zehn Prozent Ausfuhrzoll.[10] Damit war der Handel in Konstantinopel attraktiv genug, dass die Kaufleute nach Kriegen und Krisen immer wieder die ohnehin günstig gelegene Stadt ansteuerten, während sich um sie herum die Routen je nach Sicherheitslage, Zollpolitik der jeweiligen alternativen Transitländer und Infrastruktur mehrfach veränderten. Durch ihre Lage »zwischen zwei Kontinenten und zwei Meeren«, wie Manuel Chrysoloras um die Wende zum 15. Jahrhundert die Stadt beschrieb, war sie von großer Bedeutung sowohl für Perser, Araber und Ägypter als auch für Skandinavier, Slawen und Italiener. Dass Konstantinopel ein wichtiger Ort für viele Völker des mittelalterlichen Europas und Vorderasiens war, lässt sich daran erkennen, dass zahlreiche Sprachen ihre eigene Bezeichnung für die Stadt hatten. Die Araber passten den Namen lediglich ans Arabische an als »Konstantiniyye«; für die Slawen war sie »Zarigrad«, die Stadt des Zaren, also des Kaisers; gleichermaßen existierte der Name »Kaiser-i Zemin« (Kaiserstadt) in der muslimischen Welt, und außerdem »Rummiyat al-Kubra«, große Stadt der Römer. Für die Skandinavier, die über die Flüsse des heutigen Russlands in engem Handelskontakt mit dem Bosporus standen, war sie ebenfalls die große Stadt, »Miklagard«.

Gewürze und Stoffe aus Süd- und Ostasien wurden hier genauso gehandelt wie Holz, Pelze und Bernstein aus dem Baltikum oder Sklaven aus verschiedenen Ländern, insbesondere von der Adriaküste. Vor allem Venezianer betätigten sich im Menschenhandel mit der slawischsprachigen Bevölkerung Dalmatiens, um den enormen Bedarf der Märkte Konstantinopels zu decken. Die Wortverwandschaft »Slawe/Sklave« basiert auf dem griechischen *sklábos* (ursprünglich für Slawe, später mit Doppelbedeutung).[11] Unter den Stoffen war vor allem Seide von besonderer Bedeutung. Seide wurde zunächst roh aus China importiert und in

Konstantinopel verarbeitet. Jahrhundertelang wurde ihre Herstellung als Staatsgeheimnis gehütet, bis im 6. Jahrhundert nestorianische Mönche die Raupen und Eier des Seidenspinners in hohlen Wanderstäben aus dem Reich der Mitte schmuggelten und dem Kaiser von Ostrom anboten. Künftig konnten Erzeugung und Verarbeitung des Rohstoffs in Konstantinopel und einigen anderen Produktionsstätten im Reich als Staatsmonopol erfolgen.[12]

Kosmopolis am Bosporus

Nicht nur Reisende aus den christlichen Ländern waren beeindruckt vom Reichtum der Stadt, der Pracht der Bauten und der Kunstwerke. Der Perser al-Marwazi, der die Stadt im frühen 11. Jahrhundert besuchte, schrieb: »Die Rum (Romäer, Römer; Anm. MF) sind ein großes Volk. Sie besitzen weite Ländereien, mit guten Dingen in Überfluss. Sie sind begabt im Handwerk und kunstfertig in der Herstellung (verschiedener) Artikel, Textilien, Teppiche, und Schiffe.«[13] Al-Marwazi glaubte, dass nur die Chinesen die Romäer im Handwerk übertrafen, was er aufgrund seiner Reisen an den Hof des Großkhans aus eigener Anschauung vergleichen konnte. Neben der heimischen Produktion erklärte er den Reichtum der Stadt mit ihrer günstigen Lage entlang der Welthandelsströme, sowohl für den Landweg als auch für den Seeweg, und den damit verbundenen Zolleinnahmen.[14]

Die Pracht Konstantinopels beruhte zudem auf ihrer einzigartigen Kontinuität. Während in anderen ehemaligen Gebieten des Römischen Reichs Städte durch Eroberung, Naturkatastrophen oder wirtschaftliche Stagnation von der Landkarte verschwanden, schützten die Stadtmauern die prächtigen Bauten aus dem Gründungsjahrhundert: den Großen Kaiserpalast, die Apostelkirche oder die aus den Provinzen stammenden Statuen, mit denen Konstantin die Straßen geschmückt hatte. Auch die alten Institutionen Roms wie beispielsweise der Senat bestanden über die Jahrhunderte fort. Diese Kontinuitäten sollten jedoch nicht mit sozialer oder kultureller Stagnation verwechselt werden. Obwohl das Römische Reich in Konstantinopel nie aufgehört hatte zu existieren und viele der Prachtbauten Konstantins und Justinians noch standen, hatten die Jahrhunderte die Stadt und ihre Einwohner natürlich verändert. Wäre Konstantinopel eine geschlossene Gesellschaft aus einigen wenigen rein griechischen Bewohnern mit jahrhundertealten Wurzeln in der Stadt gewesen, hätte das Reich die zahlreichen Krisen und Belagerungen bis zum Jahr 1000 nicht überstanden. Gerade weil die reiche und mächtige Stadt es vermochte, die fähigsten Militärs, die geschäftstüchtigsten Händler und die talentiertesten Handwerker aus einem Radius von über 1000 Kilometern anzuziehen, war sie den zahlreichen Herausforderungen gewachsen. Ferner bedingte der konstante Fluss von neuen Waren und Menschen in die Stadt von sich aus schon eine Anpassung an neue Moden und Kulturen.

Ein Mitglied der guten städtischen Gesellschaft aus der Zeit Konstantins hätte seine Standesgenossen nach der Jahrtausendwende nicht wiedererkannt. Während die männlichen Zeitgenossen des 4. Jahrhunderts glatt rasiert und in eine leichte römische Toga gehüllt waren und sich auf Latein unterhielten, trugen die Konstantinopolitaner des Mittelalters schweres Brokat und teilweise eine Art Turban. Sie ließen sich Bärte stehen und sprachen ein Griechisch, das die Vokalvielfalt der Antike verloren hatte.[15] Neben den importierten Moden hatte das mit dem demographischen Wandel zu tun. Auch hier galt: äußere Kontinuität bei gleichzeitiger innerer Veränderung. Zwar waren die Beherrschung der griechischen Sprache und das Bekenntnis zur orthodoxen Variante des Christentums nach wie vor unumgänglich, um in die bessere Gesellschaft aufsteigen und wichtige Posten bei Hof bekleiden zu können. Doch diese »Leitkultur« war nicht Ausdruck von Abschottung oder gar eines Nationalismus modernen Typs. Wer die griechische Sprache erlernte und sich zur Orthodoxie bekannte, dem standen viele Karrierewege und gesellschaftliche Türen offen, sogar bis hin zum Thron. Allerdings gab es vermutlich immer mal wieder gehässige Bemerkungen über den exotischen Akzent, wenn Zugewanderte Griechisch sprachen, und Gerüchte über opportunistische Konversionen, so wie man auch vor und während Justinians Zeit auf die Isaurier oder die Kappadokier herabschaute und sie als halbe Barbaren ansah.[16]

Zu den Bereichen, die häufiger Erneuerung unterlagen, zählt das Herrscherhaus. Ostrom war nicht die Privatangelegenheit eines Clans. Die herrschenden Familien wechselten des Öfteren in der 1100-jährigen Geschichte des Reichs, teils friedlich, teils durch gewaltsame Auseinandersetzungen. Einige Dynastien wurden nach ihrer Abstammung benannt: die Isaurische, die Amorische bzw. Phrygische und die Makedonische Dynastie, wobei alle drei Familien im Laufe der Jahrzehnte Ehen mit Personen anderer Herkunft eingingen, bis die Herrscherhäuser nur noch dem Namen nach einer Region zuzuordnen waren. Noch breiter gestreut war die geographische Herkunft von Frauen, die ins Herrscherhaus einheirateten. Prinzessinnen und spätere Kaiserinnen konnten ebenso von den afghanischen Hasaren wie aus der Grafenfamilie von Savoyen stammen. Die gute Gesellschaft der Reichshauptstadt blieb also keinesfalls nur unter sich, wenn es darum ging, den Staat zu leiten und die hohen Ämter zu verteilen.

Neben Angehörigen verschiedener kleinasiatischer Volksgruppen zählten seit der neuen Völkerwanderungswelle insbesondere Slawen zu den Einwohnern der Reichshauptstadt. Slawischer Herkunft waren beispielsweise der Patriarch Niketas (im Amt 766–780) und Kaiserin Sophia (reg. 565–578). Besonders einflussreich in Staat und Politik wurden die Armenier. Die Kaiser Leo V. (reg. 813–820), Basileos I. (reg. 867–886), Romanos I. Lekapenos (reg. 919–949) und Johannes I. Tzimiskes (reg. 969–976) stammten aus armenischen Familien und waren zugleich ganz unterschiedlicher sozialer Herkunft. Armenier waren außerdem im Handel und im Handwerk präsent. Für den Staatsdienst mussten sie sich von der aus Konstantinopolitaner Sicht ketzerischen Armenischen Apostolischen Kirche lossagen und sich zum orthodoxen Glauben bekennen.[17] Der Verlust Ägyptens und Syriens an die neuen muslimischen Mächte bedeutete keineswegs das Ende der jahrtausendealten Beziehungen zwischen diesen Regionen und dem griechisch dominierten Raum. Muslime kamen zwar teilweise als Kriegsgefangene in die Stadt. Nach einer symbolischen öffentlichen Demütigung wurden sie aber in die Zuschauerreihen des Hippodroms gesetzt, um den Rennen beizuwohnen: für sie und die Bevölkerung Ausdruck ihrer Integration in die städtische Gesellschaft. Ein weiteres Zeichen ihrer Integration war, dass einige arabische Kriegsgefangene zum Osterbankett des Kaisers geladen wurden, wenngleich sie recht weit unten in der Hierarchie standen. Eine Moschee existierte in Konstantinopel laut Überlieferung bereits seit dem 8. Jahrhundert und ist seit dem 10. Jahrhundert belegt.[18] Auch Übertritte vom Islam zum Christentum und umgekehrt waren nicht unüblich. Zu Beginn des 9. Jahrhunderts gab es sogar kurze Zeit einen Kaiser arabischer Abstammung. Nikephoros I. (reg. 802–811) war Kämmerer unter Kaiserin Irene (reg. 797–802) gewesen, deren Schwester einen zum Christentum konvertierten Juden geheiratet hatte.[19] Im Jahr 802 setzte Nikephoros durch Intrigen die Kaiserin ab und nahm selbst die Krone an. Wenige Jahre später fiel er im Krieg mit den Bulgaren. Sein Schwager und Nachfolger Michael I. Rhangabe (reg. 811–813) musste sich einer Revolte durch zwei seiner armenischen Generäle erwehren: Bardanes »des Türken« und späteren Leo V. (reg. 813–820) sowie des Generals und späteren Kaisers Michael II. (reg. 820–829) aus Phrygien.

Als Konstantinopolitaner gab es also gute Gründe, zu Beginn des neuen Jahrtausends positiv in die Zukunft zu schauen. In vielerlei Hinsicht entsprach die Stadt Ibn Khalduns Idealbild einer aufstrebenden Metropole: Geschützt durch weise diplomatische und militärische Führung und aufstrebend durch eine kluge Handels- und Investitionspolitik, war die Stadt ein Anziehungspunkt für talentierte Menschen aus vielen Regionen Europas, Asiens und Afrikas. Der beträchtliche Mehrwert, der hier erwirtschaftet wurde, bildete die Grundlage für einen einzigartigen Luxus. Nichtsdestotrotz gab es Anlässe zur Besorgnis, die aufmerksamen Zeitgenossen durchaus auffielen, die aber seinerzeit wohl kaum als allzu dringend bewertet wurden. Diese Schwierigkeiten und teilweise die Art, wie die Konstantinopolitaner mit ihnen umgingen, hatten mit den von Ibn Khaldun genannten Anzeichen von Dekadenz zu tun. Mittelfristig war die Stabilität des Reichs insbesondere vier Bedrohungen ausgesetzt: den *Oikoi*, Westeuropa, den Söldnern und den neuen Dynastien.

Die Oikoi

Während oberflächlich die römischen Sozialstrukturen und ihre Institutionen seit Augustus weitgehend unverändert waren, hatten sich faktisch große Verschiebungen ergeben. Nach wie vor stand ein Kaiser an der Spitze des Staates, der das Reich zu verteidigen hatte und darüber hinaus der erste Diener seines Volkes sein sollte. Gleichzeitig waren die vornehmen Familien der Reichshauptstadt im Senat vertreten und entschieden dort über die Geschicke von Stadt und Reich. Auch die Verwaltungsposten sollten nach Verdienst und ohne Ansehen der Person oder der Familie vergeben und vor allem nicht vererbt werden. *Res publica* – die öffentliche Angelegenheit – war das Prinzip, nach dem der Staat zumindest dem Anspruch nach verwaltet werden sollte: transparent, im Interesse des Volkes und mit Rechenschaftspflicht. Wie bereits beschrieben, streiften die Kaiser in den Jahrhunderten nach Augustus – zuerst Diokletian und später vor allem Konstantin und Justinian – zunehmend die Fesseln der öffentlichen Rechtfertigung ab. Wenngleich sie durch banale weltliche Umstände wie die Ausrufung durch ihre Truppen, den Beschluss des Senats, die Gunst des vorherigen Herrschers beziehungsweise der Herrscherin oder einen Putsch an die Macht gekommen waren, beriefen sie sich auf die göttliche Gnade. Sie inszenierten sich als Repräsentanten Gottes auf Erden, als Gottkaiser. Der Senat, obwohl von Konstantin ursprünglich wieder aufgewertet, verlor in späteren Jahrhunderten ebenfalls an institutionellem Wert. Senator war zur Jahrtausendwende vor allem ein Titel, der auf Zugehörigkeit zu einer etablierten Familie schließen ließ.

An die Stelle der *res publica* traten nach und nach die *Oikoi*. Das griechische Wort *oíkos* bedeutet Haus beziehungsweise Haushalt. Man kann damit eine bestimmte Familie, ihren Wohnsitz oder ihre Gefolgschaft bezeichnen. Es ist zugleich ein gesellschaftliches Organisationsprinzip. Anstatt einem abstrakten Staat zu dienen, der wiederum dem Wohl seiner Bürger dienen soll, begeben sich die Menschen in die Gefolgschaft von reichen und einflussreichen Persönlichkeiten beziehungsweise Familien. Familie, entfernte Verwandte, Familienfreunde, Freundesfreunde, Nachbarn, Geschäftspartner, Verbündete in der Hofbürokratie, protegierte Künstler, Intellektuelle oder heilige Männer, Landsleute aus der Heimatregion, Diener, Sklaven – alle diese unterschiedlichen Elemente waren unter dem Dach des jeweiligen *Oikos* verbunden. Sie hofften, dass ihr Patron weiter an Einfluss und Reichtum gewinnen werde und dass sie bei der Vergabe von Geschenken, Arbeitsplätzen oder anderen Gelegenheiten in seiner Gunst stehen und auch in seinem Testament großzügig bedacht würden. Der Begriff »Aristokratie«, der eine eigenständige Schicht suggeriert, die vom Rest der Gesellschaft abgetrennt ist, ist ein Stück weit irreführend für dieses Phänomen: Es handelt sich vielmehr um hierarchische Gefolgschaften, die sich um einzelne Aristokraten bildeten.[20] Die oft steilen Karrieren von Eunuchen sowohl am Hof als auch in den jeweiligen *Oikoi* beruhten darauf, dass sie keine eigenen Nachfolger zeugen und somit keinen Familienkern als Basis eines eigenen *Oikos* aufbauen konnten. Sie stellten also keine Konkurrenz dar, und ihre Treue gegenüber dem Herrscher oder dem Oberhaupt des *Oikos* galt als gesichert.

Kristallisationspunkt der *Oikoi* waren die eigentlichen Häuser, sprich die Residenzen der führenden Familie. Die Viertel Konstantinopels waren oft nach der dort ansässigen patrizischen Familie benannt. Statt um ein einziges Haus handelte es sich meist um einen Komplex von Häusern, der je nach Status der Familie mehrere Gebäude mit verschiedenen Funktionen umfasste: das Wohnhaus der Patrizierfamilie, eine Hauskapelle, eine zentrale Halle oder Terrasse, weitere Gemächer, ein Badehaus, Speicher, eine Kleiderkammer, getrennte Wohnhäuser für weitere Verwandte und Gäste, ein Podium, ein Studierzimmer oder eine Bibliothek, Gärten mit Säulenhallen, Pavillons, Brunnen – dies sind alles Elemente, die in unterschiedlichen Kombinationen zu den Residenzen der vornehmen Familien gehörten, egal ob in Konstantinopel oder auf dem Land. Der eigene Rang innerhalb des *Oikos* und das Vertrauen des Patrons drückten sich darin aus, zu welchen Gebäuden man freien Zugang hatte.[21] Die patrizischen Familien ahmten den kaiserlichen Hof in Miniatur nach. Genau wie dort mussten ihre Untergebenen bei Mahlzeiten oft hinter ihnen stehen, statt an der Tafel Platz zu nehmen. Die Kleiderordnung war am Hof streng hierarchisch bis ins kleinste Detail geregelt und wurde durch entsprechende Geschenke des Kaisers gesteuert. Und auch in den vornehmen Familien regelte man in Testamenten, wer welche Kleider erbte. Eine Obsession für feine Stoffe, wie Ibn Khaldun sie beklagt, ist für die hauptstädtische Gesellschaft um die Jahrtausendwende offensichtlich. In den Testamenten aus dieser Zeit ist nicht selten neben Geld, Edelmetallen und Immobilien auch feiner Stoff ein Vermögenswert, dessen Vererbung als Gunst gegenüber den Hinterbliebenen galt.[22]

Vornehme Familien, Patronage und Günstlingswirtschaft hatte es bereits in der römischen Republik gegeben, schließlich hatten die Patrizier und ihre Anhänger lange Zeit die Politik des Reichs dominiert. Stärker noch war dieses Element in den nachrömischen Reichen wie dem Frankenreich, die aus Heeresverbänden hervorgegangen waren und kein eigenes Gebilde mit abstraktem Staatsgedanken kannten. Die Sprengkraft, die die *Oikoi* für das Oströmische Reich nach 1000 entwickelten, bestand einerseits darin, dass dieses Organisationsprinzip zunehmend die Reste des Prinzips der *res publica* aushöhlte, das einen Ausgleich zwischen den verschiedenen Parteien ermöglicht hätte. Andererseits machte die neue Blüte des Imperiums die bestehenden *Oikoi* reicher und verstärkte zunehmend ihre Gier. Durch die innere und äußere Befriedung des Landes und der Handelswege sowie neue Techniken konnten die Erträge der Landwirtschaft in höherem Maße überregional gehandelt werden, wovon die Familien mit größeren Ländereien profitierten. Dieser wiederaufblühende Handel mit Agrarprodukten und anderen Waren bildete die Grundlage für die Konzentration von Vermögen in den Händen der *Oikoi*. Hinzu kam, dass zwar im Oströmischen Reich bis zuletzt zwischen öffentlich und privat unterschieden wurde. Doch selbst die kaiserlichen Familien ignorierten ab der Jahrtausendwende oft den feinen Unterschied zwischen ihren familiären Arrangements und den öffentlichen Aufgaben, was Missgunst förderte und das Aufstandspotential erhöhte.[23]

Spürbare Konsequenzen hatte dieses System vor allem für diejenigen, die keinen Zugang zu den großen Familien fanden. So beschreibt der französische Besucher Odo von Deuil das Konstantinopel des 12. Jahrhunderts als »eine Stadt, in der es so viele Herren gab wie Wohlhabende, und in der die Straßen düstere, vom Verbrechen heimgesuchte Gassen waren, die im Schatten der Häuser der Vornehmen standen«.[24] Auch diejenigen, die über Beziehungen verfügten und sich gelegentlich Gehör verschaffen konnten, lebten oft in beengten, brandgefährdeten Häusern und unter unhygienischen Bedingungen. So bat der Schreiber Johannes Tzetzes im Jahr 1131/32 den *Mystikos* (Privatsekretär des Kaisers) Nikephoros Servlias um Hilfe: In seinem dreistöckigen Wohngebäude lagerte im Parterre leicht entflammbares Stroh, während im dritten Stock ein Priester mit einer großen Familie lebte und Ferkel hielt, so dass die Abflüsse ständig verstopft waren.[25]

Die sozialen Konventionen lasteten auch auf den Angehörigen der vornehmen Familien und des Hofes. Durch die Verlagerung von der *res publica* zu den *Oikoi* hing das individuelle Fortkommen weniger von den öffentlichen Verdiensten, sondern mehr von der Gunst des Herrschers oder Patrons ab, die man durch Gefälligkeit, Bündnisse oder durch Schlechtmachen der Konkurrenz erwerben musste. Nach außen aber musste vollkommene Harmonie signalisiert werden. Der Kaiser musste dem Volk gegenüber göttliche Tugenden verkörpern, und es gab eine klare hierarchische Ordnung, in der jeder Untergebene seinen genauen Platz hatte. Wer neben oder hinter dem Herrscher stehen durfte, in welcher Reihenfolge Geschenke verteilt wurden und wer welche

Kleidung tragen musste, das alles war bis ins Kleinste geregelt.[26] Johannes II. (auch Kaloioannis genannt, reg. 1118–1143) soll sogar die Frisuren seiner Familienmitglieder inspiziert und geprüft haben, ob ihre Schuhe genau nach seinen Vorgaben geschustert waren, wie sein Chronist zustimmend notiert.[27] Dass Johannes selbst gegen die Hierarchie verstieß, hatte ernste Folgen: Auf dem Schlachtfeld befahl er seinem Neffen Isaak, von seinem arabischen Hengst zu steigen und ihn einem verdienten italienischen Ritter zu überlassen. Er selbst sollte eins seiner anderen Pferde nehmen. Isaak war so erbost, dass er auf der Stelle zu den Rum-Seldschuken überlief.[28]

Über diese Widersprüche schreibt ein anonymer Hofangehöriger im 10. Jahrhundert voller Begeisterung: »die Freunde, den Ruhm, die Pracht, den Glanz des Stadtlebens (…) Was könnte entzückender sein, als sich im Gefolge des Kaisers wiederzufinden, am kaiserlichen Lebensstil teilzunehmen, großartige Gewänder zu tragen und intim mit dem Kaiser zu verkehren?« In einem anderen Brief klagt er jedoch: »Welch Verdacht, Eifersucht, Neid, Furcht, Schmeichelei, Unterwürfigkeit, Unwissen, Betrug, Weichheit, Antriebslosigkeit, Unverschämtheit, Unsinn, Verdruss, üble Nachrede und andere Unreinheiten und Dreck! All diese Laster haben sich angemaßt, in den kaiserlichen Palast einzuziehen!«[29] Die Missgunst am Hof verdarb nicht nur die Atmosphäre, sondern konnte auch drastische Konsequenzen nach sich ziehen. Als der Hüter des kaiserlichen Tintenfasses Theodoros Styppeiotes vom Kaiser ein goldenes, mit Edelsteinen geschmücktes Tintenfass geschenkt bekam, erweckte das den Neid eines Rivalen, der Styppeiotes des Verrats bezichtigte, woraufhin der Kaiser diesen blenden ließ.[30] Diese Zustände bilden den realen Kern der klischeehaften westlichen Vorstellung von der »byzantinischen« Gesellschaft ebenso wie der Sicht mancher Zeitgenossen, die – Ibn Khalduns Weltbild folgend – bereits zu Beginn des neuen Jahrtausends auf Konstantinopel herabschauten, da es als dekadent und unmoralisch galt. Diese fanden sich auch westlich des Mittelmeers.

Westeuropa

So wie die Konstantinopolitaner an die vielen feinen hierarchischen Unterschiede innerhalb der Gesellschaft gewöhnt waren, so sahen sie sich selbst oft als etwas Besseres an verglichen mit dem Rest der Welt. Als der Italiener Liutprand von Cremona, der im Auftrag des römisch-deutschen Kaisers Otto nach Konstantinopel gekommen war, vor seiner Rückreise silberdurchwirkte Purpurmäntel gekauft hatte, wurden diese kurzerhand vom oströmischen Zoll konfisziert, mit der Begründung, dass nur Konstantinopolitaner solche edlen Stoffe tragen dürften: »Da wir alle anderen Völker in Wohlstand und Weisheit übertreffen, so sollen wir sie auch mit unserer Kleidung übertreffen. Jene, die einzigartig sind in der Grazie ihrer Tugend, sollen auch einzigartig sein in der Schönheit ihrer Gewänder,« sagten die Beamten angeblich dem erbosten Botschafter ins Gesicht.[31]

Der Begriff »Barbaren«, die antike griechische Bezeichnung für alle kulturell Fremden, findet sich noch in spätoströmischen Geschichtswerken und meint Muslime wie Westeuropäer gleichermaßen. Während die technischen, philosophischen und städtebaulichen Leistungen der arabischen Welt diese Überheblichkeit schon seit dem 8. Jahrhundert als überholt erscheinen lassen, verringerte sich um die Jahrtausendwende auch das kulturelle Gefälle zwischen Westeuropa und Konstantinopel. Wie im Osten hatte sich im Westen des Kontinents eine relative Stabilität eingestellt. Das Ausbleiben größerer Kriege und (bis 1346) Epidemien, technische Entwicklungen wie die Dreifelderwirtschaft und effizientere Wassermühlen sowie verbesserte Transportmöglichkeiten sorgten für eine stabile Versorgungslage und ein Bevölkerungswachstum, das jenes in Osteuropa deutlich überstieg. Die in der Landwirtschaft nicht gebrauchte Bevölkerung wanderte in die Städte ab, die – zunächst noch auf äußerst bescheidenem Niveau – wuchsen. Es kam zu der von Ibn Khaldun beschriebenen Ausdifferenzierung des Handwerks, des Handels und der Dienstleistungen.

Während dieser Trend nördlich der Alpen erst in den folgenden Jahrhunderten zu nennenswerter Verstädterung und zu einer größeren Rolle im Welthandel führen sollte, war er im 11. Jahrhundert für die italienischen Städte bereits deutlich erkennbar, nicht zuletzt wegen ihrer engen Beziehungen zu Konstantinopel und dem östlichen Mittelmeerraum. Die italienischen Handelsstädte, insbesondere Amalfi und Venedig, gefolgt von Pisa und Genua, entwickelten sich zunehmend zu Rivalen Konstantinopels. Diese Städte hatten sich durch die unruhigen »dunklen Jahrhunderte« halten können, weil sie aufgrund ihrer geographischen Lage von Land her kaum einnehmbar waren, Amalfi an der Steilküste über dem Golf von Salerno und Venedig in der Lagune an der Adria. Sie verdankten ihre Stellung im transkontinentalen Handel der Tatsache, dass sie zum Oströmischen Reich gehörten. Doch die zunehmende Stabilität Westeuropas, verbunden mit Bevölkerungswachstum, wachsenden Städten und prosperierendem Handwerk, ließ die italienischen Stadtstaaten und Handelshäuser nun eigenständiger agieren. Obwohl Konstantinopel ihr wichtigster Handelsplatz blieb, etablierten sie teilweise direkte Handelsbeziehungen etwa nach Ägypten oder Tunis.[32]

Der neue Status der italienischen Städte machte sich auch am Bosporus bemerkbar. Venedig, Amalfi, Pisa und Genua erwarben das Recht auf eigene Stadtviertel in der Reichshauptstadt, die in unmittelbarer Nähe zum Hafen- und Handelsgelände am Goldenen Horn lagen. Seit dem 9. Jahrhundert gab es einen dauerhaften Residenten Amalfis in Konstantinopel, während der Amalfitaner Patrizier Pantaleon sich dort um 1060 einen prächtigen Palast bauen ließ. Venedig war zwar formal noch dem oströmischen Kaiser unterstellt. Doch es hatte sich durch eigenständiges militärisches Agieren in der Adria und diplomatisches Lavieren zwischen Ostrom und dem Heiligen Römischen Reich emanzipiert und den Adriahandel monopolisiert.[33] Es diente so als Tor zum Osten für die aufstrebenden Handelsstädte Deutschlands und der Lombardei und versorgte außerdem Konstantinopel mit Sklaven von der Adriaküste. Seit Basileios II. profitierten die Venezianer vom Privileg eines niedrigeren Zolls, weil sie sich im Gegenzug zur Aufrechthaltung der Ordnung in der Adria und zum Transport oströmischer Truppen verpflichteten.[34]

Söldner

Ein Teil der wachsenden Bevölkerung vor allem in Westeuropa fand seinen Platz in der städtischen Wirtschaft; dennoch gab es vielerorts ein Überangebot vor allem an jungen Männern. Dies war insbesondere ein Problem für Landbesitzer und Ritter. Während man sich in früheren Jahrhunderten oft glücklich schätzen konnte, wenn ein männlicher Nachkomme das Erwachsenenalter erreichte und den Hof übernahm, mussten im neuen Jahrtausend die anderen Söhne oft ohne nennenswertes Erbe ausgeschickt werden, um ihr eigenes Glück zu schmieden. Parallel veränderte sich das Militärwesen: Angesichts der intensiveren Landwirtschaft und der wachsenden Geldwirtschaft war es für viele Fürsten sinnvoller, wenn ihre Gefolgschaft sich ganz auf ihre Ernten konzentrierte und sie selber für die Kriegsführung besoldete Heere aufstellten. Ritter ohne Erbe konnten auf eigene Faust Raub- und Eroberungszüge unternehmen oder sich im Dienst dieser Herrscher betätigen. Während in der Moderne die Idee entstand, Soldaten seien nur loyal, wenn sie für ihr eigenes Land, ihre eigene Nation kämpften, wurde um das Jahr 1000 herum zum Teil genau das Gegenteil angenommen: Nur wer keinen lokalen Loyalitäten verpflichtet ist und nicht über ausgeprägte andere Verbindungen verfügt, wird seinem Herrscher bedingungslos treu dienen (ein Prinzip, das sich heutzutage nur noch bei der Schweizergarde des Vatikans gehalten hat).

Was für Handel und Handwerk galt, galt auch für das professionelle Heer: Konstantinopel konnte sich die besten Soldaten des Erdkreises aussuchen. Die oströmische Armee, die hinsichtlich der Herkunft ihrer Angehörigen schon immer sehr bunt gewesen war, bestand um die Jahrtausendwende zu einem hohen Anteil aus Söldnerverbänden aus halb

Eurasien. So wurden im 11. Jahrhundert die wichtigsten Stellungen wie beispielsweise die Palastgarde den Warägern, einem ursprünglich skandinavischen Verband, anvertraut. Dass die Waräger tatsächlich bedingungslos treu ihrem Herrscher ergeben waren, musste Johannes II. feststellen. Nachdem er seinen Vater Kaiser Alexios I. (reg. 1081–1118) am Krankenbett im Manganenpalast besucht und erkannt hatte, dass er im Sterben lag, traf Johannes den Entschluss, sich schnell zum Nachfolger ausrufen zu lassen, ehe seine Mutter, Kaiserin Irene, einen Gegenkandidaten ins Spiel bringen konnte. Johannes zog also mit seinen Getreuen zum Großen Palast, wurde dort aber von der Garde am Betreten gehindert, bis die Waräger überzeugt waren, dass der alte Kaiser gestorben und Johannes nun ihr rechtmäßiger Befehlshaber war.[35] Neben der Elitetruppe der Waräger dienten von Normannen bis turksprachigen Oghusen alle möglichen Vertreter europäischer und vorderasiatischer Völker im oströmischen Heer. Söldnerverbände konnten jedoch selbst zu Machtfaktoren werden, was besonders auf die Normannen und die Seldschuken zutraf.

Die neuen Dynastien

Um das Jahr 999 kamen erstmals Söldner aus der Normandie nach Süditalien. Sie kämpften in den Kriegen zwischen dem Oströmischen Reich, der Lombardei, dem Emirat Sizilien und verschiedenen italienischen Kleinstaaten. Schon bald merkten sie, dass sie einen echten Machtfaktor darstellten, und begannen, nach und nach selbst das Land in Beschlag zu nehmen. Obwohl die Nordeuropäer auf die Bewohner Süditaliens wie Barbaren gewirkt haben mögen, entpuppten sie sich als weitsichtige Herrscher. Ganz anders als die Konstantinopolitaner, die den italienischen Botschaftern ihre Geringschätzung nicht verhehlt hatten, verstanden die neuen Herren, dass sie von den Einheimischen viel lernen konnten. So tolerierten sie auf der eroberten Insel Sizilien den Islam und ließen bestehende Verwaltungs- und Wissenschaftsstrukturen zunächst unangetastet. Im Gegensatz zum Oströmischen Reich, für das die verbliebenen italienischen Provinzen mittlerweile ein eher vernachlässigtes Anhängsel waren, zeigten die neuen Herrscher ein echtes Interesse an ihrem Land, was den Bewohnern der Region nicht verborgen blieb. Als Roger II. (reg. 1105/1130–1154), der normannische König von Sizilien, zum Angriff auf Korfu segelte, öffneten die Inselbewohner ihm die Tore. Laut einer Quelle wollten sie ihren versoffenen und unverschämten oströmischen Steuereintreiber loswerden, und die Kapitulationsbedingungen Rogers erschienen ihnen erträglich.[36]

Nicht viel anders sah es am östlichen Ende des oströmischen Machtbereiches aus. Als Truppen Konstantinopels zum See Pousgouse (heute Beyşehir Gölü) marschierten, um die früheren Provinzen von den Seldschuken zurückzuerobern, zeigten die christlichen Bewohner der im See gelegenen Inseln keinerlei Begeisterung über das Vorrücken ihrer Glaubensbrüder. Sie leisteten im Gegenteil sogar erbitterten Widerstand gegenüber ihren »Befreiern«. Denn unter der muslimischen Herrschaft hatten sie sich sowohl religiös als auch wirtschaftlich frei entfalten können.[37]

Die Seldschuken waren aus Verbänden der ursprünglich in Zentralasien beheimateten Oghusen hervorgegangen, die sich im persischen Raum niedergelassen hatten. Diese waren erst im 10. Jahrhundert zum Islam übergetreten und hatten zunächst wie die Normannen an mehreren lokalen Kämpfen der verschiedenen Machthaber teilgenommen, ehe sie auf eigene Faust den persischen Raum vereinigten und eine eigene Dynastie begründeten, die künftig das Großseldschukische Reich beherrschte. Von diesem spaltete sich später das Sultanat der Rum-Seldschuken ab, das heißt der Seldschuken im ehemals (ost-)römischen Machtbereich, wozu vor allem Kleinasien bzw. Anatolien gehörte. Aus der Perspektive Konstantinopels musste diese Region noch mehr als Süditalien als primitive Provinz gelten. Doch die Seldschuken verstanden es ähnlich wie die Normannen in Süditalien, das Potential ihres Herrschaftsgebiets mit seiner heterogenen Bevölkerung zu nutzen, indem sie von Persern, Oströmern und anderen nahöstlichen und mediterranen Kulturen lernten.[38]

Das Ende des Hauses Makedon

So besaßen die aufstrebenden Mächte trotz ihrer – aus oströmischer Sicht – relativen Rückständigkeit eine Dynamik im Sinne Ibn Khalduns. Das Kaiserhaus dagegen entsprach im ersten Jahrhundert des neuen Millenniums seinem Klischee von Dekadenz – zumindest wenn man den oströmischen Chronisten mit ihrem Hang zu Klatsch und Details aus dem monarchischen Liebesleben trauen darf. Der »Bulgarentöter« Basileios II., der das Land durch seine zahlreichen Kriege und diplomatischen Missionen wieder zum Weltreich gemacht hatte, war kinderlos gestorben. Bald darauf lag auch sein Bruder Konstantin VIII. (reg. 1025–1028), der sich in den wenigen Jahren seiner Herrschaft kaum für Staatsangelegenheiten interessierte, im Sterben. Die drei Töchter Konstantins waren nun die letzten Nachkömmlinge des Hauses Makedon. So suchte die Kamarilla auf die Schnelle einen geeigneten Staatslenker, der eine der Töchter ehelichen und so neuer Kaiser werden sollte. Leider war der Auserwählte, der Stadtpräfekt Konstantinopels Romanos Argyros, verheiratet. Für seine neue Karriere musste er sich zunächst scheiden lassen und seine Frau ins Kloster schicken. Eine der kaiserlichen Töchter, die durch Pocken entstellte Eudokia, war bereits früh ebenfalls in ein Kloster abgeschoben worden. Der sterbende Kaiser wollte zuerst die achtunddreißigjährige Theodora (990–1056) mit Romanos verheiraten. Sie weigerte sich jedoch, weil sie Romanos' opportunistische Scheidung ablehnte und er außerdem ihr Cousin dritten Grades war. Daraufhin ließ Konstantin seine jüngere Tochter fallen und wählte kurzerhand ihre fünfzigjährige Schwester Zoe (978–1050) als Kaisermacherin aus. Zoe war von der Zweckehe mit dem sechzigjährigen Stadtpräfekten ebenfalls nicht begeistert, wählte aber einen anderen Weg, um aufzubegehren. Romanos III. (reg. 1028–1034) und Zoe lebten in offener Beziehung und zeigten sich öffentlich mit ihren jeweiligen Geliebten. Romanos wurde allerdings eines Tages tot im Bad aufgefunden, und Zoe machte umgehend ihren jungen Geliebten Michael (IV., reg.

1034–1041) zum Kaiser, dem man aus naheliegenden Gründen den Tod Romanos' anlastete. Als Michael nach nur sieben Jahren an einer schweren Krankheit starb, zwang sein Bruder, der Eunuch Johannes, die Witwe zur Hochzeit mit dem Neffen des Verstorbenen, der ebenfalls Michael hieß (V., reg. 1041–1042). Als der neue Kaiser seine Frau umgehend in ein Kloster auf der Insel Prinkipos (heute Büyük Ada) sperren wollte, stürzte ihn die Stadtbevölkerung nach nur vier Monaten und brachte Zoe zusammen mit ihrer Schwester Theodora auf den Thron. Laut den Chronisten waren die Schwestern im Volk beliebt und im Senat und am Hof respektiert. Es bestand eigentlich gar keine Notwendigkeit, einen Mann an die Staatsspitze zu setzen. Insbesondere Theodora war politisch begabt und bekämpfte die grassierende Korruption, was ihr allgemeines Ansehen steigerte. Doch Zoe heiratete zum vierten Mal, ihr Mann Konstantin Monomachos, der als vergnügungs- und verschwendungssüchtig galt, wurde Kaiser (reg. 1042–1053). Konstantin IX. brachte seine langjährige Geliebte, die Nichte seiner verstorbenen früheren Frau, mit in den Palast. Nachdem sowohl die Geliebte und im Alter von 72 Jahren auch die Kaiserin Zoe gestorben waren, holte er eine Geisel aus dem Kaukasus als seine neue Geliebte in den Palast. Als der an Gicht leidende Kaiser 1053 im Sterben lag und seine Berater heimlich einen Nachfolger suchten, ließ sich die immer noch beliebte Theodora durch Senat und Garde zur Alleinherrscherin ausrufen. Sie lenkte die Staatsgeschäfte bis zu ihrem Tod im Alter von 76 Jahren. So bestimmten die Schwestern Zoe und Theodora (zusammen mit Zoes vier Ehemännern) die Regierungsgeschicke von 1028 bis 1056.[39]

Mit Theodoras Tod war die fast 200 Jahre regierende makedonische Dynastie ausgestorben. Zoe war bei ihrer ersten Ehe bereits zu alt gewesen, um Kinder zu bekommen, und Theodora war von ihrer eifersüchtigen Schwester in jüngeren Jahren vom Heiraten abgehalten worden. Es folgte eine Zeit der inneren Unruhen. Gerade weil die neue militärische und wirtschaftliche Prosperität zu steigendem Reichtum im Oströmischen Reich geführt hatte, kam es nun zu Verteilungskämpfen zwischen dem Klerus, der Hofbürokratie und einer neu entstandenen

Landaristokratie.[40] Diese Konflikte lenkten allerdings ab von neuen Bedrohungen, die langfristig von schwerwiegender Bedeutung für Konstantinopel sein sollten.

4.
Das komnenische Jahrhundert

Aufbruch in eine neue Welt und Abstieg ins Chaos

Das Jahr 1071 brachte zwei militärische Niederlagen, die sich zwar weit von der Reichshauptstadt entfernt ereigneten, aber folgenreich waren. Die aufstrebenden Normannen nahmen 1071 mit Bari die letzte italienische Stadt unter der Herrschaft Konstantinopels ein und begannen Angriffe auf oströmisches Territorium jenseits der Adria. Am östlichen Rand des Reichs, an der Grenze zu Armenien, drangen die Seldschuken ein. Sie hatten mehrere Festungen und Städte im Zentrum Kleinasiens verwüstet, waren aber vor allem an der Oberherrschaft im arabisch geprägten Raum interessiert und deswegen auf dem Weg von Armenien nach Syrien und Ägypten. Zur Verteidigung mobilisierte Romanos IV. Diogenes (reg. 1068–1071) ein großes Heer, das eigentlich problemlos die Seldschuken hätte vertreiben können. Doch durch leichtsinniges Ablehnen eines Vertragsfriedens, zu schnelles Vordringen ohne Kenntnisse der feindlichen Truppenbewegungen sowie Verrat und Desertion wurde das oströmische Heer bei Manzikert (heute Malazgirt) vernichtend geschlagen. Binnen weniger Jahre war Kleinasien verloren. Bereits sechs Jahre nach der Niederlage von Manzikert fiel das unweit von Konstantinopel gelegene Nikäa an die Seldschuken, das sie zu ihrer Hauptstadt machten. Die Oberschicht in Konstantinopel war hingegen mit internen Machtkämpfen beschäftigt.

Nach 1081 kehrten wieder stabile Verhältnisse am oströmischen Hof ein. Die Familie der Komnenen hatte sich an die Macht geputscht und sollte die nächsten hundert Jahre die Geschicke des Reichs bestimmen. Allerdings musste die neue Dynastie erkennen, dass Ostrom nicht allein der seldschukischen Herrschaft über Kleinasien ein Ende machen konnte. Deswegen appellierte Alexios I. im Frühling 1095 an den Papst in Rom. Mit Hinweis auf den gemeinsamen christlichen Glauben bat er ihn, im Einzugsbereich der katholischen Kirche ein Heer gegen die muslimischen Invasoren zu mobilisieren. Das setzte eine verhängnisvolle Dynamik in Gang, die sich auf lange Sicht zum Nachteil Konstantinopels auswirken sollte.

Von Manzikert nach Clermont: Der Beginn der Kreuzzüge

Am 27. November 1095 rief Papst Urban II. (im Amt 1088–1099) im französischen Clermont zum Kreuzzug auf. Allerdings drehte sich schon Urbans Aufruf nicht mehr nur um die Solidarität mit den griechisch-orthodoxen Christen im kürzlich unter muslimische Herrschaft geratenen Kleinasien. Das allein hätte vermutlich nur wenig Begeisterung ausgelöst. Das gesetzte Ziel ging weit über die Bitte von Alexios I. hinaus: Jerusalem, das sich zu diesem Zeitpunkt bereits 460 Jahre unter muslimischer Herrschaft befand, sollte »befreit« werden. Auf den Appell Urbans folgten zahlreiche weitere. Populäre Prediger wie der charismatische Peter der Einsiedler, der vorgab, einen Brief Gottes bei sich zu tragen, verbreiteten das Anliegen quer durch die katholische Welt. Europaweit waren Zehntausende bereit, auf der Stelle aufzubrechen, sowie Familie und Eigentum zurückzulassen. Es setzte eine Bewegung ein, die die Machtverhältnisse rund um das Mittelmeer, in ganz Europa und im Nahen Osten nachhaltig verändern sollte. Von einfachen Untertanen bis hin zu Königen verließen zahlreiche West- und Mitteleuropäer ihre Heimat und verloren oft ihr Leben in der Ferne. Östlich des Mittelmeers entstanden neue Staaten, die sich teilweise über anderthalb Jahrhunderte halten konnten, und es wurden Ritterverbünde gegründet, von denen manche, wie der Johanniter- bzw. Malteserorden, bis heute bestehen. Es kam zu einem intensiven wirtschaftlichen und kulturellen Austausch, aber auch zu blutigen Massakern und Plünderungen.

Historiker rätseln bis heute über die scheinbar plötzlich entstandene und gewaltige Bewegung, die einen Wendepunkt des Mittelalters darstellt. Kurz gesagt bewegt sich die Diskussion zwischen den beiden Erklärungsmustern »Beten« oder »Beute«: Waren es eine tiefliegende Religiosität und eine plötzliche, geradezu hysterische Angst um das eigene Seelenheil, welche die Menschen im katholischen Europa in Bewegung setzten? Oder war es die Aussicht auf Plünderungen in einem fernen, real und erst recht in der Phantasie deutlich reicheren Land, die sie lockte? Sicherlich spielte beides – das materielle wie das seelische Wohl – eine wichtige Rolle bei der Entscheidung von Zehntausenden, ins Heilige Land zu ziehen. Zwar gab es einige unmittelbare Vorteile für diejenigen, die sich zum Kreuzzug verpflichteten, wie ein Fehden- und Schuldenmoratorium. Diese werden aber für die unzähligen Zeitgenossen, die sich auf ein Abenteuer mit unsicherem Ausgang einließen, höchstens als Beigaben gewirkt haben. Nicht zu unterschätzen ist der bereits erwähnte Überschuss an jungen Männern vor allem des niederen und mittleren Adels in Frankreich, Deutschland und Italien, für die entweder Kleineroberungen zu Hause oder ein Söldnerdasein die Alternativen waren. Für diese Ritter mag die Aussicht auf eine Art Mischung aus Pilgerreise und Feldzug besonders attraktiv gewirkt haben.

»Die Geister, die ich rief ...«: Alexios I. und der Erste Kreuzzug

Manchmal muss man sich in Acht nehmen, wenn die eigenen Wünsche Wirklichkeit werden. Als die erwünschte Verstärkung aus Westeuropa tatsächlich eintraf, werden so manche Konstantinopolitaner die »Geister, die sie riefen«, verflucht haben. Hatte Alexios I. vermutlich mit einigen tausend Rittern gerechnet, kamen zehntausende Menschen, die größtenteils ihrem Erscheinungsbild nach alles andere als professionelle Kriegsleute waren. Im Sommer 1096 erschien auf dem Seeweg zunächst ein großes Kontingent italienischer Kreuzfahrer, die relativ unauffällig vor der Stadt kampierten. Bedrohlicher wurde die Lage, als die Schar von Peter dem Einsiedler eintraf. Obwohl sich ihm einige Ritter angeschlossen hatten, waren seine Anhänger überwiegend sozial niedriger Herkunft, und die Bewegung wurde als Bauern- oder Volkskreuzzug bekannt. Sie verfügten weder über Kriegserfahrung noch über schwere Bewaffnung in ausreichender Menge. Auf ihrem Weg hatten sie bereits eine Spur der Verwüstung durch Europa gezogen; einerseits wegen ihres fanatischen Glaubens, andererseits weil sie schlichtweg Hunger hatten bzw. ihren Feldzug noch finanzieren mussten. In den Judenvierteln des Rheinlands war es zu zahlreichen Massakern und Plünderungen durch die Truppen von Graf Emicho gekommen. In Semlin, Belgrad und Niš, also schon auf oströmischem Gebiet, hatten Streitigkeiten mit der lokalen Obrigkeit über die Versorgung ebenfalls zu Massakern geführt sowie zu Kämpfen zwischen Peters Heerhaufen (besonders der Vorhut unter dem Ritter Walter Sans-Avoir) und regulären Militärverbänden.[1]

Die Kreuzfahrer und insbesondere ihre Verproviantierung waren also von Anfang an eine Bedrohung für die Bewohner des Oströmischen Reichs und eine Gefahr für die Hauptstadt. Alarmiert durch die Vorfälle in Belgrad und Niš schickte Alexios I. dem schätzungsweise 20 000 Mann starken Verbund unter Peter dem Einsiedler Soldaten entgegen. Gegen das Versprechen, nicht eigenmächtig die Bevölkerung zu plündern, wurden die Bauernkreuzzügler nun ab Sofia bis Konstantinopel eskortiert und versorgt, allerdings auch bewacht und zu Gewaltmärschen angehalten. In Konstantinopel angekommen, wurde das Gefolge Peters alsbald weitergeschickt. In einem Militärlager nahe Nikomedia (knapp 100 Kilometer östlich von Konstantinopel) sollten sie auf Verstärkung warten. Doch angetrieben durch eine Mischung aus Hunger, Aussicht auf Beute und Langeweile begannen sie erneut Angriffe auf die

Zivilbevölkerung. Da die Grenze zum seldschukischen Machtbereich und deren Hauptstadt Nikäa von hier aus gerade einmal 60 Kilometer entfernt waren, wagten sich die Westeuropäer bis auf feindliches Gebiet vor. Diese spontanen Aktionen wurden von den erfahrenen Seldschukentruppen leicht niedergeschlagen. Die Nachricht von der Niederlage provozierte die anderen Bauernkreuzzügler zu einem größeren Angriff. Doch die gut organisierte seldschukische Armee drängte die Abenteurer ohne große Mühe zurück und nahm binnen kurzer Zeit deren Kriegslager ein. Von den Zehntausenden, die sich im Frühling 1096 von Köln aus auf den Weg gemacht hatten, waren nach diesem Desaster im Herbst nur noch wenige am Leben.[2]

Die später eintreffenden disziplinierteren Heere der Fürsten waren allerdings eine noch größere Bedrohung für Konstantinopel. Der jüngere Bruder des französischen Königs, Hugo von Vermandois, und sein Heer wurden von oströmischen Soldaten ab der Grenze in Dyrrachion (heute Durrës) bis Konstantinopel fast wie Gefangene eskortiert, obwohl Hugo Alexios I. über seine Route informiert hatte. Auch Gottfried von Bouillon einigte sich mit den oströmischen Instanzen auf eine Durchreise ohne Plündern gegen Geleit und Verpflegung. Doch Unstimmigkeiten darüber, welches Maß an Unabhängigkeit dem Kreuzritterheer während seines Aufenthalts bei der Reichshauptstadt zustehen sollte, führten zur Einstellung der Verproviantierung. Daraufhin plünderten Gottfrieds Gefolgsleute das nicht weit vor Konstantinopel gelegene Selymbria (heute Silivri). Nach erneuten Verhandlungen traf das Heer schließlich zu Weihnachten 1096 am Bosporus ein, wo es bei Galata kampierte. Gottfried weigerte sich zunächst, Kaiser Alexios I. zu treffen, woraufhin abermals die Versorgung eingestellt wurde. Am 13. Januar 1097 befahl Gottfried, Konstantinopel anzugreifen. Bevor die Situation eskalierte, konnte der Konflikt in letzter Minute diplomatisch gelöst werden. Gottfried schwor Alexios einen Treueid, und die Armee wurde bis Februar mit kaiserlicher Hilfe über den Bosporus übergesetzt; so konnte sie den Vorräten der Reichshauptstadt im Spätwinter nicht zur Last fallen. Eine Botschaft von Bohemund von Taranto, der sich auf dem Weg von der Adriaküste nach Konstantinopel befand und Gottfried einen gemeinsamen Angriff auf die Stadt empfahl, kam zu spät. Gottfried und Alexios hatten sich bereits geeinigt.[3]

Durch geschickte Verhandlungen konnten weitere gravierende Zwischenfälle vermieden werden. Alexios I. verstand es, die ankommenden Fürsten zur Treue zu verpflichten und sie zu einer gemeinsamen Armee zu vereinen. Er hatte ferner zwei Ziele. Einerseits musste er die Ambitionen der Westeuropäer zumindest teilweise umlenken. Zwar wollte er sie nicht gänzlich von ihrem Endziel Jerusalem abbringen, wünschte sich aber, ihre militärische Stärke für die aus seiner Sicht dringendere Aufgabe der Zurückdrängung der Seldschuken zu nutzen. Zum anderen wollte er nach der bitteren Erfahrung von Manzikert nicht wieder die oströmische Armee für ein Abenteuer riskieren, sondern diese nur begrenzt einsetzen. Er versprach den Kreuzrittern ein Truppenkontingent unter Leitung des erfahrenen türkischstämmigen Eunuchen Tatikios bis Antiochia.

Im Sommer 1097 stand das Bündnis und damit die Armee aus etwa 60 000 Soldaten. Die Belagerung von Nikäa war so etwas wie eine Generalprobe. Angesichts der feindlichen Übermacht ergab sich die Stadt, und Alexios I. setzte durch, dass sie von Plünderungen verschont blieb.[4] Da die Kreuzritter ihren Marsch quer durch Kleinasien ins Heilige Land fortsetzten, verlegte Kılıç Arslan I., der Sultan der Rum-Seldschuken (reg. 1092–1107), nach nur 22 Jahren die Hauptstadt von Nikäa nach Ikonion (Konya), das etwas östlich von der Marschroute nach Jerusalem lag. Die eroberten Gebiete fielen wie vereinbart zurück an das Oströmische Reich. Der weitere Weg der Kreuzritter war schwierig und hätte durchaus scheitern können. Schließlich schafften sie es jedoch 1099, Teile des Heiligen Landes zu erobern, und begründeten einige Ministaaten, wie das Königreich Jerusalem, das Fürstentum Antiochia und die Grafschaft Edessa.

Das komnenische Jahrhundert

Nach dem Ende des Ersten Kreuzzuges wird die Welt für die Einwohner Konstantinopels und vor allem für das Herrscherhaus wieder in Ordnung gewesen sein. Die Zurückdrängung des Sultanats von Rum schien ein wichtiger erster Schritt zu einer Reconquista Kleinasiens, auf den weitere Feldzüge in eigener Regie folgen sollten. Die potentiell destabilisierende Energie der Bauernkreuzzügler hatte man erfolgreich von der Reichshauptstadt ferngehalten und den Kreuzzug der Fürsten durch kluge Diplomatie sogar für oströmische Staatsziele nutzen können. Mit dem Königreich Jerusalem hatten die Kreuzfahrer einen Staat gegründet, der weit von den oströmischen Kernländern entfernt lag und für Konstantinopel nicht so schnell gefährlich werden konnte. Für die Katholiken bedeutete Jerusalem die Welt, für die meisten Bosporusanwohner dagegen nicht allzu viel, schließlich übertraf die Reichshauptstadt mit ihrer Vielzahl von prächtigen Kirchen, Klöstern und kostbaren Reliquien die palästinensische Provinzstadt bei weitem. Die inneren Wirren um die aufstrebenden *Oikoi* schienen vorbei – das neue Herrscherhaus verstand es, auf kluge Weise die führenden Häuser und ihr Gefolge durch die Vergabe von Posten in das Heer zu integrieren, das für die Zurückdrängung der Normannen und der Rum-Seldschuken aufgerüstet wurde.[5] Auch der Handel erholte sich. Mit den Komnenen saß eine machtbewusste und Stabilität garantierende neue Dynastie an den Hebeln der Macht.

Die Komnenen gelten allgemein als die letzte große Dynastie des Oströmischen Reichs. Gleichzeitig waren sie die Ersten, die den Zeichen der Zeit Rechnung trugen, indem sie ihr Reich nicht nur nach Westeuropa öffneten, sondern dieses in vielerlei Hinsicht auch nachahmten, und zwar seit ihrem erfolgreichen Putsch 1081, durch den Alexios Kaiser wurde und sein Bruder Isaak Nebenkaiser. Allerdings lag laut dem Geschichtsschreiber Johannes Zonaras die eigentliche Macht in den Händen ihrer Mutter Anna Dalassene. Die weiteren Brüder und Schwager der Familie bekleideten ebenfalls hohe Ämter.[6] So entsprach ihr Herrschaftsapparat mehr der Struktur eines *Oikos* oder einer westeuropäischen Adelsfamilie als den Institutionen eines jahrhundertealten Reichs.

Gleichzeitig leisteten sich die Komnenen nicht mehr den Luxus, auf die katholischen Fürsten herabzuschauen, sondern suchten aktiv Ehebündnisse mit ihnen. Verhandlungen über eine Heirat zwischen der kaiserlichen Familie in Konstantinopel und den deutschen Kaisern hatte es im Laufe der Jahrhunderte immer wieder gegeben. Der vom Zoll ertappte Botschafter Liutprand hätte eigentlich für den Sohn des römisch-deutschen Kaisers Otto I. (reg. 931/962–973) die Heirat mit einer Braut aus direkter Abstammung der makedonischen Kaiser aushandeln sollen. Erst mehrere Delegationen später ließ man sich in Konstantinopel dazu herab, Theophanu (reg. 972–990), die Nichte eines bereits abgesetzten Kaisers, also keine direkte Nachfahrin, als Braut an Otto II. (reg. 961/973–983) zu schicken. Die spätere Kaiserin Zoe war mit 23 Jahren zur Gattin von Otto III. (reg. 983/996–1002) bestimmt worden, doch dieser starb kurz vor der geplanten Hochzeit. Den zweiten diplomatischen Anlauf der Deutschen für ein Ehebündnis wiesen Zoe und ihr Vater zurück.

Die Komnenen hingegen verheirateten viele Töchter des Hauses mit den neuen Herrschern über Jerusalem und Antiochia, um die Kreuzfahrerstaaten an Konstantinopel zu binden. Umgekehrt holten sie Töchter aus katholischen Dynastien als Bräute in den kaiserlichen Palast, aus Ungarn, Savoyen, Antiochia. Manuel Komnenos (reg. 1143–1180) war schließlich der erste Kaiser, der eine Frau aus der Familie des römisch-deutschen Königs heiratete und damit indirekt den bedeutenden Status der Staufer anerkannte. Bertha von Sulzbach (reg. 1146–1159), die Schwester der deutschen Königin, wurde 1142 nach Konstantinopel geschickt und vier Jahre lang auf ihre zukünftige Rolle als oströmische Kaiserin vorbereitet. Dennoch scheint die Ehe alles andere als glücklich gewesen zu sein, und auch die Einwohner Konstantinopels hatten laut dem Chronisten Niketas Choniates keinen allzu vorteilhaften Eindruck von »Kaiserin Irene«, wie Bertha nun hieß:

»Sie war nicht so sehr um ihre äußerliche, sondern viel mehr um ihre innerliche Schönheit und ihr Seelenheil besorgt. Indem sie Gesichtspuder, Lidschatten, Kajal und Rouge verachtete zugunsten der natürlichen Gesichtsfarbe und diese Hilfsmittel als das Zeug alberner Weiber abtat, war ihr Schmuck allein die Tugenden, denen sie sich verschrieben hatte. Sie hatte die angeborenen Eigenschaften der Unnachgiebigkeit und Meinungsstärke. Folglich war der Kaiser ihr gegenüber nicht sehr aufmerksam, aber sie nahm Teil an den Ehren, Leibgarden und den übrigen kaiserlichen Prächtigkeiten; in Bettangelegenheiten jedoch wurde ihr Unrecht angetan. Denn Manuel, der jung und leidenschaftlich war, war vollkommen einem unsteten und begierigen Leben hingegeben und widmete sich Festessen und Ausschweifungen; was auch immer seine Jugendblüte ihm nahelegte und seine niederen Triebe vorsahen, tat er. Indem er sich dem sexuellen Verkehr ohne Zurückhaltung hingab und mit vielen Partnerinnen kopulierte, penetrierte er sogar widergesetzlich seine Verwandte. Und er war gezeichnet durch diese entstellende und unangemessene Handlung, so wie Warzen oder Pusteln von matt weißer Lepra, die im Gesicht entstehen, ein liebliches Antlitz entstellen.«[7]

Die Geringschätzung für Make-up, für weltliche Schönheit insgesamt und ihr öffentlich provokantes Auftreten als eingeheiratete exotische Kaiserin kamen also nicht gut an, auch wenn dies kein Grund war, die Ausschweifungen des Kaisers gutzuheißen. Ganz anders war die Einstellung gegenüber Manuels Mutter gewesen, Piroska, die aus Ungarn eingeheiratet und ebenfalls den Namen Irene angenommen hatte (reg. 1118–1134). Dies spricht dafür, dass die Gesellschaft Konstantinopels bei gelungener Integration keine Vorbehalte gegen Ausländernnen hegte. Ein bis heute erhaltenes Mosaik auf der Empore der Hagia Sophia zeigt ein sehr positives Bild der hübschen blonden Kaiserin, in Eintracht mit ihrem dunkelhaarigen Gatten Johannes II. Umgekehrt wurde Irene Angelina aus dem Hause Angelos (reg. 1198–1208), eine Nachfahrin von Alexios I. Komnenos, durch die Ehe mit Philipp von Schwaben (reg. 1198–1208) die erste oströmische Prinzessin, die einen römisch-deutschen König heiratete.

Die neue Stabilität Konstantinopels im komnenischen Jahrhundert spiegelte sich ebenso im Stadtbild wider. Während seit Justinian nur wenige größere Bauten errichtet worden waren, betätigten sich die Angehörigen des neuen Herrscherhauses als Mäzene; ihre Baumaßnahmen prägen bis heute das Erscheinungsbild Istanbuls. Der erste Komnenen-Kaiser Alexios I. leitete den Umbau des Blachernenpalastes an der Landmauer ein. Obwohl der Palast bereits im 6. Jahrhundert existierte, war er nur von untergeordneter Bedeutung gewesen, während die Regierungsgeschäfte im Wesentlichen im alten Großen Palast abgewickelt wurden. Alexios I. verlegte seine Hauptresidenz hierher und ließ zahlreiche neue Gebäude errichten, so dass man nun vom »Neuen Palast« sprach. Sein Enkelsohn Manuel setzte den Ausbau fort. Auch dies kann man als »Verwestlichung«, als einen Schritt fort von der altehrbaren Pracht des römischen Großen Palastes und hin zum rustikalen Charme einer Burg an der Mosel oder an der Loire sehen. Dies kam vor allem durch die unmittelbare Nähe zu den Wehranlagen, der Landmauer, und dem Verlies des Anemas zum Ausdruck. Einzig erhaltenes Gebäude des Blachernenpalastes ist der sogenannte Tekfur Sarayı. Es war ebenfalls Manuel, der im Hippodrom, wo noch immer Rennen stattfanden, Ritterturniere nach westeuropäischem Vorbild einführte.[8]

Manuels Vater Johannes und seine Mutter, die erwähnte ungarischstämmige Kaiserin Irene, hatten sich vor allem der Errichtung des größten neuen Sakralbaus der Stadt seit der Hagia Sophia verschrieben. Das weitläufige Pantokrator-Kloster (Pantokrator heißt Weltenherrscher, heute ist das Kloster die Molla-Zeyrek-Moschee), zu dem drei Kirchen und ein Spital sowie eine massive Zisterne gehören, thront am Steilhang des Vierten Hügels der Stadt über dem Goldenen Horn. Die Familie der Komnenen spielte außerdem eine wichtige Rolle beim Umbau der Erlöserkirche in den Feldern, kurz Chora-Kirche (Kariye Camii), die sich nicht weit vom Blachernenpalast befindet und bis heute erhalten ist.

Das komnenische Jahrhundert und der niemals endende Krieg

Indes traten im Lauf des komnenischen Jahrhunderts viele der zunächst gelöst scheinenden Probleme wieder auf. Die wirtschaftliche Ausnahmestellung Konstantinopels – Drehkreuz im Ost-West- und Nord-Süd-Handel sowie Dominanz in den produzierenden und verarbeitenden Gewerben – geriet ins Wanken. Als Roger II. von Sizilien 1147 Korinth und Theben eroberte, raubte er die dortigen Seidenraupen und Webstühle und führte die Seidenspinnerei in Italien ein. Damit endete ein fast sechshundertjähriges Monopol. Zudem führte die Existenz der neuen Kreuzfahrerstaaten zu einer Verschiebung der Handelsströme. Die italienischen Stadtstaaten zogen es zunehmend vor, den lukrativen Ost-West-Handel direkt über die Häfen des Heiligen Landes abzuwickeln. Damit umgingen sie Konstantinopel, was dort Wirtschafts- und Zolleinbußen zur Folge hatte. Zugleich errichteten die Händler aus Venedig, Genua, Pisa und Amalfi nicht nur im Heiligen Land, sondern überhaupt an den Küsten des östlichen Mittelmeers sowie rund um das Schwarze Meer eigene Niederlassungen und Festungen. Das oströmische Kaiserhaus hatte dieser Entwicklung nichts entgegenzusetzen. Bereits Alexios I. hatte 1082 den Venezianern weitere Zugeständnisse machen müssen. 1111 erhielt Pisa ähnliche Privilegien durch Alexios' Nachfolger Johannes II. So zahlten die Italiener weniger Zoll als oströmische Untertanen, beispielsweise vier anstatt der üblichen zehn Prozent, und hatten damit deutliche Handelsvorteile. Ferner war ihnen, wie gesagt, erlaubt, eigene Bezirke und sich selbst verwaltende Kommunen in den Hafenstädten des östlichen Mittelmeeres zu etablieren. Allein in Konstantinopel erreichte die Zahl der Westeuropäer bis 1180 60000, eine Größenordnung, die zu der Zeit nur wenige Städte im katholischen Teil Europas erreichten.[9]

Die Konzessionen waren ein politisches Entgegenkommen für militärische Unterstützung, da ohne die Flotte insbesondere Venedigs das Oströmische Reich in Übersee handlungsunfähig gewesen wäre. Doch die militärische Kooperation war keineswegs ein Anlass zur Verbrüderung. Stattdessen führte sie zu weiteren Spannungen. Als Venezianer und Oströmer 1148 gemeinsam Korfu belagerten, um Rogers Besatzung zu beenden, gingen nach einem verlustreichen Angriff die beiden Bündnispartner aufeinander mit Waffen los. Nachdem die Oströmer die Venezianer zurück auf ihre Schiffe getrieben hatten, rächten Letztere sich, indem sie die kaiserliche Flotte angriffen und deren Führungsschiff enterten. Von dort riefen sie, um Kaiser Manuel zu verhöhnen, einen »schwarzhäutigen Äthiopier« zum Kaiser der Römer aus, setzten ihm eine Krone auf und huldigten ihm. Manuel hatte keine andere Wahl, als den Beteiligten eine Amnestie zu gewähren, wollte er die Belagerung Korfus fortsetzen.[10]

Orthodox-katholische und insbesondere griechisch-italienische Spannungen ziehen sich wie ein roter Faden durch das komnenische Jahrhundert. Die Kaiser halfen sich unter anderem dadurch, dass sie die rivalisierenden italienischen Städte gegeneinander ausspielten und einmal erteilte Privilegien kassierten, um sie später zu erneuern. Als 1171 die Venezianer in Konstantinopel das genuesische Viertel verwüsteten, nahm Kaiser Manuel diese Aktion als willkommenen Anlass, um hart gegen die Venezianer im ganzen Reich durchzugreifen. Er ließ sie verhaften und ihren Besitz konfiszieren. Die Ansprüche, die die Republik Venedig aufgrund dieser Maßnahmen stellte, bildeten den Kern der Forderungen, die zum Angriff auf Konstantinopel im Vierten Kreuzzug führen sollten.

Die Erkenntnis, dass die Vormachstellung des alten Reichs alles andere als sicher war, zeigte sich auch im Osten. Die Rückeroberung Kleinasiens geschah keineswegs planmäßig, sondern artete in einen endlosen Krieg aus. Obwohl insbesondere Kaiser Johannes II. sich über Jahre hinweg auf Feldzügen befand, erreichte er nur mühselig Fortschritte in den westlichen und zentralen kleinasiatischen Provinzen. Dort waren manche Glaubensbrüder und ehemalige Untertanen des Kaisers gar nicht daran interessiert, wieder Steuern und Abgaben an das reiche Konstantinopel abzuführen und im Gegenzug von diesem vergessen zu werden.

Wenn der Schwager ungebeten zu Besuch kommt: Manuel und der Zweite Kreuzzug

Auch die Situation im Heiligen Land und die Kreuzzüge sollten die Komnenen-Dynastie wieder einholen. Der Graf von Edessa (Urfa) hatte seinen muslimischen Nachbarstaat im Krieg gegen das Großseldschukische Reich 1144 unterstützt. In der Abwesenheit des Heeres kam es zur Einnahme des Kreuzfahrerstaats und einem Massaker an der Bevölkerung. In Westeuropa wurde erneut zum Kreuzzug aufgerufen, dem sich die Könige des Heiligen Römischen Reichs und Frankreichs anschlossen. Der römisch-deutsche König Konrad III. (reg. 1138–1152) fragte um Erlaubnis, durch das Oströmische Reich ziehen und unterwegs Verpflegung für seine Armee erwerben zu dürfen.

Die Beziehungen zwischen den beiden Reichen waren an sich gut, Kaiser Manuel hatte wenige Monate zuvor Konrads Schwägerin Bertha von Sulzbach geheiratet. Entsprechend gewährte er die Bitte, beschloss aber gleichzeitig, wie schon sein Großvater Alexios, die durchziehenden Kreuzritter mit eigenen Truppen zu begleiten und schnell durchzuschleusen. Ganz reibungslos verlief dies allerdings nicht. Bereits auf dem Weg nach Konstantinopel, in Thrakien, kam es zu Übergriffen und Plünderungen durch die Deutschen und zu ersten Spannungen zwischen dem Kreuzritterheer und der oströmischen Eskorte. In Adrianopolis (heute Edirne) wurden einige Deutsche ausgeraubt und ermordet, worauf der Neffe Konrads, Friedrich von Schwaben, mit standrechtlichen Hinrichtungen reagierte, ehe oströmische Gesandte den Konflikt beilegen konnten. Nachdem sie einen Monat lang nördlich des Goldenen Horns, in sicherer Distanz von der Reichshauptstadt, kampiert hatte, wurde die fremde Armee nach Kleinasien übergesetzt.

Die Entscheidung der Kreuzfahrer, auf dem kürzesten Weg durch Kleinasien und so überwiegend durch das Gebiet der Rum-Seldschuken zu ziehen, entpuppte sich schnell als Fehler. Sowohl mangelnder Proviant als auch die häufigen Hinterhalte wurden dem Heer zum Verhängnis. Statt den 1300 Kilometer langen Marsch nach Edessa durchzustehen, wurden die hungrigen Kreuzritter bereits nach 500 Kilometern von den Rum-Seldschuken geschlagen und zur Umkehr gezwungen. Der verwundete und später an Malaria erkrankte Konrad verbrachte noch viele Monate als unfreiwilliger Gast Kaiser Manuels.

Das klägliche Scheitern des Deutschen bot Anlass zu zahlreichen Gerüchten. Nicht nur westeuropäische, auch oströmische Chronisten vermuteten Kaiser Manuel hinter den feindlichen Akten. Griechische Späher hätten die Kreuzritter in Hinterhalte gelotst; Überfälle seien von oströmischer wie von muslimischer Seite erfolgt; Städte, die das Heer hätten verproviantieren sollen, hätten das ihnen gebotene Gold genommen, aber im Gegenzug entweder zu wenig, gar keine oder verdorbene Lebensmittel geliefert.[11] Ob diese Vorwürfe stimmten oder nicht, ist für die nachfolgenden Ereignisse weniger wichtig als die Tatsache, dass solche Meinungen kursierten.

Als kurz nach dem Durchzug der Deutschen der französische König Ludwig VII. (reg. 1131/1137–1180) mit seinen Kreuzrittern in Konstantinopel eintraf, herrschte unter diesen bereits eine große Abneigung gegen ihren Gastgeber Kaiser Manuel. Man lastete ihm sowohl seinen Vertragsfrieden mit den Rum-Seldschuken an (den er kurzfristig geschlossen hatte, um beim Durchzug der Kreuzfahrer mit seinen Truppen in Konstantinopel zu sein) als auch seine Ansprüche auf den Kreuzfahrerstaat des Fürstentums Antiochia. Außerdem war es auf dem Balkan zu etlichen Zusammenstößen zwischen oströmischen Truppen und plündernden französischen Kreuzrittern gekommen. Im französischen Lager wurde schon offen darüber gesprochen, dass man Konstantinopel angreifen sollte.

In dieser Situation entschied sich Kaiser Manuel – ganz im Gegensatz zu seinem frostigen Umgang mit dem deutschen König Konrad – zu einer Charme-Offensive und empfing Ludwig als ebenbürtigen Regenten. Der ansonsten antigriechisch eingestellte Mönch Odo von Deuil erinnert sich an den Empfang: »Das Bankett war so glorreich wie seine Teilnehmer; die ansehnliche Bedienung, das köstliche Essen und die geistreiche Unterhaltung befriedigten Augen, Zunge und Ohr zugleich.«[12] Die skeptischeren Begleiter des Ludwigs trauten hingegen »den Griechen« nicht und glaubten, man wolle ihren König vergiften. Doch nichts dergleichen geschah. Manuel führte den frommen König persönlich zu den kostbarsten Reliquien und richtete eine Feier zu Ehren von Ludwigs Schutzpatron, des heiligen Dionysius, aus. Freudig erinnerte sich Odo an den Gesang der Kastraten bei dieser Zeremonie. Die Bestrafung der Übergriffe durch französische Truppen überließ Kaiser Manuel seinem Gast. Die Taktik erfüllte ihren Zweck: Ludwig ging auf die von seinen Rittern vorgebrachten Pläne für einen Angriff auf Konstantinopel nicht ein und zog weiter.[13]

1176–1186: Der schnelle Abstieg ins Chaos

Das komnenische Jahrhundert kam ebenso abrupt zu einem Ende, wie es angefangen hatte. Hatten ein Familienputsch, der Erste Kreuzzug, Militäroffensiven und nicht zuletzt das Lavieren zwischen Einbindung und Abwehr der katholischen Emporkömmlinge auf der internationalen Bühne den Aufstieg des Hauses Komnenos begleitet, so führten dieselben Elemente in anderer Konstellation zu seinem Untergang. Wieder entspricht das Geschehen den Prozessen, die Ibn Khaldun rund 200 Jahre später beschrieb. Die Dynastie schien ausgebrannt. Erfolge blieben aus, alte Konflikte brachen wieder hervor. Talentierter Nachwuchs war nicht in Sicht, stattdessen waren Unterwürfigkeit, Missgunst und Egoismus kennzeichnend für die höfische Kultur.

1176, nach 15 Jahren Frieden (abgesehen von ein paar Grenzscharmützeln), in denen der Sultan der Rum-Seldschuken sich dem Kaiser untergeordnet hatte, führte Kaiser Manuel ein großes Heer ins Innere Kleinasiens, um die Entscheidungsschlacht gegen Sultan Kılıç Arslan II. (reg. 1156–1192) zu führen und Konya einzunehmen. Das Heer war so groß, dass der Sultan um einen Vertragsfrieden bat, den der Kaiser aber verweigerte. Allerdings geriet die oströmische Armee bei Myriokephalon in einen Hinterhalt und wurde aufgerieben. Umzingelt und auf schwierigem Gelände ohne sichere Fluchtmöglichkeit musste Manuel einen Frieden von Kılıç Arslans Gnaden akzeptieren. Zwar war diese Schlacht nicht annähernd so verheerend wie die von Manzikert hundert Jahre zuvor, und der Kaiser und ein guter Teil seiner Truppen kamen heil davon. Sie bedeutete aber eine ungeheure psychologische Niederlage: Nach hundert Jahren der Reconquista Kleinasiens musste Manuel das Scheitern dieses Vorhabens akzeptieren. Geländegewinne waren nach wie vor möglich, aber ein einheitliches, durch Konstantinopel beherrschtes Kleinasien von der Ägäis bis an den Van-See würde es nie wieder geben.[14]

Vier Jahre nach der Niederlage starb der Kaiser, nach 37 Jahren Herrschaft. Manuel hatte zahlreiche Töchter, doch erst sehr spät, in seiner zweiten Ehe mit Maria von Antiochia (reg. 1161–1183), einen Sohn bekommen. Dieser wurde nun als Alexios II. (reg. 1180–1183) zum Kaiser ausgerufen, war aber gerade mal 13 Jahre alt und stand deswegen unter der Vormundschaft seiner Mutter. Die genannten vier Bedrohungen des imperialen Zusammenhalts machten sich jetzt deutlicher bemerkbar als zuvor. Um ihre Macht abzusichern, hatten die Komnenen stärker als je zuvor das Reich als ihren eigenen *Oikos* organisiert und Posten nach der Gunst des Kaisers oder anderer wichtiger Familienmitglieder vergeben. Als nun in Ermangelung eines volljährigen Nachfolgers ein Machtvakuum entstand, gab es kaum neutrale, auf die *res publica* verpflichtete öffentliche Amtsträger, unter denen der Staatsapparat hätte stetig weiterlaufen können. Die Funktionsträger waren fast ausschließlich Parteigänger des einen oder anderen *Oikos* und versuchten, das Machtvakuum für ihre Interessen zu nutzen. Der Einfluss der katholischen Westeuropäer und vor allem der italienischen Stadtstaaten war im komnenischen Jahrhundert insbesondere im Bereich des Handels rapide gestiegen, was Neid und ethnische Spannungen förderte. Die Kaiser Johannes II. und Manuel hatten zwar durch ihre zahlreichen Feldzüge die Grenzen gegenüber Normannen und Rum-Seldschuken sowie an den zahlreichen anderen Fronten stabilisieren können. Einen stabilen Frieden, sei es durch einen entscheidenden Feldzug oder durch einen dauerhaften Friedensvertrag und die Etablierung guter Beziehungen, hatten sie jedoch mit keinem der Rivalen erreicht. Wie so oft in der oströmischen Geschichte entzündeten sich sämtliche ungelösten Konflikte in der Phase des Übergangs der Herrschaft von einem Kaiser auf seinen Nachfolger. Zwischen dem Tod Manuels und der Einnahme Konstantinopels durch die Kreuzfahrer 1204 ereigneten sich angeblich an die 58 Putsche, Aufstände und Verschwörungen, die das Reich nicht nur seiner stabilen politischen Verhältnisse beraubten, sondern auch die Wirtschaft, die Steuereinnahmen und folglich die Militärausgaben negativ beeinträchtigten.[15]

Die Herrschaft des Protosebastos: Familienstreit und Straßenschlachten

Der jugendliche Kaiser Alexios II. interessierte sich zum Bedauern der Staatsbeamten mehr für Kinderspiele als für die Staatsgeschäfte. Seine Mutter Maria, 35 Jahre alt und bereits Witwe, hatte sich offiziell für ein Leben als Nonne entschieden. Allerdings wohnte sie weiter im Palast und soll eine Beziehung zu einem Neffen Manuels gehabt haben. Dieser Neffe hieß Alexios Komnenos – genau wie der junge Kaiser – und trug den Titel des *Protosebastos.* Dieses Amt wurde seit Beginn der Komnenos-Dynastie auf vertrauenswürdige Mitglieder der herrschenden Familie übertragen. Maria förderte den *Protosebastos* nach Kräften, so dass er bald faktisch der Regent des Reichs war. Seine Zeitgenossen warfen ihm vor, er sei korrupt und bevorzuge den Adel. Außerdem sei er verschwendungssüchtig und kümmere sich nicht ausreichend um die Staatsangelegenheiten.[16] Entscheidend für die Opposition gegen ihn war aber vermutlich, dass er einen Teil des weitläufigen *Oikos* der Komnenen, wie er unter Manuel existiert hatte, von der Macht abschneiden wollte. So wurden der *Protosebastos* und die Kaiserin das Ziel einer verleumderischen Kampagne. Ob die Vorwürfe der Misswirtschaft und die

Gerüchte über ihr Liebesverhältnis nur erfunden waren, lässt sich heute nicht mehr feststellen. Jedenfalls hieß es hinter vorgehaltener Hand, der *Protosebastos* habe die Macht an sich gerissen, unterhalte unstatthafte sexuelle Beziehungen (obwohl diese in der kaiserlichen Familie nicht unüblich waren, auch Manuel hatte zahlreiche außereheliche Beziehungen und Kinder gehabt) und wolle »nicht nur die Kaiserin, sondern auch den Thron besteigen«, also den legitimen Kaiser absetzen. Gegen die Kaiserin wurde vorgebracht, dass sie lateinischer Herkunft war und angeblich die katholische Bevölkerung Konstantinopels bevorzuge. All dies verdichtete sich zu einem negativen Bild, das bald weit über den Hof hinaus wirkte.

In dieser Situation ergriff eine andere Maria die Initiative. Die neunundzwanzigjährige Maria Komnena war die Halbschwester des minderjährigen Kaisers, Manuels Tochter aus erster Ehe mit Irene (Bertha von Sulzbach). Sie hätte selbst den Thron bestiegen, wäre ihr Vater ohne männlichen Erben geblieben. Gemeinsam mit ihrem Ehemann Rainer von Montferrat, Angehöriger einer italienischen Markgrafenfamilie, und anderen Höflingen plante sie ein Attentat gegen den *Protosebastos*. Als die Verschwörer aufflogen und verhaftet wurden, flohen Maria und Rainer in die Hagia Sophia. Sie nutzten das Kirchenasyl, um mit einem Appell die Einwohner Konstantinopels zum Sturz des *Protosebastos* zu bewegen. Mit Erfolg, denn rasch schlossen sich ihnen, nicht zuletzt aus Mitleid mit der flüchtigen Prinzessin, zahlreiche Anhänger an, angeblich aber auch bezahlte italienische und spanische Söldner. So wurde die Bevölkerung der Hauptstadt erneut zu einem wichtigen Faktor für die Macht im Staat. Waffen wurden gesammelt, um einen befürchteten gewaltsamen Bruch des Kirchenasyls durch die Staatsgewalt zu verhindern, und es gab Demonstrationen vor dem Palast. Die zunächst friedlichen Proteste wurden gewaltsam, als Anhänger der Maria Komnena das Haus des Stadtpräfekten und andere Gebäude der Umgebung plünderten und zerstörten.[17]

Nachdem der *Protosebastos* und die Kaiserinmutter mehrere Wochen lang der Besetzung der Hagia Sophia und angrenzender Gebäude wie dem Augustaion weitgehend tatenlos zugesehen hatten, ließen sie am 2. Mai 1181 doch noch Truppen gegen die Aufständischen marschieren. Rainer von Montferrat, Maria Komnena und ihre Anhänger hatten im Milion Stellung bezogen, dem Gebäude, das Ausgangspunkt für alle Entfernungsmessungen im Reich war. Es schien der beste Platz, um sich gegen die Soldaten zu verteidigen. Die Kämpfe erstreckten sich auf den angrenzenden geschlossenen Platz des Augustaion, die Hagia Sophia sowie einige kleinere Kirchengebäude. Die kaiserlichen Truppen riegelten das Gelände ab, so dass keine weiteren Stadtbewohner den Aufständischen zur Hilfe eilen konnten. Nach einigen Stunden mussten die Anhänger der Prinzessin das Milion und das Augustaion räumen und sich in einer engen Vorhalle des Augustaions verschanzen, in die die Soldaten nicht folgen konnten.[18]

Angesichts des Patts zwischen Aufständischen und Staatsmacht intervenierte schließlich der Patriarch Theodosios (im Amt 1179–1183) und forderte beide Seiten auf, Frieden zu schließen. Von der Kaisermutter und dem *Protosebastos* erzwang er das Versprechen, Maria Komnena und Rainer von Montserrat unbehelligt in ihre alten Ämter und Privilegien wiedereinzusetzen sowie eine volle Amnestie für ihre Anhänger zu gewähren. Gleichzeitig mussten die Prinzessin und ihr Ehemann ihren Widerstand aufgeben. So schliefen nur einen Tag nach dem Aufstand beide Seiten des Familienstreits wieder unter einem Dach im Palast, nachdem kurz zuvor Menschen für die Herrschaft des *Protosebastos* oder für die Freiheit der bedrängten Prinzessin ihr Leben gelassen hatten. Während die höfische Elite weiterhin mit ihren internen Streitigkeiten beschäftigt war, wendete sich die Öffentlichkeit den kirchlichen Würdenträgern zu, da diese als einzige noch am Allgemeinwohl interessiert schienen. Der *Protosebastos* rächte sich an Theodosios für seine Intervention, indem er ihn verbannte, musste ihn jedoch bald aufgrund seiner allgemeinen Beliebtheit wieder in sein Amt einsetzen.[19]

Tugendterror und Verfolgungswahn: Die Schreckensherrschaft des Andronikos

Die Nachricht von der illegitimen Herrschaft des *Protosebastos* und den Auseinandersetzungen in der Hauptstadt erreichte auch die Provinzen und dort einen Mann, für den damit die ideale Gelegenheit gekommen schien. Andronikos war ein Cousin Manuels und wegen seines aufrührerischen Gebarens mehrfach in Ungnade gefallen und mit Haft und Verbannung bestraft worden. Er hatte sich schließlich jedoch mit dem alten Kaiser ausgesöhnt und lebte an der kleinasiatischen Schwarzmeerküste, von wo er nun eine Bewegung gegen den *Protosebastos* startete. Er zog durch mehrere Städte des nördlichen Kleinasiens und berichtete überall, dass Manuel ihm einst das Wohl seiner Familie anvertraut habe. Er fühle sich daher an sein Wort gebunden, den minderjährigen Kaiser zu beschützen und vor politischem Missbrauch zu bewahren, und habe sich entschlossen, zu dessen Wohl einzugreifen. In Konstantinopel werde er Misswirtschaft, Korruption und Vorteilsnahme ausrotten. Mit dieser Botschaft gelang es ihm, sowohl Zivilisten als auch Soldaten auf seine Seite zu ziehen. Mit dieser Gefolgschaft marschierte er auf die Stadt zu. Andronikos' Heer war zwar von ansehnlicher Größe, dennoch hätten gut organisierte Truppen es eigentlich leicht besiegen können. Aber der mit dieser Aufgabe betreute Offizier Isaak Angelos verlor die Schlacht. Da er eine Bestrafung durch den *Protosebastos* befürchtete, schloss sich Isaak Angelos lieber Andronikos an.[20]

Die Aufständischen erreichten unbehelligt das asiatische Ufer der Reichshauptstadt und schlugen auf den Anhöhen über Chalkedon ihr Lager auf. Nachts ließ Andronikos eine große Anzahl Lagerfeuer entfachen, damit seine Armee aus der Ferne größer erschien, als sie wirklich war. Daraufhin mobilisierte der *Protosebastos* die Marine. Allerdings liefen die griechischen Mannschaften ebenfalls zu Andronikos über, wie zuvor bereits Teile der Infanterie, während andere Soldaten sich neutral verhielten und keine Befehle befolgten. Lediglich auf die italienischen

Schiffsbesatzungen hätte sich die Staatsmacht noch verlassen können. Diese hätten womöglich sogar ausgereicht, um die Erhebung niederzuschlagen, doch der *Protosebastos* resignierte angesichts der zahlreichen Desertionen und unternahm nichts mehr, um das Schicksal zu wenden. Das Militärlager der Aufständischen wurde zum offenen Treffpunkt. Nach und nach kamen verschiedene Stadtbewohner über die Meerenge, um sich persönlich von der Glaubwürdigkeit Andronikos' zu überzeugen und gegebenenfalls ihre Treue zu erklären. Jetzt musste der Usurpator nur noch abwarten. Schließlich setzten Angehörige der Warägergarde den *Protosebastos* und seine Getreuen fest und befreiten die Anhänger des Andronikos und andere Oppositionelle aus den Gefängnissen. Nach einigen Tagen Haft, in denen er Misshandlungen ausgesetzt war, wurde der *Protosebastos* in einem Spottzug durch die Stadt geführt und zum Lager von Andronikos übergesetzt. Dort wurden ihm mit Zustimmung vieler Patrizier die Augen ausgestochen und weitere Verstümmelungen zugefügt, denen er später erlag.[21]

Von nun an regierte Andronikos, zunächst als kaiserlicher Vormund, dann als Kaiser neben seinem Neffen Alexios Komnenos und schließlich als Alleinherrscher (reg. 1183–1185). Er hatte versprochen, durch radikale Maßnahmen das Reich wieder zur *res publica*, zum Allgemeinwohl, zurückzuführen. Allgemein bewundert waren seine Maßnahmen zur Verbesserung der Infrastruktur, insbesondere die aufwendige Instandsetzung der alten Wasserleitungen in die Stadt, die vor allem dem Blachernenpalast und seiner Umgebung zugutekam. Auch die Verschönerung der Kirche der vierzig Märtyrer nahe dem Konstantinsforum, die der bereits über 60 Jahre alte Kaiser als seine Grabstätte vorgesehen hatte, fand Zustimmung. In der Kirche ließ er ein Porträt von sich selbst aufstellen, das ihn nicht in kaiserlichen Gewändern, sondern in der einfachen Kleidung eines Bauern und mit einer Sichel in der Hand zeigte.

So berühmt wie berüchtigt wurde Andronikos jedoch wegen seiner Maßnahmen gegen die Korruption. Obwohl der Ämterkauf eine willkommene Einnahmequelle für frühere Kaiser gewesen war, verbot er diesen. Dafür stattete er Provinzgouverneure und Steuereintreiber mit einem ordentlichen Gehalt aus, so dass sie es nicht mehr nötig hatten, sich eine zusätzliche Einnahmequelle durch illegale Steuererhebungen zu schaffen. Gleichzeitig drohte drakonische Bestrafung für jegliche persönliche Vorteilsnahme. Sogar die schon lange übliche Sitte, gestrandete Schiffe zu plündern, soll durch die Androhung schwerer Strafen ein Ende genommen haben.[22]

Die Strafen und ihre maßlose Anwendung haben Andronikos' Herrschaft als Schreckensherrschaft in die Geschichtschroniken eingehen lassen. Andronikos stützte sich auf eine Anhängerschaft, die vermutlich vor allem Angehörige der Unter- und Mittelschicht umfasste, aber auch Mitglieder patrizischer Familien, die das Gefühl hatten, bisher zu kurz gekommen zu sein. Diese Leute gierten danach, die korrupten alten Eliten, die Adeligen und die Fremden zu verdrängen und zu bestrafen. Überall sahen der neue Herrscher und seine Unterstützer Feinde, Verschwörungen und Niedertracht, die man auf drastische und oft sadistische Weise beseitigen musste. Bezeichnend ist ein Vorfall, der sich ereignete, als die Aufständischen bereits in der Stadt waren, aber noch in einem Feldlager anstatt des Palastes hausten. Eines Abends verirrte sich ein Obdachloser namens Iros in die Nähe von Andronikos' Zelt. Der schielende Mann, der nur ein ärmelloses Hemd trug, wurde von den Anhängern des Usurpators ergriffen, zum Hexer erklärt und ohne jegliches Gerichtsverfahren im Hippodrom auf einem Scheiterhaufen verbrannt.[23]

So gestaltete sich die Justiz unter Andronikos: Mal ohne jegliches Verfahren, mal durch gekaufte oder unter Druck gesetzte Richter (als sich zwei von ihnen weigerten, die Kaiserin ohne ordentliches Verfahren zu verurteilen, wurden sie von Sympathisanten des Herrschers tätlich angegriffen), wurden zahlreiche Verbannungen, Blendungen und qualvolle Hinrichtungen ausgesprochen und ausgeführt. Solche Maßnahmen begleiteten ebenso Andronikos' weiteren Weg zur Alleinherrschaft: Die Prinzessin Maria Komnena und ihren Mann Rainer ließ er als potentielle Rivalen vergiften. Gegen die Kaiserin Maria von

Antiochia strebte er mehrere Gerichtsverfahren an. Zunächst wurde sie inhaftiert und später wegen angeblichen Hochverrats erdrosselt. Auch ihren Sohn Alexios II., zu dessen Schutz Andronikos vorgeblich angetreten war, ließ er erdrosseln und nahm dessen erst elfjährige Gemahlin Anna (Agnes von Frankreich, reg. 1180–1185) zu seiner eigenen Frau.[24]

Mehr noch als seiner persönlichen Vendetta gegen die Familie seines verstorbenen Cousins widmete sich Andronikos der Säuberung des Staatsapparates und des Adels. Zahlreiche Personen wurden ihres Amtes enthoben und in die Verbannung geschickt, inhaftiert oder geblendet. Eine vorzeitig aufgedeckte Verschwörung einiger der führenden Familien gegen den neuen Herrscher bot Andronikos die Gelegenheit, die Repressionen auszudehnen.[25]

Zur Ideologie des Säuberers und seiner Anhänger gehörte wesentlich eine militante und oft tödliche Fremdenfeindlichkeit, wie drei Ereignisse zeigen. Noch vor seiner Machtübernahme war Andronikos mit dem Patriarchen Theodosios zusammengetroffen. Der ließ ihn durch einen verklausulierten, für Umstehende nicht verständlichen Ausspruch wissen, dass er ihn für einen Scharlatan hielt und nicht glaube, dass er wirklich am Allgemeinwohl und am Wohl des jungen Kaisers interessiert sei. Daraufhin verspottete der Usurpator den Geistlichen als Armenier. Bei einer anderen Begebenheit, nach der Absetzung des *Protosebastos* und noch bevor Andronikos selbst sein Lager verließ, schickte er die unter seinem Befehl stehenden griechischen Truppen in die Stadt, um die Italiener, die als Parteigänger und Nutznießer des *Protosebastos* galten, zu bestrafen. Den Soldaten schlossen sich Elemente aus der Stadtbevölkerung an, angetrieben von Blutdurst und der Aussicht, die reichen Kaufleute unter den Italienern ausrauben zu können. Diejenigen unter den Italienern, die sich nicht in den Schutz befreundeter Griechen in andere Stadtteile retten konnten, flohen auf eines der Schiffe. Diese ankerten noch eine Nacht bei den Prinzeninseln (wo die Italiener aus Rache die dortigen Klöster brandschatzten), bevor sie in Richtung des offenen Marmarameeres in See stachen. Ein letztes Beispiel ist schließlich die

Stadt Nikäa, die Widerstand gegen Andronikos' Herrschaft geleistet hatte. Nachdem die Bürger sich ergeben hatten, verschonte Andronikos zwar die Mehrzahl der Bewohner, pfählte jedoch sämtliche Türken, die sich in der Stadt aufhielten.[26]

Die Schreckensherrschaft frisst ihre Kinder

Das System des Schreckens in der Hauptstadt und unter den führenden Familien funktionierte unter anderem mit Hilfe eines ausgedehnten Netzwerks von Spitzeln. Durch Denunziationen sollten Feinde enttarnt und vernichtet werden, aber die Denunziationen nahmen alsbald überhand. Etliche wollten sich damit die Gunst des Herrschers oder andere Vorteile erschleichen – oder einer Gegendenunziation zuvorkommen. Durch die Terrorexzesse verlor der Staat zunehmend an erfahrenem Personal: Verdiente Offiziere und Staatsdiener, ob sie sich am alten korrupten System beteiligt hatten oder auch nicht, wurden über Nacht entlassen und verbannt. Selbst die Parteigänger und engsten Sympathisanten Andronikos' wurden zu Opfern ihres eigenen Systems.[27]

Der Statthalter von Zypern, Isaak Dukas, hatte sich gegen Andronikos aufgelehnt. Da Zypern außerhalb seiner Reichweite lag und Isaak somit nicht greifbar war, hielt sich der Kaiser stattdessen an Isaaks Onkel Konstantin Makrodukas und ein weiteres Familienmitglied, Andronikos Dukas, obwohl beide ihn eifrig unterstützten. An Christi Himmelfahrt 1184 wurden die beiden Männer am Hof als überführte Verbrecher präsentiert und von einer dort versammelten Menge gesteinigt. Die Steinigung war zugleich ein Gesinnungstest, denn wer sich nicht daran beteiligte, stellte sich gegen Andronikos. Der Chronist Niketas Choniates schildert die Steinigung der beiden Dukas als einen Wendepunkt, an dem viele von Andronikos' Anhängern begriffen, dass sich die Revolution nun nicht mehr allein gegen Adelige und Fremde richtete, sondern begonnen hatte, ihre Kinder zu fressen, und sich bald gegen jedermann wenden konnte.[28]

Es blieb nicht bei den beiden Dukas als Opfern. Als nächste ließ Andronikos die beiden Sebasteianos-Brüder hängen, die sich angeblich gegen ihn verschworen hatten, um seinen Schwiegersohn an die Macht zu bringen. Dieser (der wie so viele in dieser Zeit ebenfalls Alexios Komnenos hieß) entstammte Kaiser Manuels außerehelichen Beziehung mit seiner Nichte Theodora und war mit Andronikos' Tochter Irene verheiratet. Der des Verrats verdächtigte Schwiegersohn wurde geblendet und im nahen Chele (heute Şile) inhaftiert. Irene wagte es daraufhin als erste, gegen die Willkür ihres Vaters und den Verlust ihres Mannes zu protestieren, indem sie sich mit geschorenem Haupt, in Lumpen und ein Klagelied singend in der Öffentlichkeit zeigte.[29]

Die Säuberungen weiteten sich danach auf die Sekretäre des verstoßenen Schwiegersohns aus. Der zum Hintermann der Verschwörung erklärte Schreiber Mamalos wurde im Hippodrom öffentlich verbrannt, indem einige Schergen ihn so lange immer wieder mit Stöcken ins Feuer trieben, bis er sich erschöpft den Flammen ergab. Auch diese öffentliche Zurschaustellung grausamer Qualen soll zu einem Stimmungsumschwung beigetragen haben.[30] Als Nächstes wurde einer der führenden Anhänger des Kaisers, Tripsychos, geblendet. Er hatte mit Stephanos Hagiochristopherites um die Stellung als engster Vertrauter des Alleinherrschers konkurriert und war von seinem Rivalen denunziert worden.[31]

Die Unzufriedenheit mit dem neuen Regime stieg nicht nur, weil die Angst vor den Säuberungen übergroß wurde. Die Landesverteidigung war weitgehend zusammengebrochen und eine Umverteilung zugunsten der städtischen Massen blieb aus. Um ihre Macht zu sichern, versuchten Andronikos und seine verbliebenen Anhänger schließlich, den Schrecken nochmals zu intensivieren. Laut einem Dekret, dass durch eine Ratssitzung der Kaisertreuen bestätigt wurde, sollten alle, die bisher verbannt, inhaftiert oder geblendet worden waren, hingerichtet werden. Ferner sollten, um künftigen Vergeltungen vorzugreifen, ihre Familienangehörigen gleich mitexekutiert und der Familienbesitz eingezogen werden. Selbst der Sohn des Kaisers weigerte sich, das Dekret zu unterstützen oder auszuführen, da er es als illegitim und als potentielles Todesurteil für die gesamte römische und nichtrömische Oberschicht des Reichs ansah. Tatsächlich wurde es nicht mehr ausgeführt.[32]

Das Orakel des Seth und Andronikos' Ende

Andronikos' Aufstieg war durch Ereignisse begleitet worden, die als übernatürliche Zeichen galten. Ein Komet war als Bote kommenden Unheils gedeutet worden. Dann hatte sich ein zur Jagd abgerichteter Falke in die Hagia Sophia verirrt. Er flog dreimal zwischen der Balustrade des Großen Palastes, von wo der neue Kaiser ausgerufen wurde, und der Kirche hin und her, ehe man ihn fassen konnte, was mit Andronikos' turbulentem Leben vor seinem Aufstieg in Verbindung gebracht wurde.[33] Eine sich selbst erfüllende Prophezeiung sollte schließlich zum Sturz des Tyrannen führen. Der Kaiser fühlte sich zunehmend unter Druck und von Verschwörern und Feinden umgeben. Er konsultierte ein heidnisches Orakel, um den Zeitpunkt seines Todes und den Namen des dafür Verantwortlichen zu erfahren. Er fragte: »Wer wird nach Kaiser Andronikos regieren oder wer wird ihn absetzen?« Das Orakel enthüllte den Namen Isaak, gab aber keinen eindeutigen Hinweis auf dessen Familiennamen. Daraufhin wies Andronikos den Hellseher an: »Frag nicht nur nach dem Namen, sondern auch nach dem Zeitpunkt.« Das Orakel nannte als Datum der Absetzung das nächste Fest der Kreuzerhöhung, den 14. September.

Als er diese Antwort hörte, verhöhnte Andronikos das Orakel. Wie könnte Isaak, der aufrührerische Statthalter von Zypern, binnen der wenigen Tage, die noch bis Kreuzerhöhung blieben, den weiten Weg in die Hauptstadt schaffen? Kurz debattierten der Kaiser und seine Getreuen, ob vielleicht nicht Isaak Dukas, sondern Isaak Angelos gemeint war. Doch keiner konnte sich vorstellen, dass Isaak Angelos dazu fähig wäre, denn er war jener Offizier, der seinerzeit den sicheren Sieg über Andronikos vermasselt und sich diesem anschließend aus Furcht und Wankelmut angeschlossen hatte. So war der Kaiser beruhigt. Seine rechte Hand, Stephanos Hagiochristopherites, wollte aber kein Risiko eingehen und beschloss eigenmächtig, Isaak Angelos zu verhaften.

Wenn man Niketas Choniates trotz seiner starken Abneigung gegen Isaak Angelos glauben kann, war dieser ein Mensch, der sein Leben lang zauderte und deswegen oft bei seinen Aufgaben versagte. Falls dem so war, dann stellten die fünf Minuten an diesem Morgen des 11. September 1185 die große Ausnahme dar, denn sie genügten, nicht nur Isaaks eigenes Leben, sondern ebenso das Reich zu verändern. Als Hagiochristopherites mit seinen Schergen vor seinem Haus auftauchte, wusste Isaak genau, was das bedeutete und dass es nur einen Ausweg gab, diese Situation zu überleben. Er bestieg sein Pferd, stürmte mit gezogenem Schwert auf Hagiochristopherites zu und spaltete ihm den Schädel, drängte dann dessen überrumpelte Begleiter ab und ritt ohne anzuhalten direkt in die Hagia Sophia. Auf dem Weg durch das Regierungszentrum rief er den Passanten zu, dass er soeben Hagiochristopherites, die rechte Hand des Tyrannen, erschlagen habe. In der Kirche begab er sich auf die dort eigens für reuige Mörder vorgesehene Kanzel und bat laut und öffentlich um Vergebung und um Beistand und Schutz. Zunächst versammelten sich Tausende Schaulustige, die nichts weiter als eine der üblichen brutalen Folterungen und Hinrichtungen des Kaisers erwarteten. Schließlich gesellten sich zu Isaak sein Onkel und sein Cousin, die aus Furcht vor Sippenhaft in die Offensive gingen und die Menge ebenfalls um Schutz und Beistand anflehten.

Tatsächlich solidarisierten sich die Anwesenden mit Isaak und seinen Verwandten, sperrten die Tore der Kirche zu und hielten die Nacht über Wache. Vermutlich begünstigt durch Andronikos' Abwesenheit, der sich zu diesem Zeitpunkt in seiner Sommerresidenz Meloudion auf der asiatischen Seite aufhielt, agierte die Menge zunächst unbehelligt und wuchs zusehends. Angeblich soll der Kaiser nur eine Botschaft verfasst haben, die Straffreiheit andeutete, sollten die an der Hagia Sophia Versammelten sich zurückziehen.[34]

Am nächsten Morgen versuchten reguläre Truppen, die Versammlung aufzulösen, was dazu führte, dass die Menge noch größer wurde und schließlich dazu überging, die Gefängnisse aufzubrechen; bewaffnet waren die wenigsten. Im Anschluss an die erfolgreiche Gefangenenbefreiung riefen sie Isaak zum neuen Kaiser aus. Kaum dass Andronikos den weiten Weg von seinem Sommersitz ins Herz des Reichs zurückgelegt hatte, stürmte die Menge auch schon den Großen Palast, wobei sie wie zuvor beim Sturz des *Protosebastos* auf keinen nennenswerten Widerstand der Verteidiger stießen. Die Münze und die Waffenkammer wurden geplündert, ebenso die vergoldeten Ikonen in den Palastkapellen. Der Kaiser floh verkleidet zusammen mit der noch jugendlichen Kaiserin Anna und seiner Geliebten Maraptike in einem Schiff, das noch Chele am Schwarzen Meer erreichte, ehe die Flüchtlinge entdeckt wurden.[35]

Der abgesetzte Kaiser wurde in das Verlies des Anemas unter dem Blachernenpalast gesperrt, in dem fortan Isaak II. Angelos (reg. 1185–1195, 1203–1204), wie er nun offiziell hieß, residierte. Andronikos wurde im Palast öffentlich vorgeführt und unter reger öffentlicher Anteilnahme gefoltert, unter anderem durch Hinterbliebene seiner Opfer. Schwer verstümmelt wurde er mehrere Tage später auf einem Kamel durch die Stadt geführt. Auf seinem Weg wurde er von den Stadtbewohnern wiederholt gepeinigt und erniedrigt. Schließlich wurde er im Hippodrom an den Füßen aufgehängt und durch Schwerthiebe langsam zu Tode gemartert.[36]

Isaak Angelos: Ein Reich in Trümmern

So endete die Schreckensherrschaft, deren drakonische Maßnahmen eigentlich die ausufernde Korruption und Günstlingswirtschaft des Adels und ihrer *Oikoi* sowie der Fremden brechen und den Weg zurück zur *res publica* einleiten sollte. Mögen auch einige Schritte in diese Richtung in den drei Jahren der Regierung von Andronikos erreicht worden sein, der Schaden war insgesamt immens. Isaak II. erbte ein Reich, das durch die vorangegangene Selbstzerfleischung in den fünf Jahren seit Manuels Tod von einem der mächtigsten Staaten seiner Zeit zur leichten Beute für jedermann geworden war. Durch die Säuberungen waren etliche hohe Militärposten nicht mehr mit erfahrenen Leute besetzt, sondern mit Parteigängern. Etliche Provinzkommandeure befolgten die Befehle Konstantinopels nicht mehr, machten sich eigenständig oder riefen sich gar zu Gegenkaisern aus. Der Handel litt, nicht zuletzt durch die fremdenfeindlichen Aktionen. Vor allem hatten die Pogrome gegen Italiener und Türken sowie die Absetzung und Ermordung der Kaiserin und des legitimen Herrschers Alexios II. als willkommene Anlässe gedient, das Oströmische Reich anzugreifen, während Andronikos mit der internen Durchsetzung seiner Herrschaft beschäftigt gewesen war.

Fast alle Nachbarstaaten hatten die Gelegenheit genutzt. Ungarn, Venedig und das Sultanat von Rum waren allesamt auf dem Vormarsch. 1185 durchbrachen die Truppen des normannischen Königreichs Sizilien die Stadtmauer Thessalonikis, töteten um die 7000 Einwohner und marschierten dann weiter Richtung Konstantinopel. Anders als die zuvor umkämpften Kleinstädte Korfu, Theben und Korinth war Thessaloniki die zweitgrößte und zweitwichtigste Stadt des Reichs, deren Einnahme in der Hauptstadt mit deutlich größerer Sorge verfolgt wurde. 1186 rebellierten die Balkanprovinzen, das über ein Jahrhundert zuvor untergegangene Bulgarenreich entstand neu. Auch die Befriedung des Heiligen Landes unter den Kreuzfahrerstaaten hatte ein Ende. Saladin (reg. 1171/1174–1193), ein ehemaliger Offizier und Wesir des Fatimidenkalifen, hatte sich zum »Sultan von Ägypten und Syrien« ausrufen lassen und sein eigenes Herrscherhaus, die Ayyubiden, begründet. Erfolgreich hatte er von Ägypten aus eine Stadt des Heiligen Landes nach der anderen erobert, egal ob sie unter muslimischer oder christlicher Herrschaft stand. 1187 wurde schließlich Jerusalem nach 88 Jahren aus den Händen der Kreuzritter »befreit«. Durch Saladins Eroberungszüge wurde Konstantinopel einiger seiner strategischen Verbündeten in der Region beraubt. Und in Westeuropa lebte der Kreuzzugsgedanke wieder auf.

5.
Wie die Königin der Städte gestürzt wurde

Vom Dritten zum Vierten Kreuzzug

Der Dritte Kreuzzug (1189–1192) war nicht mehr die Angelegenheit einer Handvoll zusammengewürfelter Wanderprediger, des mittleren Adels und beschäftigungsloser Ritter. Die Könige der drei mächtigsten Staaten im Westen nahmen persönlich teil. Richard Löwenherz von England (reg. 1189–1199) und Philipp II. von Frankreich (reg. 1180–1223) nahmen von Italien den Seeweg ins Heilige Land. Das deutsche Kontingent brach im Mai 1189 in Regensburg über Land auf. Friedrich von Schwaben, der als Fünfundzwanzigjähriger am Kreuzzug seines Onkels Konrad III. teilgenommen und in Adrianopel gewütet hatte, war mittlerweile römisch-deutscher Kaiser: Friedrich I. Barbarossa (reg. 1152/1155–1190) stellte sich trotz seiner 67 Jahre persönlich an die Spitze des Zuges. Er versuchte, die Fehler des vorangegangenen Kreuzzuges zu vermeiden. So mussten mitziehende Ritter genügend Mittel für ein Jahr einbringen, damit die Versorgung nicht wieder zum alles beherrschenden Problem würde. Botschaften über Durchzug und Ziel des Kreuzzuges wurden nicht nur wie zuvor mit dem ungarischen König und dem oströmischen Kaiser, sondern auch mit dem Sultan der Rum-Seldschuken, Kılıç Arslan II., und sogar mit Saladin selbst ausgetauscht. Das Heer sprengte die Größenordnungen der früheren Kreuzzüge deutlich. Angaben dazu gehen weit auseinander und übersteigen teilweise die für diese Zeit fast unvorstellbare Zahl von 100 000 Mann, zweifelsohne aber handelte es sich um eine gewaltige Menge. Im Gegenzug zum letzten, gescheiterten Kreuzzug schrieb der alternde Kaiser seinem Heer eine äußerst strenge Disziplin und Moral vor. Schon in Wien wurde das Gefolge von »unmoralischen« Elementen gesäubert; insbesondere die Prostituierten mussten zurückbleiben. Strafen für Vergehen waren extrem hart, auf Diebstahl stand die Todesstrafe. Dadurch sollten nicht nur Exzesse wie während des Zweiten Kreuzzuges in Thrakien vermieden werden. Barbarossas Heer sollte anstatt einer plündernden Söldnerarmee die »Miliz Gottes« sein, eine Verkörperung der christlichen Tugenden.

Friedrich Barbarossa und die Miliz Gottes

Der armenische Katholikos von Nordsyrien, Gregor IV. (im Amt 1173–1193), schrieb an Saladin über das, was sich vom Norden her auf das Heilige Land zubewegte:

> »Sie sind verschiedener Rasse und haben seltsame Eigenarten. Ihr Ziel ist ein großes; sie meinen es ernst mit ihrem Vorhaben und sind herausragend in ihrer Disziplin, so sehr, dass wenn einer eine Straftat begeht, die einzige Strafe ist, ihm wie einem Schaf den Hals aufzuschlitzen. Ich erfuhr, dass einer ihrer Adeligen einem Knappen gegenüber Unrecht tat, indem er ihn über die Maße schlug. Die Priester versammelten sich, um ihr Urteil zu sprechen und der Fall verlangte nach allgemeiner Entscheidung, dass sein Hals aufgeschlitzt würde. Viele riefen den Kaiser seinetwegen an, doch dieser schenkte ihnen keine Aufmerksamkeit und ließ ihm den Hals aufschlitzen. Sie haben sich jegliches Vergnügen verboten, so dass sie sogar, wenn sie von jemandem erfahren, dass er sich dem Vergnügen hingegeben hat, ihn als Ausgestoßenen behandeln und züchtigen. All dies aus Trauer über Jerusalem.«[1]

Gegen diese wohlorganisierte und riesige »Miliz Gottes« gibt der oströmische Kaiser Isaak II. in den Geschichtsbüchern ein schlechtes Bild ab. Es war abzusehen, dass seine geschwächte Armee dieses riesige Heer nicht würde aufhalten können. Allerdings hatte Isaak ein Bündnis mit Saladin geschlossen. Isaak lavierte in seinen Verhandlungen zwischen beiden Parteien, ließ unvermittelt die Botschafter Barbarossas ins Gefängnis werfen und schenkte angeblich deren Pferde Saladins Gesandten, dann ließ er die Botschafter ebenso unvermittelt wieder frei. Bei ihrer Ankunft in Sofia fanden die Deutschen den versprochenen Markt zur Verproviantierung leer vor, während die Gebirgspässe, die sie überschreiten mussten, durch Wachen und Befestigungen versperrt waren. Als das Heer nach einem Umweg durchs Hochgebirge dennoch Philippopolis (Plovdiv) erreichte, war die Stadt verlassen. Die Befestigungen waren zerstört, damit sich die Deutschen nicht verschanzen konnten. Daraufhin schlugen sie in Adrianopel, nur noch 240 Kilometer vor Konstantinopel, ihr Quartier auf. Im einsetzenden Winter 1189/90 beherrschte Barbarossa trotz aller Hindernisse im Prinzip die gesamte europäische Reichshälfte außer der Hauptstadt und verhandelte aus einer Position der Stärke mit Isaak. Bis zum folgenden Frühling sollte entweder eine diplomatische Lösung erreicht sein oder die Kreuzritter würden das unkooperative Konstantinopel angreifen und wenn möglich einnehmen.

Nach vielem Hin und Her, diplomatischen Beleidigungen und erneuten Versöhnungen gab Isaak schließlich nach. Das einzige Entgegenkommen, zu dem die Deutschen sich bereit zeigten, war, dass sie nicht in Konstantinopel, sondern in sicherer Entfernung von der Stadt an den Dardanellen nach Kleinasien übersetzen würden. So zog das Kreuzfahrerheer weiter. Tatsächlich schien dies nun doch noch der glorreiche Feldzug zu werden, der den Kreuzrittern bisher gefehlt hatte. Barbarossa schlug die angreifenden Rum-Seldschuken, verwüstete ihre Hauptstadt Konya und zwang ihren Sultan, einen Vertragsfrieden zu akzeptieren. Fast schon in Sichtweite Kilikiens, des ersten christlichen Staates am östlichen Mittelmeer, stürzte er jedoch in den Gebirgsfluss Saleph (Göksu) und starb nach unterschiedlichen Quellen entweder durch Ertrinken oder an den Folgen von Herzversagen am 10. Juni 1190. Ohne ihren charismatischen Anführer zerfiel die »Miliz Gottes«, die Ritter kehrten entweder um oder begaben sich einzeln weiter Richtung des Nahen Ostens. Die »Befreiung« Jerusalems blieb aus.[2]

Wie aus dem Brief des armenischen Katholikos deutlich hervorgeht, betrachtete die einheimische Bevölkerung östlich und südlich des Mittelmeeres Barbarossas Armee mit einer Mischung aus Bewunderung und Schrecken. Einerseits beeindruckten ihre Disziplin und die Aufopferung für ihren Glauben. Andererseits wirkten die Lustfeindlichkeit und die brutalen Strafen verstörend auf Menschen, die als Orientchristen wie auch als Muslime eine versöhnlichere Mischung aus Weltlichem und Religiösem kannten; zumal Jerusalem für die Menschen östlich des Mittelmeeres weniger ein mystischer, sondern vor allem ein real erreichbarer Ort war, der bis auf seine Rolle in der Bibel wenig zu bieten hatte. Sogar Ibn Khaldun, der gegen die dekadente Stadt polemisierte und eine Rückbesinnung auf ritterliche Tugenden forderte, hätte vermutlich in diesem ritterlichen Fundamentalismus, dessen Härte die Scharia sogar in ihrer strengsten Auslegung weit hinter sich lässt, nicht das richtige Vorbild für das Ende der Dekadenz erkannt.

Der Vierte Kreuzzug: Eine Nummer zu groß

Der Dritte Kreuzzug war das bisher aufwendigste Unternehmen seiner Art gewesen. Nicht nur war er die größte Truppenbewegung über derart große Entfernungen im euromediterranen Raum seiner Zeit, er hatte mit zwei Königen und einem Kaiser auch die prominentesten Anführer. Dennoch war die Offensive mehr oder weniger versandet. Offenbar waren noch mehr Aufwand und noch bessere Koordination als bei den vorangegangenen Feldzügen nötig. Der neue Papst Innozenz III. (im Amt 1198–1216) rief noch im Jahr seiner Wahl zum Vierten Kreuzzug auf. Der Aufruf wurde vor allem in Nordfrankreich begeistert aufgenommen, und viele Adelige leisteten dort das entsprechende Gelübde. Die Logistik sollte zentraler organisiert werden als bei den vorangegangenen Kreuzzügen, ebenso die Finanzierung, denn bisher hatten die Kreuzritter meist ihr eigenes Vermögen eingesetzt. Ein neues strategisches Vorgehen wurde beschlossen: Anstatt den Kleinkrieg im Heiligen Land fortzusetzen, sollte ein entscheidender Schlag gegen die ayyubidische Provinz Ägypten geführt werden. Dieses Mal sollte sich die gesamte Streitmacht schon in Italien einschiffen, und das genaue Ziel musste unbedingt geheimgehalten werden. Zur Finanzierung des Unternehmens sollte eine eigene Kirchensteuer eingeführt werden. Anfang 1201 schickten die französischen Kreuzzugsführer Botschafter nach Venedig. Sie vereinbarten dort den Transport eines riesigen Heeres über das Mittelmeer: 4500 Pferde, 9000 Knappen, 4500 Ritter sowie 20000 Fußsoldaten. Zudem wurde umfangreicher Proviant für die Summe von 85000 Mark Silber bestellt. Ferner verpflichtete sich die Republik Venedig, ihre Flotte aus 50 Galeeren zur Verfügung zu stellen, unter der Bedingung, dass eventuell eroberte Gebiete gerecht unter den Partnern aufgeteilt würden.

Der Vertrag stellte beide Seiten unter enormen Erfolgsdruck. Eine so große Transportflotte, etwa 240 Schiffe, musste entweder eigens gebaut oder der Handelsflotte entzogen werden. Sowohl genügend Holz für den Schiffbau als auch ausreichend Verpflegung konnten nur durch Requisition beschafft werden, so dass die Geschäfte in der Republik nun ganz überwiegend von den rechtzeitigen Zahlungen der Kreuzfahrer abhingen. Zu berücksichtigen waren außerdem die Schiffsbesatzungen, die noch einmal etwa 30000 Mann umfassten. Gleichzeitig mussten die Organisatoren des Kreuzzugs dafür sorgen, dass tatsächlich ein Heer in der geplanten Stärke von 33500 Mann zusammenkam, und vor allem dafür, dass die ausgemachte Summe aufgebracht wurde.[3]

Die Diskrepanz zwischen Anspruch und Umsetzung war von Anfang an groß. Zum einen fehlte ein charismatischer Anführer. Kein König trat vor, um sein Schicksal an Jerusalem zu binden, und einer der Befehlshaber starb noch während die Vorbereitungen in vollem Gang waren. Die Kreuzritter rekrutierten sich überwiegend aus Adeligen, insbesondere aus der Champagne, die zuvor im Krieg zwischen England und Frankreich gekämpft hatten und aufgrund eines Waffenstillstands nun beschäftigungslos waren. Entgegen der vorgesehenen straffen zentralen Führung machten sich einzelne Kontingente wie beispielsweise flämische Ritter auf eigene Faust auf den Weg und verschmähten den zentralen Transport ab Venedig. Die zentrale Führung wurde außerdem geschwächt, indem man einen Italiener zum Oberbefehlshaber erklärte, den Markgrafen Bonifatius von Montferrat, der kaum Rückhalt unter den französischen Adeligen hatte und obendrein verspätet zum Kreuzfahrerheer stieß. Die geplante Kirchensteuer wurde nur sehr schleppend eingeführt. Somit vermochte der Heilige Stuhl weder wie geplant ein eigenes Söldnerkontingent beizusteuern, noch sich durch Zahlung an die Venezianer einen eigenen Handlungsspielraum zu erkaufen.

Im Sommer 1202 wurde das Ausmaß des Debakels offensichtlich: Nur ein Drittel so viele Teilnehmer wie geplant waren in Venedig eingetroffen. Das 12000 Mann starke Heer konnte die vereinbarten 85000 Mark Silber nicht aufbringen, weder durch Beiträge der einzelnen Kreuzzugteilnehmer, noch durch Schuldenaufnahme der adeligen Anführer.[4] Durch die verspätete Ankunft der Kreuzfahrer und die Finanzmisere war ein Aufbruch noch im selben Jahr nicht mehr möglich. Daher bot der Doge von Venedig, Enrico Dandolo (reg. 1192–1205), den Anführern ein vorübergehendes Schuldenmoratorium an. Im Gegenzug sollte sich das untätige, auf dem Lido kampierende Heer in der Zwischenzeit an einem venezianischen Feldzug gegen die Adriastadt Zara (Zadar) beteiligen. Mit der dort gemachten Beute könnten die Kreuzritter hoffentlich ihre ausstehenden Schulden begleichen. Da die einzige Alternative das Eingeständnis ihres Scheiterns schien, stimmten die Befehlshaber zu.

Im Oktober setzte die Flotte Segel Richtung Zara. Angesichts der überwältigenden Macht der Angreifer waren die Einwohner nach nur kurzer Belagerung bereit, ihre Stadt und ihre Besitztümer aufzugeben, so lange sie mit ihrem Leben davonkamen, und ergaben sich. Die Venezianer und das Kreuzritterheer richteten sich in Zara zum Überwintern ein. Bereits diese »Abweichung« vom Programm führte zu einer Exkommunikation der Beteiligten durch den Papst und zu erheblichen Debatten innerhalb des Heeres. Einige Kreuzritter kehrten auf eigene Faust um oder suchten nach Alternativen, um das Heilige Land zu erreichen. Schon oft war die Versuchung groß gewesen, die großen Kreuzfahrerheere für eigene politische Zwecke zu nutzen, ob die Rivalen nun die normannischen Herrscher Siziliens waren oder die unkooperativen oströmischen Kaiser. Doch dies hätte einen Verstoß gegen das Kreuzzugsgelübde dargestellt und Exkommunikation zur Konsequenz gehabt. Deshalb hatten sich zumindest die Könige und anderen Befehlshaber bisher solcher Ansinnen erwehrt, auch wenn Barbarossas Vorgehen in Thrakien und andere Vorfälle bereits einen Vorgeschmack auf kommende Ereignisse geboten hatten. Die Republik Venedig und das Sammelsurium westeuropäischer Adeliger, das den Kreuzzug in Gang gebracht hatte, ließen sich nun jedoch auf ein Vorhaben ein, das rein gar nichts mit dem festgelegten Ziel zu tun hatte.

Im Winter 1202 traf der nominelle Anführer des Kreuzzuges, Bonifatius von Montferrat, im Winterlager in Zara ein. Bonifatius verfügte über Beziehungen, die für das weitere Unternehmen wegweisend sein sollten. Bereits sein Vater hatte an einem Kreuzzug teilgenommen, und seine Brüder gehörten teilweise dem Adel der Kreuzfahrerstaaten an. Sein Bruder Rainer war, wie im vorigen Kapitel beschrieben, als Ehemann der oströmischen Kaisertochter Maria Komnena von Andronikos vergiftet worden. Außerdem war Bonifatius ein Cousin des römisch-deutschen Königs Philipp von Schwaben, eines Sohnes Friedrich Barbarossas, der wiederum mit einer Prinzessin aus Konstantinopel (Irene, später Maria) verheiratet war. Ein Besuch von Bonifatius an Philipps Hof kurz vor dem Aufbruch zum Kreuzzug sollte wesentlich zum weiteren Abweichen vom geplanten Ziel Ägypten beitragen. Bonifatius hatte hier Alexios Angelos kennengelernt. Alexios war der Sohn des bereits erwähnten Kaisers Isaak II. Angelos, der mittlerweile in einer Fortführung der endlosen Ränkespiele am Hof Konstantinopels von seinem eigenen Bruder Alexios (III., reg. 1195–1203) gestürzt, geblendet und inhaftiert worden war. Alexios Angelos war heimlich auf einem pisanischen Schiff vor seinem Onkel geflohen und hatte Asyl am Hof seiner Schwester und seines Schwagers gefunden.[5]

Angesichts der nach wie vor alles andere als rosigen finanziellen und personellen Ausstattung des Kreuzfahrerheers machte Alexios Angelos ein Angebot, dem man schwer widerstehen konnte. Sollten die Kreuzritter ihm, dem Sohn Isaaks, seinen rechtmäßigen Platz auf dem Thron Konstantinopels verschaffen, versprach er: die Unterstellung der griechisch-orthodoxen Kirche unter die Autorität des Papstes, ferner 200000 Silbermark, Verpflegung für das gesamte Heer, 10000 Soldaten für den Feldzug gegen Ägypten sowie eine ständige Garnison im Heiligen Land mit einer Besatzung von 500 Rittern. Wenngleich zumindest die anwesenden Venezianer vermutlich wussten, dass so umfassende Versprechungen durch das in etlichen Kriegen und Bürgerkriegen ausgelaugte Oströmische Reich kaum einzulösen waren, wurde das Angebot dankbar angenommen.[6]

Der Historiker Christopher Tyerman vertritt die These, dass dem Angriff auf Konstantinopel kein ausgearbeiteter, lange vorbereiteter Plan zugrunde lag. Durch die überdimensionierte Bestellung von Schiffen bei den Venezianern war eine Situation eingetreten, die den Vierten Kreuzzug »too big to fail« machte: Niemand wollte das wirtschaftliche und ideologische Desaster eines organisatorischen Scheiterns eingestehen. Deswegen musste es immer irgendwie weitergehen, erst mit der Plünderung von Zara, dann aufgrund der vagen Versprechungen des Alexios Angelos. Noch immer lief mehr als die Hälfte des Außenhandels Venedigs über das Oströmische Reich. Hätte man Teile Ägyptens eingenommen und wäre sogar Alexandria in venezianische Hände gefallen, hätte Venedig die bisherigen zehn Prozent seines Außenhandels mit Ägypten vermutlich deutlich steigern können.[7] Doch als Alexios Angelos Konstantinopel als neues Ziel vorschlug, sahen die Venezianer darin eine Möglichkeit, ihre Verluste aus 1171 zurückzufordern, und unterstützten seinen Vorschlag. Auch unter den Kreuzrittern zog das »too big to fail«-Argument: Alexios Angelos' versprochene Unterstützung war der einzige Weg, die heilige Mission gegen die Ayyubiden noch ausführen zu können. Obwohl es zu weiterem Streit und Desertionen kam und der Papst das Vorhaben ausdrücklich verbot, setzte die Flotte im April 1203 ihre Fahrt nach Korfu fort, wo Alexios Angelos persönlich zu dem Heer stieß. Von dort aus ging es weiter ins Marmarameer in Richtung Konstantinopel.[8]

1203: Das Kreuzfahrerheer erreicht Konstantinopel

Ende Juni 1203 wurde das Marmarameer zur Bühne für ein absurdes Theaterstück. Eine venezianische Galeere näherte sich auffällig der Seemauer von Konstantinopel. An Bord zeigte sich Alexios Angelos, der verlorene Sohn der Stadt und ihr rechtmäßiger Herrscher. Die Bevölkerung hätte frohlocken und den Tyrannen Alexios III. stürzen sollen, so der Plan. Doch nichts dergleichen geschah. Die Stadtbewohner zeigten keine besondere emotionale Reaktion, sei es, weil sie nichts von dem Thronprätendenten hielten oder weil sie sich angesichts der zahlreichen kurzlebigen Herrscherfiguren seit Manuels Tod schlichtweg nicht mehr an den Sohn des ehemaligen Kaisers erinnerten. Die venezianische Flotte dürfte noch dazu beigetragen haben, mögliche Sympathien im Keim zu ersticken. Es blieb den Kreuzrittern nichts anderes übrig, als Alexios Angelos' Ansprüche mit Gewalt durchzusetzen, um die versprochene Unterstützung für die Weiterfahrt Richtung Süden zu erhalten.

Obwohl die kaiserlichen Botschafter aus Italien längst von dem gemeinsamen Vorhaben des Alexios Angelos, der Republik Venedig und der Kreuzfahrer wussten, war die Stadt äußerst schlecht vorbereitet. Nun zeigten sich die Folgen der inneren Unruhen, die seit dem Tod Manuels I. über zwei Jahrzehnte hinweg ohne Unterbrechung die Stadt und das Reich beherrschten: Der einst mächtigste Militärapparat des euromediterranen Raumes war mangels Finanzierung und Führung nur noch ein Schatten seiner selbst. Die imperiale Flotte bestand angeblich nur noch aus kaum 20 »verrotteten und von Würmern durchlöcherten kleinen Barken«, so dass die venezianischen Galeeren unbehelligt ins Marmarameer einfahren konnten. Die Verteidigungstruppen der Reichshauptstadt bestanden zu einem guten Teil ausgerechnet aus Italienern sowie der Warägergarde.[9] Nachdem die Neuankömmlinge zunächst ihr Lager in sicherer Entfernung in Skutari auf der asiatischen Seite aufgeschlagen hatten, etablierten sie am 5. und 6. Juli einen Brückenkopf nahe Galata, auf der Nordseite des Goldenen Horns. Gleichzeitig durchbrachen die venezianischen Schiffe die Kette, die das Goldene Horn absperrte. Die Mauer am Ufer des Goldenen Horns, der schwächste Punkt der Verteidigungsanlage, war somit in Reichweite. Die Flotte ging hier vor Anker, während das Heer sich weiter Richtung Norden begab. Es bezog an dem Punkt Stellung, an dem die Landmauer an das Goldene Horn grenzte, in gefährlicher Nähe zum Blachernenpalast. Knapp zwei Wochen später griffen die Kreuzritter die Landmauer an, während zugleich die Venezianer die Seemauer am Goldenen Horn attackierten und nach kurzer Zeit die Kontrolle über große Teile der Mauer erlangten. Um ihre Stellung zu sichern, legten sie Feuer, das allerdings außer Kontrolle geriet und angeblich eine Fläche von fast 50 Hektar innerhalb der Stadtmauern verwüstete.[10]

Obwohl dieser 17. Juli 1203 keinen Durchbruch brachte, bedeutete er die Wende in dieser ersten direkten Auseinandersetzung zwischen dem Bündnis von Kreuzrittern und Venezianern und den Verteidigern der Stadt. Alexios III. besaß eine andere Auffassung seiner historischen Rolle als Kaiserin Theodora 700 Jahre zuvor, die sich während des Nika-Aufstands für Durchhalten bis zum bitteren Ende entschieden hatte. Er verschwand heimlich aus der Hauptstadt. Die zurückbleibenden kaiserlichen Höflinge entschieden sich in dieser Situation für einen taktischen Schachzug: Sie befreiten den geblendeten ehemaligen Kaiser Isaak aus dem Kerker und setzten ihn wieder in sein altes Amt ein. Dadurch, so hofften sie, würde der Belagerungsarmee ihre Legitimation, die Einsetzung eines rechtmäßigen Herrschers, entzogen und gleichzeitig der Prätendent Alexios Angelos, in ihren Augen eine Marionette der Venezianer, in seinen Ambitionen ausgebremst.

Tatsächlich führte dieser Akt zu einiger Unentschlossenheit unter den Kreuzrittern und Venezianern, hatten sie doch diese Situation in ihrem Plan nicht vorgesehen. Alsbald einigten sich alle Seiten friedlich. Am 1. August wurde Alexios Angelos als Alexios IV. zum zweiten Kaiser neben seinem Vater Isaak gekrönt. Isaak wurde unter erheblichem Druck genötigt, die Versprechen seines Sohnes gegenüber den Venezianern und Kreuzrittern zu übernehmen. Im Gegenzug brachen diese ihre Belagerung ab und zogen sich in ihr Feldlager nördlich des Goldenen Horns zurück.[11]

Der neue Juniorkaiser musste sogleich tief in die Staatskasse greifen, um seine Verbündeten zufriedenzustellen. 50 000 Silbermark Kompensation an Venedig, weitere 34 000, um die Schulden des Kreuzfahrerheers bei den Venezianern auszugleichen, und obendrein 16 000, um die privaten Schulden der Kreuzritter bei vor allem venezianischen Banken zu tilgen. Wie sich bereits bei seinem Auftritt auf der Galeere vor den Stadtmauern gezeigt hatte, verfügte er über keinerlei Machtbasis, deshalb versuchte er, das fremde Heer so lange wie möglich als Drohkulisse vor Ort zu halten, und bestach angeblich ihre Anführer.[12]

Die Präsenz einer Armee, deren eigentliches Ziel der Kampf gegen die Ungläubigen war, brachte noch ganz andere Probleme mit sich. Nach Monaten der weitgehenden Untätigkeit, in der sie kein einziges Mal ihr Schwert gegen Muslime hatten erheben können, suchten einige Kreuzfahrer nach einer Möglichkeit, Gottes Werk zu erfüllen. Praktischerweise gab es im kosmopolitischen Konstantinopel mehrere Moscheen für die ortsansässigen und die durchziehenden Muslime. Eine davon befand sich vor den Stadttoren, war somit für die Kreuzritter leicht erreichbar und wurde zum Ziel eines Angriffs. Womit die religiösen Fanatiker vermutlich nicht gerechnet hatten: Die Muslime standen keineswegs allein. Zahlreiche griechisch-orthodoxe Stadtbewohner eilten ihnen zur Hilfe und versuchten, die Angreifer zu vertreiben. Dennoch konnten die Eindringlinge ein Feuer legen, das 180 Hektar des Stadtgebietes verwüstete. Als Folge begannen die Konstantinopolitaner, an den italienischen Einwohnern der Stadt Rache zu nehmen, so dass diese im Kreuzritterlager Schutz suchten.[13]

1204: Das Ende der »großen Stadt der Römer«

Vielfältige Spannungen bestimmten die nächsten Monate: zwischen den Bewohnern Konstantinopels und der fremden Armee, zwischen den beiden Kaisern sowie zwischen der Stadtbevölkerung und dem Herrscherhaus. Denn dieses trieb gewaltsam Steuern ein und ging selbst zu Beschlagnahmungen über, um die enormen Summen für die Venezianer aufzubringen. An Neujahr 1204 erfolgte ein Anschlag auf die venezianische Flotte, bei dem Schiffe in Brand gesetzt wurden. Eine Woche später kam es zu einem bewaffneten Überfall auf die Kreuzritter. Am 27. Januar rief eine versammelte Menge unter dem Einfluss von Geistlichen einen gewissen Nikolas Kanavos zum Gegenkaiser aus. Die verschreckten Doppelkaiser wollten sich im Blachernenpalast verschanzen, bis sie die Kreuzritter zu Hilfe rufen konnten. Alexios Dukas Murtzuphlos (»der mit den durchwachsenen Augenbrauen«), ein hoher Höfling und entfernter Verwandter der Kaiserfamilie, nutzte die Gelegenheit, um Vater und Sohn gefangenzunehmen. Bezeichnenderweise konnte er zu diesem Zweck Mitglieder der Warägergarde, der einst loyalsten Instanz am Hof, bestechen. Alexios IV. ließ er töten, sein Vater Isaak starb in der Haft, und auch der Usurpator Nikolas Kanavos wurde bald ermordet.[14]

Das Kreuzritterheer war von diesen Ereignissen überrascht. Ein Aufbruch angesichts der kritischen Lage in der Stadt wäre nicht ohne weiteres möglich gewesen. Die Flotte musste zuvor Reparaturen durchführen und Proviant aufnehmen. Das neue Regime verwehrte den Fremden aber den Zugang zu den Märkten. Die Anführer des Kreuzzugs bestanden gegenüber Murtzuphlos, der sich nun Alexios V. nannte, auf der Einhaltung der Versprechen seiner Vorgänger. Dieser jedoch kündigte die Verhandlungen bald auf, und so fiel im Kreuzfahrerlager schließlich die Entscheidung, Konstantinopel einzunehmen.[15]

Am 9. April 1204 begann die Offensive. Wieder griffen die Reiter und Fußsoldaten von Norden nahe des Blachernenpalastes an. Die Schiffe mit ihren Belagerungsgeschützen konzentrierten sich auf die Mitte der

Mauer zum Goldenen Horn nahe dem Christos-Evergetes-Kloster (womöglich heute Gül Camii) konzentrierten. Drei Tage später gelang der Durchbruch mit einem zum Rammbock umgebauten Schiff, das bei voller Fahrt in die Stadtmauer gesteuert wurde. Die Invasoren töteten zunächst wahllos Soldaten wie Zivilisten und legten erneut Feuer, um ihre Stellung zu sichern. Wie Alexios III. folgte Murtzuphlos nicht dem Beispiel Kaiserin Theodoras, sondern floh aus der Stadt. Ohne ihn leistete auch die Warägergarde keinen Widerstand mehr.

Bis zum 15. April war Konstantinopel nun den siegreichen Truppen zur Plünderung freigegeben. Mehrere tausend Stadtbewohner kamen ums Leben, vor allem am ersten Tag der Einnahme. Gemessen an den Blutbädern, die vor allem die Teilnehmer des Ersten Kreuzzugs in Jerusalem veranstaltet hatten, und angesichts der großen Bevölkerung Konstantinopels waren diese Zahlen laut dem Historiker Christopher Tyerman allerdings relativ gering. Im Vordergrund stand, so Tyerman, vielmehr das Plündern. 300 000 Silbermark, in etwa das Sechsfache des Jahreshaushaltes eines westeuropäischen Staates der Zeit, wurden für die Kriegskasse der Kreuzfahrer und Venezianer zusammengetragen. Gleichzeitig verschwand Beute im geschätzten Wert von etwa 500 000 Silbermark in private Hände. Eine besondere Variante der Beutejagd stellte der Raub von religiösen Artefakten dar. Während Soldaten vor allem auf der Suche nach Gold, feinen Stoffen oder Pferden waren, verschifften Mönche und andere Kirchenleute ganze Truhen mit Heiligenreliquien, die es in Konstantinopel in großer Zahl gab, um sie für Klöster oder Kirchen in Westeuropa zu sichern.[16]

Neben der wirtschaftlichen und politischen Unterwerfung sollte zudem eine kulturelle stattfinden. Einige Kreuzritter mögen noch von Gewissensbissen geplagt worden sein, weil ihr Ziel nicht Kairo, sondern Konstantinopel geworden war. Doch die katholischen Geistlichen versicherten ihnen, dass die Griechen Schismatiker seien, die unter die geistige Oberhoheit des römischen Papstes gebracht werden müssten. Innozenz III., der wie kein anderer die Wiedervereinigung der östlichen und westlichen Kirche zu seiner Herzensangelegenheit erklärt hatte, erkannte allerdings, dass die Intervention der Venezianer und Kreuzritter in Konstantinopel (die er explizit verboten hatte) die Hoffnungen auf eine Kirchenvereinigung vollends zunichtegemacht hatte. Die griechisch-orthodoxe Kirche würde »nun zu Recht die Lateiner mehr verabscheuen als Hunde«.[17]

Warum auch sollten die Einwohner Konstantinopels, die soeben die Opfer von Raub, Mord und Vergewaltigung geworden waren, den Versprechungen von brüderlicher Liebe Glauben schenken? Der Augenzeuge Niketas Choniates schildert den Eindruck, den die »neue Leitung« machte:

> »Bald nachdem durch das Urteil unseres Herren, des Schöpfers und Steuermanns dieses irdischen Schiffes, unser Reich dem Los der Franzosen zugefallen war und die hohen Priesterämter gleichermaßen den Venezianern übergeben worden waren, kam aus Venedig ein gewisser Thomas als Patriarch von Konstantinopel an. Er war mittleren Alters und fetter als ein Schwein, das in einer Grube aufgewachsen ist; sein Gesicht war glattrasiert, wie dies auch bei dem Rest seiner Rasse der Fall ist, und seine Brust war epiliert und dadurch glatter als Gips; er trug einen Ring an jedem Finger und manchmal Lederkuppen auf jedem einzelnen Finger. Seine kirchlichen Gehilfen und Diener taten es ihrem Vorgesetzten in allen Dingen gleich, in Kleidung, Gebaren und Stutzen des Bartes.«[18]

Wie Choniates wird es vielen der Einwohner Konstantinopels gegangen sein. Üppiger Kopf-, Brust- und Barthaarwuchs entsprachen am Bosporus dem Männlichkeitsideal insbesondere für Kirchenleute, nicht die westliche Rasur und erst recht nicht die exzessive Zurschaustellung von Schmuck wie Ringen. Nicht nur die neue geistliche Führung wirkte wenig überzeugend. Den neuen weltlichen Herren sollte es nicht gelingen, eine tatkräftige neue Dynastie zu begründen. Die Venezianer und die Kreuzritter waren mehr damit beschäftigt, ihre Eroberungen gerecht aufzuteilen, als damit, für effiziente Strukturen zu sorgen. Einer ihrer Anführer, Balduin von Flandern, wurde zum Kaiser gekrönt; sein faktischer Machtbereich, das Lateinische Kaiserreich, umfasste wenig mehr als den Großraum Konstantinopel. Ein anderer, Bonifatius von Montferrat, wurde König von Thessaloniki, während andere Adelige das Fürstentum Achaia und das Herzogtum Athen für sich erfanden und die Republik Venedig sich die Inseln Korfu, Kephalonia, Euböa, Kreta und Rhodos für ihre Handelstätigkeiten sicherte. Neben dem Despotat Epirus an der Adria erhoben in Kleinasien sowohl das Kaiserreich Nikäa als auch das von Trapezunt den Anspruch, die wahren, griechisch-orthodoxen Nachfolger des Oströmischen Reichs zu sein.

Keiner der Protagonisten konnte den neu erworbenen Besitz lange genießen. Der Doge Enrico Dandolo starb ein Jahr später in Konstantinopel eines natürlichen Todes und wurde in der Hagia Sophia begraben. Bonifatius fiel im Kampf gegen die Bulgaren, Balduin kam in ihrer Gefangenschaft um. Das Königreich Thessaloniki ging nach 18 Jahren, das Lateinische Kaiserreich um Konstantinopel nach 57 Jahren unter, nicht einmal nach der Hälfte der natürlichen Lebenszeit einer Dynastie nach Ibn Khaldun. Folgenreich war die Einnahme von Konstantinopel 1204 hingegen für das ehemalige Reichsgebiet, das nun noch fragmentierter war als zuvor, ganz zu schweigen von der Stadt selbst, deren Glanz, deren ungebrochene Verbindung mit der antiken Welt und deren Gefühl von Weltenherrschaft und Unverwundbarkeit unumkehrbar zerstört waren.

Götterstatuen zu Kleingeld: Das antike Erbe der Stadt wird verheizt

In Gestalt der verbündeten Kreuzfahrer und Venezianer war keine aufstrebende Weltmacht, Dynastie oder ritterliche Bewegung am Werk. Es ging um den schnellen materiellen Vorteil, sonst nichts. Der Beobachter Choniates bestätigt, dass die Besatzer vor allem von Habgier getrieben schienen und vor nichts zurückschreckten, das auch nur den geringsten Wert zu haben schien. So wurden in der Apostelkirche, in der fast alle Herrscher des Reichs seit Konstantin I. bestattet waren, die Sarkophage der Kaiser aufgebrochen und die Edelsteine und Perlen geraubt, mit denen ihre Gebeine geschmückt waren. In der Hagia Sophia rissen sie das Ziborium, den Prachtaufbau über dem Altar, nieder, um die Zehntausende Pfund Silber, aus denen es bestand, und die reichliche Goldverzierung einzuschmelzen. Sogar Kunstschätze, deren Rohstoffwert mäßig war, wurden Opfer der Habgier. Choniates erwähnt eine Bronzestatue der Hera auf dem Konstantinsforum, die eingeschmolzen und zu Münzen verarbeitet wurde. Allein für den Abtransport des Kopfes der Göttin brauchte es vier hintereinandergespannte Ochsenpaare. Das Schicksal der Hera-Statue teilten eine reich verzierte Statuengruppe, die das Urteil des Paris darstellte, sowie ein antikes Reiterstandbild auf dem Forum Tauri, dessen genaue Bedeutung längst vergessen war, und die Statue eines Barbaren. Um nur wenige weitere aufzuzählen, die ebenso gnadenlos eingeschmolzen wurden: die Bronzestatuen im Hippodrom, eine Heraklesdarstellung, die der Bildhauer Lysipp im 4. Jahrhundert v. Chr. geschaffen hatte, die Statue eines Esels und seines Führers aus der Zeit von Kaiser Augustus, eine Romulus-und-Remus-Gruppe, Darstellungen eines Mannes, der mit einem Löwen ringt, eines Nilpferds und eines Elefanten, eines Nilpferds, das ein Krokodil in seinem Maul hält, der Skylla, die das Schiff des Odysseus angreift, eines Adlers, der eine Schlange mit seinen Krallen packt, eine Szene, die auf Apollonios von Tyana zurückging, mehrere Sphingen und Pferdestatuen, eine Statue der Helena von Troja. Ebenfalls ein Opfer der Schmelzöfen wurden die Denkmäler von Siegern der frühen Pferderennen, wie die unter Kaiser Anastasios aufgestellten Statuen des Wagenlenkers Porphyrios.[19]

Choniates' Auflistung der Kunstschätze, die zu diesem Zeitpunkt fast ein Jahrtausend auf den Plätzen und in den großen Straßen Konstantinopels überstanden hatten und nun zerstört wurden, ist beeindruckend. Sie zeigt mehr noch als die enormen Summen, die aus Privathäusern, Palästen und Kirchen gestohlen wurden, wie der Vierte Kreuzzug Konstantinopel seiner Einzigartigkeit beraubte. Hinter den trutzigen Mauern hatte die Kunst der Antike die Jahrhunderte überdauert, und die Einwohner der Stadt hegten in einer unruhigen, sich verändernden

Welt lange die Illusion, sie lebten noch im alten Römischen Reich. Der Chronist Choniates aus dem frühen 13. Jahrhundert nennt die Ungarn Paionen, die Serben Triballen, die Türken Perser und die Deutschen Alemannen. Er nutzt für sie alle auch den Begriff »Barbaren«, als ob ein Jahrtausend Völkerwanderung und Staatenbildung nie stattgefunden hätte oder diese Namen nicht wichtig seien, solange die »Königin der Städte« und ihre römisch-griechische Leitkultur noch erhalten waren. Folgerichtig zitiert er Homer und nimmt Bezug auf die antiken Mythen, um die Geschichte seiner Zeit, des Mittelalters, zu kommentieren.[20] Die Arroganz, mit der man in Konstantinopel mitunter auf den Rest der bekannten Welt herabschaute und aus der heraus man einem Botschafter des römisch-deutschen Kaisers die eben gekauften purpurnen Gewänder aus dem Gepäck gerissen hatte, rächte sich nun. Die reichste Stadt im euromediterranen Raum war über Jahrhunderte Objekt der Begierde ihrer eigenen Provinzen und anderer Reiche gewesen. Teils fantastische, teils reale Vorstellungen von den hinter ihren Mauern angehäuften Schätzen waren Anlass für zahlreiche Belagerungen. Die Stadt hatte sie alle überstanden, bis zu diesem Frühling zu Beginn des 13. Jahrhunderts.

Es war ein Zweckbündnis aus Kreuzfahrern und Venezianern, das eigentlich ein ganz anderes Ziel verfolgt hatte, das als erste fremde Armee die Mauern Konstantinopel überwinden konnte. Ihr Erfolg hatte zahlreiche Gründe, die teils in den internen Vorgängen in der Stadt und ihrem Weltreich lagen, teils in der sich verändernden Welt vor den Stadttoren. In der Vergangenheit bestand ein Teil der Überlebenskunst Konstantinopels in der Anpassungsfähigkeit ihrer Herrscher, Händler und Einwohner. Hinzu kam das Potential der Stadt, die talentiertesten Kräfte der Region anzuziehen. Doch das Erstarken der aristokratischen Eliten und ihrer *Oikoi* sowie deren Habgier führten dazu, dass die städtischen und ländlichen Unterschichten zunehmend ausgebeutet wurden. Es entstand eine in Starrheit verfallende höfische Kultur der Unterwürfigkeit, Missgunst und des schönen Scheins, womit die Tradition der *res publica* ausgedünnt wurde. All dies schwächte das System so weit, dass es seine Krisen nicht mehr bewältigen konnte. Schon am Ende der Makedonen-Dynastie um die Mitte des 11. Jahrhunderts ließen sich in Konstantinopel Anzeichen solcher Schwäche erkennen. Doch die Dynastie neuen Typs, der »Familienbetrieb« der Komnenen, konnte das Reich nochmals stabilisieren und ließ die Hauptstadt in neuem Glanz erstrahlen. Dennoch traf auf die Komnenen Ibn Khalduns Aussage, wonach die Lebensdauer einer Dynastie 120 Jahre nicht überschreitet, erstaunlich genau zu. Ohne ein gemeinsames Verständnis von staatsbürgerlicher Pflicht, *res publica*, ohne ein ganzes Heer von Bürokraten und Soldaten, die auf ihren Posten still ihrer Arbeit nachgingen, ohne stets auf den unmittelbaren eigenen Vorteil bedacht zu sein, konnte das Oströmische Reich angesichts der gewaltigen neuen äußerlichen Herausforderungen des 12. Jahrhunderts nicht überleben. Doch genau daran fehlte es nach dem Tod des letzten »großen« Komnenen Manuel. Unter seiner Witwe Maria von Antiochia und dem *Protosebastos* blühten angeblich die Korruption und Günstlingswirtschaft. Schließlich zerstörte der brutale »Säuberer« Andronikos mehr von dem, was das Reich noch zusammenhielt, als er durch seine Schocktherapie zu erneuern vermochte. So wurde er am Ende selbst zum Opfer eines Aufstandes und einer grausamen Hinrichtung. Der ihm nachfolgende zaudernde Isaak II. hatte keine Antwort auf die enormen Herausforderungen, die sich in den fünf Jahren seit Manuels Tod angehäuft hatten, während Alexios III. und der militant antiwestliche Kaiser Murzuphlos nicht nur keine praktikablen Lösungen bieten konnten, sondern beim ersten Anzeichen der Niederlage die Flucht ergriffen. Alexios IV. schließlich rief die Kreuzritter und Venezianer und führte so den Untergang Konstantinopels mit herbei. Die Fähigkeit der Stadt, neue talentierte Kräfte anzuziehen und für Stadt und Reich nutzbar zu machen, litt sowohl unter der zunehmend dominanten Rolle der italienischen Handelsstädte als auch unter wachsender Intoleranz und Fremdenhass. Die stets vorhandene Arroganz gegenüber den Neuankömmlingen fand unter der Herrschaft des Andronikos ihren direkten Niederschlag in Pogromen.

Doch längst nicht alle Gründe für das klägliche Versagen bei der Verteidigung der Stadt waren hausgemacht. Die Welt rund um Konstantinopel hatte sich verändert. Die Rum-Seldschuken, die Normannen und die italienischen Städte waren Konstantinopel keineswegs ebenbürtig, aber sie erwiesen sich als innovativ, intellektuell offen und wirtschaftlich dynamisch, Aspekte, die das Oströmische Reich zumindest für die umkämpften Provinzen nicht mehr verkörperte.

Allerdings stellten die Eroberer aus Venedig und dem nord- und mitteleuropäischen Kleinadel keineswegs eine neue dynamische Dynastie im Sinne Ibn Khalduns dar, die in der Lage gewesen wäre, dem Reich und der Stadt neues Leben, neue Tugenden und Wachstum einzuhauchen. Während Kaiser und vor allem Kaiserinnen aus fernen Ecken Europas und Asiens keineswegs etwas Neues für Konstantinopel gewesen wären, war das, was nun anbrach, eindeutig eine Fremdherrschaft. Es war eine Ordnung, die nicht darauf zielte, den in der Stadt erwirtschafteten Mehrwert, die kulturelle und die intellektuelle Produktion, die soziale Infrastruktur und den städtischen Raum, von denen sowohl Ibn Khaldun als auch Lefebvre sprechen, weiterzuentwickeln, ihn der Aneignung durch den Hof, die *Oikoi* und ihre Günstlinge zu entziehen und mit den Stadtbewohnern sowie der Welt um Konstantinopel herum zu teilen. Der Mehrwert der Stadt sollte abermals den Handelspartnern, Familienmitgliedern oder Ordensbrüdern der Elite zugute kommen, die nun zudem mehrheitlich in Italien, Frankreich oder Deutschland ansässig waren. Ein neues Zeitalter war für die Stadt angebrochen, in dem die Einwohner Konstantinopels nicht mehr auf die Statuen der antiken Götter schauen und sich als Teil einer ewigen Ordnung fühlen konnten. Die Stadt und die Welt um sie herum waren ärmer und verletzlicher geworden.

6.
Auserkoren und von Gott verlassen

1453 in Historiographie und Traumwelt

Von der Einnahme durch die Kreuzritter bis zur nächsten (und bis heute letzten) Eroberung der Stadt durch fremde Truppen sollten genau zweieinhalb Jahrhunderte vergehen. Am 29. Mai 1453 ritt Mehmed II. (»der Eroberer«, reg. 1444/1451–1481), Sultan der Osmanen, durch das Romanostor (Topkapı) in Konstantinopel ein. Er ritt quer durch die ganze Stadt und betrat die Hagia Sophia.

Um dieses Ereignis ranken sich in der muslimischen wie in der christlichen Welt zahllose Weissagungen, Legenden und Träume. Man kann leicht der Versuchung erliegen, sie alle als Märchen abzutun. Jedoch hatten in diesem Fall die Märchen mehr Wirkungsmacht auf die Nachwelt und ihre Vorstellung von diesem Ereignis – und folglich von dem Stellenwert des Christentums und des Islams in der Welt – als die kritisch rekonstruierbaren historischen Fakten. Deswegen kommt eine Geschichte Konstantinopels im 15. Jahrhundert nicht umhin, sowohl die Legenden als auch die eigentlichen Umstände der Zeit zu rekonstruieren.

Folgt man den Legenden, so beginnt die Vorahnung von Mehmeds Triumph bereits über 800 Jahre zuvor. Vom Propheten Muhammad (570–632) ist überliefert, dass er die Eroberung Konstantinopels durch einen muslimischen Feldherrn als sicher voraussagte: »Wahrlich, ihr werdet Konstantinopel erobern. Was für ein wunderbarer Anführer wird ihr Anführer sein und was für eine wunderbare Armee wird jene Armee sein!«[1] War die Eroberung Konstantinopels im Namen des Islams also eine heilige Mission, die über die Jahrhunderte zuerst die arabische und dann zunehmend die türkische Welt anstachelte, gegen die theodosianischen Mauern anzurennen? Hier ist Skepsis angebracht, denn es versuchten auch zahlreiche christliche und heidnische Armeen ihr Glück, da die Stadt reiche Beute verhieß. Materialistisch argumentierende Interpreten haben aus Muhammads Voraussage abgeleitet, dass er die kommenden Eroberungszüge seines eigenen Jahrhunderts überschätzt habe. Tatsächlich starb ein Weggefährte des Propheten, sein Bannerträger Abu Ayyub al-Ansari, als hochbetagter Mann bei der gescheiterten Belagerung Konstantinopels durch die Umayyaden 674. Auch handelt es sich bei dem Ausspruch nicht um eine Koransure, sondern um eine *Hadith*, also eine mündlich überlieferte Aussage des Propheten, deren Echtheit der Disputation unterliegt. Gerade dieser Ausspruch steht in Widerspruch zu einer anderen *Hadith*, nach der die Eroberung Konstantinopels in den letzten Tagen vor dem Kommen des Falschen Propheten (vergleichbar dem Antichristen) und dem Jüngsten Gericht stattfinden wird, so dass man sie nicht mit Mehmed II. in Verbindung bringen kann. Allerdings lässt sich nachweisen, dass die muslimischen Intellektuellen die Vorhersage von der »wunderbaren Armee« selbst Jahrhunderte nach dem Ableben des Propheten und der gescheiterten Belagerung durch die Umayyaden noch in Erinnerung hatten. So schrieb beispielsweise der aus Herat in Afghanistan stammende persische Gelehrte Ali ibn Abi Bakr al-Harawi um die Zeit des Vierten Kreuzzugs: »Die Stadt Konstantinopel ist noch großartiger als ihr Ruf. Möge Allah in seiner Gnade und Güte geruhen, sie zur Hauptstadt des Islams zu machen.«[2]

Jedoch fand sich, nachdem die Umayyaden versagt hatten, jahrhundertelang kein anderer muslimischer Anführer, der die Mauern Konstantinopels herausforderte. Hingegen bedrängten zahlreiche christliche und heidnische Armeen die Stadt: das Bulgarische Zarenreich, die Kiever Rus und schließlich als erste erfolgreiche Armee das Kreuzritterheer. Auch der große Rivale Konstantinopels, das Sultanat von Rum, das nach 1071 das Reich seiner kleinasiatischen Gebiete beraubt hatte, holte nie zum entscheidenden Schlag aus. Schließlich sollte eine zuvor vollkommen unbekannte Dynastie in die Rolle des Herausforderers finden. Dass ihr diese Aufgabe zustand, erfuhr ihr Oberhaupt durch einen Traum.

Das Wunder der Osmanen

Osman (reg. ca. 1299–1324) war ein halb-unabhängiger türkischer Stammesfürst im Nordwesten Kleinasiens. Sein Sitz war das kleine Söğüt, ein unbedeutender Flecken auf dem innerkleinasiatischen Hochplateau, 90 Kilometer von Nikäa und 230 Kilometer von Konstantinopel entfernt. Seine Untertanen waren größtenteils nomadische Schafhirten. Irgendwann um das Jahr 1299 verbrachte Osman eine Nacht im Haus eines Sehers namens Ederbali. Im Traum sah er einen Mond aus der Brust seines Gastgebers aufsteigen. Dann wuchs ein Baum aus seinem Bauchnabel, dessen Schatten die ganze Welt umfasste. In diesem Schatten befanden sich Berge und Flüsse, aus denen Menschen tranken und mit denen Gärten bewässert wurden. Am nächsten Morgen erzählte Osman Ederbali von seinem Traum. Der Seher erkannte, dass Gott diesen Stammesfürsten und seine Nachkommenschaft dazu auserwählt hatte, die Kaiserwürde zu tragen, und gab ihm seine Tochter zur Frau. Im Jahr 1301 begann Osman mit Angriffen auf oströmische Armeen, anderthalb Jahrhunderte später stürzte sein Nachfahre Mehmed den letzten Kaiser von Konstantinopel und erbte dessen Imperium.[3]

Durch ein weiteres Wunder fanden die osmanischen Belagerer 1453 die sterblichen Überreste Ayyub al-Ansaris. Scheich Akşemseddin, der geistige Berater Mehmeds, lokalisierte die irdische Hülle des Weggefährten Muhammads unweit der Stadtmauer. Von diesem einzigartigen Fund darin bestätigt, dass sie in göttlichem Auftrag handelten und die

Vorhersage des Propheten erfüllen würden, fanden die Belagerer die notwendige Motivation, die (fast) uneinnehmbaren Mauern Konstantinopels zu durchbrechen.

Von Gott verlassen und dennoch nicht gänzlich aufgegeben: Die Königin der Städte vor dem Fall

Der christliche Gott war keineswegs untätig gewesen, auch wenn seine Hilfe letztendlich ausblieb. Das Flehen zur Muttergottes, das Konstantinopel (außer 1204) stets vor Invasoren beschützt hatte, vermochte nicht mehr, ihren Beistand zu sichern. Am 25. Mai 1453 dauerte die osmanische Belagerung bereits sieben Wochen, und in der Stadt wusste man, dass der entscheidende Angriff vorbereitet wurde. Daher versammelten sich die Einwohner in großer Zahl zu einer Prozession, bei der die Ikone der Gottesmutter durch die Straßen getragen wurde. Laut der Schilderung des Zeitgenossen Michael Kritovoulos fiel das Abbild plötzlich ohne Grund zu Boden und schien dort wie festgewachsen. Erst nach vielen Mühen und zahlreichen Gebeten gelang es der versammelten Menge, es mit vereinten Kräften erneut anzuheben. Doch als die Menschen weiterzogen, ergoss sich ein Wolkenbruch samt Hagel über sie, der so heftig war, dass die Regenflut drohte, die anwesenden Kinder mit sich fortzuschwemmen. Am folgenden Tag hing über der Stadt von der Frühe bis in den Abend ein für die Jahreszeit untypischer dichter Nebel. Die Bevölkerung verstand die Ereignisse als Zeichen, dass Gott sie verstoßen habe. Im Nebel habe sich seine Anwesenheit aufgelöst, und er habe die Stadt endgültig ihrem Schicksal überlassen.[4]

Der christliche Gott war jedoch noch nicht vollkommen fertig mit seiner bisherigen Lieblingsstadt und dem von ihm auserwählten Reich. In ferner Zukunft, so der göttliche Plan, sollten den Griechen ihr Imperium und dessen Hauptstadt wieder zufallen. Zu diesem Zweck griff Gott ein, als die Osmanen bereits die Mauer durchbrochen hatten. Der letzte Kaiser, Konstantin XI. Dragases Palaiologos (reg. 1449–1453), verschwand spurlos, während um ihn herum der Kampf tobte. Angesichts der Leichenberge in den Straßen mag es nicht besonders ungewöhnlich erscheinen, dass man ein bestimmtes Individuum nicht mehr identifizieren konnte; die Menschen jedoch glaubten, dass Gott Konstantin hatte verschwinden lassen. In einem geheimen Gemach der Stadtmauer nahe dem (zu diesem Zeitpunkt zu Verteidigungszwecken längst zugemauerten) Goldenen Tor schläft Konstantin XI. seither bis zu dem Tag, an dem das Oströmische Reich aufersteht.[5] Dasselbe Schicksal ereilte den Priester, der die letzte Messe von der Kanzel in der Hagia Sophia las. Von göttlicher Hand wurde er durch die Wand in eine unerreichbare Kammer gezogen, wo er auf den Tag wartet, da wieder die christliche Messe in diesem Gotteshaus abgehalten wird.

Nicht alle Christen teilten die Aufregung, welche die Stadt ergriff. Im vor der Stadtmauer gelegenen Kloster der Muttergottes von der Quelle, viereinhalb Kilometer südlich von der Stelle, wo die osmanische Armee ihren Angriff konzentrierte, war am 29. Mai 1453 ein Mönch vertieft in nichtweltliche Dinge. Er briet gerade zwei Fische in einer Pfanne, als ein Mitbruder ihm sagte, die Türken hätten Konstantinopel eingenommen. Der erste Mönch antwortete, er werde diese fantastische Nachricht nur glauben, wenn die beiden halb durchgebratenen Fische in seiner Pfanne zu neuem Leben erwachten. Daraufhin sprangen beide Fische aus der Pfanne und belehrten den Mönch eines Besseren. Bis heute ist das Kloster als »Fischkloster« (Balıklı Manastır) bekannt, da die Wunderquelle, die bereits zu Justinians Zeit berühmt war, stets von einigen Nachfahren der auferstandenen Fische bewohnt ist.

Man mag diese Wunder, Prophezeiungen und Zeichen als mittelalterlichen Aberglauben abtun. Allerdings ist die Moderne, was ihre Legendenbildung um das Ereignis des Jahres 1453 angeht, eher noch tollkühner. Aufbauend auf zeitgenössische Erzählungen, hat man die Eroberung im Negativen wie im Positiven bunt ausgeschmückt, um durch sie nationalistische und in den letzten Jahrzehnten zunehmend wieder extreme religiöse Weltbilder (oder eine Mischung aus beiden) zu unterfüttern.

Laut der negativen Interpretation begann an jenem Maitag im Jahr 1453 für die Christen und Griechen eine fünfhundertjährige Leidensgeschichte. Mit unsagbarer Grausamkeit fielen die muslimischen Horden in die Stadt ein, versklavten ihre Menschen, unterdrückten ihre Kirche und zerstörten das Oströmische Reich, so dass die Griechen über mehrere Jahrhunderte keinen eigenen Staat hatten. Die westeuropäischen Länder profitierten von dem Wissenstransfer durch die griechischen Migranten nach 1453, und die geistigen Strömungen, die wir als Renaissance und Humanismus kennen, erhielten einen enormen Schub. Gleichzeitig aber vegetierten die Griechen unter dem »türkischen Joch« ohne Möglichkeit der geistigen und wirtschaftlichen Entwicklung vor sich hin, bis im 19. Jahrhundert die Unabhängigkeit erkämpft und das Königreich Griechenland gegründet wurde. Griechische Nationalisten sahen die Legende vom schlafenden Konstantin XI. teilweise bestätigt, als die Armee von Prinz Konstantin 1912 Thessaloniki und weite Teile Makedoniens vom »türkischen Joch befreite«. Kurz darauf wurde Konstantin König und somit gewissermaßen die Reinkarnation des letzten oströmischen Kaisers. Allerdings schaffte es weder Konstantin I. von Griechenland (reg. 1913–1917, 1920–1922) noch sonst ein griechischer Nationalheld, Konstantinopel zu »befreien«.

Glaubt man hingegen den Apologeten der Eroberung aus dem türkisch-nationalistischen Lager, so war diese eigentlich eine Wohltat an den christlich-orthodoxen Bewohnern. Die katholische Kirche wollte ihre östlichen Brüder und Schwestern dazu zwingen, das Primat des Papstes und ihre Interpretation des Christentums anzuerkennen, und nutzte dafür die Angst vor der »Türkengefahr«. Als die orthodoxe Kirche in Konstantinopel sich nicht unterordnete, wurde die Stadt im Stich gelassen. Mehmed hingegen schützte den Glauben der Griechisch-Orthodoxen, sicherte ihnen Autonomie zu und schuf so die Grundlage für ein Reich, in dem Toleranz, Gerechtigkeit und Harmonie herrschten, bis im 19. Jahrhundert die imperialistischen Mächte Westeuropas die verschiedenen Religions- und Sprachgemeinschaften gegeneinander aufhetzten.

Die Gestalt Mehmeds II. wurde insbesondere ab den 1980er Jahren wiederentdeckt und zum türkischen Nationalhelden umdeklariert. Mehrere Autoren (darunter Ahmet Davutoğlu, türkischer Premierminister 2014–2016) behaupten, das türkische Volk habe, nachdem die arabische Welt ihre militärische Schlagkraft eingebüßt hatte, die historische Mission übernommen, den Islam gegen das Christentum zu verteidigen. In der Eroberung Konstantinopels sehen sie eine Sternstunde dieser heiligen Pflicht und des türkischen Weltruhms.[6] Populäre Verfilmungen der Eroberungsschlacht, wie *Fetih 1453* (2012), beschwören sowohl das Bild des frommen Mehmed, der zugleich als fürsorglicher Vater einer (für ein muslimisches Herrscherhaus vollkommen untypischen) Kernfamilie dargestellt wird, als auch des einfachen türkischen Soldaten, der seiner Religion und seinem Vaterland treu ergeben ist.

Auf der anderen Seite gibt es, wenn man von den zahlreichen Beiträgen in Internetforen und -kommentaren ausgeht, nicht wenige, die noch im 21. Jahrhundert davon träumen, dass Konstantinopel im Namen des Christentums oder der griechischen Nation »zurückerobert« wird. Ihr Weltbild unterfüttern sie nicht selten mit der Propaganda, die schon bald nach der Eroberung Konstantinopels in der christlichen Welt einsetzte und in der die während der Einnahme begangenen zahlreichen Gräueltaten der siegreichen Armee ins Unermessliche gesteigert werden. Beide Seiten konzentrieren sich in ihrer Agitation auf die Hagia Sophia. So forderten unter anderem russische Parlamentarier 2015, das Gebäude, das seit 1934 ein staatliches Museum ist, der orthodoxen Kirche zu übertragen, da diese die älteren historischen Rechte an der Gebetsstätte besitze. Umgekehrt kämpfen rechtsgerichtete Verbände in der Türkei mit Kampagnen dafür, dass die Hagia Sophia wieder als Moschee dient, da diese »mit dem Recht des Schwertes« erkämpft worden sei. 2018 wurde sogar eine entsprechende Verfassungsklage eingereicht, die aber abgewiesen wurde. Die türkische Regierung gab bisher diesen Bestrebungen nur bedingt nach, indem sie seit 2015 Gottesdienste in einem Anbau gestattet und von den Minaretten der Hagia Sophia zum Gebet rufen lässt.

Die palaiologische Renaissance

Ein Blick zurück auf die Ereignisse rund um 1453 hingegen stellt klar, dass die damalige Welt komplexer und verflochtener war, als es heutige National- und Religionsideologen gerne hätten. An Mariä Himmelfahrt 1259, dem Tag der Schutzpatronin der Stadt, waren die Truppen des Kaiserreichs Nikäa, also der oströmischen Exilregierung, in Konstantinopel eingerückt. Der Herrscher von Nikäa, Michael VIII. (reg. 1259/1261–1282), erklärte sowohl die lateinische Herrschaft als auch die Dominanz des katholischen Klerus für beendet und ernannte sich selbst zum neuen Kaiser von Ostrom. Die in der Stadt lebenden venezianischen Kaufleute wurden zur Strafe für Venedigs Rolle 1204 ins Exil geschickt, während man den Rivalen Genua als Dank für die Unterstützung eine autonome Gemeinschaft in Galata (Pera) nördlich des Goldenen Horns gründen ließ.

Michael entstammte den Palaiologen, einer der alten aristokratischen Familien des Reichs, die mehrfach mit den Komnenen verschwägert waren, und hatte sich in Nikäa an die Macht geputscht. Konstantinopel hatte sich von den Verwüstungen von 1204 erholt, wenn auch nie vollständig. Die Bevölkerung wuchs wieder, und auswärtige Besucher lobten erneut die Pracht der Stadt. Tatsächlich gab es in den Künsten und den Wissenschaften neue Entwicklungen. Trotz oder gerade wegen der negativen Erfahrung mit dem katholischen Klerus setzte man sich intensiver mit den theologischen Schriften der Westkirche auseinander, übersetzte beispielsweise erstmals Augustinus von Hippo (354–430) und den zeitgenössischen Thomas von Aquin (1225–1274) ins Griechische. Auch der spätere Kaiser Manuel II. Palaiologos (reg. 1391–1425) beschäftigte sich mit religiösen Sinnfragen und verfasste unter anderem einen Dialog zwischen einem Griechen und einem Türken über die Vor- und Nachteile ihrer jeweiligen Religion. Der Islam war im palaiologischen Konstantinopel sehr präsent. Der damaszenische Historiker al-Dschazari berichtet, dass das muslimische Viertel von Konstantinopel um 1293 so groß wie zwei Drittel von Damaskus und durch Mauern und Tore abgetrennt gewesen sei.[7]

Die Zeit der Palaiologen war zugleich eine Ära der verstärkten Auseinandersetzung mit dem vorchristlichen griechischen Erbe, insbesondere in der Mathematik und der Philosophie. Georgios Gemistos verfasste um 1410 unter seinem Pseudonym Plethon ein Traktat über den Unterschied zwischen Aristoteles und Platon. Außerdem diente er den Herrschern als Ratgeber und verfasste radikale Vorschläge zum Umbau der Verwaltung, des Finanzwesens und der Landwirtschaft zugunsten des Gemeinwohls. Diese orientierten sich unter anderem am Vorbild des antiken Spartas, empfahlen aber ebenso die brutale Ahndung von sexueller Devianz wie Ehebruch und Homosexualität.[8] Am deutlichsten lässt sich diese Zeit der sogenannten griechischen Renaissance, der intensiven Auseinandersetzung mit der Natur des Menschen, der Gesellschaft und des Göttlichen, an der Chora-Kirche ablesen. Das Gotteshaus wurde im 14. Jahrhundert im Auftrag des Kanzlers Theodoros Metochites renoviert und mit aufwendigen, bis heute gut erhaltenen Mosaiken und Fresken geschmückt. Aufgrund ihres lebhaften, natürlichen und detaillierten Stils hat man sie als Vorläufer der italienischen Renaissancemalerei bezeichnet.

Eine vielseitige und umkämpfte Region: Kleinasien und der Balkan vor 1453

Das Oströmische Reich, das Michael nun wieder vom Bosporus aus regierte, war kein Großreich mehr. Es umfasste noch den mittleren Balkan, einige Teile der Peloponnes und den Westen Kleinasiens. Die restliche Peloponnes und mehrere Ägäisinseln wurden von einigen der letzten Kreuzfahrerstaaten beherrscht oder waren Niederlassungen der Republik Venedig. Die nördlicheren Gebiete des Balkans waren in den Händen des Serbischen bzw. des Zweiten Bulgarischen Reichs. Außer gegen diese Rivalen musste sich das neue Oströmische Reich auch gegen erneute Offensiven westeuropäischer Fürsten verteidigen. Um diesen die ideologische Unterstützung des Papstes zu entziehen, stimmte Michael nach wenigen Jahren einer erneuten Union der katholischen und orthodoxen Kirche zu. Dieses Versprechen wurde jedoch nicht in die Praxis umgesetzt, da sich nach der Erfahrung mit dem Lateinischen Kaiserreich erheblicher innerer Widerstand in Ostrom rührte, so dass die Union unter seinem Nachfolger widerrufen wurde.[9]

In Kleinasien hingegen hatten sich die Machtverhältnisse grundlegend verschoben. Das einst mächtige Sultanat von Rum war nicht länger souverän, sondern abhängig vom Il-Khanat, das im Zuge der mongolischen Expansion nach Westasien entstanden war, mit der fernen Hauptstadt Täbris (im heutigen Iran). In der Folge büßten die Rum-Seldschuken an Macht ein, so dass in Kleinasien eine Anzahl lokaler Fürsten (arabisch: Emire, türkisch: *Beys*) zwar im Prinzip den Rum-Seldschuken und dem Il-Khanat unterstellt waren, faktisch aber eigenständig agierten. Diese Fürsten schienen zunächst keine Bedrohung für Konstantinopel zu sein, gefährdeten jedoch durch Übergriffe die Grenzen des Reichs. Einer dieser Fürsten war der bereits erwähnte Osman, der im Nordwesten um 1300 seine eigene Dynastie begründete.

Der steile Aufstieg des Hauses Osman stellt Historiker vor viele Fragen. Zogen Osmans Gefolgsleute ihre Motivation daraus, dass sie ähnlich den Markgrafen in Mitteleuropa ihren Glauben gegen die Heiden durchsetzen und dabei nach Herzenslust erobern und plündern konnten? War es die geographische Lage (nahe Nikäa und den Dardanellen), strategische Weitsicht oder ganz einfach Glück? Hatten sie vor allem einen technischen Vorteil, da ihre Herrscher innovationsfreudig waren und frühzeitig die neuen Möglichkeiten erkannten, die die Kriegsführung mit Schießpulver und Kanonen bot? Zu wenig ist bekannt aus der Frühzeit der Dynastie, und zu viel aus dieser Zeit ist durch nachträgliche Legendenbildung unglaubwürdig geworden. Fest steht jedoch, dass fast alle der zahllosen Rivalen um die Macht in Südosteuropa und Westasien binnen 250 Jahren nach Osmans Traum von der Landkarte verschwanden, während seine Nachkommen ein Weltreich von Ungarn bis in den Jemen, von Algier bis zum Asovschen Meer regierten und Konstantinopel erneut zu einer Welthauptstadt ausbauten.

Nach der Überlieferung siegte Osman 1301 erstmals über oströmische Truppen bei Nikäa. Die Region war landwirtschaftlich wertvoll, vergleichsweise reich und dicht bevölkert und deswegen schon vorher das naheliegende Ziel von Angriffen gewesen. Kaiser Andronikos II. (reg. 1282–1328) strebte ein Bündnis mit dem Il-Khanat gegen dessen zu eigenständig agierenden Klienten Osman an. Als dieses Vorhaben scheiterte, engagierte der Kaiser katalanische Söldner, die es aber vorzogen, zusammen mit türkischen Soldaten bei den Dardanellen und auf dem Balkan zu plündern. Die Auseinandersetzung war also von Anfang an nicht lediglich eine zwischen Griechen und Türken, und die Trennlinien wurden von Machtverhältnissen und nicht ausschließlich durch Religion diktiert. Wenngleich die Betonung eines militanten Islams zur Rhetorik der frühen osmanischen Herrscher wie auch der anderen Emire gehörte, zählten christliche Soldaten zu ihrem Gefolge, die genau wie ihre muslimischen Kameraden von der Aussicht auf Beute angetrieben waren.[10] Während des steilen Aufstiegs der Osmanen, von der legendären Schlacht auf dem Amselfeld 1389 bis zur Einnahme der Stadt der Städte 1453, waren die Armeen auf beiden Seiten, wie bereits zuvor, von gemischter Herkunft und Konfession.

Osmans Sohn und Nachfolger Orhan (reg. ca. 1324–1362) eroberte schließlich die Stadt Prusa (heute Bursa), etwa 90 Kilometer südlich von Konstantinopel, die wegen ihrer Landwirtschaft, ihres Marktes, ihrer heißen Quellen und der strategischen Lage von Bedeutung war. Er machte sie zur ersten nennenswerten Hauptstadt seines Fürstentums. Ferner nahm er Nikäa und Nikomedia ein. Ab 1333 musste das Oströmische Reich den Osmanen Tribut zahlen, um sie von einer weiteren Expansion abzubringen. 1346 heiratete Orhan sogar die oströmische Kaiserstochter Theodora als Teil eines neuen Bündnisses. Denn beide Staaten waren nicht nur miteinander beschäftigt, sondern kämpften an verschiedenen Fronten gegen andere türkische Fürstentümer, Kreuzfahrerstaaten, Bulgarien, Serbien, Genua oder Venedig. Keiner dieser Akteure konnte es sich leisten, sich auf ideologisch korrekte Bündnisse mit Glaubensbrüdern zu beschränken.[11] Mitte des 14. Jahrhunderts wurde das Oströmische Reich erneut durch einen Bürgerkrieg zwischen verschiedenen Thronprätendenten zerrissen. In dieser Situation beschloss 1352 die aus türkischen Söldnern des Kaisers Johannes VI. Kantakouzenos (reg. 1347–1357) bestehende Garnison der an den Dardanellen gelegenen Festung Tsympe, sich aus den Wirren des Bürgerkrieges herauszuhalten und stattdessen Orhan ihre Loyalität anzutragen. So kamen die Osmanen ohne Blutvergießen an einen strategisch wichtigen Übergang nach Europa und richteten ihre Offensiven nun zunehmend auf die europäische Reichshälfte. Die Geschwindigkeit ihrer Expansion ist beeindruckend. Um 1360 verlegten sie ihre Hauptstadt nach Adrianopel. 1371 mussten Serbien und Bulgarien die Oberherrschaft der Osmanen akzeptieren. 1387 ergab sich das oströmische Thessaloniki. Da die nominellen Vasallen der Osmanen auf dem Balkan teilweise gegen ihren Status rebellierten, schickte Murad I. (reg. 1362–1389), der sich wie sein Vater nun Sultan nannte, seine Armee gegen die serbischen, kosovarischen und bosnischen Truppen. In der Schlacht auf dem Amselfeld (Kosova/Kosovo Polje) fielen sowohl Murad als auch der serbische Fürst Lazar (reg. 1373–1389), aber die Kontrolle der Osmanen über Serbien wurde gestärkt. Der neue Sultan, Murads Sohn Bayezid, setzte den Sohn des gefallenen Fürsten, Stefan Lazarević (reg. 1389/1402–1427), ein und nahm dessen Schwester Olivera zur Frau.[12]

Ein Stadtstaat von osmanischen Gnaden

Der neue Sultan Bayezid I. (Yıldırım, »der Blitz«, reg. 1389–1402) schlug in Europa eine erneute Kreuzzugsarmee sowie das Königreich Ungarn und dessen regionale Verbündete. Er ging auf Feldzug in Kleinasien und annektierte die Fürstentümer der rivalisierenden Emirate wie Aydın und Germiyan sowie weite Teile der Fürstentümer Saruhan, Menteşe und Kastamonu, später auch Karaman. Obwohl das Oströmische Reich wie Serbien und die Kleinstaaten des Balkans dem Sultan bereits Tribut und Waffenunterstützung in seinen Feldzügen leisten mussten, begann Bayezid eine Belagerung Konstantinopels. Zu diesem Zweck ließ er 1394 eine Festung auf der kleinasiatischen Seite des Bosporus anlegen, nur 13 Kilometer von der Stadt entfernt. Diese trug wegen ihrer Lage an einer Flussmündung inmitten einer Auenlandschaft den Namen »die anmutige Burg« (Güzelce Hisar, heute Anadolu Hisarı). Die Belagerung war nicht sehr streng und keine totale Blockade der Stadt. Stattdessen zog Bayezid es vor, seine militärische Präsenz je nach Wohlverhalten des Kaisers, diplomatischer Lage und Verfügbarkeit von Truppen mal energischer, mal freundlicher spüren zu lassen. Die Aussage war klar: Das Oströmische Reich war zu einem Stadtstaat von Gnaden der Osmanen geworden. Fehlverhalten konnte sich für die Bevölkerung fatal auswirken.

Kaiser Manuel II. Palaiologos machte in seinen privaten Briefen keinen Hehl daraus, welche Erniedrigung es für ihn bedeutete, als Herrscher des Reichs, das einst über Kleinasien verfügte, nun als Gefolgsmann Bayezids an dessen dortigen Kriegen teilnehmen zu müssen, und floh lieber in die Welt der Literatur. Er schrieb:

> »Bestimmt hatten die Römer einen Namen für die kleine Ebene, auf der wir uns jetzt befinden, als sie hier lebten und herrschten. (...) Es gibt hier viele Städte, aber ihnen ermangelt, was den wahren Glanz einer Stadt ausmacht, (...) nämlich Menschen. Die meisten sind mittlerweile Ruinen. (...) Nicht mal ihre Namen haben überdauert. (...) Ich kann Dir nicht sagen, wo genau wir sind. (...) Diese schweren, bedrückenden Zeiten zeigen uns kein Entgegenkommen, die wir es von höchster Wichtigkeit betrachten, über den Dingen zu stehen und rein gar nichts damit zu tun zu haben, in was wir heutzutage verwickelt sind und was damit einhergeht.«[13]

Schließlich ging Manuel im Werben um ein Kreuzritterheer, das die Stadt entsetzen sollte, diplomatisch in die Offensive und reiste persönlich nach Venedig, Paris und London, ohne Erfolg. Das vorläufige Ende der Bedrohung Konstantinopels sollte allerdings nicht aus dem fernen Westen, sondern aus dem noch ferneren Osten kommen. Der zentralasiatische Herrscher Timur (Lenk, »der Lahme«, reg. 1370–1405) sah sich als legitimen Erben Dschingis Khans und trat als Eroberer in dessen Fußstapfen. In Kleinasien fand er Unterstützung durch die Emire, die durch Bayezid und seine Vorgänger in die Abhängigkeit von den Osmanen gekommen waren. 1402 wurde das osmanische Heer vernichtend geschlagen. Der Sultan, der die Situation falsch eingeschätzt hatte, wurde gefangen genommen und starb bald darauf. Während seine Söhne um seine Nachfolge stritten und das Reich in einen Bürgerkrieg verwickelten, konnten zahlreiche Regionen ihre Unabhängigkeit zurückerlangen. Der Machtkampf wurde durch die Nachbarstaaten und vor allem Manuel II. tatkräftig unterstützt. Erst 20 Jahre später konnte sich ein Enkelsohn Bayezids, Murad II. (reg. 1421–1444), unangefochten als Sultan durchsetzen, nachdem sein Vater, viele seiner Onkel, Brüder und Cousins sowie Hochstapler, die sich als osmanische Prinzen ausgegeben hatten, den Machtkampf in die Länge gezogen hatten. Murad war während seiner ganzen Regierungszeit damit beschäftigt, die osmanische Kontrolle über die Emirate in Kleinasien und auf dem Balkan, wo sich die Interessen Venedigs, Ungarns und der abhängigen lokalen Fürsten kreuzten, zu stabilisieren. Am Ende waren der Westen und das Zentrum Kleinasiens wieder in osmanischer Hand; in Südosteuropa erstreckte sich seine Herrschaft bis an die gut befestigte Donau-Save-Linie. Das Osmanische Reich hatte sich fast bis an die Grenzen des Oströmischen Reichs um das Jahr 1000 ausgedehnt. Es fehlte aber vor allem noch die Königin der Städte selbst, um das zweite Rom zu beerben.

Bereits 1424 musste sich das zusammengeschrumpfte Oströmische Reich erneut vertraglich den Osmanen unterwerfen, Gebiete abtreten und Tribut zahlen. In dieser Situation unternahm Manuels Nachfolger, Johannes VIII. Palaiologos (reg. 1425–1448), einen neuen Vorstoß für eine Vereinigung der orthodoxen und der katholischen Kirche. Er hoffte, dass angesichts der wachsenden Bedrohung auch der venezianischen und ungarischen Gebiete die katholische Kirche und die westlichen Staaten sich kooperativer zeigen würden. Auf dem Konzil von Ferrara erörterten Vertreter beider Seiten unter anderem die Fragen, ob es das Fegefeuer gibt (dies behauptete nur die katholische Kirche) oder ob zum Abendmahl gesäuertes oder ungesäuertes Brot gehört (für Ersteres plädierte die orthodoxe, für Letzteres die katholische Kirche), und disputierten vor allem über das Primat des Papstes. Nach anderthalb Jahren Debatte beschloss das Konzil die Wiedervereinigung der Kirchen.[14]

Der Aufschrei in der orthodoxen Welt ließ nicht lange auf sich warten. Johannes' Bruder Dimitrios, Despot von Mesembria (heute Nesebâr), mobilisierte eine Armee, die gemeinsam mit türkischen Soldaten versuchte, Konstantinopel einzunehmen. Die orthodoxen Patriarchen in den muslimischen Staaten – Alexandria, Antiochia, Jerusalem – lehnten die Kirchenunion ab. Allerdings schien ein koordinierter Schlag der christlichen Welt gegen die Osmanen nun zum Greifen nahe. Gebietsgewinne des Oströmischen Reichs auf der Peloponnes, Aufstände der Albaner sowie das Vorrücken Ungarns im Jahr 1444 waren Hoffnungsschimmer, auf die Vorstöße der venezianischen Flotte sowie englischer und französischer Kreuzritter folgen sollten.

Doch auch gegen die (nicht besonders gut) koordinierten Vorstöße der katholischen Mächte konnte Murad II. sich zur Wehr setzen. Im November 1444 schlug er die gemeinsame Armee Polens, Ungarns und Siebenbürgens bei Varna, im folgenden Jahr wurden Angriffe einer Kreuzritterflotte sowie der Heere Siebenbürgens und der Walachei an der Donau zurückgeschlagen. Schließlich zerstörte er die Grenzbefestigung der Oströmer auf der Peloponnes, schlug die albanischen Aufstände nieder und besiegte 1448 erneut die walachischen und ungarischen Armeen auf dem Amselfeld. Im selben Jahr starb Johannes VIII. Palaiologos.[15] Seine Anstrengungen für ein Ende der Kirchenspaltung, um der Herausforderung durch die Osmanen mit einem gemeinsamen Vorgehen zu begegnen, waren im Sande verlaufen. Die kurzzeitig vereinte Großmacht Polen–Ungarn hatte in den Operationen fern ihrer Kernländer versagt. Die südosteuropäischen lokalen Fürsten hatten sich teilweise für die Neutralität entschieden, wie beispielsweise der serbische Despot Georg Branković (reg. 1427–1456), der Murad seine Tochter zur Frau gegeben hatte. Er pflegte nun gute Beziehungen zu seinem Schwiegersohn und Herrn und war nicht geneigt, sein Herrschaftsgebiet den ungarisch-osmanischen Auseinandersetzungen zu opfern. Gleichermaßen hielt sich Venedig mit Rücksicht auf seine Handelsinteressen und östlichen Niederlassungen zurück. Die Kreuzfahrer, 200 Jahre zuvor eine fundamentale Bedrohung, die die Karte des östlichen Mittelmeers neu gezeichnet hatten, waren im 15. Jahrhundert keine ernstzunehmenden Gegner mehr. Sobald die osmanische Armee sich von den anderen Kriegsschauplätzen freimachen konnte, waren auch die Albaner unter Skanderbeg (türkisch: İskender Bey) und die verbleibenden oströmischen Truppen auf der Peloponnes kein Problem mehr. Insofern ist es nicht korrekt zu behaupten, dass die römisch-katholische Welt sich gegenüber dem Schicksal Konstantinopels vollkommen indifferent verhalten habe. Sie hatte bereits 1444 für die »Rettung« der Glaubensbrüder mobilisiert, doch das Ergebnis war deutlich hinter den Erwartungen zurückgeblieben. Die Osmanen waren die militärische Großmacht des 15. Jahrhunderts, und die anderen Staaten hatten ihnen wenig entgegenzusetzen. Als die Osmanen zum Angriff auf Konstantinopel mobilisierten, waren die Anstrengungen der christlichen Mächte bereits verpufft.

Chronik eines Untergangs

Auf Johannes folgte sein Bruder Konstantin XI. Dragases Palaiologos. Drei Jahre später starb Murad. An seine Stelle trat Mehmed II., den sein Vater eigentlich schon sieben Jahre zuvor als Zwölfjährigen zum Sultan ernannt hatte, mit dem Ziel, sich selbst aus den Regierungsgeschäften zurückzuziehen. Faktisch hatte Murad jedoch aufgrund der großen Herausforderungen durch die Angriffe und Aufstände laufend weiter sowohl in militärischen als auch zivilen Angelegenheiten interveniert.

Für den jungen Herrscher und seine Berater galt es nun, sich gegenüber der etablierten Nomenklatur Murads um den Großwesir Halil von Çandar (im Amt 1439–1453) durchzusetzen. Ein prestigeträchtiger militärischer Erfolg wie die Einnahme Konstantinopels war dazu hervorragend geeignet. Ferner war davon ein wirtschaftlicher Vorteil zu erwarten. Zwar kontrollierte Konstantinopel nicht mehr ausschließlich den Landweg zwischen Europa und Asien, da dieser nun weitgehend über osmanisches Territorium verlief. Allerdings führte der Seeweg zwischen Schwarzem und Ägäischem Meer noch immer durch den Bosporus, was mit nennenswerten Zolleinnahmen verbunden war. Nach einer anfänglichen Periode der Beschwichtigung gegenüber den Nachbarstaaten, die Konstantin XI. glauben ließ, der neue Sultan sei schwach, begann Mehmed planmäßig mit den Vorbereitungen zur Einnahme der Stadt. Ein erster Schritt 1451/52 war die Ergänzung der Festung Güzelce Hisar auf der asiatischen Seite des Bosporus durch eine noch größere auf der europäischen. Die Festung Boğazkesen Hisar (heute Rumeli Hisarı) trug ihren Zweck im Namen: »Abschneider der Meerenge«. Man wollte die Durchfahrt durch den Bosporus für die Schifffahrt sperren. Als Exempel wurde ein venezianisches Handelsschiff, das Ende 1452 versuchte, die Festungen unkontrolliert zu passieren, durch Kanonenschüsse versenkt, die überlebende Mannschaft öffentlich hingerichtet.[16]

Konstantin XI. bemühte sich erneut um den Schutz der katholischen Staaten, mit mäßigem Erfolg. Genua entsandte Truppen unter Giovanni Giustiniani Longo, Venedig einige Schiffe. Obwohl Konstantin ihnen bedeutende Stützpunkte versprach, konnte er weder Ungarn noch Aragón und Neapel zum Eingreifen motivieren. Die Armeen von Konstantins Brüdern waren hingegen durch die Osmanen an den Kriegsschauplatz auf der Peloponnes gebunden. Papst Nikolaus V. (1447–1455) wollte Beweise sehen, dass Konstantin die Wiedervereinigung ernster nahm als seine Vorgänger, die zwecks Truppenunterstützung an die christliche Solidarität appelliert hatten, ohne die eigene Kirche wirklich zu reformieren. Zu diesem Zweck sollten ein eigens entsandter Kardinal und ein Erzbischof in der Hagia Sophia eine Messfeier abhalten und dabei Konstantin auf die Union einschwören. Trotz der äußeren Bedrohung wandte sich ein bedeutender Teil der Stadtbevölkerung gegen dieses Unterwerfungsritual. Die Einwohner versammelten sich hinter der Führung des Mönches Gennadios (Georgios Scholarios) vom Pantokrator-Kloster, der die Bevölkerung aufrief: »Ihr jämmerlichen Römer! Wie man Euch getäuscht hat! (…) Zusammen mit dieser Stadt, die bald zerstört sein wird, habt ihr eure Frömmigkeit verloren!« Seine Anhänger protestierten in den Straßen teilweise gewaltsam gegen den ökumenischen Patriarchen Gregorios Melissenos. Konstantin verhielt sich angesichts der Auseinandersetzung zwischen Unionisten und Anti-Unionisten abwartend, wodurch er beide Seiten verärgerte.[17]

Verhängnisvoll sollte sich eine weitere Entscheidung des Kaisers auswirken. Bereits mehrere Monate vor der Belagerung der Stadt war ein gewisser Meister Orban aus Ungarn vorstellig geworden. Er versprach, eine Kanone zu bauen, welche die Feuerkraft herkömmlicher Geschütze um ein Mehrfaches übersteigen würde. Der Kaiser ließ ihn ziehen. Wir wissen nicht, ob man Orban in Konstantinopel für einen Scharlatan hielt oder ob man sich einfach die Investition nicht leisten konnte (das Restreich hatte bereits hohe Schulden bei den Venezianern). Orban wandte sich daraufhin nach Edirne (Adrianopel), wo der Sultan sein Angebot dankend annahm und dem Spezialisten sofort eine Werkstatt zur Verfügung stellte. Der Prototyp wurde in der Festung Boğazkesen Hisar eingesetzt und schaffte es, das zuvor erwähnte venezianische Schiff aus großer Entfernung zu versenken. Die für die Belagerung fertiggestellte Kanone wurde schließlich von 60 Ochsen an die Front gezogen.[18]

Die anrückende Armee war also bestens vorbereitet und hoch motiviert. Innerlich zerstritten und ohne ein rettendes fremdes Heer mobilisierten die Stadtbewohner gerade einmal 11 000 Verteidiger einschließlich einiger tausend auswärtiger Söldner und Freiwillige, während Anfang April aus Edirne eine Armee von 160 000 Mann aufmarschierte. Es wurden militärtechnische Innovationen eingesetzt, etwa riesige Entertürme, unterstützende Kriegsschiffe oder eine Pontonbrücke über das Goldene Horn. Mit einem klugen Schachzug umging man die Blockade des Goldenen Horns durch die über Jahrhunderte bewährte Kette, indem man die relativ kleinen Galeeren über Land vom Bosporus ins Goldene Horn zog. Durch Tunnelgrabungen versuchte man, die Festungsanlagen unterirdisch zu umgehen. Vor allem aber massive Artillerie und eine riesige Überzahl sollten es ermöglichen, die Königin der Städte zur künftigen Hauptstadt der Osmanen zu machen. Allerdings wusste man, wie schon die achtjährige Belagerung durch Bayezid und zahlreiche andere historische Fehlschläge gezeigt hatten, dass die größten Hindernisse die Stadtmauer selbst und die einzigartige Geographie des Geländes waren. Tatsächlich zog sich die Belagerung länger hin, als die Angreifer sich erhofft hatten. Die Verluste waren empfindlich, und nach etwa sechs Wochen stellte sich bei der Armee wie bei ihrem Oberherrn Mehmed Entmutigung ein. Doch die Krise wurde überwunden, die Truppen sammelten sich und bereiteten sich für einen erneuten Angriff vor, dem sie ein dreitägiges rituelles Fasten vorausgehen ließen.

Laut der Beschreibung des Dukas wollte der junge Sultan die Zerstörung der Stadt vermeiden und war trotz seiner militärischen Übermacht zu großzügigen Kapitulationsbedingungen bereit. Nachdem am 25. Mai die Vorbereitungen zum entscheidenden Sturm abgeschlossen waren, sandte er ein letztes Mal einen Botschafter zu Konstantin XI. Mehmed sicherte den Schutz der christlich-orthodoxen Religionsausübung zu, ebenso des Eigentums der verbleibenden Notabeln, soll sogar Konstantin und seinem Gefolge freies Geleit angeboten haben. Doch anders als seine Vorgänger Alexios III. und Murzuphlos, die beide angesichts der drohenden Einnahme der Stadt 1203 und 1204 das Leben in der Ferne, doch dafür in Freiheit vorgezogen hatten, fügte sich der letzte Kaiser in einen Fatalismus, der – im Gegensatz zu Theodoras Durchhalterede während des Nika-Aufstands – angesichts der Übermacht der Osmanen fehl am Platz war. Konstantins Antwort soll gelautet haben: »Aber dir die Stadt zu übergeben, das liegt nicht in meiner Hand, noch in der irgendeiner ihrer Bewohner. Wir sind alle bereit zu sterben und werden unser Leben nicht ausnehmen.«[19]

Konstantin XI. ist als tragischer Held in die Geschichte eingegangen.

Seit dem griechischen Befreiungskampf im 19. Jahrhundert ist er eine nationale Symbolfigur. In Athen und anderen Orten wurden Denkmäler für ihn errichtet. Eine neue biographische Studie kommt jedoch zu dem Schluss, dass er der falsche Amtsinhaber für diese schwierige Zeit war.[20] Angesichts der osmanischen Bedrohung hätte ein Kaiser verschiedene Strategien wählen können: Erfolgreich mit den katholischen Mächten verhandeln und diese moralisch in die Pflicht nehmen, die Bewohner zur Einheit und Wehrhaftigkeit inspirieren, militärisch brillieren, die Gegner durch geschickte Diplomatie hinhalten – oder er hätte den Mut zum Stigma des Verlierers haben und eine geordnete Kapitulation aushandeln müssen. Konstantin XI. vermochte nichts dergleichen. Seine Schicksalsergebenheit mussten die Bewohner Konstantinopels teuer bezahlen.

Wenige Tage später schafften die Osmanen den Durchbruch durch die Landmauer und stürmten die Stadt. Laut islamischem Recht verdiente eine Stadt, die sich freiwillig ergab, Schutz. Wurde eine Stadt hingegen im Sturm genommen, war es üblich, dass die Soldaten alles tun konnten, um auf ihre Kosten zu kommen: Die Erlaubnis zu Raub, Mord, Versklavung und Vergewaltigung war Belohnung für den vorangegangenen Einsatz. Vergewaltigungen und willkürliche Morde sind zwar eindeutig belegt, oberste Priorität hatte aber die massenhafte Versklavung der Einwohner – die Zahl wird auf 30000 bei einer stark geschrumpften Bevölkerung geschätzt. Das Kalkül war, für die Angehörigen der vornehmen Familien ein Lösegeld zu erzielen und die anderen Gefangenen auf dem Sklavenmarkt zu verkaufen. Als Mehmed schließlich der Plünderung Einhalt gebot, soll er dem wenig später hingerichteten Ersten Minister Konstantins, Erzherzog Lukas Notaras, und dem gefallenen Kaiser vorgeworfen haben, dass sie sich gegen die Kapitulation entschieden hatten, und persönlich bestürzt gewesen sein über das Maß der Zerstörung in der Stadt und über das Schicksal der Bevölkerung.[21]

7.
Die »Schwelle zur Glückseligkeit«

Konstantiniyye, alte Hauptstadt eines neuen Reichs

Eine Stadt, die durch ihre Atmosphäre und ihren Zauber
An das Paradies erinnert. (…)

»Als er (Mehmed II.; Anm. MF) eine Eingebung suchend einen Blick auf Istanbul warf, sah er mit den Augen seiner Weisheit, dass ihre Luft, ihr Wasser, ihre angenehme Umgebung, ihre Berge, ihre Vorgebirgslandschaft und Ebenen ein gefälliges Ensemble bildeten, welches allerdings, da die Hand, die den Kamm der Sicherheit hält, es (bisher) nicht zu verzieren und die Glaubensgesetze des Propheten es nicht zu verschönern vermocht hatten, in einem Zustand der Unordnung und des Ruins verharrte, so wie eine bezaubernde Schönheit mit einer Haarpracht voller Zotteln.«[1]

Zwei Konstanten durchziehen Mehmeds Politik. Die eine war die weitere militärische Expansion: Vom süditalienischen Otranto bis zur genuesischen Kolonie Kaffa (heute Feodosija) auf der Krim lernten die Anrainer des Reichs, die osmanischen Truppen zu fürchten. Die Expansion diente nicht lediglich einer irrationalen Machtgier. Sie war zugleich ökonomischem Kalkül untergeordnet. Solange man Gebietsgewinne verbuchen konnte, gab es genug Land, um es an den Herrschern nahestehende Stiftungen und religiöse Vereinigungen zu geben oder verdienten Kavalleristen als Alterssitz zu schenken. Man konnte die unruhige Soldateska durch Beute ruhigstellen und verdiente (oder auch unerwünschte) Würdenträger als Gouverneure in neuen Provinzen einsetzen, und auch der Einzugskreis für Tribute, Steuern und Rekruten wurde größer.

Die zweite Konstante war der Umbau des Staates von einem ruralen türkisch-nomadischen Gebilde zu einem urbanen, multikulturellen und multikonfessionellen Großreich. Zwar war dieser Umbau bereits von Mehmeds Großvater und Vater energisch vorangetrieben worden. Mehmed setzte jedoch einige wichtige Akzente, besonders in der Religions- und Militärpolitik. Insbesondere kam nun die Aufgabe hinzu, Konstantinopel, das in der Tradition des Römischen Reichs stand, zur neuen Hauptstadt umzubauen.

Mehmed hatte zwar den nach der Plünderung noch verbliebenen Einwohnern die Schonung von Leib und Leben und ihres Besitzes sowie freie Religionsausübung versprochen. Doch die Versklavungen waren so systematisch gewesen, dass die Stadt weitgehend entvölkert war, ihr fehlte mit Manuels II. Worten, »was den wahren Glanz einer Stadt ausmacht«. Nach der Eroberung wohnte die eine Hälfte der Bevölkerung in einem neuen Staat, während die andere Hälfte an einem neuen Ort wohnte. Den verbliebenen Bewohnern Konstantinopels waren das neue Regime und seine Ordnung fremd, und das enorme Ausmaß der Zerstörung hatte zudem das Aussehen der Stadt stark verändert. Für die osmanischen Würdenträger wiederum, denen Mehmed auftrug, sich in der neuen Hauptstadt niederzulassen und sich um die Errichtung von Moscheen und die Neugestaltung der Stadtviertel zu kümmern, war »Konstantiniyye« unbekanntes Terrain. Es galt, eine Stadt mit baulichem und ideologischem Erbe, aber mit fast komplett ausgetauschter Bevölkerung neu zu gestalten.[2] Wie einst Konstantin versprach Mehmed weitgehende Steuervorteile und andere praktische Anreize für Neuansiedler. Geflohenen früheren Bewohnern wurden Häuser und Land versprochen, sollten sie zurückkehren. Da diese Politik jedoch für die schnelle Wiederbelebung nicht ausreichte, griff man zur Gewalt. Bewohner ferner Dörfer und Städte wurden gezwungen, nach Konstantinopel zu ziehen. Dies war alles andere als eine Turkisierungs- und Islamisierungspolitik: Gerade Christen oder Juden mit besonderen Kenntnissen, Fähigkeiten oder Beziehungen waren erwünscht. So wurden beispielsweise die genuesischen Bewohner von Kaffa auf der Krim in die ferne Hauptstadt geschickt. Der Exodus der spanischen Muslime, der *Moriscos*, im Verlauf der Reconquista führte ebenfalls zu einer Zuwanderung. Nach dem Untergang des Emirats Granada 1492 bot Mehmeds Nachfolger Bayezid II. (reg. 1481–1512) den dort ansässigen Muslimen Asyl an. Dies galt ebenso für die aus Spanien vertriebenen Juden, über die er gesagt haben soll: »Kann man einen solchen König (Ferdinand II. von Aragón, reg. 1479–1516; Anm. MF) weise und intelligent nennen? Er führt sein Land in die Verarmung und bereichert meins.« Durch die Flüchtlinge wurde Spanisch zur Mehrheitssprache unter den Juden des Reichs. Allerdings versuchte der Sultan, die Neuankömmlinge in die Provinzen zu lenken, so dass die sephardische Gemeinde Istanbuls erst später entstand.[3]

Drei Jahrzehnte nach der Eroberung lebten 75 000 Menschen in der Stadt, gerade einmal die Hälfte der Einwohnerzahl vor der Eroberung. Mit erheblichem baulichem und finanziellem Aufwand wurden die Grundlagen für die weitere Stadtentwicklung gelegt. Wesentlich waren die Marinewerft am Goldenen Horn, die trotz zahlreicher baulichen Veränderungen bis heute besteht, und der *Bedesten*, der Kern permanenter, überdachter Geschäfte, aus dem sich im Laufe der Jahrhunderte der Große Basar entwickelte. Während die Gebäude oft neu waren und nur wenige oströmische Bauten bis heute überlebt haben, beeindruckt die Kontinuität, mit der verschiedene Stadtteile bestimmten Gewerben und Zwecken gewidmet blieben. Am Goldenen Horn hatte man bereits in der Antike die kaiserliche Flotte gebaut und repariert. Die Umgebung des Großen Basars, historisch das Viertel nördlich der Mese, war auch schon zu Justinians Zeiten der Handelsplatz der Reichshauptstadt. Der spätere Baukomplex mit Moschee, Krankenhaus und weiteren Gebäuden – eine Stiftung der Sultanin Roxelana (türkisch Hürrem) aus dem

16. Jahrhundert in dem nach ihr benannten Stadtviertel Haseki – wie auch die Krankenhäuser und Hospizen des angrenzenden Viertels Cerrahpaşa entstanden am Forum des Arkadios und südlich davon. Diese Gegend hatte man schon in der Antike aufgrund der Ausrichtung zum Marmarameer und der von dort regelmäßig wehenden frischen Brise als gesundheitsfördernd angesehen und zum Zentrum der Heilkunst gemacht. Großmoscheen wurden teilweise am Standort früherer Kirchen errichtet, wie auch der wichtigste Palast der Sultane in der Nähe des ehemaligen Großen Kaiserpalastes entstand.

Beim Umgang mit den Symbolen des Kaiserreichs und des Christentums legten die frühen osmanischen Herrscher eine Mischung aus symbolträchtiger Zerstörung, pragmatischer Umnutzung und Ehrfurcht an den Tag. Unmittelbar nach der Einnahme wurde die 50 Meter hohe Justinian-Säule gestürzt. Die Statue des reitenden Kaisers mit goldenem Reichsapfel in der Hand, die man angeblich über eine Tagesreise von der Stadt entfernt schon sehen konnte, schien zu sehr der Inbegriff des oströmischen Machtanspruchs, als dass man sie hätte stehen lassen können. Ihre riesigen Überreste aber lagen noch ein Jahrhundert später im Hof des Topkapı-Palastes herum.[4]

Insbesondere die Hagia Sophia erweckte Mehmeds Erstaunen und Ehrfurcht. Er ließ sie unmittelbar in eine Moschee umwidmen und als Zeichen des Triumphes bereits am ersten Freitag nach der Einnahme dort das Gebet lesen. Er ließ Kreuze und Glocken entfernen sowie Mehmeds Namenszug *(Tuğra)*, eine Gebetsnische *(Mihrab)* und Minarette hinzufügen. Doch die eindeutig christlichen Mosaike des Pantokrators, der Muttergottes und der Seraphim ließ er unangetastet. Erst im 17. Jahrhundert, als puritanische Bewegungen wie die *Kadızadeli* an Einfluss gewannen, wurden die Mosaike übertüncht (und erst im 20. und 21. Jahrhundert wieder freigelegt). Auch der Name der Kirche der Heiligen Weisheit wurde nie geändert oder übersetzt, lediglich als *Ayasofya* leicht der türkischen Aussprache angepasst.

Generell herrschte kein besonders großer Eifer bei der Transformation christlicher in muslimische Gotteshäuser. Mehmed widmete anfangs lediglich sechs Kirchen in Moscheen um, danach verfuhr er nach Bedarf. Der erste Neubau einer Moschee wurde außerhalb der Stadt am angeblichen Grab Ayyub al-Ansaris gestiftet; sie ist bis heute ein beliebtes Pilgerziel, entspricht baulich jedoch nicht mehr dem unter Mehmed erbauten Komplex. Mehmeds eigentliche Hinterlassenschaft an die Nachwelt sollte die Moschee sein, die seinen Namen trägt: die Eroberer-Moschee *(Fatih Camii)*. Zu diesem Zweck ließ er die Apostelkirche samt den Mausoleen der Kaiser schleifen und an ihrer Stelle auf dem Vierten Hügel einen Neubau errichten, der es mit der Hagia Sophia aufnehmen wollte. Wie diese und der Großteil der folgenden Großmoscheen bestand die 1470 fertiggestellte Eroberer-Moschee aus einer freistehenden Kuppel, die auf den vier Ecksäulen des Baus ruhte, während die Wände sich zu Seitenschiffen öffneten. Die Statik erwies sich jedoch als nicht tragfähig. Im 18. Jahrhundert stürzte das Gotteshaus bei einem Erdbeben ein und wurde durch einen Neubau ersetzt. Wie bei Großmoscheen üblich stand die Eroberer-Moschee nicht allein, sondern bildete den Kern eines Gebäudekomplexes, der geistige und weltliche Aktivitäten bündelte. Zu ihm gehörten acht theologische Schulen (Medrese), ein Hospiz und ein Derwischkonvent. Die profanen Gebäude des Komplexes, unter anderem eine Karawanserei, ein Basar, ein Bad und verschiedene Ladenzeilen, sollten durch ihre Einnahmen die religiösen und wohltätigen Institutionen querfinanzieren.

Als die Herrschaftsresidenz von Edirne nach Konstantinopel verlegt wurde, konnten dafür nicht einfach die bestehenden kaiserlichen Paläste besetzt werden. Mehmed ließ sich zunächst einen Palast am Forum Tauri errichten, auf dem Dritten Hügel mitten in der Stadt. 1458 wurde dieser »Alte Palast« fertiggestellt. Doch bereits im folgenden Jahr begannen Bauarbeiten für einen sehr viel prächtigeren und symbolträchtigeren Palast unmittelbar auf dem Ersten Hügel oberhalb der Saray-Spitze, wo sich einst die vorkonstantinische Akropolis erhoben hatte. Der »Neue Palast«, der später Topkapı-Palast genannt wurde, ist bis heute weithin über das Wasser sichtbar.[5]

Herrscher über zwei Kontinente und zwei Meere

Nicht alle teilten die Begeisterung des Herrschers für die neue Hauptstadt oder fühlten sich »an das Paradies erinnert«. Es kursierten Schriften, in denen Konstantinopel als verfluchter Ort bezeichnet wurde, weswegen Gott die Stadt regelmäßig mit Feuer, Erdbeben und Epidemien strafe. Der Hintergrund für diese Polemiken war, dass manche Höflinge befürchteten, durch den Umzug der Hauptstadt würde sich der Sultan weiter von seinem Gefolge entfernen. In der Folge könnten, so die Mutmaßungen, die relativ flache Hierarchie des Fürstentums durch eine obrigkeitliche Struktur ersetzt werden, wie sie für das oströmische Konstantinopel üblich gewesen war.[6] Die Bedenkenträger sollten recht behalten.

Mehmeds Bauten begründeten zugleich eine neue Kosmologie Konstantinopels, eine neue Verortung der Stadt im Verhältnis zum Reich und der göttlichen Ordnung. Mit dem Schrein Ayyub al-Ansaris hatte man an diesem vom Lebensraum Muhammads so fernen Ort einen direkten Draht zu den Religionsstiftern, den Gefährten des Propheten. Gleichzeitig übernahm man die Selbstbezeichnung der oströmischen Kaiser als Herrscher über zwei Kontinente und zwei Meere: »das Schwarze und das Weiße Meer, Anatolien wie Rumelien«.[7] Mit dem Weißen Meer war das zusammenhängende Gebilde aus Marmarameer, Ägäis und Mittelmeer gemeint, Rumelien war der Kern der europäischen und Anatolien jener der asiatischen Reichshälfte. Dieser Anspruch fand symbolisch Ausdruck in den Neubauten: Mehmed benannte beispielsweise einen Medrese-Komplex seiner Moschee nach dem Weißen und einen anderen nach dem Schwarzen Meer. Diese Idee, das Reich – oder vielmehr die Idee des Herrschers von ihm – im Kleinen nachzubauen, ist stärker noch im Topkapı-Palast zu finden. Nach dem Sieg über manche seiner Gegner und der Inkorporation ihrer Länder in das Reich ließen Mehmed und seine Nachfolger im Palastgarten Pavillons errichten, die das eroberte Gebiet im Kleinen nachbauten. Bis heute erhalten ist der *Çinili Köşk*, der mit feinen, von Handwerkern aus Karaman gefertigten Fayencen verziert ist. So gedachte man des Sieges gegen das Emirat der Akkoyunlu, die über Teile der persisch geprägten Welt geherrscht hatten.[8] Zugleich zeigen Teile des Topkapı-Palastes, beispielsweise das Haupttor *(Orta Kapı)*, eine Nähe zur italienischen Renaissancearchitektur. Mehmed ließ auch Fresken im Renaissancestil anfertigen, die nicht mehr erhalten sind; sie entstanden im Zusammenhang mit dem Feldzug gegen Italien und der Hoffnung des Sultans, auch diese Region dem Reich einzuverleiben.[9] Erotische Szenen, die in einem Raum zu sehen waren, wurden in den folgenden Jahrhunderten übertüncht.

Die osmanischen Sultane traten das Erbe Konstantinopels an und dadurch zugleich das der antiken römischen Kaiser. Mehmed war für seine Vorliebe für die klassische Antike bekannt, und wie seine gebildeten griechischen und italienischen Zeitgenossen hatte er Altgriechisch gelernt. Niccolò Sagundino von Euböa berichtete über den Sultan, dass er fasziniert gewesen sei von den Spartanern und Athenern, den Römern und Karthagern. Mehmed besuchte den Ort, an dem man das alte Troja vermutete, und ließ Homers *Ilias* und die *Anábasis Alexándrou*, die Schilderung der Feldzüge Alexanders des Großen, die Arrian von Nikomedia im 2. Jahrhundert verfasst hatte, für seine Hofbibliothek kopieren. Insbesondere Alexander und Julius Caesar soll er als seine persönlichen Vorbilder betrachtet haben.[10] Entsprechend ließ er sich auf Medaillen, die der von ihm nach Konstantinopel eingeladene venezianische Künstler Gentile Bellini entwarf, als römischer Kaiser titulieren. Eine Mehmed zu Ehren in Florenz von Bertoldo di Giovanni gefertigte Medaille ging noch weiter und zeigte den Herrscher in der Manier eines römischen Gottkaisers, der die weiblichen Personifikationen der von Mehmed eroberten Gebiete Griechenland, Trapezunt und (Klein-)Asien gebunden auf seinem Triumphwagen mit sich führt.[11]

Gleichwohl blieben die Sultane auch den anderen Aspekten ihres Machtanspruchs treu: ihrer Herkunft aus der asiatischen Steppe, dem Islam und der persischen Kultur. Sie waren Khan, Sultan, Padischah und Kaiser zugleich. Welchen dieser Aspekte sie besonders hervorhoben, entschied jeder Sultan persönlich. Es ist eine ungeklärte Debatte, welches Vorbild für die Repräsentanz des Herrschers sowie die räumliche Neuordnung Konstantinopels und insbesondere des neuen Palastes Pate stand, ob eher der oströmische, der umayyadische oder gar der mongolische Hof. Neben der Darstellung des Reichs in Miniatur durch die Pavillons in verschiedenen Architekturstilen war ein Charakteristikum des neuen Palastes, dass er die Idee eines allsehenden, aber zugleich unsichtbaren Herrschers ausdrückte. Im Topkapı-Palast steht ein die Stadt und das Meer weit überragender Turm. Dieser sogenannte Turm der Gerechtigkeit symbolisiert den Anspruch des Sultans, das ganze Reich im Blick zu haben und überall für Gerechtigkeit zu sorgen: Nichts entgeht seinem Blick, obwohl die Untertanen ihn nicht zu sehen bekommen – ein vormodernes Panoptikum. Nach 1453 zeigte sich der Sultan nur noch selten dem Volk, vor allem beim öffentlichen Freitagsgebet. War es bis zur Mitte des 16. Jahrhunderts üblich, dass er sein Heer im Feld anführte, war dies danach nur selten der Fall. Stattdessen beobachtete er die ausziehenden Truppen von einem erhöhten Fenster in seiner Palastmauer, das man von unten nicht einsehen konnte. Auf ähnliche Weise nahm er in der Regel an den Sitzungen des Staatsrates, des Diwans, teil: hinter einem erhöhten Fenster, vor neugierigen Blicken durch ein engmaschiges Gitter geschützt.[12]

Der Topkapı-Palast stand getrennt vom restlichen Konstantinopel als eine für die meisten Stadtbewohner und -besucher verbotene Stadt. Gleichzeitig sollte er den Außenstehenden eine göttliche Ordnung symbolisieren, als Ort, an dem sich Gottes Gnade und Glückseligkeit (Arabisch: *kut, saʿāda*) manifestiert.[13] Aus dieser Vorstellung heraus wurde Konstantinopel fortan in manchen offiziellen Dokumenten als *Dersaadet*, als Schwelle zur Glückseligkeit, bezeichnet. Der Palast besteht aus mehreren aufeinanderfolgenden Höfen, deren erster dem Empfang Außenstehender, der zweite den Hofangehörigen vorbehalten ist, der innerste schließlich dem Herrscher. Eine dieser Schwellen überqueren zu dürfen bedeutete nicht nur wie bei den mittelalterlichen *Oikoi*, dass man in der Gunst des Herrschers aufgestiegen war. Man kam zugleich symbolisch der göttlichen Ordnung ein Stück näher. Entsprechend dieser räumlichen Ordnung des Palastes nannte man die osmanische Regierung beziehungsweise den Großwesir und die anderen hohen Beamten die »Hohe Pforte« *(Bab-i-Ali)* oder schlicht die »Pforte«, auch dann noch, als sie Jahrhunderte später ein eigenes Gebäude außerhalb des Palastes bezog.

Die wahren Gläubigen und die »Herde«

An der Schwelle zur Glückseligkeit hatten andere abrahamische Religionen durchaus ihren Platz. Auch wenn Christen in den osmanischen Eroberungskriegen davon bedroht waren, ausgeraubt, vergewaltigt und versklavt zu werden, genossen sie als Untertanen des Sultans einen relativen Schutz. Während nach Abschluss der Reconquista die Muslime und Juden vor die Wahl gestellt wurden, zu konvertieren oder Spanien zu verlassen, und die Inquisition die Ernsthaftigkeit der Konvertiten überprüfte, hielt sich die Zahl der Zwangskonversionen im Osmanischen Reich in Grenzen. In muslimischen Staaten genossen Christen und Juden den Status des *Dhimmi* (Schutzbefohlene, türkisch: *Zimmi*). Sie waren damit Untertanen zweiter Klasse: Sie durften ihre Religion ausüben, sollten aber dem Vorrang des Islams in der Öffentlichkeit nicht im Wege stehen. Neubauten von Kirchen und Synagogen durften nicht die Größe eines Wohnhauses überschreiten, das Läuten von Kirchenglocken wurde untersagt. Gleichzeitig gab es Regelungen, die symbolisch die Zweitklassigkeit der Nichtmuslime zum Ausdruck bringen sollten. So mussten diese im Gegensatz zu Muslimen innerhalb von Städten vom Pferd steigen und durften keine Waffen tragen. Zu all diesen Regeln gab es jedoch Ausnahmen, und je nach Ort und Zeit gerieten die Verbote schon einmal in Vergessenheit. Der grundlegende Unterschied zwischen Untertanen erster und zweiter Klasse war, dass nur Muslime im Militär dienten und Nichtmuslime stattdessen eine Kopfsteuer abzuleisten hatten. Da diese Kopfsteuer eine wichtige Einnahmequelle des Staates darstellte, ist verständlich, dass kein öffentliches Interesse an einer massenhaften Bekehrung bestand, vor allem zu Mehmeds Zeiten, als es mehr Christen als Muslime in seinem Reich gab. Im Gegenzug genossen die Oberhäupter der Glaubensgemeinschaften, beispielsweise der armenische oder der griechisch-orthodoxe Patriarch sowie der Großrabbiner, Privilegien wie die Zivilgerichtsbarkeit über ihre Gemeindeangehörigen. Gleichzeitig mussten sie jedoch staatliche Aufgaben wahrnehmen, etwa die Steuereintreibung bei ihren Gemeindemitgliedern, und als Garanten für deren Treue bürgen. Dieses System, das es im Grunde schon im alten Andalusien und anderen multireligiösen Gesellschaften gegeben hatte, wurde unter Mehmed dem Eroberer institutionalisiert. Wenngleich mit ihm eine bedingte Rechtssicherheit einherging, wurde so zudem die soziale Distanz zwischen Angehörigen unterschiedlicher Konfessionen vergrößert, die es in den rural geprägten türkisch-nomadischen Staaten wie dem frühen osmanischen Emirat nicht in dem Maße gegeben hatte.[14]

Wie beim Erhalt der Mosaiken in der Hagia Sophia drückte Mehmed auch bei anderen Gelegenheiten seinen Respekt für die griechisch-orthodoxe wie für die katholische Konfession aus. So erteilte er dem griechisch-orthodoxen Patriarchen den Auftrag, für ihn eine Erklärung des Christentums zu verfassen, und hatte in seiner Sammlung herausragende christliche Reliquien, die er angeblich sehr schätzte.[15] Aus taktischen Gründen ließ er den Unionsgegner Gennadios aufspüren, der bei der Einnahme Konstantinopels versklavt worden war, und ernannte ihn zum Patriarchen (im Amt 1454–1464).[16] Mit diesem Schachzug konnte Mehmed sich als Schutzherr der griechisch-orthodoxen Eigenständigkeit inszenieren und zugleich den Einfluss Roms auf seinen Herrschaftsbereich kleinhalten. Gleichwohl war sein Respekt vor der Kirche relativ und nicht absolut. Nachdem Mehmed Gennadios zunächst die Apostelkirche als Residenz des Patriarchen angewiesen hatte, quartierte er ihn wieder aus, um dort die Eroberer-Moschee zu erbauen. Die prächtige gotische Kirche St. Peter und Paul des Dominikanerordens in Galata wurde den Mönchen um 1475 entzogen und vermutlich *Moriscos* als Moschee übergeben.[17]

Der Wandel des osmanischen Staates

Ein anderes Element, das Mehmeds Herrschaft von der der frühen Osmanen unterschied, war die zunehmende Rolle von konvertierten Christen, die in den Staatsdienst und sogar in die erweiterte imperiale Familie aufgenommen wurden. Die Angehörigen der vorangegangenen Nomenklatur, wie Halil von Çandar, Großwesir unter Mehmeds Vaters Murad, hatten sich aus muslimischen Familien, oft Nachfahren der früher unabhängigen Emire, rekrutiert. Da mittlerweile die meisten Dynastien in den südosteuropäischen und anatolischen Nachbar- oder Vasallenstaaten durch die Osmanen entmachtet waren, gingen die Sultane dazu über, mit Großwesiren oder anderen hohen Hofangestellten Heiratsbündnisse einzugehen.[18] Die Berater Mehmeds waren größtenteils konvertierte Christen aus dem oströmischen oder serbischen Adel, die am osmanischen Hof zu einer Elite im Dienst der Dynastie ausgebildet worden waren. Von Mehmeds sieben Großwesiren waren nur zwei von Geburt an Muslime. Die Entscheidung zum Angriff gegen Konstantinopel war auch Ausdruck dieses neuen Machtfaktors am Hof. Während Halil von Çandar aus historischer Perspektive übervorsichtig in Hinblick auf Konstantinopel erscheint – er warnte wiederholt, dass bei aggressiver Politik eine christliche Solidarität gegen die Osmanen die Folge sein könne, woraufhin der Vorwurf erhoben wurde, er sei von Konstantinopel gekauft –, sehnten Mehmeds Berater den Prestigegewinn einer osmanischen Hauptstadt Konstantinopel herbei. Zu diesen Beratern gehörten die späteren Großwesire Zaganos Mehmed Pascha (im Amt 1453–1456), ein vom Balkan stammender Zwangskonvertit, Mahmud Pascha Angelović, ein ehemaliger serbischer Kriegsgefangener (im Amt 1456–1466, 1472–1474), und Rum Mehmed Pascha (im Amt 1466–1470; Rum: der Romäer).[19]

Die sogenannte Knabenlese *(devşirme)* spielte eine wichtige Rolle im neuen Staat. Dabei handelte es sich um eine Rekrutierung von Nachwuchs für die höfische und militärische Elite, die vor allem unter den

Christen des Balkans stattfand. Frühere Interpretationen betonten vor allem die Gewalt dieses Prozesses, das Herausreißen der Knaben aus ihrer gewohnten Umgebung und den Verlust für die betroffenen Gemeinden. Die Forschung der letzten Jahrzehnte kommt allerdings zu dem Schluss, dass die Knabenlese in erster Linie eine Möglichkeit für Karriere und soziale Mobilität bot. Die ausgewählten Jungen wurden keineswegs ihren Wurzeln entrissen, sondern pflegten Kontakte zu ihren Herkunftsorten und -milieus und konnten somit auch Ressourcen umverteilen. Wichtigster Einsatzort dieser Rekruten war das Korps der Janitscharen (*Yeniçeri*, neue Truppe), Militärsklaven, die dauerhaft kaserniert waren, im Zölibat lebten und sich durch einen ausgeprägten Korpsgeist auszeichneten. So wie die oströmischen Kaiser das Problem der soldatischen Loyalität durch den Rückgriff auf die aus der Ferne stammenden Waräger zu lösen versuchten, sollte die neue Einheit eine Elitetruppe sein, deren Angehörige allein dem Sultan verpflichtet waren. Sie erfuhren durch ihn eine spezielle Wertschätzung und Behandlung, waren hervorragend ausgestattet und hatten keine eigenen unmittelbaren Angehörigen oder größeren Besitz, was womöglich zu anderen Prioritäten hätte führen können.

Auch das religiöse Establishment erfuhr Veränderungen. In den ländlichen Gebieten des Balkans und Anatoliens praktizierten weite Teile der muslimischen Bevölkerung ihren Glauben auf eher unorthodoxe Weise. Für ihren Zugang zu Gott brachten sie den Islam mit verschiedenen anderen Elementen zusammen, etwa Animismus oder dem christlichen Reliquienkult, ferner Mystik, Traumdeutung und die Verehrung weiser Männer. Dagegen brachte die zunehmend imperiale und urbane Ausrichtung des Staates auch eine Umorientierung zu einer stärker auf die Schrift bezogenen Interpretation des Islams, die sich wie in früheren Zeiten in Kairo, Córdoba oder Bagdad auf Koranexegese, Jurisprudenz und kodifizierte Verhaltensnormen konzentrierte. Ausdruck davon war beispielsweise, dass – während vor Mehmed Derwischkonvente und theologische Schulen oft zu gleichen Anteilen in Moscheekomplexen vertreten waren – nun die Schulen deutlich überwogen.[20]

Der »parasitäre Riese«: Wirtschaft und Handel nach der Eroberung

Durch die Eroberung Konstantinopels hatte das Osmanische Reich von Ostrom den Status der Handelsdrehscheibe zwischen Ost und West wie auch Nord und Süd geerbt. Die osmanische Handels- und Wirtschaftspolitik wurde von zwei Prioritäten bestimmt. Zum einen galt die Aufmerksamkeit der Versorgung Konstantinopels. Sowohl aus Eigeninteresse als auch um potentielle Unruhe unter der Hauptstadtbevölkerung zu vermeiden, sorgten die Osmanen für eine stetige Zufuhr von Lebensmitteln. Darüber vernachlässigten sie teilweise das Entwicklungspotential und die Versorgung der Provinzen.[21] Edhem Eldem nennt Istanbul »einen parasitären Riesen«, dessen Konsum seine wirtschaftlichen Funktionen überschattete. Zwar diente die Stadt nach wie vor als Umschlagplatz der Handelsrouten in Ost-West- und Nord-Süd-Richtung. Die eigene Produktion war aber zu vernachlässigen oder beschränkte sich auf die Weiterverarbeitung eingeführter Rohstoffe. Ausnahmen waren Güter für staatliche Infrastruktur und die Rüstungsproduktion.[22] Die zweite Priorität galt den Staatseinnahmen. Wichtigste Quellen waren die Kopfsteuer der Nichtmuslime, Steuern aus Landwirtschaft, Handel, Bergbau und Sklavenhandel, ferner Tributzahlungen der abhängigen Fürstentümer sowie »Geschenke« hoher Funktionäre.[23]

Die enge Verbindung Konstantinopels mit den mächtigen italienischen Handelsstädten setzte sich unter den Osmanen fort. Wie bereits erwähnt hatten die Palaiologen sich bei der Republik Genua für die gemeinsame Opposition gegen den Rivalen Venedig revanchiert, indem sie den Genuesen Galata nördlich des Goldenen Horns als autonomen Handelsstützpunkt überließen. Im Laufe der Zeit hatten die Genuesen Galata zu einer eigenen kleinen Stadt ausgebaut, mit einem *Podestà* (Gouverneur) und einem Rathaus sowie einer Stadtmauer. Bei der Belagerung Konstantinopels verhielt sich Galata offiziell neutral und handelte am 1. Juni 1453 eine geordnete Kapitulation mit den Osmanen aus. Mehmed versprach ihnen, die Stadtmauern nicht zu schleifen, sowie freie Religionsausübung und das Recht, interne Angelegenheiten durch gewählte Repräsentanten selbst zu regeln, auch wenn die Vorstadt vollkommen dem osmanischen Recht unterstand. Aus dem Privileg der Selbstverwaltung gingen die *Magnifica Communità di Peyra* und der Rat *(Loggia)* hervor, die bis 1682 Bestand hatten.[24] Mehmed erneuerte ferner die Handelsprivilegien der Genuesen. Der reibungslose Handel mit dem Westen lag im staatlichen Interesse, und am Hof wurden italienische Luxusgüter durchaus geschätzt. Daher erließ man den nur vorübergehend anwesenden Genuesen, egal ob Händler, Verwalter oder Matrosen, die Kopfsteuer, nahm sie von manchen Abgaben aus und unterstellte sie zivilgerichtlich dem Repräsentanten ihrer Heimatstadt. Aus diesem kaiserlichen Privileg, das auf andere Staaten ausgeweitet wurde, mit denen die Osmanen friedliche Beziehungen unterhielten, sollten sich später die sogenannten Kapitulationen entwickeln.[25]

Brutalität und Hinterlist in der schönen neuen Welt am Bosporus

In der Tat nimmt sich diese neue Ordnung, die aus Konstantinopel-Istanbul wieder eine Weltstadt machen sollte, für das 15. Jahrhundert erstaunlich weitsichtig aus. Nach den Maßstäben von Ibn Khaldun, der Anfang des Jahrhunderts verstorben war, besaßen die Osmanen unter Mehmed II. alle Merkmale einer aufstrebenden Macht, die durch ihre Tatkraft und Weitsicht der Stadt Stabilität, Innovation und Luxus bringen konnte. Zwar war die Dynastie zu diesem Zeitpunkt bereits 150 Jahre alt und hatte damit Ibn Khalduns »natürliche« Lebensdauer überschritten. Doch Mehmed hatte den Staat umgebaut, von einem auf Familien und Klienten beruhenden System zu einer städtisch-imperialen Ordnung mit funktionierender Bürokratie und zentral besoldetem Heer. Es hatte also ein umfassender Neuanfang stattgefunden. Es war eine Art »zweites Imperium« der Osmanen entstanden (um einen Begriff Baki Tezcans für die Epoche nach 1566 bereits für diese Periode anzuwenden).[26] Die Berater und Hofangestellten dieser Zeit wurden durch ihre

Ausbildung am Hof auf die *res publica* verpflichtet. Dem System nach war der Staat in dieser Phase weltoffen, innovations- und risikofreudig, institutionalisierte die Rechte der Nichtmuslime und schützte die Eigenständigkeit der griechischen Orthodoxie. Er nahm sich des vormuslimischen urbanen und intellektuellen Erbes an, löste die Verteilungsfrage durch die Aneignung neuer Ressourcen in einer scheinbar niemals endenden Expansion und verfolgte eine ambitionierte langfristige Siedlungs- und Städtebaupolitik. Mehmed entwarf eine kosmologische Ordnung, die Konstantinopel erneut ins Zentrum rückte, während der Herrscher sich als unparteiischer Ausführer imperialer Gerechtigkeit inszenierte. Das neue System kanonisierte die islamische Religionsordnung und sicherte durch eine *Pax Ottomana* sowie die Kontinuität der Handelsbeziehungen die Rolle der Stadt als Handelsdrehscheibe. Indes gilt wie für alle politischen Systeme, dass in der Regel ein eklatanter Unterschied zwischen Anspruch und Praxis besteht. Die monarchische Ordnung in der Zeit Mehmed des Eroberers bildete keine Ausnahme.

Trotz seiner rechtsverbindlichen, toleranten und visionären Seite war Mehmed zugleich ein rücksichtsloser Machtmensch. Er war an die Herrschaft gelangt, indem er seine Brüder ermordet hatte, ein Vorgehen, das er als legitim ansah und als kleineres Übel verglichen mit den Erbfolgekriegen nach Bayezids Tod. An seinem Hof herrschte wie im alten Konstantinopel die Kunst der Intrige und üblen Nachrede, der nicht selten selbst Großwesire wie beispielsweise Halil von Çandar und Mahmud Pascha Angelović zum Opfer fielen.[27] Beide ließ der Sultan strangulieren – die am oströmischen Hof verbreitete Strafe des Blendens war aus der Mode gekommen. Die Exekution galt im osmanischen System als angemessen, wenn ein Staatsdiener in seinen Aufgaben kläglich versagt hatte oder seine Loyalität nicht allein dem Sultan und dem Staatsinteresse galt. Dadurch gab es zahllose Möglichkeiten für Unterstellungen und Ränkespiele, leicht konnte man andere zu Sündenböcken machen, um von der eigenen Inkompetenz abzulenken.

Auf Mehmeds kaiserliches Wort und seine religiösen und moralischen Prinzipien war nicht immer Verlass. 1461 hatte sich das Kaiserreich Trapezunt dem Eroberer ergeben. Gemäß den religiösen Geboten verdiente somit die letzte Herrscherfamilie, die von den Komnenen abstammte, Schutz. Mehmed folgte dem Gebot zunächst, ließ aber zwei Jahre später die gesamte Familie hinrichten – bis auf Prinzessin Anna, die bereits in den Harem des Sultans aufgenommen worden war.[28] Der Abriss der Apostelkirche war ebenfalls ein Akt der Gewalt, der sowohl gegen das bauliche Erbe der Stadt als auch gegen die Rechtssicherheit der griechisch-orthodoxen Kirche gerichtet war.

Die frühneuzeitlichen und auch späteren Beobachter im christlichen Europa registrierten die Gewaltakte der Sultane mit einer Mischung aus Abscheu und Faszination. Angesichts der systemimmanenten Spannungen in Westeuropa zwischen Kaiser und Papst sowie Fürsten und Adeligen träumten viele Autoren von einer zentralen Macht, die in einem absoluten Herrscher zusammenfloss. Dieser Vergleich und die Allmachtphantasien der Schreiber täuschen allerdings darüber hinweg, dass in vielen Bereichen die Sultane keineswegs singuläre Autorität im Staat waren. Gerade der Versuch, sich vom Tagesgeschäft am Hof zurückzuziehen, hatte nicht zu mehr Souveränität der Herrscher geführt, sondern sie stärker in die Abhängigkeit von ihren Vertrauenspersonen gebracht und deren möglichen Intrigen ausgeliefert. Das Janitscharenkorps war zwar unabhängig von den Partikularinteressen irgendwelcher Fürsten oder Stände, allerdings hatte es sehr wohl seine eigenen Interessen und wusste sie zu vertreten. Auf Mehmeds Versuch in seinen ersten Amtsjahren, die Währung abzuwerten, um so die Janitscharen um ihren vollen Sold zu bringen, folgte ein erster Aufstand der Truppe, deren Forderungen rasch stattgegeben wurde.[29] Ebenso konnten die theologischen Schulen und insbesondere ihre Studenten die am Hof beschlossene Politik in Frage stellen.

Doch zu Mehmeds Zeiten bedeuteten viele dieser potentiellen Probleme und Quellen von Unzufriedenheit noch keine ernstzunehmenden Gefahren für die Herrschaft der Sultane, zumal die städtische Gesellschaft der Reichshauptstadt gerade ganz neu anfing. Vorerst blieben die Osmanen erfolgreich auf Expansionskurs und konnten durch neue Eroberungen und die daraus resultierende Beute und Tributzahlungen potentieller Unzufriedenheit vorbeugen. Sogar Bauern, die einst christlichen Herrschern unterstanden hatten, stellten bei nüchterner Betrachtung fest, dass sie im osmanischen Machtbereich sehr viel weniger Steuern und Abgaben zahlen mussten als zuvor.

Das prächtige Jahrhundert

Unter Mehmeds Nachfolgern wurden die Reichsgrenzen weit ausgedehnt, nach Syrien und bis in den Irak, auf die arabische Halbinsel sowie nach Ägypten bzw. Nordafrika. Das Reich erstreckte sich schließlich sogar über weite Teile Ungarns und reichte bis in den Kaukasus. Als Höhepunkt gilt die Zeit Süleymans I. (des Prächtigen; im Türkischen: *Kanuni*, der Gesetzgeber, 1520–1566). Während seiner langen Herrschaft führte er zahlreiche Kriege, ließ das Recht kodifizieren und gründete gemeinsam mit seiner Lieblingsfrau, der aus Ruthenien stammenden ehemaligen Sklavin Roxelana, zahlreiche Stiftungen im ganzen Reich. Wie keine andere Periode in der Geschichte Konstantinopels seit der Herrschaft Justinians veränderte Süleymans »prächtiges Jahrhundert« die Skyline und allgemein das Erscheinungsbild der Stadt. Federführender Architekt der meisten Bauten ab der zweiten Hälfte von Süleymans Regierungszeit war Sinan. Der durch die Knabenlese aus Kappadokien an den Hof gekommene Sohn christlicher Eltern leitete eine riesige Werkstatt, in der Architekten, Statiker und Zeichner fast 500 Bauwerke für das gesamte Reich entwarfen. Dazu gehören beispielsweise die durch Ivo Andrićs gleichnamigen Roman berühmt gewordene Mehmed-Pascha-Sokolović-Brücke über die Drina in Bosnien sowie Bauten in so verschiedenen Orten wie Jerusalem, Damaskus, Eupatoria, Sofia, Skopje, Edirne, Vlorë oder Trikala. Mehr Bauten als für jede andere Stadt entwarf die Architektenwerkstatt unter Sinan für die »Schwelle zur Glückseligkeit«. Zahlreiche Bäder, Brücken, Medresen und vor allem Moscheen aus dieser Zeit zieren bis heute die Stadtsilhouette. Die beiden imposantesten waren direkte Aufträge des Sultans. Als sein ältester Sohn Mehmed unerwartet früh verstarb, ließ Süleyman für ihn die Prinzenmoschee (*Şehzade Camii*, 1548) errichten, ein gewaltiger, dabei vergleichsweise farbenfroher und verspielter Bau. Als Vermächtnis des Sultans selbst wurde die *Süleymaniye* am Steilhang des Dritten Hügels gebaut (1557), die mit ihrer streng regulären Fassade und Achse weithin über das Goldene Horn sichtbar ist. Der Komplex enthält bis heute neben dem Gotteshaus alle öffentlichen Einrichtungen, die seinerzeit als Infrastruktur denkbar waren: ein Observatorium zur genauen Festlegung der Zeit (was für die fünf täglichen Gebetszeiten relevant ist), zahlreiche Bildungsanstalten sowohl für Theologie als auch für staatliche Aufgaben, ein Krankenhaus, eine Armenküche, eine Karawanserei und ein öffentliches Bad. Streng, behütend, gerecht – der Topos der osmanischen Herrschaft, den der Eroberer ins Leben gerufen hatte, wurde so konserviert und gesteigert. Hier befinden sich auch die Mausoleen mit den Gräbern Süleymans, Roxelanas, ihrer Tochter Mihrimah sowie des Architekten Sinan.

Außer dem Sultan gaben etliche andere Mitglieder der kaiserlichen Familie und des Hofes Bauten bei Sinan in Auftrag. Roxelana verlangte mehrere wichtige Baukomplexe, die unter anderem der medizinischen und Sanitärinfrastruktur dienten, wie der bereits erwähnte Haseki-Komplex (1540; Haseki: Lieblingsfrau des Sultans) samt Moschee, theologischer Hochschule, Armenküche und Krankenhaus am Forum des Arkadios, und ein großzügiges öffentliches Bad nahe der Hagia Sophia (1557). Allerdings war ihre Tochter Mihrimah die größte Stifterin von öffentlichen Gebäuden in der Stadt nach Süleyman. Sie ließ Sinan eine Moschee unmittelbar am Fähranleger auf der asiatischen Seite in Üsküdar (Skutari, das antike Chrysopolis) bauen, wo der Landweg ins anatolische Hinterland und nach Bagdad sowie zu den Heiligen Stätten beginnt (1548). Am Tor der Landmauer, wo die Straße nach Edirne beginnt (Edirne Kapısı), errichtete der Hofarchitekt etwa 20 Jahre später eine zweite Moschee in Mihrimahs Namen. Über die beiden Bauten kursieren in Istanbul bis heute zahlreiche *urban legends*. Sinan sei in die sehr viel jüngere Prinzessin unglücklich verliebt gewesen; die beiden Moscheekomplexe seien Manifeste dieser Liebe. Die Moschee am Wasser gleiche dem Kleid einer Frau, das über den Boden streift. Die Moschee an der Landmauer hingegen mit ihren zahlreichen Fenstern sei lichtdurchflutet wie keine andere. Sinan habe die zweite Mihrimah-Sultan-Moschee ohne Baugenehmigung des Sultans begonnen, obwohl sie auf dem Sechsten Hügel liegt, dem höchsten Punkt der Stadt, und somit weithin sichtbar ist. Da Mihrimah auf Persisch »Mond und Stern« bedeutet, habe Sinan die beiden Bauten so aufeinander abgestimmt, dass am Geburtstag der Prinzessin (21. März) die Sonne direkt hinter dem Minarett an der Landmauer untergeht, während der Mond unmittelbar hinter der Moschee am Ufer aufgeht. Diese Legenden lassen sich in den Quellen nicht belegen und sind auch kalendarisch schwer nachvollziehbar. Feststellen lässt sich hingegen, dass mit der Lage an den zwei wichtigen Ein- und Ausfallstoren der Stadt Mihrimah wichtige öffentliche Bedürfnisse abdeckte. Den Moscheekomplexen waren Bäder und ein Krankenhaus angegliedert, so dass eintreffende Reisende oder von Feldzügen zurückkehrende Soldaten sich unmittelbar nach ihrer Ankunft erholen, waschen und gegebenenfalls medizinisch behandeln lassen konnten.[30] Mihrimahs Ehemann, der langjährige Großwesir Rüstem Pascha (im Amt 1544–1561), nahm ebenfalls Sinans Dienste in Anspruch, um eine Medrese, eine Karawanserei und eine Moschee zu stiften. Allerdings dachten die Staatsdiener nicht nur an das Gemeinwohl, sondern durchaus auch an das eigene. Der Palast von Großwesir Mehmed Pascha von Sokol (im Amt 1565–1579) am Hippodrom zeugte von seinem Selbstbewusstsein und der ihm erwiesenen Gunst des Herrschers. Während der Palast im folgenden Jahrhundert dem Neubau der Sultan-Ahmed-Moschee (auch Blaue Moschee) weichen musste, steht auf der anderen Seite des Hippodroms der weitläufige Palast (heute Museum für türkische und islamische Kunst) von Süleymans erstem langjährigen Großwesir Ibrahim Pascha von Parga (im Amt 1523–1536) noch heute.

Das »prächtige 16. Jahrhundert« war zugleich das kosmopolitischste

Zeitalter des Hofes. Dies spiegelt sich einerseits in der Herkunft und den Aktionsradien der höfischen Eliten wider, andererseits aber auch im Bewusstsein der Bewohner Konstantinopels, an einem wichtigen Ort des globalen Austausches zu leben. Der Zeitgenosse Mustafa bin Ali al-Muvakkit schrieb: »Unter dem einfachen Volk ist es zum gängigen Gesprächsthema geworden, wie viele Tage und Monate man braucht, um von Istanbul aus die verschiedenen Städte der Welt zu erreichen.« Um dem Rätselraten ein Ende zu machen, listete er hundert Städte von Marokko bis China mit Entfernung und geographischen Koordinaten auf. Die Abfassung solcher praktischen, informativen Werke nahm insbesondere gegen Ende des Jahrhunderts zu.[31]

Zu den einflussreichsten Personen im Umkreis Süleymans gehörte dessen ukrainisch- oder russischstämmige Lieblingsfrau Roxelana. Aus Liebe zu ihr hatte sich Süleyman über die gesellschaftlichen Konventionen hinweggesetzt und eine Sklavin zur vollberechtigten Ehefrau genommen und als frei erklärt. Ibrahim Pascha hingegen stammte aus dem seinerzeit venezianischen Parga an der Adriaküste. Als Kind wurde er von osmanischen Soldaten entführt und versklavt. Bereits als Süleyman noch Kronprinz war, freundete er sich mit dem gleichaltrigen Sklaven an, ernannte ihn kurz nach seiner Thronbesteigung zum Großwesir, ließ ihm den Palast am Hippodrom erbauen und gewährte ihm großen Gestaltungsspielraum in der Politik. Ibrahim von Parga wurde auch »der Franke« genannt, denn er hatte auf seinem Palastgelände Bronzestatuen antik-griechischer Gestalten aufgestellt, die er aus dem königlichen Palast von Buda hatte rauben lassen. Er folgte allgemein westlichen Moden und handelte mit Vertretern christlicher Staaten wie Venedig oder Frankreich weitgehende wirtschaftliche und militärische Kooperationen aus. Trotz seiner vielen militärischen, administrativen und diplomatischen Erfolge war Ibrahim nicht beliebt: Als er 1536 in Ungnade fiel und hingerichtet wurde, zerstörte ein Mob die heidnischen Statuen.[32]

Das 16. Jahrhundert war nicht nur der Zeitpunkt der größten Ausdehnung des Reichsterritoriums. Der Ruf der Osmanen wirkte weit über die nominellen Reichsgrenzen hinaus. Der Herrscher von Aceh im heutigen Indonesien beispielsweise unterwarf sich der Oberhoheit des osmanischen Sultans in der Hoffnung, dass er ihm gegen die portugiesische Kolonialmacht beistehe. Tatsächlich entstand unter dem aus Bosnien stammenden Großwesir Mehmed Pascha von Sokol so etwas wie ein osmanisches *soft empire* im Indischen Ozean, das es arabischen und türkischen Händlern ermöglichte, wesentlich vom maritimen interkontinentalen Handel zu profitieren.[33] Gleichzeitig spielte die osmanische Unterstützung eine wichtige Rolle in Auseinandersetzungen zwischen Moskau und den Steppenfürstentümern sowie in Ostafrika. Allerdings wurden auch die Grenzen der Expansion deutlich. Süleyman und Ibrahim mögen zu Amtsbeginn geglaubt haben, sie seien dazu auserkoren, die Weltherrschaft zu ergreifen. Wenngleich sie diesem Ziel einige Schritte näher kamen, zeichnete sich an den Rändern des Reichs die Gefahr eines *imperial overstretch* ab. Die dreiwöchige Belagerung Wiens 1529 wurde schließlich abgebrochen, nicht weil die Stadt sich so heldenhaft verteidigt hatte, sondern weil die militärische Logistik von Istanbul über Buda nach Wien zu aufwendig war und zudem durch ungünstiges Wetter beeinträchtigt wurde. Beim Ringen um die Herrschaft über das Mittelmeer konnte man zwar die spanischen Habsburger aus Nordafrika und die Johanniter von Rhodos verdrängen. Doch die unter der Führung von Großadmiral Barbarossa Hayreddin Pascha erkämpfte Vorherrschaft über das Mittelmeer endete mit der Seeschlacht von Lepanto 1571 gegen die Heilige Liga, ein Bündnis zwischen dem Papst, Spanien, Genua und Venedig. Die Versuche, auf Malta und dem italienischen Festland Fuß zu fassen, scheiterten. Auch die Expansion in den Indischen Ozean wurde alsbald nicht mehr weiterverfolgt, da bereits die osmanische Oberherrschaft am Roten Meer, in Jemen und Basra prekär war und nicht geeignet schien, es mit den portugiesischen, persischen, niederländischen, britischen und lokalen Rivalen in diesen Gewässern ernsthaft aufzunehmen.[34] Die Zeichen der Zeit standen auf Veränderung für das von Aceh bis Ostafrika agierende Reich, insbesondere aber für seine Hauptstadt.

8.
Konfession, Krise, Kaffee

Die großstädtische Kultur findet zu sich

Mit dem sich abzeichnenden Ende der Expansion verdichteten sich die Probleme im Inneren. Die Verteilungsfrage gewann neue Dringlichkeit. Ohne die hohen Einnahmen durch Eroberungen mussten entweder Steuern und Abgaben angehoben oder bei staatlichen Ausgaben gespart werden. Durch die Verringerung des Edelmetallanteils von Münzen wurden Sold und Gehälter faktisch gekürzt. In den Städten und in der Hauptstadt kam es nun häufiger zu Unruhen, darunter nicht wenige, bei denen die Janitscharen eine bedeutende Rolle einnahmen. 1622 kursierten Gerüchte, Sultan Osman II. (reg. 1618–1622) beabsichtige, auf seiner bevorstehenden Mekka-Pilgerfahrt ein neues Heer aus den südlichen Provinzen zu rekrutieren, um die Janitscharen zu ersetzen. Daraufhin wurde der Palast gestürmt, mehrere hohe Beamte erschlagen und mit Osman erstmals ein amtierender Sultan hingerichtet. Dies sollte Schule machen: Von den zehn Sultanen, die zwischen 1603 und 1703 den Thron bestiegen, wurden fünf abgesetzt, ermordet oder hingerichtet.[1] Als 1632 nach einem verlorenen Feldzug gegen die Safawiden der erfolglose, aber populäre Oberkommandeur Boşnak (der Bosnier) Hüsrev Pascha abgesetzt wurde, kam es zur Ermordung von mehreren hohen Hofbeamten teils in der Gegenwart des Sultans, teils im Hippodrom. Im Sommer 1648 hingegen richtete sich der Unmut gegen die

Extravaganz des psychisch kranken Sultans Ibrahim (Deli, der Irre, reg. 1640–1648) und die Verschwendungssucht seines Großwesirs Hezarpare Ahmed Pascha (im Amt 1646–1648); beide wurden als Zugeständnis an den Volkswillen auf Geheiß der Rechtsgelehrten, der Janitscharen und stillschweigend auch der Sultansmutter hingerichtet. Hierauf folgte eine Demonstration von Ibrahim-Anhängern aus den Reihen der Kavallerie, die von den Janitscharen blutig niedergeschlagen wurde. Drei Jahre später brachten ein Zwangsumtausch minderwertiger Münzen in hochwertige zu Lasten der Gewerbetreibenden sowie 14 weitere Ad-hoc-Abgaben, die über die gesetzliche Besteuerung hinausgingen, die Istanbuler Zünfte und Händler in den Ausstand. Dagegen gingen die Janitscharen mit brutaler Gewalt vor, doch die städtische Bevölkerung griff zu den Waffen und stellte sich gegen die Elitetruppe. In der Folge wurden die reichen Kommandeure der Janitscharen hingerichtet, die übermächtige Sultansmutter (eigentlich Großmutter des amtierenden Sultans) Kösem wurde ermordet. 1656 erzwangen die Soldaten die Exekution von 30 Höflingen, weil sie bei ihrer Soldauszahlung betrogen worden waren. Dennoch wurde einen Tag später der Palast erstürmt, zahlreiche weitere Angehörigen des Hofes wurden ermordet, auf die Flüchtenden wurde eine Hetzjagd durch die Stadt durchgeführt.[2]

Weit mehr noch als die Hauptstadt wurden die anatolischen Provinzen in der ersten Jahrhunderthälfte von gewalttätigen Aufständen (den sogenannten *Celali*-Revolten) heimgesucht, die zu einer Landflucht führten; Istanbul war nun voller Flüchtlinge. 1649 und 1658 mobilisierten abtrünnige Gouverneure sowohl Truppen als auch die unzufriedene Provinzbevölkerung und erschienen bei Üsküdar und bei Mudanya, eine kurze Schiffreise vor Istanbul, konnten aber in letzter Minute von einem Angriff auf die Hauptstadt abgehalten werden, teils durch Beschwichtigung, teils durch Scharmützel.[3]

Während die Kriege und Übergriffe durch Piraten sich fern von der Stadt abspielten und nur mittelbar durch Unterbrechungen der Warenströme, steigende Preise und Zuwanderung bemerkbar machten, störte im Sommer 1624 ein Ereignis die trügerische Sicherheit der Hauptstadt.

Die Flotte war ins Schwarze Meer ausgerückt, was ein Trupp von etwa 400 Kosaken ausnutzte, um mit schnellen kleinen Galeeren einen Überraschungsangriff auf die Bosporusvororte zu wagen. Eine Nacht lang plünderten sie unbehelligt die Sommervillen der reichen Istanbuler, brandschatzten und machten reichlich Beute, bevor sie sich im Laufe des Vormittags zurückzogen. Da in Istanbul kein einziges Kriegsschiff lag, mussten zivile Schiffe requiriert werden, die aber zu spät kamen, um die Kosaken noch einzuholen.[4] Auch die Belagerung der Dardanellen durch die Venezianer und deren Sieg über eine osmanische Flotte im langen Krieg zwischen der Seerepublik und dem Osmanischen Reich (1645–1669) sorgten für Verunsicherung und empfindliche finanzielle Einbußen.[5]

Das zweite (oder dritte) Osmanische Reich

Erschwerend kam hinzu, dass in den hundert Jahren, die auf die »prächtige« Zeit folgten, eher schwache Sultane herrschten. Das lag wohl nicht zuletzt an der neuen Gewohnheit, Prinzen unmittelbar aus dem Harem auf den Thron zu befördern, anstatt sie wie zuvor als Provinzgouverneure Verwaltungserfahrung sammeln zu lassen. Stattdessen lag die Gestaltung der Politik mal in den Händen des Großwesirs, mal beim Scheich ül-Islam (oberster Religionsgelehrter; in europäischen Quellen: Mufti), der Sultansmutter, der Kavallerie oder den Janitscharen, je nachdem, welche politischen Koalitionen, Führungspersönlichkeiten oder populären Bewegungen sich gerade durchsetzen konnten. Allerdings stabilisierte sich die politische Lage in der zweiten Hälfte des 17. Jahrhunderts unter der drakonischen Herrschaft der Großwesirdynastie der Köprülüs, und es gelangen sogar wieder militärische Erfolge wie die Eroberung Kretas sowie der Festungen Újvár in Ungarn (Nové Zámky in der heutigen Slowakei) und Kamieniec in der polnisch-litauischen Provinz Podolien (heute Ukraine).[6]

Bezeichnenderweise wurde die einzige neue Großmoschee in Istanbul aus dieser neuen Phase der Expansion nicht durch einen Sultan, sondern durch die einflussreiche Mutter Mehmeds IV. (reg. 1648–1687), Turhan, gestiftet. Die *Yeni Valide Camii* (Neue Moschee der Sultansmutter, auch *Yeni Cami* genannt) wurde an prominenter Stelle in das Hafen- und Handelsviertel Eminönü am Goldenen Horn hineingebaut. Sie umfasste zahlreiche Nebengebäude, von denen der Gewürzbasar (*Mısır Çarşısı*, wörtlich Ägyptischer Basar) bis heute erhalten und in Betrieb ist. Dieser Großkomplex wurde 1665 eröffnet, sein Bau war aber bereits 1598 im Auftrag der damaligen Sultansmutter Safiye begonnen worden. Die in der Gegend wohnhaften Juden wurden vertrieben und enteignet.[7] Als hingegen Sultan Ahmed I. (reg. 1603–1617) eine Großmoschee in seinem Namen an das Hippodrom und an die Stelle des oströmischen Großen Palastes bauen ließ, rief dies vor allem Kritik hervor. Solche Bauten waren zuvor mit der Beute aus erfolgreichen Feldzügen finanziert worden. Ahmed hatte hingegen seine einzige persönliche Beteiligung an einem Feldzug bereits in Bursa wegen einer Magenverstimmung abgebrochen und auch durch seine Kommandeure keinen äußeren Feind bezwungen, so dass er den Prunkbau aus dem laufenden Haushalt finanzieren musste.[8]

Die städtische Kultur tritt aus dem Schatten der Sultane

Osmanische Zeitzeugen mahnten in Fürstenspiegeln (der damaligen Variante von *policy advice*) ihre Herrscher, sie sollten sich auf die Tugenden der großen Vorbilder wie Süleyman I. und Mehmed II. besinnen. Historische Darstellungen des Osmanischen Reichs haben diese Sicht übernommen und teilen teilweise bis heute die Geschichte des Reichs in Aufstieg und Niedergang ein. Das »prächtige« 16. Jahrhundert sei der Höhepunkt gewesen, seitdem habe Verfall geherrscht. Doch gerade für die Geschichte der Hauptstadt ergibt diese Sicht nur wenig Sinn. Cemal Kafadar hat stattdessen vorgeschlagen, den Transformationsprozess vom 16. zum 17. Jahrhundert nicht nur aus der Perspektive des Staates zu betrachten. Laut Kafadar sehen wir vielmehr die städtische Gesellschaft aus dem Schatten der Herrscher treten und ihre Rolle als führende soziale Kraft einfordern, ein Prozess, der nicht ohne Reibungen ablaufen konnte.[9] Walter G. Andrews und Mehmet Kalpaklı sprechen außerdem bereits von der Zeit seit der Eroberung bis ins frühe 17. Jahrhundert als dem »Zeitalter der Verliebten/Verzückten«, also einer Periode, in der Liebe, Genuss und Ausschweifung an gesellschaftlicher Bedeutung gewannen.[10]

Die Stadt war nun mit 300000 Einwohnern wieder so groß wie während der spätoströmischen Blüte. Gilden hatten sich etabliert und das Handwerk monopolistisch organisiert. Die feinteilige Organisation soll angeblich über 1000 Einzelgilden und über 50 Verbünde derselben umfasst haben.[11] Neben diesen existierte eine Parallelgesellschaft aus prekären Produzenten und Verkäufern, die sich insbesondere aus den irregulären Migranten in der Stadt rekrutierte. Vor allem Letztere vermischten sich ebenso mit den Janitscharen, die seit dem späten 16. Jahrhundert nicht mehr ausschließlich und ab dem Ende des 17. gar nicht mehr mittels der Knabenlese rekrutiert wurden. Daher waren sie nicht mehr wie bisher überwiegend christlicher griechischer oder slawischer Abstammung, sondern oft muslimischer albanischer, kurdischer oder türkischer Herkunft. So fanden es vor allem Neuistanbuler vorteilhaft, auf die Solidarität, den Korpsgeist und die kollektiven Ressourcen der Janitscharenverbände zurückgreifen zu können. Umgekehrt waren die Soldaten zunehmend darauf angewiesen, sich jenseits des nicht verlässlichen oder ausreichenden Solds auf andere Arten des Broterwerbs zu konzentrieren.

Dies konnten reguläre Aufgaben der städtischen Infrastruktur sein. So konzentrierte sich angeblich eine Kompanie auf das Brotbacken, während eine andere sich dem Metzgerhandwerk widmete. Einige Janitscharenverbände waren aber auch als Schutzgeldeintreiber unterwegs. Erkennungsmerkmale wie die Tätowierungen der jeweiligen Kompanie reichten aus, um die Opfer wissen zu lassen, an wen sie zu zahlen hatten.

Diese Aktivitäten nahmen bis zum 18. Jahrhundert so sehr überhand, dass viele Janitscharen selbst im Feldzug ihren kommerziellen Tätigkeiten nachgingen oder sich ganz um den aktiven Dienst drückten. Dies führte dazu, dass zwar die Zahl der Janitscharen stieg, die osmanische Streitkraft aber nicht gleichermaßen effizienter wurde. Die Janitscharen wurden im Grunde zu einer städtischen sozialen Klasse, und die von ihnen initiierten Unruhen sind entsprechend einzuordnen.[12]

Die neuen Genüsse der Stadt

Die expandierende Stadt und die neue Bedeutung ihrer Bevölkerung angesichts der Auseinandersetzungen zwischen verschiedenen Teilen der höfischen Elite spiegelten sich in einer diversifizierten urbanen Kultur wider. Neue Formen der Öffentlichkeit, des Zusammenseins, der Unterhaltung, der politischen Assoziation, des Konsums, des Rausches, der Lust und auch der Religiosität wurden im 17. Jahrhundert verstärkt ausgelebt. Aus ihnen entstanden eigene Formen der Dichtung und des philosophischen Diskurses, sie zogen aber auch gesellschaftliche und staatliche Gegenreaktionen nach sich. Eine wichtige Rolle spielten dabei zwei im euromediterranen Raum neue Genussmittel sowie ein altbekanntes drittes: Tabak, Kaffee und Wein.

Tabak, eine amerikanische Pflanze und erst nach der »Entdeckung« der Neuen Welt in Europa bekannt, wurde von englischen Händlern im 16. Jahrhundert ins Osmanische Reich eingeführt. Das neue Genussmittel breitete sich binnen kurzer Zeit aus und gewann so sehr an Beliebtheit, dass die Obrigkeit bereits befürchtete, wegen der hohen Profitabilität des Tabakwirtschaft würden die Bauern andere Nutzpflanzen demnächst nicht mehr anbauen. Die Sultane der ersten Jahrzehnte des 17. Jahrhunderts erließen zahlreiche Tabakverbote, doch gerieten diese alsbald in Vergessenheit und mussten wiederholt werden.[13]

Kaffee hingegen stammte aus dem äthiopischen Hochland und soll überregional zuerst im Jemen Beliebtheit genossen haben. Von dort verbreitete er sich in der arabischen Welt, ehe angeblich zwei syrische Geschäftsleute 1554 die ersten Kaffeehäuser in Istanbul eröffneten. Fünfzig Jahre später wurde ihre Anzahl in der Hauptstadt auf 50 geschätzt, in den ersten Jahrzehnten des 17. Jahrhunderts auf 600. Im Jahr 1790 hingegen, für das eine verlässliche Statistik vorliegt, gab es 1654 Kaffeehäuser in der Stadt, was jedem achten Laden in der Stadt entspricht und weit mehr war als die vorhandenen Lebensmittelläden. Der Staat versuchte abwechselnd mit Prohibition und mit hohen Steuern auf die Kaffeesucht zu reagieren, was wiederholt an der Beliebtheit des Getränkes scheiterte.[14] Phasenweise ordneten die Sultane extreme Maßnahmen an, so wurden beispielsweise in den Kaffeehäusern angetroffene Janitscharen in Säcke gesteckt und in den Bosporus geworfen oder beim Rauchen ertappte Männer geköpft.[15]

Die Kaffeehäuser waren sicherlich auch ein Ort des Genusses und des Exzesses. Für das städtische Leben von größerer Bedeutung war jedoch, dass sie im Gegensatz zum Basar oder der Moschee eine Form der Öffentlichkeit ermöglichten, die der Staat kaum regulieren konnte. Ein Zweizeiler aus dem 17. Jahrhundert hält diesen Vorrang der freien Kommunikation fest:

Gönül ne kahve ister ne kahvehane
Gönül sohbet ister kahve bahane
»Das Herz verlangt weder nach Kaffee noch nach dem Kaffeehaus.
Das Herz verlangt nach Austausch, der Kaffee ist nur der Vorwand.«

Sohbet, ein nur schwer übersetzbarer Begriff, der zugleich Gespräch, Kommunikation, Geselligkeit bedeutet, erlebte in dieser Zeit eine Renaissance.[16] In den ersten Jahrzehnten handelte es sich bei den Kaffeehäusern durchaus um ein elitäres Phänomen: Intellektuelle, die ihre Offenheit für neue Geschmäcker demonstrieren wollten, versammelten sich dort, lasen oder spielten Schach und Backgammon, während Dichter ihre neuesten Werke vortrugen. Im Laufe des 17. Jahrhunderts, in dem die Anzahl der Kaffeehäuser enorm zunahm, verloren sie ihren elitären Charakter und der Gesprächsstoff wandte sich der Politik zu:

devlet sohbeti, politische Diskussionen, wurden nun mit Kaffeetasse oder Wasserpfeife in der Hand geführt, was nicht selten zur Verbreitung von Nachrichten, aber auch von Gerüchten führte. Das Unverfängliche der Treffen, die freie Assoziation und der oft intime Charakter der größtenteils recht kleinen und in die Nachbarschaft eingebundenen Kaffeehäuser liefen den Organisationsprinzipien des Osmanischen Reichs zuwider. Denn üblicherweise versuchte man im Reich, alle Menschen klar einer religiösen Gemeinde, einem Dorf oder Stadtteil, einer Gilde und einer Familie, sprich einer hierarchisch organisierten Verantwortungsgemeinschaft zuzuordnen. Zu den Kaffeehäusern hatte im Prinzip jeder erwachsene Mann Zugang, wenn es auch ungeschriebene Gesetze gab, die festlegten, wer wohin gehörte. Die Betreiber waren 1790 zu 95 Prozent Muslime, erstaunliche 42 Prozent waren Janitscharen. Oft hatten deren Korps ein festes Kaffeehaus, das von dessen Mitgliedern als inoffizielles Hauptquartier und Versammlungsraum frequentiert wurde. Die Kundschaft war allerdings deutlich gemischter, sie bestand aus Muslimen wie Nichtmuslimen. Es dominierten Ladenbesitzer und Handwerker sowie Händler, für die die Kaffeehäuser ein wichtiger Ort zum Austausch von Geschäftswissen waren.[17]

Zum Kaffeehaus gehörten spezielle Formen der Unterhaltung, darunter der Märchenerzähler und vor allem das Schattentheater, *Karagöz*. Durch einen von hinten angestrahlten weißen Vorhang sind Puppen zu sehen, die man an ihren charakteristischen Umrissen erkennt. Die Klassiker unter den Figuren sind Hacivat und Karagöz. Cengiz Kırlı sieht in den Geschichten der beiden einen weniger explizit politischen als vielmehr einen klassenbasierten Konflikt: Hacivat verkörpert den Angehörigen der Oberschicht, der sich in gehobener Sprache mit vielen arabischen und persischen Fremdwörtern auszudrücken weiß, der aber gleichzeitig unehrlich, intrigant und egoistisch ist. Sein Gegenspieler Karagöz ist ein Tölpel, der offen unmoralisch und selbstsüchtig agiert. Am Ende der Stücke aber siegt Karagöz' Bauernschläue über die formelle Bildung Hacivats, ein symbolischer Triumph der einfachen Leute über die herrschende Klasse.[18]

Wein, Knabe und Gesang: das verruchte Galata

Das Kaffeehaus und seine Genüsse waren fest in muslimischen und vor allem janitscharischen Händen, wenngleich die Kundschaft aus verschiedenen sozialen und religiösen Milieus stammte. Die Tavernen mit ihrem Weinausschank und dem *Köçek*-Tanz wurden dagegen von christlichen Wirten geführt, standen aber weiten Teilen der hauptstädtischen Bevölkerung offen. Die Kaffeehäuser waren vor allem über Istanbul *intra mures* gleichmäßig verteilt, wobei die größeren Häuser in den großen Handelsvierteln lagen. Die Tavernen konzentrierten sich jedoch auf eine Vorstadt: Galata.

Galata, jene genuesische Siedlung, die sich Mehmed freiwillig ergeben und somit selber gerettet hatte, war der wichtigste Ort für jene, die Vergnügen und Ausschweifungen suchten. Ihre Mauern und ihr dominanter Turm hatten sich über die letzten zwei Jahrhunderte nur wenig verändert, ihre Bevölkerungsstruktur jedoch sehr stark. Während zu Ende des 15. Jahrhunderts die Christen noch überwogen (wobei es mehr Griechen als Italiener gab), stellten im 17. und stärker noch im 18. Jahrhundert die Muslime die Bevölkerungsmehrheit, und die christliche Präsenz konzentrierte sich auf eine kleine Region im Zentrum der Vorstadt. Dies lag einerseits daran, dass der Hof ab dem 17. Jahrhundert bewusst eine Ansiedlungspolitik verfolgte, die das Ziel hatte, die Christen in Galata zur Minderheit zu machen (dazu gleich mehr). Der andere Grund war, dass sich mit der Marinewerft in Kasımpaşa am Goldenen Horn und mit der Rüstungsschmiede in Tophane am Bosporus zwei staatliche Großbetriebe in unmittelbarer Nähe zu Galata etabliert hatten.[19]

Galata breitete sich Richtung Norden den Hügel hinauf aus. Oberhalb des höchsten Punktes der genuesischen Befestigungsmauer, des Galataturms, schloss sich der Konvent des Mevlana-Ordens an, auf dessen weitläufigem Grundstück viel Grün und ein Friedhof zu finden waren. Hier befanden sich auch die meisten Botschaften. Die frühen

Sultane hatten die europäische Diplomatie geringgeschätzt.[20] Für sie schienen Botschafter so etwas wie Geiseln, ein Faustpfand, wenn sich die Beziehungen verschlechterten. Entsprechend waren die ersten Botschafter gezwungen, gemeinsam in einer ihnen zugewiesenen Karawanserei zu wohnen (dem *Elçi Hanı*). Bei diplomatischen Turbulenzen und insbesondere bei einem Kriegsausbruch konnte diese Unterbringung in Festungshaft im Verlies der sieben Türme *(Yedikule)* übergehen. Da sich jedoch die Beziehungen zu einigen Ländern schnell sehr positiv entwickelten und zunehmend strategische Bedeutung erlangten, erlaubte die osmanische Regierung einer Vertretung nach der anderen, ein eigenes Domizil zu beziehen und gegebenenfalls zu errichten. Den Anfang machte Frankreich, dessen Gesandtschaft in die Gegend, die man »Weinberge Peras« nannte, oberhalb Galatas zog. Nach und nach folgten die anderen europäischen Mächte.

Die fremdländische Architektur der Vorstadt, mit der sie einer italienischen Hafenstadt glich, die durch Mehmed geschonten großen Kirchen, die anhaltende starke Präsenz der Christen sowie anderer Zuwanderer und Fremder und ihrer Sprachen und die gehandelten exotischen Waren verdichteten sich in der Phantasie vieler Muslime zu dem Anderen, zum Gegenstück der »Schwelle zur Glückseligkeit«. Jenseits der strengen imperialen Herrschaft, der Paläste und Moscheen des alten Istanbuls lag, nur eine kurze Fahrt per Ruderboot entfernt, eine vermeintlich exotische Welt. Diese Tradition der Exotisierung und der Sehnsucht nach Galata als Ort der Begierde, in dem man alle moralischen Hemmungen fahren lassen konnte, hatte interessanterweise bereits Mehmed der Eroberer selbst ins Leben gerufen. Trotz des Kultes des unberührbaren göttlichen Herrschers phantasierte Mehmed über die Liebe zu einem jungen Katholiken aus Galata und schrieb, er sei bereit, für diesen Jüngling (möglicherweise ein Mönch) seinem Glauben abzuschwören. In einer *gazel* (dt.: Ghasel, lyrisches Gedicht) aus der Feder des Eroberers heißt es:

»Niemand würde seine Seele dem Himmel verschreiben, nachdem er Galata gesehen hat
Niemand würde an eine Zypresse denken, nachdem er diese wunderschöne Grazie gesehen hat
Dort sah ich einen Jesus von fränkischen Manieren
Von dem jeder, der Christus gesehen hat, sagen würde, er sei sein leibliches Abbild
Wie kann man seinen Sinn und Verstand bewahren, seine Religion und Glauben
Sollten Muslime zu Ungläubigen werden nach dem Anblick dieses Christen
Niemand würde an den Fluss des Paradieses denken, nachdem er den reinen Wein getrunken hat, den er trank
Niemand würde zur Moschee gehen, nachdem er die Kirche sah, in die er ging
Oh Avnî, jeder weiß, dass er eine fränkische Schönheit ist
Nachdem er den Gürtel um seine Brust und das Kruzifix um seinen Hals gesehen hat.«[21]

Charakteristisch für den Umgang vieler Istanbuler Muslime mit der ehemals genuesischen Vorstadt und ihren Verführungen ist eine Mischung aus Faszination und Abscheu. Der berühmte Autor des 17. Jahrhunderts, Evliya Çelebi, ist hier keine Ausnahme. In seiner Beschreibung lobt er die edlen Geschäfte, die das Brot und die Süßigkeiten der *Moriscos* führten, Duftkerzen mit Ambra- und Moschusgeruch und importierte Waren wie Uhren oder Kompasse, und er hebt das Angebot der Apotheken hervor. Ihn faszinierten die zahlreichen Tavernen, genauso wie die Herkunftsorte ihrer Weine: »Muskateller aus Bulgarien sowie Weine aus Ancona, Syrakus, Mudanya, Edremit und Bozcaada.« Angeblich konnte man hunderte Schnapsleichen in den Straßen liegen sehen, die nicht einmal mehr ihre Schuhe oder ihren Turban trugen. Wie in Mehmeds Gedicht findet man in den Trinksprüchen, die Evliya Çelebi zitiert, die Faszination des Fremden, der schönen Jungen, der Sünde und der Hingabe, aber auch eine bewusste Verachtung des muslimischen Pietismus der Zeit:

»Mein Fuß trägt mich nirgendhin außer in die Taverne
Meine Hand hält nichts mehr außer der Weinschale
Lass deine Tirade, Prediger! Mein Ohr ist taub
Außer für das Plätschern aus der Flasche und das Heulen der Trunkenen«[22]

Evliya Çelebi, der schwört, von all diesen Dingen nur indirekt durch Befragung zu wissen, lobt die Schönheit der Jungen und Mädchen Galatas, nennt sie »aufdringliche Liebhaber vom Temperament eines Derwischs« und deutet ausschweifende Feiern und Orgien an.[23]

Insbesondere in Tavernen konnte man tanzende Jungen *(köçeks)* bewundern, die Objekte der Begierde waren. Enderunlu Fazıl, ein aus Akko in Palästina stammender Autor, der aus der Istanbuler Hofschule *(Enderun)* entlassen wurde, missachtete die sexuellen Konventionen seiner Zeit, der Mitte des 18. Jahrhunderts, radikal und offen. Er fasste die erotische Anziehung der Tänzer und seine Liebe für sie in Worte:

»Goldball mit silberner Haut
Seine Arschbacken sind leichte Beute für die Verzückten
In seiner Festung befindet sich stets eine Kanonenkugel
Die Verliebten überschütten ihn mit Gebeten«[24]

François Baron de Tott, der 1755 Istanbul besuchte, behauptet, dass zu dieser Zeit zwei Janitschareneinheiten um den Besitz eines dreizehnjährigen Tanzjungen stritten und die Auseinandersetzung 50 Männer das Leben gekostet habe, ehe die Staatsorgane eingriffen. Da keine der beiden Parteien bereit war, den Tanzjungen der anderen Partei zu überlassen, wurde dieser schließlich hingerichtet, um den Frieden wiederherzustellen. Womöglich ist de Totts Beschreibung übertrieben, doch wissen wir von ähnlichen Auseinandersetzungen um den Besitz der extrem jungen Tänzer, die angeblich meist Griechen waren, aber auch andere Nichtmuslime oder Roma.[25] Mustafa Avcı schreibt, dass die frühmoderne Öffentlichkeit Istanbuls homosozial war: Das Kaffeehaus, die Taverne, das Bad, das Janitscharenkorps, der Derwischkonvent, die theologische Hochschule und das Junggesellenhaus, in denen insbesondere Wanderarbeiter wohnten, waren alle gleichgeschlechtliche Räume und kannten mit der Ausnahme des Bades kein entsprechendes Pendant für Frauen. Es ist also nicht verwunderlich, dass die Tanzveranstaltungen homoerotisch aufgeladen waren. Anders als für Kaffee und Tabak erfolgten die ersten Verbote von *Köçek*-Vorführungen erst in der zweiten Hälfte des 17. Jahrhunderts.[26]

Das Zeitalter der Konfessionalisierung

All diese Neuerungen der städtischen Gesellschaft standen im Zusammenhang mit unorthodoxen islamischen Praktiken und insbesondere den Sufi-Orden. Der Bektaşi-Orden galt als Protektor der Janitscharen. Kaffee war ein willkommenes Aufputschmittel für die nächtelangen Sessions, bei denen sich die Derwische in Trance tanzten, um Gott näherzukommen. Dichtung, in der der Rausch durch Wein besungen und als mystisches Erlebnis verklärt wurde, war ein weiteres Merkmal dieser Zeit. Ferner fand die neoplatonische Tradition, die nicht physisch ausgelebte, sondern auf Betrachtung beschränkte Liebe zu grazilen Knaben als Weg zu Gott zu feiern, ebenfalls Niederschlag in der durch Sufi-Mystik inspirierten Dichtung.[27] Es ist deswegen nicht verwunderlich, dass sich die Reaktion auf die hedonistische Istanbuler Gesellschaft nicht nur gegen die Genussmittel Kaffee und Wein, das Kaffeehaus und die Tavernen, sondern vor allem auch gegen die Sufis richtete.

Als Gegenbewegung zur allzu lockeren und genusssüchtigen städtischen Öffentlichkeit des 17. Jahrhunderts und in Opposition zu den mystischen Praktiken der Derwische – das Janitscharenkorps und der Bektaşi-Orden werden in teilweise übertriebener Weise als unzertrennlich dargestellt – formierte sich die puritanische Bewegung der *Kadızadeli*. Die *Kadızadeli* und die ihnen zugeneigten Teile des Establishments befürworteten im Sinne der Konfessionalisierung auch die strikte Durchsetzung von Kleidungsvorschriften für Nichtmuslime, die diese als Untertanen zweiter Klasse markierten, aber zu Beginn des 17. Jahrhunderts häufig in Vergessenheit geraten waren. Ferner standen sie nicht nur in Opposition zu den städtischen Gesellschaftsschichten, die Neuerungen gegenüber offen waren. Gleichermaßen distanzierten sie sich von den Ulema, den Rechtsgelehrten, die durch ihre Nähe zum Hof einen ihrer Ansicht nach allzu großen Pragmatismus zeigten, wenn es galt, religiöse und weltliche Belange des Staates zu vereinbaren. Die *Kadızadeli* sahen sich als Vertreter der regelmäßigen Moscheegänger, der Leute, die ihr Leben konsequent nach dem Koran und der Scharia ausrichteten und alle Veränderungen in der religiösen Praxis, die sich seit dem Tod des Propheten etabliert hatten, sei es mystische Praktiken oder feingeistige rechtliche Disputationen, als Ketzerei betrachteten.

Benannt wurde die Bewegung nach dem charismatischen Prediger Mehmed Kadızade, der 1631 von Sultan Murad IV. (reg. 1623–1640) zum Prediger der Hagia Sophia ernannt wurde. Durch eine Gastpredigt in der Sultan-Ahmed-Moschee inspirierte er zwei Jahre später die Anwesenden, die Tavernen der Stadt zu stürmen. Murad IV. pflegte zwar den Kontakt zu mystischen Orden und besetzte hohe Ämter wie das der obersten geistlichen Instanz, des Scheich ül-Islam, mit Anhängern der Sufis. Doch er duldete und förderte Kadızade und dessen puritanischen, prohibitionistischen Kurs, von dem er sich womöglich eine moralische Besserung der städtischen Bevölkerung versprach. So erließ Murad sporadische Verbote gegen Alkohol und Tabak. Letzteres hatte bereits sein Vorgänger Ahmed als schädlich für die Volkswirtschaft eingestuft, da die Raucher Tag und Nacht untätig in den Kaffeehäusern verbrächten.[28] Außer auf die Bekleidungsvorschriften besannen sich die Behörden darauf, dass Ungläubige nicht in der Nähe von Moscheen leben sollten und dass neue Kirchen nur in Ausnahmefällen zu genehmigen waren. Diese und anderen Ge- und Verbote konnten aber unter Murad nicht systematisch durchgesetzt werden oder gerieten bald nach ihrer Einführung wieder in Vergessenheit.[29]

Man darf die *Kadızadeli*-Bewegung und die ähnlich gelagerten Wertvorstellungen vieler Amtsinhaber dieser Zeit nicht nur als Reaktion auf die lokalen Entwicklungen sehen. Das 17. Jahrhundert war global das »Zeitalter der Konfessionalisierung«:[30] Glaubensrichtungen wurden zunehmend Gegenstand der Kategorisierung von Menschen und Grund ihrer Verfolgung. In Mitteleuropa brach 1618 der längste und blutigste Krieg zwischen Protestanten und Katholiken aus, der Dreißigjährige Krieg. In Spanien hatte König Philipp III. (reg. 1598–1621) 1609 die Ausweisung der zum Christentum übergetretenen Muslime, der *Moriscos*, angeordnet. Dies hatte unmittelbare Auswirkungen auf das Osmanische Reich, insbesondere Istanbul, und führte zu erbitterten Auseinandersetzungen zwischen verschiedenen Gruppen von Zuwanderern.

Die als »falsche Christen« aus Spanien vertriebenen *Moriscos* suchten Schutz bei der Hohen Pforte. Ihre Konversion zurück zum Islam wurde oft in großen öffentlichen Spektakeln inszeniert, und sie wurden vor allem in Galata angesiedelt, wo sie unmittelbar auf die dort ansässige katholische und die ebenfalls aus Spanien vertriebene jüdische Bevölkerung stießen. Es ergaben sich Spannungen, da die katholische Kirche eine wesentliche Rolle bei der Vertreibung der *Moriscos* gespielt hatte und obendrein italienische Händler häufig Rivalen der spanischen Einwanderer im europaweiten Handel darstellten. Vermutlich weil sie die einfacheren Opfer waren, wandten sich die *Moriscos* zunächst gegen die Juden. Sie erwirkten laut dem Chronisten Edward Grimston 1612 bei dem aus Afrika stammenden Kadi von Galata, Ali Efendi, dass die Juden aus Galata vertrieben und ihre Synagogen zerstört wurden. Durchgesetzt wurde dies gewaltsam durch eben die aus Spanien vertriebenen Muslime. Um ein ähnliches Bündnis zwischen niederer Justiz und dem Mob gegen die Katholiken und insbesondere gegen die verhassten Franziskaner zu verhindern, intervenierte der französische Botschafter erfolgreich beim Großwesir, was jedoch nicht die latenten Spannungen zwischen beiden Seiten beenden konnte. In den folgenden Jahren versuchten die militanten *Moriscos*, sich der katholischen Kirchengebäude der Vorstadt zu bemächtigen und diese in Moscheen umzuwandeln. Ali Efendi wollte die Zahlung der Kopfsteuer für alle christlichen Untertanen durchsetzen, zu denen nach osmanischer Rechtsauffassung alle Personen zählten, die sich länger als ein Jahr im Reich aufhielten. Diese Steuer sollte nach seiner Auffassung auch für die westlichen Kaufleute gelten. Andere Würdenträger wie der Scheich ül-Islam Sadeddinzade Mehmed Efendi verhehlten ebenso wenig, dass sie die Ausländer vertreiben und ihre Stellung im Außenhandel den *Moriscos* zuschanzen wollten. Zwar kam es nicht zu Maßnahmen gegen die Katholiken Galatas, die mit der Vertreibungsaktion der spanischen Krone vergleichbar gewesen wären, doch lässt sich eine Islamisierung der Vorstadt im Rahmen einer offiziellen Politik feststellen. Insbesondere der große Brand von 1660 in Galata wurde genutzt, um Juden und Christen die Rückkehr in das zerstörte Gebiet zu untersagen.[31] Dagegen unterhielten die aus Spanien Vertriebenen gute Beziehungen zu den ebenfalls in Galata ansässigen Niederländern und unterstützten sie bei ihren Bemühungen um Handelskapitulationen. Die *Moriscos* betrachteten die Niederländer als Verbündete gegen die spanische Krone und waren teilweise auf ihrer Flucht von ihnen unterstützt worden.[32]

Die Stadt zwischen zwei Kontinenten und zwei Meeren war an der Schwelle zum 18. Jahrhundert kein Ort der himmlischen Harmonie. Sie war nicht mehr jederzeit »wohlbehütet«, wie die Osmanen ihre Ländereien gerne nannten, sondern Schauplatz zahlreicher innerstädtischer Auseinandersetzungen und Machtkämpfe. Sie war aber auch ein Ort, der sehr viel bunter war als die von Mehmed dem Eroberer begründete »Schwelle zur Glückseligkeit« oder als das prosperierende Istanbul des prächtigen Jahrhunderts. Genuss, Ausschweifung, Erotik, Aufbegehren, religiöse Erneuerung sowie eine große Zahl ständig neuer Zuwanderer aus verschiedensten Regionen des Reichs und der Welt prägten die Stadt in diesem Jahrhundert, in dem ein Abglanz der alten imperialen Glorie und ein neuerlicher Aufbruch zusammentrafen.

9.

Krieg den Palästen!

Vom Marsch auf Edirne (1703) zum Patrona-Halil-Aufstand (1730)

In einer kurzen Phase im späten 17. Jahrhundert konnte man als osmanischer Patriot glauben, es gehe wieder bergauf mit dem Staat, er sei auf dem Weg, zur alten Größe zurückzufinden. Die Regierung der Großwesire aus der Familie Köprülü führte das Land zu neuer politischer und finanzieller Stabilität; die Zeit der flächendeckenden Aufstände und Unruhen schien überwunden. Auch militärische Erfolge hatten sich wieder eingestellt, als das venezianische Kreta und das polnische Podolien in osmanische Hände fielen und nach langer Zeit wieder Geländegewinne gegen die Habsburger erzielt wurden. Vermutlich führten solche Erfolge bei einigen Amtsträgern zu einem gewissen Übermut. Kaum anders ist das folgenreiche Ereignis aus dem Jahre 1683 zu erklären. Der Großwesir Kara Mustafa Pascha von Merzifon (im Amt 1676–1683) konnte zu diesem Zeitpunkt auf eine kurze, steile Karriere zurückblicken. Er hatte einige militärische und administrative Aufträge gut gemeistert und eine Tochter des Hauses Köprülü geheiratet – eine bis heute gängige Strategie einflussreicher Familien, um talentierte junge Männer einzubinden und für die Familieninteressen einzusetzen. Als sein Schwager, der Großwesir, 1676 starb, wurde das Amt Kara Mustafa angetragen. 1683 erhielt er den Auftrag, die österreichische Festung Raab (Győr) anzugreifen. Er empfand diese Aufgabe anscheinend als zu gering für seine Person, denn er umging die Festung einfach und zog mit seinem Heer direkt 120 Kilometer weiter nach Wien. 150 Jahre nach Süleymans halbherzigem Versuch belagerte ein zweites Mal ein osmanisches Heer die Hauptstadt der Habsburger. Von Panik ergriffen, floh Kaiser Leopold I. (reg. 1658–1705) samt Schatz und Hofstaat nach Passau, doch nach drei Monaten Belagerung schlugen die anrückenden Truppen Polen-Litauens die Osmanen in die Flucht.[1] Das Heer war schlecht ausgerüstet gewesen, da es nur leichte Artillerie für die üblichen osmanisch-habsburgischen Grenzscharmützel mitgeführt hatte, für die dicken Mauern Wiens aber schweres Geschütz nötig gewesen wäre. Ferner hatte der Großwesir nicht bedacht, dass die Wiener bei einer länger anhaltenden Belagerung mit Beistand aus verbündeten Ländern rechnen konnten. Für das Debakel wurde Kara Mustafa Pascha auf Befehl des Sultans stranguliert.

Für die Habsburger ergab sich so eine völlig neue Perspektive: Angesichts des fliehenden Feindes schien der Weg nach Ungarn und weiter nach Belgrad, Sofia und schließlich sogar Konstantinopel offen. In den folgenden Jahrzehnten fanden die kaiserlichen Truppen unter ihrem Oberbefehlshaber Prinz Eugen von Savoyen zur Hochform. Etliche Konfrontationen, bei denen die Osmanen durch ihre Überzahl auf einen sicheren Sieg hatten hoffen dürfen, wurden zu peinlichen Niederlagen für die ehemalige Weltmacht. Mehrere Oberkommandeure mussten für die Fehlschläge mit ihrem Leben bezahlen, wenn nicht auf dem Schlachtfeld, dann nach ihrer Rückkehr an den Hof.

1697 brachten habsburgische Truppen unter dem Befehl von Prinz Eugen dem osmanischen Heer bei Zenta erneut eine empfindliche Niederlage bei. Das Osmanische Reich musste einsehen, dass es unterlegen war, und schloss zwei Jahre später schließlich Frieden mit Österreich und dessen Verbündeten Venedig, Polen-Litauen und Russland. Im Frieden von Karlowitz (Sremski Karlovci) musste die Pforte den Verlust von Gebieten akzeptieren, die über anderthalb Jahrhunderte lang von Istanbul aus regiert wurden, wie Ungarn (bis auf das Banat von Temeswar/Timişoara), Siebenbürgen und der größte Teil Kroatiens, außerdem die Eroberungen Venedigs auf der Peloponnes anerkennen und Podolien an Polen zurückgeben. Asov und sein Hinterland fielen an Russland.[2] Zwar hatten schon frühere Sultane zeitlich begrenzte Friedensverträge abgeschlossen, der Friedensschluss von Karlowitz war aber von einer neuen Art, so wie die internationalen Beziehungen seit dem Ende des Dreißigjährigen Krieges insgesamt formeller und verbindlicher geworden waren. Der Vertrag sah lange Friedensgarantien und Unverletzlichkeit der Grenzen vor; so musste die Pforte ihren Vasallen, den Khan der Krim, anweisen, künftig die üblichen Raubzüge auf Moskauer Territorium zu unterbinden. Außerdem wurde der Vertrag erstmals nicht von den jeweils an der Grenze ansässigen Paschas, sondern vom Großwesir persönlich abgeschlossen. Somit wurde der Anspruch des Reichs, im Namen des Islams und der Dynastie Osmans für die Weltherrschaft zu kämpfen, de jure zu Grabe getragen und das Osmanische Reich ins europäische Staatensystem integriert.

Das neue System nach Karlowitz

Mustafa II. (reg. 1695–1703) hatte eine persönliche Rolle bei der Rückeroberung Ungarns spielen wollen. Anders als frühere Sultane des 17. Jahrhunderts, die dem Heer nur wenige hundert Kilometer folgten und zum Hof zurückkehrten, lange bevor die Soldaten die Front erreichten, war Mustafa tatsächlich bis zum Kriegsschauplatz gezogen und bei der Schlacht von Zenta anwesend gewesen.[3] Allerdings muss das Erlebnis des massenhaften Tötens und das Gefühl der Ohnmacht traumatisch für ihn gewesen sein, zumal die fliehenden Soldaten ihrem Herrn nicht mehr gehorchten, so dass Mustafa schließlich gegen den Rat seiner Offiziere selbst floh und damit das Chaos noch vergrößerte.[4] Nach 1697 zog sich Mustafa weitestgehend aus der Politik zurück und widmete sich seiner Jagdleidenschaft; darin folgte er dem Vorbild seines Vaters Mehmed IV. (reg. 1648–1687), der den Beinamen »der Jäger« trug. Der Hof hielt sich – mit wenigen kurzen Unterbrechungen – bereits seit einem halben Jahrhundert in Edirne statt in Istanbul auf, nicht nur weil die Jagdgründe dort reicher und leichter zugänglich waren, sondern auch weil zur Mitte des 17. Jahrhunderts die Hauptstadt regelmäßig von Unruhen erschüttert worden war, in deren Verlauf die Menge mehrfach gewaltsam in den Palast eingedrungen war, wobei es Tote gegeben hatte.

Glaubt man zeitgenössischen Berichten, so zeigte sich die neue politische Ordnung nach dem schmerzlichen Frieden von Karlowitz als verwahrlostes, korruptes System. Der Sultan floh in die schöne Welt der Jagd in den Balkanprovinzen und vermied die Auseinandersetzung mit den dringenden innen- wie außenpolitischen Fragen. Statt seiner dominierte der Scheich ül-Islam Feyzullah Efendi die Politik des Reichs und vergab die Posten. Feyzullah war der Erzieher Mustafas gewesen. Seiner eigenen wenig bescheidenen Aussage nach genoss er das absolute Vertrauen des Sultans und wurde von ihm in allen Angelegenheiten konsultiert. Die Verwaltung erschien fast wie ein Familienbetrieb: Sein ältester Sohn übte das Amt des Registrators der Nachfahren des Propheten aus und war Anwärter für das Amt des Scheich ül-Islam, sein zweiter Sohn war oberster Kadi von Anatolien, der dritte zeitweise Kadi in Bursa, der vierte Erzieher eines Prinzen, sein Schwager war oberster Kadi von Rumelien.[5] Auch das Amt des Großwesirs erhielt man nur mit Feyzullahs Hilfe und behielt es (und sein Leben) nur durch seine Gunst. So wurde der Großwesir Daltaban Mustafa Pascha (im Amt 1702–1703), der angeblich durch Bestechung Feyzullahs an seinen Posten gekommen war und als »Falke« eine schnelle Revision des Friedens versprach, aufgrund einer Intrige der Partei der »Tauben« um den Scheich ül-Islam hingerichtet.[6] Sein Nachfolger Rami Mehmed Pascha (im Amt 1703), eine »Taube«, wurde seinerseits von Feyzullah politisch kaltgestellt und gab sich fortan vor allem der Dichtkunst hin.

Die Unzufriedenheit mit den Zuständen in der Hauptstadt wuchs. Die verlorenen Provinzen und das Ende der Weltmachtstellung wogen schwer, insbesondere in der Armee und unter den Würdenträgern in der Verwaltung, die im Sinne der – nun an ihr Ende kommenden – Staatsideologie erzogen worden waren. In der Armee kursierte die Meinung, der Sultan sei schuld an der Niederlage. Die Militärs hatten auf Daltaban gesetzt, um die alte Größe des Reichs wiederherzustellen. Nach seinem jähen Ende richtete sich ihre Kritik gegen den einflussreichen, korrupten Scheich ül-Islam sowie Rami und Alexander Mavrokordatos.[7] Letztere hatten als Chefunterhändler den Frieden von Karlowitz maßgeblich mitgestaltet. Ferner soll Rami im Gegensatz zur bisherigen Praxis auch gegen Staatsdiener und insbesondere gegen ranghohe Janitscharen die Prügelstrafe verhängt haben, wenn er der Auffassung war, dass sie ihren Aufgaben nicht gerecht wurden, was insbesondere Letztere als Erniedrigung empfanden.[8] Die hohe Politik spielte sich im 240 Kilometer entfernten Edirne ab, so dass die Einwohner der nur noch nominellen Hauptstadt weder Einfluss auf die Politik nehmen konnten, noch ökonomisch von der Präsenz des kaufkräftigen Hofes profitierten.[9]

1703 – Die Herrschaft der Revolutionsregierung

Der Unmut entlud sich im Sommer 1703. Auslöser war eine bevorstehende Strafexpedition gegen einen Vasallen der Osmanen in Westgeorgien.[10] Das Korps der Waffenmeister *(Çebeciler)* hatte daraufhin den seit zwei Jahren ausstehenden Sold eingefordert, ehe die Truppen nach Georgien ausrücken mussten. Der *Kaymakam* (Reichsverweser) als höchster Vertreter des Sultans in Istanbul und der *Kul kâhya* (Generalleutnant der Janitscharen) wollten den Sold auszahlen und so die Protestierenden beschwichtigen, doch ihr Vorhaben stieß in Edirne auf Missbilligung. Beide wurden abberufen und ihre Nachfolger auf eine härtere Gangart eingeschworen.[11] Köprülü Abdullah, ein Sohn des früheren Großwesirs Köprülü Fazıl Mustafa Pascha (im Amt 1689–1691), wurde neuer *Kaymakam*, obwohl er erst 18 Jahre alt war.

Das politische System des Reichs kannte die Institution der Petition *(şikayet)*: Jeder Untertan konnte sich unmittelbar an die hohen Würdenträger wenden, entweder schriftlich oder persönlich.[12] Und so suchte eine Delegation der Waffenmeister Abdullah auf und bat erneut um den ausstehenden Sold. Als der *Kaymakam* sie mit Verweis auf die leere Staatskasse rüde aufforderte, weiter auf die Auszahlung zu warten, verließen sie unter lautem Protest das Gebäude. Dass die Waffenmeister ihre Beschwerde nun öffentlich kundtaten, betrachtete Abdullah als Aufruhr und wies die Janitscharengarde an, sie zu ergreifen. Daraufhin appellierten die Delegierten angeblich an die Umstehenden mit den Worten »Gibt es (hier) keine Gefährten?«, was als Parole der Janitscharen verstanden wurde, so dass ihnen tatsächlich geholfen wurde, unbeschadet zu entkommen.[13]

Die Waffenmeister berichteten von dem Vorfall, woraufhin sich weitere Soldaten mit ihnen solidarisierten. Sie versammelten sich – wie zu Justinians Zeiten – im Hippodrom. Obwohl die Rennbahn ihrer früheren Funktion beraubt und ohne Tribünen lediglich ein weitläufiger Platz im Regierungsviertel war, hatte sie bereits bei den Unruhen des 17. Jahrhunderts als Ort für politische Zusammenkünfte gedient. Die Versammelten richteten sich zuerst gegen ihre eigenen Vorgesetzten, also die Kommandeure sowohl der Waffenmeister als auch der Janitscharen, und stellten sie vor die Wahl, sich ihnen anzuschließen oder erschlagen zu werden. Als sie zum Palast marschierten, stellte sich ihnen fast niemand in den Weg. Auch die wachhabenden Janitscharen solidarisierten sich mit den Aufständischen, ebenfalls die Palastwache *(bostancı)* und die Kavallerie. Abdullah war bereits geflohen.[14] Der Aufstand stieß zudem über das Militär hinaus auf Zustimmung: Ulema riefen dazu auf, das Freitagsgebet nicht zu halten, was ein Akt des Ungehorsams gegenüber dem Sultan war.[15] Verbände der Nachkommen des Propheten schlossen sich ebenfalls an, genau wie syrische Ausstatter der Armee, Theologiestudenten, Gewerbetreibende und Lastenträger des Basars, die Arbeiter der Waffenschmiede und Seeleute. Mittelpunkt der Versammlung wurde nun der Et Meydanı, der Platz unmittelbar vor der Janitscharenkaserne. Sowohl die Theologiestudenten als auch die Janitscharen hatten ihre Fleischtöpfe von den Feuerstellen genommen und öffentlich sichtbar auf den Platz gestellt, als Zeichen, dass sie die Verpflegung durch den Sultan zurückwiesen und somit den Gehorsam verweigerten.[16]

Anders als bei vorangegangenen Unruhen, bei denen man sich meist damit begnügt hatte, kurzen Prozess mit den vermeintlich für die angeprangerten Missstände Verantwortlichen zu machen, übernahmen die Aufständischen von 1703 selbst Verantwortung. In Opposition zu den korrupten und vom Scheich ül-Islam kontrollierten Würdenträgern bildeten sie eine eigene revolutionäre Regierung. Firari Hasan Pascha, einer der Anführer der Bewegung, wurde zum neuen *Kaymakam* ernannt. Nakib (Nachkomme des Propheten) Kâzibi (der Lügner) Mehmed Efendi übernahm das Amt des Scheich ül-Islam, das er bereits unter Mehmed IV. ausgeübt hatte. Dorocan Ahmed Pascha, ein älterer Offizier, der zurückgezogen am Bosporus lebte, wurde von den Revolutionären zum neuen Großwesir ernannt. Çalık Ahmed Ağa wurde neuer Oberbefehlshaber der Janitscharen. *Kul kâhya* wurde Div Ali Ağa, der bereits früher als Generalleutnant der Janitscharen gedient hatte, zu der Zeit aber ohne Amt in Istanbul lebte.[17] Wortführer des Aufstandes war der Kavallerist Karakaş Mehmed, der angeblich die Forderungen der Rebellen an den Sultan formulierte.[18] Die Aufständischen hielten den Palast besetzt und bezeichneten sich als heiliges Tribunal, vor dem jeder Muslim nach Aufforderung erscheinen müsse. Sie zitierten den Sultan vor das Tribunal und verlangten die Auslieferung des sich ebenfalls in Edirne aufhaltenden Scheichs ül-Islam Feyzullah. Als der Sultan nach drei Wochen immer noch nicht erschienen war, stattdessen die revolutionäre Delegation auf ihrem Weg nach Edirne auf Geheiß Feyzullahs festgesetzt und ins Gefängnis von Eğridere geworfen wurde, wurde Mustafa für abgesetzt erklärt. Die neue Regierung verständigte sich darauf, dass sein Bruder Ahmed der Erbfolge nach der legitime Herrscher sei, obwohl sich zuvor eine Mehrheit für den Neffen des Abgesetzten, Ibrahim, ausgesprochen hatte.[19]

Die Aufständischen mobilisierten ein Heer, das diese Entscheidung in Edirne durchsetzen sollte. Während 25 000 Mann in Istanbul verblieben, um die Stadt vor einem eventuellen Angriff zu schützen, marschierten 70000 Mann auf die Residenzstadt. Vermutlich hatte der abgesetzte Scheich ül-Islam dem Sultan gegenüber das Ausmaß des Aufruhrs heruntergespielt. Als die loyalen Truppen sich den Anrückenden entgegenstellten, soll der neu ernannte Scheich ül-Islam Nakib Kâzibi Mehmed Efendi an sie appelliert haben, die Waffen ruhen zu lassen, denn die Erhebung richte sich schließlich nur gegen Gottlose. Tatsächlich blieb ein größerer Zusammenstoß aus, die loyalen Truppen verweigerten den Befehl und schlossen sich der Bewegung an.[20] Mustafa zog sich nach Edirne zurück und übergab noch vor dem Einmarsch der Aufständischen das Amt an seinen Bruder Ahmed.[21]

Der Scheich ül-Islam und seine Söhne waren auf der Flucht, wurden aber ergriffen und nach Edirne zurückgebracht. Zwar hatte der neue Sultan Ahmed III. (reg. 1703–1730) das Exil für ihn vorgesehen, doch die revolutionären Truppen ließen ihn nicht so leicht davonkommen. Er und seine Söhne wurden drei Tage lang gefoltert, um das Versteck ihres Vermögens preiszugeben. Feyzullah blieb jedoch standhaft. Er wurde zum Tode verurteilt und anschließend rücklings auf einem Esel sitzend zum Trödelmarkt von Edirne gebracht. Den Esel musste ein Jude führen. Nachdem der ehemalige Scheich ül-Islam geköpft war, wurde eine zufällig vorbeiziehende griechisch-orthodoxe Totenprozession gezwungen, den verstümmelten Leichnam durch die Stadt zu führen, ehe Rumpf und Kopf in die Tunca, den Fluss bei Edirne, geworfen wurden. Die Botschaft, die die Aufständischen vermitteln wollten, war eindeutig: Feyzullah war durch seine zahlreichen Sünden zum Ungläubigen geworden, so dass man ihm sowohl auf dem Weg zu seiner Hinrichtung als auch danach ein muslimisches Geleit und sogar eine Beerdigung verweigerte. Auf ähnliche Art wurde einer seiner Söhne in Istanbul hingerichtet und die Leiche im Meer versenkt. Weitere Parteigänger des Scheichs ül-Islam wurden ebenfalls exekutiert.[22]

Radikale Ideen, gute Organisation und abruptes Ende

Es schien zunächst, als hätte die Revolution einen glücklichen Ausgang gefunden: Der schwache Sultan hatte abgedankt, und der korrupte Geistliche war einer grausamen Strafe zugeführt worden. Sultan Ahmed III. fügte sich voll und ganz seinen revolutionären Unterstützern. Er bestätigte die neue Führung in ihren Ämtern, zog entsprechend ihres Wunsches nach nur drei Wochen nach Istanbul und zahlte den Soldaten den ausstehenden Sold von zwei Jahren sowie den traditionellen Bonus bei einer Thronbesteigung.[23] Aufgrund dieser Zugeständnisse gaben sich die Aufständischen der Illusion hin, der Sultan werde in ihrem Sinne weiterregieren und eine Aufrechterhaltung des revolutionären Drucks sei nicht nötig. Tatsächlich arbeitete Ahmed III. unter dem Einfluss seines Schwagers, des durch ihn eingesetzten neuen *Kaymakam* Silahdar Hasan Pascha, daran, dass sich die Revolutionäre in Sicherheit wogen, ehe er begann, sie nach und nach zu eliminieren. Ihr Wortführer Karakaş Mehmed erhielt den Auftrag, für den Sultan nach Mekka zu reisen, wurde aber schon in Aleppo auf dessen Befehl ermordet. Çalık Ahmed Ağa, der Oberbefehlshaber der Janitscharen, wurde in den Palast gerufen. Dort wurde er durch ein Seitentor zum Bosporus gebracht und ertränkt. Firari Hasan, der große Sympathien in der Bevölkerung genoss, wurde zunächst auf ein Kommando im fernen Babadağ in der Dobrudscha (im heutigen Rumänien) weggelobt. Jahre später ereilte auch ihn die Hinrichtung durch Ertränken. Lediglich der Großwesir Dorocan Ahmed Pascha wurde geschont und nur verbannt, da er angeblich gegen seinen Willen ernannt worden war. Div Ali Ağa gelang die Flucht, er konnte nie gefunden werden. Die Säuberungen richteten sich allerdings nicht nur gegen die Anführer. Laut Dimitri Cantemir wurden über die nächsten fünf Monate 14 000 Männer bei Nacht ergriffen und im Bosporus ertränkt.[24]

Eine im Vatikanischen Archiv entdeckte Ballade, die Fariba Zarinebaf übersetzt und veröffentlicht hat und die aus der Zeit nach dem Sommer

1703 stammen muss, zeugt von den Beweggründen der Aufständischen. Einige Auszüge:

»Der häretische Mufti hat viele Fetvas erlassen
Er möchte den Souverän in den Untergang treiben zugunsten der ungläubigen Könige
Sein Ziel ist es, Istanbul zu ruinieren
Deine Soldaten werden das nicht akzeptieren (...)
Das Volk Istanbuls hatte genug und erhob sich
Die Soldaten waren in einem Krieg um Wien, mein Herrscher
Was hat Euch diese Große Stadt getan? (Istanbul; Anm. MF) (...)
Deine Sklaven wollen nicht den zweifelhaften häretischen Mufti
Dein Wesir Rami ist aufgestiegen
Er gibt sich Ausschweifungen hin und trinkt Wein (...)
Wir haben Euren Befehl nicht befolgt
Ihr habt Euch selbst zu Fall gebracht
Ihr habt die Schuld der Welt verursacht
Wir hissten das Banner mit
72 Gilden
Und der Kavallerie
Und füllten den Neuen Garten
Der gemeine Mann von Istanbul ist kein Rebell.«[25]

In dem Lied wird nicht zwischen Innen- und Außenpolitik unterschieden, sondern beides aus derselben Perspektive betrachtet. Der verlorene Kampf um Wien wird nicht als Debakel dargestellt, sondern als sei die Eroberung fast erreicht worden und weiterhin Aufgabe der auf Allah und den Sultan eingeschworenen Janitscharen. Da der Frieden von Karlowitz einen Verrat an dieser heiligen Mission und einen Ausverkauf an die Ungläubigen bedeutet, sind die Wortführer der »Tauben«, der Großwesir und der Scheich ül-Islam (Mufti), Verräter an der Religion. Feyzullah wird durchgehend als *Kızılbaş*, als alevitischer Häretiker bezeichnet, während Rami sein Luxusleben vorgehalten wird. Mit dem Sultan führt die Ballade hingegen einen Dialog: Die Soldaten waren ihm treu ergeben, wollten auf seinen Befehl in den heiligen Krieg ziehen. Da Mustafa aber sein Vertrauen dem Scheich ül-Islam schenkte und dem verräterischen Treiben seiner Höflinge keinen Einhalt gebot, sahen sich die Janitscharen genötigt, ihn abzusetzen. Dass sie dies nicht aus Opportunismus oder allgemeiner rebellischer Neigung taten, bezeugt das breite gesellschaftliche Bündnis, das sich ihnen anschloss, insbesondere die 72 Gilden.

Anders als die üblichen Janitscharenunruhen sollen der Aufstand von 1703 und seine führenden Aktivisten Sympathien in großen Teilen der Stadtbevölkerung genossen haben. Die nichtmuslimischen Beobachter waren beeindruckt von der revolutionären Disziplin der Bewegung. Der Winter 1687/88, als es wegen des Kriegs mit den Habsburgern zu Versorgungsengpässen kam und Soldaten plünderten, stand vielen noch vor Augen.[26] Tatsächlich richteten sich der Groll und die Gewalt einzig gegen das korrupte Regime und seine Vertreter. Beispielsweise wurde der Unterhändler des Sultans, Mustafa Efendi, am Stadttor gefesselt, auf das Hippodrom geführt und dort misshandelt, Parteigänger Feyzullahs wurden sogar zu Tode gequält.[27] Der revolutionäre Großwesir Dorocan Ahmed ermahnte die Botschafter zwar, dafür Sorge zu tragen, dass die Tavernen geschlossen blieben und vor allem kein Wein an Muslime ausgeschenkt werde. Ferner blieben die Stadttore sowie der Handel bis auf Lebensmittelläden und -märkte geschlossen. Nichtmuslime und Ausländer, die bei anderen Unruhen leicht Opfer von Gewaltexzessen wurden, blieben aber trotz der Präsenz von zahlreichen Aufrührern in den Straßen verschont. Nach unterschiedlichen Auffassungen war dies entweder das Resultat der strengen Strafen durch die Revolutionsregierung oder des Appells, das legitime Anliegen nicht durch willkürliche Gewalt zu gefährden. Çalık Ahmed soll sogar auf dem Marsch nach Edirne dafür gesorgt haben, dass die Soldaten nicht ein einziges Huhn von den Bauern raubten, eine Disziplin, die es in einer regulären Armee nicht im selben Maße gab. Der ausstehende Sold wurde zunächst freiwillig aus dem Vermögen der Moscheestiftungen vorgeschossen.[28]

Insofern scheint der Aufstand von 1703 sich tatsächlich von den üblichen Rahmenbedingungen der Revolten abgehoben zu haben. Es wurde eine populäre und dem Gemeinwohl verpflichtete Regierung ernannt. Joseph von Hammer erzählt, dass die Aufständischen ihre Kandidaten für den Kadi von Istanbul, den Scheich ül-Islam und den Befehlshaber der Janitscharen in den ersten Tagen des Aufstandes per öffentlicher Diskussion und Akklamation im Hippodrom gewählt hatten.[29] Çalık Ahmed Ağa hatte also ein öffentliches Mandat. Hier scheint erstmals das Konzept durch, nach dem die Stadt nicht nur ein Ort ist, an dem weise Herrscher den Untertanen dienen und andernfalls im Rahmen eines Aufstandes Stärkere den Schwächeren ihren Anteil des Mehrwertes rauben könnten. Vielmehr scheint das »Recht auf Stadt« für alle – eine gerechte und legitime Verteilung des Mehrwertes der urbanen Produktion – zumindest implizit im Vorgehen der Aufständischen durch. Indes wagten die Protagonisten nicht, sich aus dem traditionellen Rahmen zu lösen. Dass sie sich der Ulema bedienten und religiöse Urteile in ihrem Sinne verlesen ließen, überrascht weniger. Schließlich konnten solche Expertenmeinungen ausschlaggebend sein für Teile der Bevölkerung, die zwar die Kritik am Nepotismus Feyzullahs teilten, aber vor Ungehorsam zurückschreckten. Hingegen erwies sich das Vertrauen in Ahmed III. als Vollstrecker ihrer Anliegen als entscheidender Fehler. Sultane waren zwar seit bald einem Jahrhundert abgesetzt, getötet oder kaltgestellt worden. Dennoch waren die Aufrührer nicht bereit, die Institution der Monarchie an sich abzuschaffen. Radikale Konzepte einer Ordnung ohne Monarchie, einer echten *res publica*, hatte es in verschiedenen Revolten in Europa bereits seit mehreren Jahrhunderten gegeben. 1532 hatten die Aufständischen in Tirol unter Michael Gaismair für eine freie Bauernrepublik gestritten, 1649 bis 1660 war England vom Parlament regiert worden.

Doch auch unter den Aufständischen Istanbuls von 1703 soll der Gedanke eines Systems ohne Sultan nicht mehr undenkbar gewesen sein. Çalık Ahmed Ağa schlug laut dem Chronisten Naima tatsächlich vor, dass man die osmanische Dynastie ganz absetzen und stattdessen durch eine Volksversammlung *(cumhur cemiyeti)* herrschen sollte. Er nannte die Organisation der Janitscharenkorps von Tunis und Algier als Vorbild.[30] Angeblich war Çalık Ahmed allerdings nach der Thronbesteigung

Ahmeds III. vor allem damit beschäftigt, seine eigene Karriere voranzutreiben, denn er hoffte, Großwesir zu werden. Zu diesem Zweck lud er den Sultan zu sich nach Hause zum Essen ein, was ihm standesgemäß nicht zustand. Denkbar ist aber auch eine andere Interpretation dieser Einladung: Der Oberbefehlshaber der Janitscharen wollte hiermit womöglich den Sultan in seine Schranken weisen und ihm bedeuten, dass er sich künftig mit dem vergleichsweise bescheidenen Lebensstandard der Militäroffiziere begnügen müsse und der Revolutionsregierung nicht in die Quere kommen solle. Bei dieser Gelegenheit zog Çalık Ahmed den Groll der Eunuchen des Harems auf sich, da er ihnen aus Unkenntnis oder Verachtung des höfischen Protokolls nicht genügend Beachtung schenkte. Womöglich beförderten diese und vielleicht sogar aus Eigeninteresse auch der noch amtierende Großwesir Dorocan Ahmed das Ende Çalık Ahmeds.[31] Leider wissen wir zu wenig über seine Ideen vor dem Thronwechsel und über die genannten Vorbilder in Algier und Tunis, um seine Ideale näher zu charakterisieren.[32] Letztendlich setzten sie sich nicht durch – doch die Revolte von 1703 war nicht der letzte Aufstand des 18. Jahrhunderts, bei dem die Vorstellung einer Volksherrschaft eine Rolle spielte.

1730 – Die Herrschaft der Straße

Im Jahr 1730 sammelten sich die Truppen Istanbuls in Üsküdar zum Abmarsch. Die safawidische Dynastie war untergegangen, und wie die Herrscher Russlands und Afghanistans hofften auch die Osmanen, möglichst viel von Persien annektieren zu können. Allerdings kam die Armee nicht vom Fleck: Seit dem 3. August war sie marschbereit, aber man wartete, dass der Sultan sich an die Spitze der Truppe setzte. Doch auch nachdem er auf Drängen des Großwesirs sein Zelt in Üsküdar aufgeschlagen hatte, blieb der Befehl zum Abmarsch weiter aus.[33] So war es mittlerweile Ende September, viel zu spät, um das ferne Persien noch vor dem Wintereinbruch zu erreichen, geschweige denn eine Schlacht zu schlagen. Zudem überbrachten zur selben Zeit verstümmelte Soldaten die Nachricht nach Istanbul, dass die osmanischen Truppen Täbris verloren hatten. Spekulationen machten die Runde, dass der Sultan nun einen Frieden schließen werde, ehe die Soldaten den Marschbefehl bekamen.[34] Dies führte insbesondere unter den Gewerbetreibenden *(esnaf)* zu Unmut, da sie hohe Sonderabgaben für den Feldzug hatten zahlen müssen. Sie entrichteten unter anderem eine Gebühr für die Erlaubnis, dass Gildenmitglieder die Truppen begleiteten und ihre Dienste anboten, beispielsweise gebrauchte Kleidung verkauften oder Waffen und Ausrüstung reparierten. Blieben die Soldaten zu Hause, so war diese Investition umsonst, und die gezahlten Abgaben drohten in private Taschen zu versickern, so munkelte man.[35]

Der Aufruhr brach am 28. September zunächst im Großen Basar aus, wo sich 30 Verschwörer versammelten, ihre Schwerter und ein grünes Banner zogen und über das Schicksal der aus Persien zurückgekehrten Kriegsversehrten, die unzureichende Fürsorge für die Truppe, die Abgaben, aber auch das luxuriöse Leben der Eliten klagten. Schließlich zogen sie in drei Gruppen los, um die Stadt unter Kontrolle zu bringen.

Die Revolte wurde im Nachhinein nach ihrem Wortführer Patrona Halil benannt. Sein abenteuerliches Leben ist ein Beispiel dafür, wie manche Personen Mitte des 18. Jahrhunderts am Rande der Gesellschaft lebten, aber gleichzeitig höchste Protektion genießen konnten. Halil stammte aus Südmakedonien und galt als Albaner. Seinen Namenszusatz Patrona verdankte er seinem Militärdienst: Er war Marinesoldat auf dem Schiff des osmanischen Vizegroßadmirals gewesen, welches nach dessen Rang »Patrona« genannt wurde. Halil hatte mit Teilen der Mannschaft gemeutert, wurde aber festgenommen und zum Tode verurteilt. Mit der Hilfe des Großadmirals *(Kapudan Pascha)* Mustafa Pascha gelang ihm die Flucht nach Niš, wo er sich den Janitscharen anschloss. Als er später an der Donau in Vidin stationiert war, nahm er erneut an einem Aufstand teil, der ebenfalls scheiterte. Patrona Halil floh nach Istanbul, verkaufte getragene Kleidung und tauchte in ein Milieu ein, das sich aus albanischstämmigen Straßenbanden, entlassenen Janitscharen und Bademeistern aus den öffentlichen Bädern *(Hamam)* zusammensetzte. Es wird berichtet, dass er ebenfalls die Tavernen Galatas frequentierte. In einer soll er bei einem Streit einen Freund erschlagen haben, woraufhin er verhaftet und als Wiederholungstäter zum Tode verurteilt wurde. Jedoch intervenierte sein Beschützer *Kapudan* Mustafa Pascha erneut und ließ ihn frei.[36] Dies führte zu Spekulationen, nach denen der Großadmiral bewusst gegen die Ordnung und damit die Regierung des amtierenden Großwesirs (der sein Schwiegervater war) verstoßen und Unruhe habe stiften wollen, um möglicherweise selbst an die Macht zu kommen. Nach Meinung anderer hatte er gleich selbst die ganze Revolte organisiert.

Laut Augenzeugen war der Trupp, der am 28. September 1730 an die Kaufleute des Großen Basars appellierte, ihre Läden zu schließen, ursprünglich alles andere als beeindruckend. Der Zuspruch hielt sich in Grenzen. Die Anwesenden verhielten sich zunächst abwartend. Doch da die meisten hohen Beamten sich in Üsküdar beim Sultan aufhielten, fiel der Aufruhr Patrona Halils und seiner Genossen, darunter der Lebensmittelverkäufer Muslu Beşe und Emir Ali, der bereits einen Aufstand in Izmir mit angeführt hatte, zuerst gar nicht auf. So konnten die Aufrührer die Schließung der Läden verhängen und den Et Meydanı und das Hippodrom besetzen. Als der Oberbefehlshaber der Janitscharen versuchte, sie aufzuhalten, rebellierte seine Truppe. Er musste fliehen. Auch manche Ulema waren mit der Regierung des Großwesirs so unzufrieden, dass sie sich dem Aufstand anschlossen und ihn per *Fetva* (Rechtsbeschluss) für rechtens erklärten.[37]

Da keine regulären Truppen in der Stadt waren, konnte sich die Erhebung ausbreiten. Weitere Janitscharen schlossen sich an, Gefangene und Galeerensklaven wurden befreit. Aus einer Position der Stärke heraus konnten die Aufständischen nun die übrigen Istanbuler zwingen, sich ihnen anzuschließen. Erst am Folgetag, dem 29. September, um vier Uhr nachmittags soll der Großwesir über die Zustände informiert worden sein, woraufhin sich der Hof zurück in den Topkapı-Palast begab, um zu beratschlagen.[38] Angeblich verhielt sich Ahmed III. abwartend, während sein Großwesir Damad Ibrahim Pascha von Nevşehir (im Amt 1718–1730) für hartes Vorgehen plädierte.[39]

Indes wurde die unkontrollierte Stadt eine Spielwiese der Aufständischen. Die Häuser der Reichen und der Würdenträger wurden überfallen und geplündert. Laut dem Earl of Sandwich, der sieben Jahre später Istanbul besuchte, sollen die Rebellen den Harem des Scheichs ül-Islam, Abdullah Efendi von Yenişehir, gestürmt und die Frauen des Hauses vergewaltigt haben. Anders als 1703 weitete sich die Erhebung auf Galata aus. Die Aufständischen drohten angeblich damit, die dort lebenden europäischen Ausländer anzugreifen, seien aber durch die Bestechung des französischen Botschafters von diesem Vorhaben abgebracht worden. Die Europäer hatten sich bewaffnet, um notfalls Widerstand leisten zu können. Die ärmeren griechischen, armenischen und jüdischen Handwerker Galatas schlossen sich der Rebellion an und beteiligten sich beispielsweise, als Patrona Halil das Haus des *Voyvoda* (Stadtvorsteher) von Galata plündern ließ. Der *Voyvoda* hatte Patrona Halil zum Tode verurteilt, nachdem dieser in der Taverne seinen Freund erschlagen hatte. Die Plünderer warfen aus dem Haus des *Voyvoda* händeweise Münzen unter das meist nichtmuslimische Volk, das von der Straße zuschaute. So nahm die Rebellion karnevaleske Züge an. Es kam aber auch zu Vorfällen, in denen sich Intoleranz und Verachtung für die Nichtmuslime Bahn brachen.[40]

Am dritten Tag des Aufstands wandte sich der Sultan an die Aufrührer, um deren Forderungen zu erfahren. Es vermittelte der Prediger der Hagia Sophia, İsprizade Ahmed, der mit den Rebellen sympathisierte. Wie bei früheren Aufständen forderten sie vor allem die Köpfe führender Politiker, darunter insbesondere den Damad Ibrahims, des Großwesirs. Ahmed III. hatte ein gutes Verhältnis zu seinem Großwesir, schließlich hatte er ihm zwölf Jahre lang die Regierungsverantwortung überlassen und ihm seine vierzehnjährige Tochter Fatma Sultan zur Frau gegeben (daher der Namenszusatz Damad, der Schwiegersohn bzw. Bräutigam bedeutet). Durch die Aufständischen in die Enge getrieben, beschloss der Sultan jedoch, Ibrahim zu opfern. Er ließ ihn zusammen mit dessen beiden Schwiegersöhnen (darunter der Großadmiral, obwohl er gar nicht auf der Todesliste stand und Patrona Halil mehrfach beschützt hatte) und zwei weiteren hohen Beamten hinrichten und übergab die Leichen den Aufständischen. Während diese Ibrahims Leiche in den Straßen schändeten, wurden der Scheich ül-Islam und andere, die ihre Position dem Hingerichteten zu verdanken hatten, aus ihren Ämtern entfernt.[41]

Der neue Großwesir befahl sofort, den ausstehenden Sold an die Janitscharen auszuzahlen, doch so leicht ließ sich die Stimmung in Istanbul nicht mehr beruhigen. Der neue Scheich ül-Islam wurde genötigt, den Sultan für abgesetzt zu erklären. Tatsächlich fügte sich Ahmed III. in sein Schicksal, um sich und seine Familie vor schlimmeren Übergriffen zu retten.

Die neue Herrschaft von Patrona Halils Gnaden

Am 1. Oktober bestieg Ahmeds Neffe Mahmud I. (reg. 1730–1754) den Thron. Der neue Sultan tat sein Bestes, um die Stimmung zu beruhigen, und schaffte Neuerungen wie die außerordentlichen Kriegsabgaben, die Ibrahim eingeführt hatte, wieder ab. Allerdings hatten die Rebellen Gefallen an ihrer Machtposition gefunden und wollten sie nicht so schnell aufgeben. Patrona Halil führte den neuen Sultan zum Gürten des imperialen Schwertes, der traditionellen Inthronisationszeremonie am Heiligtum am Grabe Ayyub al-Ansaris. Halil ritt in gewöhnlicher, abgewetzter Straßenkleidung und ohne Schuhe, um deutlich zu zeigen, dass die Rebellenführer immer noch das Sagen hatten.[42] Halil mischte sich auch direkt in die Politik ein. So nominierte er als neuen Fürsten der Moldau den griechischen Fleischer Giannaki, dessen einziges Verdienst darin bestand, dass er Patronas Ausgaben in dessen Straßenjahren angeschrieben hatte.[43] Die Register zur Einschreibung für den Janitscharensold wurden wieder geöffnet, aus denen der Großwesir Ibrahim viele nicht aktive Soldaten hatte streichen lassen. Zahlreiche Istanbuler nutzten diese Gelegenheit, um sich in die Register eintragen zu lassen – angeblich »Männer, Frauen und sogar noch ungeborene Bastarde im Schoß«.[44]

Allerdings kippte in den folgenden Wochen die Stimmung in der Stadt. Der Aufstand hatte sich zwar aus dem verbreiteten Unmut gegen die Verschwendung der Eliten, die ausbleibenden Soldzahlungen und die exorbitanten Sonderabgaben speisen können. Doch weite Teile der Bevölkerung glaubten, durch den Regierungs- und Herrscherwechsel, die Rücknahme der Sonderabgaben und die Auszahlung und Ausweitung des Kreises derer, die Sold bezogen, sei das Mögliche erreicht. Das extravagante Verhalten von Patrona Halil und seiner Entourage schien die Rückkehr zur Normalität zu verhindern. Es kam nun zu tödlichen Zusammenstößen zwischen den Rebellenführern und den Janitscharen.[45] Insbesondere die Gewerbetreibenden wandten sich ab. Der ursprüngliche Aufstand war ihnen nützlich gewesen, die Fortdauer der Straßentumulte aber gefährdete den Handel.[46]

Am 25. November, nach zwei Monaten, in denen Patrona Halil de facto herrschte, wurde er zusammen mit Muslu Beşe in den Topkapı-Palast zitiert. Beide machten sich Hoffnung, dass sie weggelobt werden sollten. Man hatte ihnen zugetragen, dass sie mit den hohen Ämtern der Statthalter von Rumelien und Anatolien versehen werden sollten, damit die Stadt zur Ruhe komme. Stattdessen stürzte sich bei ihrer Ankunft im Palast die Wache auf sie und tötete die beiden sowie den sie begleitenden Oberbefehlshaber der Janitscharen. Auch ihre vor den Palastmauern wartenden Anhänger wurden von den Wachsoldaten getötet. Die Leichen von 18 Aufrührern stellte man an dem von Sultan Ahmed III. gestifteten Brunnen zwischen Palasttor und Hagia Sophia zur Schau.[47] Der Aufschrei blieb aus. Die Stadt war des Tumultes müde und ging zur Tagesordnung über, dennoch kam es in den Folgejahren zu erneuten Unruhen.

Der Sultan befahl die Verfolgung der verbliebenen Rebellen. Einer Schätzung nach wurden allein in den nächsten vier Tagen 1000 Menschen getötet. Ferner wurde im folgenden Jahr ein Erlass verkündet, dass der Zuzug von Albanern nach Istanbul verhindert werden sollte. Da Patrona Halil und einige seiner engsten Verbündeten Albaner gewesen waren, standen diese künftig unter Generalverdacht als Unruhestifter. Die willkürliche Ausweisung von Albanern auch ohne nachweisliche Beziehung zu Patrona Halil galt den Behörden als legitime Maßnahme.

Der Aufstand von 1730 gilt als die größte Rebellion in der Geschichte Istanbuls. Zwar war es schon vorgekommen, insbesondere zum Ende der Herrschaft von Andronikos und nur 27 Jahre zuvor unter Mustafa II., dass der Herrscher »nackt« war, seine Truppen ihm keinen Gehorsam mehr leisteten und die Rebellen offene Türen aufstießen. Ob Ahmed III. ebenfalls vollkommen verlassen war oder aus der Erfahrung von 1703 die Situation zu pessimistisch eingeschätzt hatte, sei dahingestellt. Der Unterschied lag vor allem in der Zeit, während der die Straße die Staatsgeschicke bestimmen konnte. Über Wochen und Monate hinweg lag die Macht bei Patrona Halil und seinem Führungszirkel. Kann man in ihrem Handeln die Einforderung eines »Rechts auf Stadt« für alle erkennen? An sich ja. Das Verstreuen der Münzen des *Voyvoda* von Galata aus dem Fenster hinaus und die Masseneinschreibungen für den Janitscharensold waren pragmatische Umverteilungsmaßnahmen angesichts einer Elite, deren Lebensstandard sich zunehmend von dem der unterdurchschnittlichen Stadtbewohner entfernt hatte und der den von der Hand in den Mund lebenden Istanbulern als unmoralischer Luxus erscheinen musste. Dabei war die Zahl der Toten während des Aufstands vergleichsweise gering, da es zu keinen eigentlichen Zusammenstößen zwischen loyalen und meuternden Soldaten kam. Jedoch fehlte den Rebellen die Phantasie für politische Visionen. Auf die Anweisung des Sultans, Forderungen zu stellen, folgte nur eine Liste von Köpfen, die man rollen sehen wollte. Das Geschacher um Posten nach der Einsetzung Mahmuds I. dürfte ein Übriges getan haben, um Patrona Halil und Konsorten in den Augen vieler Istanbuler zu diskreditieren. Anscheinend stritten nun die Anführer um ihren Teil des Kuchens, anstatt sich für die breite Bevölkerung einzusetzen. Die rauen Manieren der Straße, die die aus der Provinz stammenden Kleinsthändler (Kafadar benutzt das Wort Lumpen-*esnaf* in Analogie zu Marx' Lumpenproletariat), Bademeister und entlassene Soldaten in den Wochen der Revolte an den Tag legten, mögen im Kampf um das Recht der kleinen Leute für kurze Zeit überzeugend gewirkt haben. Als Dauerzustand wirkten sie eher abschreckend auf die Stadtbewohner, die auf eine schnelle Rückkehr zur Normalität hofften und dafür bereit waren, die Missstände im Land auf Personalfragen zu reduzieren.

10.

Friede den Palästen!

Die städtischen Gärten und die Suche nach der irdischen Glückseligkeit

Wie sah die Ordnung aus, gegen die sich entlassene Janitscharen, Trödler und Bademeister verschworen hatten und gegen die schließlich auch das aktive Militär, die Theologiegelehrten und die Gewerbetreibenden rebelliert hatten? Um diese Frage zu beantworten, müssen wir die soziale und kulturelle Entwicklung der Stadt Istanbul und des Hofes seit seiner Rückkehr von Edirne an den Bosporus in den Blick nehmen. Überall in Europa und darüber hinaus waren im 17. Jahrhundert Herrscher der überbevölkerten, unruhigen und schmutzigen Hauptstädte überdrüssig. Nach 1660 wurde Windsor Castle in England von einer Festung zu einem Schloss umgebaut. 1688 begann König Ludwig XIV. von Frankreich (reg. 1643–1715), ein kleines Jagdschloss in Versailles vor den Toren von Paris zu seiner Residenz umzubauen. Kurfürst Friedrich Wilhelm von Brandenburg (reg. 1640–1688) machte Potsdam zu seinem Zweitsitz neben Berlin, während der Erzbischof und Kurfürst von Köln das provinzielle Bonn zur Residenzstadt ausbauen ließ. Die Entscheidung, in oder außerhalb einer kleineren Stadt mit grünem Umland eine Residenz zu errichten, war also keine Besonderheit der Osmanen. Eine Forderung der Revolutionäre von 1703 war, dass der Sultan und sein Hof nach Istanbul zurückkehren sollten. Vielleicht hatten sie sich davon erhofft, dass die Herrscher ihr Leben in schönen Palästen fern von den Nöten der breiten Bevölkerung aufgeben und sich der Sorgen der Großstadtbewohner annehmen würden. Stattdessen hielt jedoch ein bisher nie oder zumindest nicht seit den *Oikoi* der Komnenenzeit gesehener Luxus Einzug nach Istanbul und Umgebung.

Wie die Reichen reicher wurden: Das wirtschaftliche System der Tulpenzeit

Staat, Politik und Gesellschaft hatten sich deutlich verändert in dem halben Jahrhundert, in dem die Sultane in Edirne residiert hatten, und unterlagen weiterer Veränderung. Zwar gab es im Osmanischen Reich nie ein System wie den europäischen Adel, also institutionell privilegierte Familien mit vererbbarem Großgrundbesitz. Faktisch hatte sich jedoch aus den Hofbeamten, hohen Offizieren und Klerikern sowie Provinzgouverneuren ein Kreis dominanter Familien herausgebildet. Diese vermochten es, langfristig Einfluss zu gewinnen und zu sichern sowie Ämter, Einnahmen und Ansehen auf sich und ihre Angehörigen zu konzentrieren. Möglich wurde dies vor allem durch eine Neuerung in der Finanzverwaltung. Der osmanische Staat kannte bereits seit einiger Zeit die Institution der Steuerpacht. Anstatt in mühseliger Kleinarbeit die Steuern aus den Provinzen durch Staatsbeamte einsammeln zu lassen, verfiel man auf eine andere Lösung. Das Recht, die Abgaben für die jeweiligen Provinzen einzutreiben, wurde meistbietend versteigert, meist auf drei Jahre. Wer den Zuschlag bekam, musste den festgesetzten Betrag umgehend an den Fiskus abführen und konnte anschließend die Steuer eintreiben und einbehalten. Die Vorteile für den Staat waren die Vorkasse und der geringe Aufwand; für den Pächter und in der Regel für den Bankier, der ihm die Zahlung an den Fiskus vorfinanzierte, winkten hohe Profite, wenn die Spanne zwischen Vorfinanzierung und Steuereinnahmen groß war und die Eintreibung rigoros betrieben wurde. 1695 wurde die Verpachtung von Steuereinnahmen auf Lebenszeit eingeführt. Durch die sehr viel höheren Vorauszahlungen an den Fiskus spülte diese Regelung kurzfristig viel Geld in den Haushalt, längerfristig schmälerte sie aber die Staatseinnahmen und mehrte stattdessen das private Vermögen der großen Familien. Einige nachträgliche Reformen erfolgten in den 1710er Jahren. Sie sollten übermäßig großzügige Bedingungen zu Lasten des Staates bereinigen, versagten aber ebenso den Nichtmuslimen das Amt des Steuerpächters. Damit verkleinerte sich der Kreis der Profiteure auf etwa tausend Muslime, überwiegend vom Istanbuler Hof.[1]

Ferner entstand durch den Rückzug der Zentralverwaltung aus den Provinzen eine Schicht der Provinzgrößen, die sogenannten *Ayan*. Obwohl es nach wie vor das Privileg des Sultans war, Gouverneure einzusetzen und Steuerpachten zu vergeben, vermochten es einige Familien, in bestimmten Regionen des Landes die faktische Macht an sich zu reißen. Dies gelang ihnen durch eine geschickte Anhäufung von Steuerpachten, die Einbindung lokaler Würdenträger in den erweiterten Haushalt der jeweiligen *Ayan*-Familien, ähnlich den *Oikoi* der spätoströmischen Zeit, und den Aufbau von Privatarmeen. Für den Hof war es oft einfacher, die Macht eines *Ayan* anzuerkennen und ihm die Gouverneurswürde zu verleihen, solange er sich an die Vorgaben aus Istanbul hielt und seine Armee auf Geheiß des Hofes auch für Kriege des Reichs einsetzte, als ihn durch eine Strafexpedition zu entmachten.[2]

Diese neue Finanz- und Sozialordnung bedeutete aber keinesfalls, dass die Istanbuler Unter- und Mittelschichten gänzlich vom neuen Reichtum ausgeschlossen waren. Der Konsum der Oberschichten und insbesondere die zahlreichen Bauten privater und öffentlicher Art, von denen im Folgenden noch die Rede sein wird, sorgten für eine gute Auftragslage beim hauptstädtischen Gewerbe. Was diese sogenannte Tulpenzeit nicht bot, war ein wohl funktionierendes Staatssystem, das die vom Land in die Großstadt ziehenden Massen aufgefangen hätte und gewährleisten konnte, dass Löhne regelmäßig und in ausreichender Höhe ausgezahlt wurden. An die Umverteilung von Kriegsbeute zugunsten des allgemeinen Wohlstandes war erst recht nicht mehr zu denken; die

Staatseinnahmen mussten mehr als je zuvor durch die Provinzbewohner erwirtschaftet werden.

Ab der Mitte des 18. Jahrhunderts ließ die Kriegslust der Istanbuler Gesellschaft deutlich nach. Während um 1703 noch Balladen angestimmt wurden, die zum erneuten Sturm auf Wien mahnten, war im Jahr 1787 in Galata nahe der Marinewerft ein Flugblatt im Umlauf, das den Sultan aufforderte, auf die Bewohner Istanbuls zu hören und seinen Feldzug gegen Russland, das gerade die Krim annektiert hatte, abzubrechen.[3] Der Traum von der osmanischen Weltherrschaft war ausgeträumt. Die Bewohner der Hauptstadt besannen sich darauf, hier und jetzt das Leben zu genießen.

Nach den mittelalterlichen sittenstrengen Kriterien Ibn Khalduns erscheint das Istanbul des 18. Jahrhunderts als eine Stadt der Dekadenz. Eine übermäßige Konzentration auf den eigenen Genuss, das Streben nach immer prunkvolleren Häusern und nach farbenprächtiger Kleidung, die Bevorzugung von Zier- vor Nutzpflanzen – allein in Damad Ibrahims Garten blühten angeblich 500 000 Tulpen zur gleichen Zeit, und die Istanbuler betrieben einen Kult um diese Blume, der der niederländischen Tulpenmanie hundert Jahre zuvor in nichts nachstand[4] – und der Verfall der guten Sitten im Umgang zwischen den Geschlechtern erscheinen aus konservativer Perspektive als charakteristisch für diese Zeit. Die Kritik an diesen Zuständen machte sich wie auch in früheren Aufständen an einer konkreten Person fest.

Damad Ibrahim Pascha von Nevşehir, Großwesir von 1718 bis zu seinem unglücklichen Ende im Jahr 1730, verkörperte wie kein anderer das neue Gesellschaftssystem. Mit ihm war erstmals seit vielen Jahrhunderten wieder ein Kappadokier der wichtigste Mann am Hof. Ibrahim pflegte einen luxuriösen Lebensstil. Dass er gleichzeitig kreativ bei der Erfindung neuer und der Erhöhung bestehender Abgaben war, wurde ihm verständlicherweise angelastet. Ibrahim war mit der Sultanstochter Fatma verheiratet, einer seiner Schwiegersöhne war Stellvertreter *(kethüda)* des Großwesirs, der andere Großadmiral.[5] Der Vorwurf des Nepotismus und der Vermengung öffentlicher Aufgaben und privater Vorteilsnahme, wie er für die spätoströmische Zeit charakteristisch gewesen war, passt sicherlich ebenso auf die Verhältnisse der Tulpenzeit.

Charakteristisch für die Tulpenzeit war eine rege Bautätigkeit. Das betraf in großem Stil private und höfische Orte des Vergnügens, doch auch die öffentlichen Bauten wurden im 18. Jahrhundert keineswegs vernachlässigt. Tatsächlich hatte Ahmed III. nach seiner Rückkehr aus Edirne 1703 erkannt, dass die Infrastruktur und öffentlichen Bauten der Reichshauptstadt vernachlässigt worden waren. Er initiierte ein umfassendes Bauprogramm zur Instandsetzung von Brücken, Straßen und Fähranlegern, später auch der Stadttore und -mauern und der Wasserleitungen. Damad Ibrahim ließ mehrere Moscheen renovieren oder neu bauen. Zusätzlich ließ er bei mehreren Gelegenheiten durch verschiedene Moscheen kostenlos Brot verteilen. Der Bau öffentlicher Brunnen, die deutlich kunstvoller ausfielen als früher, ist ebenfalls charakteristisch für die Tulpenzeit. Nicht nur die Sultansfamilie und ihr Schwiegersohn, sondern gerade auch höhere und mittlere Angehörige der höfischen Bürokratie konnten sich als Mäzene und Stifter frommer Taten rühmen.[6]

Dennoch werden angesichts ausbleibender Soldzahlungen und rigoroser privater Steuereintreibung solche vereinzelten Aktionen nicht den Eindruck des Nepotismus zerstreut, sondern eher gönnerhaft gewirkt haben. Denn obwohl der Großwesir seine Moscheerenovierungen als persönliche fromme Tat unternehmen wollte, beschloss sein Schwiegervater Ahmed III. freundlicherweise, Ibrahims Schulden beim Staatshaushalt, die er für die Renovierungsarbeiten aufgenommen hatte, zu streichen. Und nicht wenige der neuen Moscheen entstanden in unmittelbarer Nähe zu den neuen Uferpalästen, beispielsweise in Ortaköy, Bebek und Kağıthane. Verständlicherweise riefen solche Umstände den Groll mancher Stadtbewohner hervor.[7]

Der Aufstand von 1730 war zwar von einer keineswegs asketischen, sondern durchaus lebensfreudigen Clique des Straßenmilieus angeführt worden. Allerdings hatten Patrona Halil und seine Konsorten ihre

Straßenmanieren demonstrativ zur Schau gestellt und sich vom Wohlstand der oberen Schichten distanziert. Eine Warnung, dass ihr hedonistisches Verhalten in der breiten Bevölkerung Unmut provozierte, hatte die Oberschicht schon zuvor erhalten, nämlich im Sommer 1726. Der Sultan und seine Höflinge befanden sich im Palast von Beşiktaş (an der Stelle des späteren Dolmabahçe-Palastes), als es plötzlich Steine auf das Gebäude hagelte. Dies wiederholte sich tagelang, auch bei anderen Sommerpalästen. Die Palastwache vermochte es nicht, die Täter zu fassen. Aus Angst verließ Ahmed seine Residenz.[8]

Das 18. Jahrhundert: Ein Zeitalter der Entgrenzung

Und doch würde man dem Istanbul des 18. Jahrhunderts Unrecht tun, wenn man es auf den Gegensatz von Arm und Reich reduzieren würde. Was konservative Kritiker als Verfall der Werte geißeln mochten, kann man genauso gut als Aufbruch in ein neues Zeitalter der Sinnlichkeit, der Innovation und des wiedererwachten Interesses an der weiteren Welt verstehen. Es war in mehrfacher Hinsicht eine Epoche der »Entgrenzung« für die Stadtbewohner, wie Shirine Hamadeh festgestellt hat, und zwar räumlich, sozial und kulturell. Nicht selten entstehen die üppigsten Bauwerke eines Imperiums, nachdem es seinen Zenit der militärischen, politischen und finanziellen Macht bereits überschritten hat. Auch im spätosmanischen Istanbul sollten die Bauten der Welt suggerieren, dass das Reich noch lange nicht am Ende war. Zu Beginn der Amtszeit Damad Ibrahims 1718 mag man hierbei neben der eigenen Bevölkerung vor allem die habsburgischen und venezianischen Botschafter im Blick gehabt haben. Schließlich wurde gerade der Frieden von Passarowitz (Požarevac) ausgehandelt, der Venedig verpflichtete, die wenige Jahre zuvor eroberte Peloponnes wieder abzutreten, während die Osmanen habsburgische Landgewinne durch Prinz Eugen im Banat von Temeswar und der Umgebung Belgrads anerkennen mussten. Doch auch wenn anfangs die Außenwirkung im Vordergrund gestanden haben mag, wurden die Palast- und Sommerhausbauten schnell zum Selbstzweck.[9]

Wenngleich Istanbul bereits zur Zeit der Eroberung durch Mehmed II. als »eine Stadt, die durch ihre Atmosphäre und ihren Zauber an das Paradies erinnert«, und als »ein gefälliges Ensemble« aus Meer, Vorgebirge und Grün lyrisch gefeiert wurde: Auf die Idee, diese einzigartige Natur auch persönlich auszukosten, kamen viele erst im 18. Jahrhundert. So verbrachte der Sultan, dem es seit 1703 verboten war, in Edirne zu residieren, künftig mit großen Teilen der höfischen Gesellschaft viele Monate des Jahres außerhalb der Stadt in Sommerpalästen.

Die öffentlichen und privaten Investitionen konzentrierten sich daher auf Paläste und Gärten außerhalb der Stadtmauern. Ahmed III. hatte gleich den ersten Sommer nach seiner Rückkehr in Karaağaç am oberen Goldenen Horn zugebracht und in dieser Zeit die Renovierung der bestehenden Gärten und Sommerresidenzen beginnen lassen. Der Bauboom in den Fischerdörfern und Vororten war vermutlich der größte in der Stadt seit dem prächtigen Jahrhundert und Sinans fieberhafter Produktion, wenn nicht gar seit Mehmeds Neubegründung der Hauptstadt. Anders als von Süleymans Bauten sind von den Residenzen des 18. Jahrhunderts heute nur noch sehr wenige erhalten. Hamadeh zählt über 300 Paläste und Villen, die in den 105 Jahren zwischen Ahmeds III. Rückkehr aus Edirne 1703 und der Thronbesteigung Mahmuds II. (reg. 1808–1839) entstanden.[10] Die Bautätigkeit beschränkte sich nicht darauf, für jede wichtige Familie einen Landsitz zu errichten. Für den Sultan, seinen Großwesir und die führenden Familien mussten es gleich mehrere sein, damit sie von Woche zu Woche etwas Abwechslung hatten. Deswegen gaben sowohl Ahmed als auch Damad Ibrahim jedes Jahr mindestens ein neues Schloss samt Garten in Auftrag, gelegentlich sogar drei auf einmal. Vor allem die Residenzen des Sultans bekamen höchst blumige Namen: Hümayunabad (Ort des Herrschers), Şerefabad (Ort der Ehre), Fayzabad (Ort der Üppigkeit), Hürremabad (Ort der Freude), Emnabad (Ort der Geborgenheit) und Neşatabad (Ort der Heiterkeit). Sie alle wurden jedoch überschattet von Sâdabad

(Ort der Glückseligkeit). Der Komplex wurde in den Jahren 1721/22 in das Flusstal von Kağıthane am oberen Goldenen Horn gebaut und umfasste einen Harem, ein *Selamlik* (Empfangsgebäude bzw. Männerresidenz), eine Moschee, einen Brunnen, einen Gartenpavillon und ein großes Wasserbecken. Ferner gab es 170 Wohnungen für Hofangehörige unmittelbar außerhalb des Palastes.[11] Eine der ersten Maßnahmen des neuen Sultans Mahmud I. nach seiner Thronbesteigung 1730 war es, die Zerstörung dieser Wohnungen anzuordnen. Denn insbesondere Sâdabad war als Ort der Dekadenz in Verruf geraten. Gegenüber den Anhängern Patrona Halils wollte man so öffentlichkeitswirksam zeigen, dass man ihrer Kritik Rechnung trug.

Die ältere Geschichtsschreibung hat den Tod Damad Ibrahims als das Ende einer Ära der Weltoffenheit beklagt; die Patrona-Anhänger hätten der Engstirnigkeit und der Reaktion wieder zur Vorherrschaft verholfen. Doch die Untersuchung Shirine Hamadehs zeigt, dass der Aufstand von 1730 für die hedonistische Oberschicht nur eine kurze Unterbrechung bedeutete. Bereits 1733/34 ordnete Mahmud I. die Renovierung der Paläste, die unter den Ausschreitungen von 1730 gelitten hatten, sowie den Bau neuer Schlösser an. 1740 wagte er sich sogar an die Restaurierung des symbolträchtigen Sâdabad, das ebenfalls von Patrona-Anhängern verwüstet worden war. Neue Landsitze wurden nicht nur vom Sultan in Auftrag gegeben, sondern ebenso von seiner Mutter und seinen Schwestern, von Großwesiren, Admiralen, hohen Offizieren, Ulema, Hofmeistern *(kethüda)* und Hofstallmeistern. Ferner wurde es üblich, die bestehenden Schlösser nach nur wenigen Jahrzehnten wieder abzureißen und durch noch imposantere Bauten zu ersetzen.[12]

Diese Landsitze waren keineswegs abgeschiedene Rückzugsorte. Im Gegenteil, sie waren durch vielerlei zeremonielle und öffentlichkeitswirksame Maßnahmen in das Leben des Hofes und der Hauptstadt eingebunden. So war der Umzug aus der Stadt in die Sommerfrische und umgekehrt nicht dem Gutdünken der einzelnen Familien überlassen. Der Sultan wies seinen Hofstaat per Erlass an, wann er in den Fischerdörfern am Bosporus und wann er *intra muros* zu residieren hatte. In der Regel waren die Ziehtage der 6. Mai (Georgstag bzw. *Hıdrellez*) und der 7. Oktober. Fünf Monate lang spielte sich also das gesellschaftliche Leben in den Vororten ab. Der Auszug und die Rückkehr des Hofes, wenn der Sultan, begleitet von zahlreichen Booten, die das Personal, die Pferde und das Inventar transportierten, den Bosporus hinauf- oder hinuntergerudert wurde, waren große Spektakel. Überhaupt war das öffentliche Bild des Sultans im 18. Jahrhundert ein ganz anderes als in früheren Zeiten. Er wurde nicht mehr, wie Mehmed II. oder Süleyman I., als unsichtbarer und unnahbarer Herrscher inszeniert, der in einer verbotenen Stadt hinter den hohen Mauern des Topkapı-Palastes residierte. Im Gegenteil – im Zeitalter von Finanzkrisen, Aufständen und sich häufenden militärischen Niederlagen wurde den Istanbulern demonstrativ vor Augen geführt, dass das Haus Osman nach wie vor über Macht und Pracht verfügte. Zwar waren die Sommerresidenzen der vornehmen Gesellschaft ebenfalls ummauert, doch konnte man die Paläste und Villen am Bosporus vom Meer aus leicht einsehen, und auch Sâdabad war wegen seiner Lage in einem Tal von allen Seiten einsehbar. Die Hofkultur der Tulpenzeit war im Vergleich zu früheren Zeiten geradezu exhibitionistisch. Die neue Residenzarchitektur tendierte zu einer leichten Bauweise mit Stein für die unteren und Holz für die oberen Stockwerke sowie großzügiger Verglasung.[13] Im Vergleich dazu wirkte der Topkapı-Palast nicht nur auf den späteren Sultan Mahmud II. erdrückend, der ihn so beschrieb: »Niemand außer einem Schurken oder einem Narren könnte diesen Palast (…), der hinter hohen Mauern und unter dunklen Bäumen versteckt liegt, als ob er das Tageslicht nicht vertrüge, vergleichen mit (…) lichten, lachenden Palästen, die sich der frischen Brise und dem reinen himmlischen Sonnenschein gegenüber öffnen.«[14]

Auch die Staatsgeschäfte waren nun transparenter als zuvor – wenn man nur die äußere Sichtbarkeit der Akteure berücksichtigt. Während Mehmed sogar bei den Sitzungen des Diwans hinter einem Holzgitter verborgen blieb, beehrten die Sultane des 18. Jahrhunderts ihre Untergebenen mit dem Besuch ihrer Landsitze.[15]

Diese Entwicklungen machten das 18. Jahrhundert zum Zeitalter der »Entgrenzung«. Die Grenzen zwischen der Stadt und der sie umgebenden Natur verschwanden – oder verschwammen zumindest – ebenso wie die zwischen den verschiedenen Gesellschaftsschichten, den Geschlechtern und sogar zwischen Tag und Nacht. Das muslimische Nachtgebet erfolgt etwa 80 bis 120 Minuten nach Sonnenuntergang. Nachts wurden die Stadttore, die Tore zwischen den Stadtvierteln, der Basar und die Karawansereien abgeschlossen. Wer sich dennoch zu später Stunde auf der Straße befand, musste eine Laterne mit sich führen, damit die Nachtwächter ihn identifizieren konnten. So stellten sie sicher, dass keine fremden oder zwielichtigen Personen nachts in der Stadt unterwegs waren. Schon im 17. Jahrhundert herrschte zumindest in Galata ein lebendiges Nachtleben. In den Nächten des 18. Jahrhunderts beschränkten sich die Istanbuler jedoch nicht mehr auf die verpönten Weinkaschemmen, sondern fanden neue Zeitvertreibe unter freiem Himmel. Unter Damad Ibrahim wurden Laternenfeste beliebt, bei denen der Garten, in dem das Fest stattfand, großzügig mit Laternen ausgeleuchtet wurde. Der Palast, der heute an der Stelle steht, wo sich die von Ibrahim für seine Frau Fatma errichtete Sommerresidenz befand, heißt nach wie vor Çırağan Sarayı, »Laternenpalast«. Den auserwählten Gästen wurden aufwendige Klang- und Lichtinstallationen geboten, mit Kerzen und Laternen in Tulpenbetten, mit Spiegeln und gläsernen Vasen, die mit buntem Wasser gefüllt waren, und gelegentlich gab es auch Feuerwerk oder in Käfigen gehaltene Nachtigallen, deren Gesang das Fest untermalte.[16] Nächtliche Ausflüge in Ruderbooten, bei denen die Gastgeber ihre Gäste mit Essen und Musik unterhielten, vor allem aber der Mondschein bewundert wurde, waren eine weitere Variante, wie man sich dem »irdischen Paradies« des Bosporus nähern konnte.[17]

Die Gärten der Glückseligkeit und das Volk

Die Herrscher bemühten sich durchaus, breitere Teile der Stadtbevölkerung ein wenig an den neu entdeckten Freuden der Stadt und der sie umgebenden Natur teilhaben zu lassen. Sie richteten aufwendige Beschneidungs- und Hochzeitsfeiern für Angehörige der imperialen Familie aus sowie Schiffstaufen mit Belustigungen für das ganze Volk. Schließlich sollte die Stadtbevölkerung den Eindruck bekommen, dass die Dynastie lebendig und zahlungskräftig wie eh und je sei und ihre Untertanen dabei nicht vergesse – wenngleich so mancher Staatsdiener lieber sein ausstehendes Salär als die Schönheit eines Feuerwerks gesehen hätte. Auch Ausflüge in die grüne Umgebung der Stadt blieben nicht den Villenbesitzern vorbehalten. Da der Sultan mehrfach neue Schlossgärten anlegen ließ, öffnete er gelegentlich ältere Gärten für die Allgemeinheit. Der Garten von Sâdabad wurde während der Anwesenheit der imperialen Familie für die Öffentlichkeit gesperrt. Sobald sie abgereist war, stand er jedoch für alle offen, unabhängig von Religion oder Schicht. Dies war eine sehr viel liberalere Praxis, als es zu der Zeit in vielen anderen europäischen Ländern der Fall war, wo vor allem besonders junge oder arme Menschen vom Zugang zu den königlichen Parks ausgeschlossen waren.[18]

Die Bevölkerung Istanbuls machte von den öffentlichen Gärten reichlich Gebrauch. Bootsausflüge auf dem Goldenen Horn oder dem Bosporus wurden zu einer beliebten Freizeitaktivität. Europäische Beobachter tauften das Flusstal von Kağıthane am oberen Goldenen Horn »die süßen Wasser Europas« und das ebenfalls beliebte Ausflugsziel im Flusstal bei Anadolu Hisarı, der Burg, die einst Bayezid I. an den Bosporus hatte bauen lassen, »die süßen Wasser Asiens«. Die dortigen Flüsse, auf Türkisch »Himmelswasser« (Göksu) und »Kleines Wasser« (Küçüksu), wurden umgeleitet und kanalisiert, damit sie dem durch Mahmud I. angelegten imperialen Garten und der öffentlichen Promenade zugute kamen. Zeitgenössische Gemälde und Zeichnungen geben einen Eindruck vom bunten Treiben in den öffentlichen Grünanlagen jener Zeit. Die Wiesen sind voll von Ausflugsgesellschaften, darunter viele Frauengruppen, die per Boot oder Ochsenkarren angereist sind und es sich auf Teppichen bequem gemacht haben oder flanieren. Einige Frauen schaukeln. Sie werden unterhalten von Musikern und Tänzerinnen, es werden Speisen gereicht und Wasserpfeifen geraucht.[19]

In zeitgenössischen Gedichten wurden die öffentlichen Gärten mit dem Paradies gleichgesetzt. Die Dichter priesen die Natur und die schönen Menschen beiderlei Geschlechts, die man bei diesen Ausflügen zu Gesicht bekam. Parks konnten als Treffpunkte für Liebende dienen, die nicht nur aus der gehobenen Gesellschaft stammen mussten. So schreibt der Dichter Süruri:

»Ich verliebte mich in einen hübschen Tintenverkäufer; falls er meine Gebete erhört
So schreibe ich ihm einen Brief, eine Einladung nach Kağıthane
Der Körper dieses Verführers ist weiß wie Baumwolle
Er ist so verzückend wie Kağıthane
Wenn alle Jungen Istanbuls sich hier versammeln würden, sie fänden Platz
[Denn] Kağıthane ist so großzügig wie das Herz eines Liebenden
Ach! Süruri, dass es für Frauen verboten ist, und wenn schon!
Wir werden mit jungen Knaben plaudern in Kağıthane«[20]

Gewagter war der Versuch, mit unbekannten Personen (vor allem des anderen Geschlechts) im Park Kontakt aufzunehmen. Für Außenstehende musste der sittsame Schein gewahrt bleiben, nicht jedoch ohne subtile Botschaften an den Werber oder die Werberin zu senden. Enderunlu Fazıl erklärt in seinem *Buch der Frauen* (Zenanname), so etwas wie ein Handbuch der Verführung:

»Und wenn du möchtest, oh lebhaftes Herz
Dass dir die Heerschar der Frauen zufällt
Gottlob, der Herr hat dich beschenkt
Mit der anziehenden Kraft der Schönheit
So mach einen Ausflug in der Rosensaison

Am besten nach Kağıthane
Reibe deine Stirn ein mit dem duftenden Öl der Sträucher
Bedecke deinen Kopf mit einem Schal aus Lahore (…)
Trag eine korallenrote Weste, einen goldbestickten Mantel
Lass den Dolch an deiner Brust gut gewählt sein (…)
Trink ein bis zwei Schalen Wein
Damit deine Augen blutunterlaufen sind
An jeder beliebigen Versammlung von Frauen gehe vorbei
Schreite, oh wiegende Zypresse
Torkele nicht daher wie ein Greis
Möge ein jeder deiner Schritte der eines Löwen sein (…)
Sie verfallen dem Hübschesten
Sie geben ihm auf der Stelle ihr Herz (…)
Die Eine lächelt durch ihren Schleier
Die Andere schaut zu Boden und errötet keusch
Dieses Kichern, dieses Flirten, dieser Blick!
Wenn sie dich aus den Augenwinkeln anschaut, oh je!
Eine stimmt ein Lied an
Um ihre Künste auf dich wirken zu lassen
Eine Andere beeilt sich, mit dir zu kokettieren
Ihr Mantel rutscht von ihrem Rücken
Manchmal hängt an einer Zypresse eine Schaukel
Sie sitzen darauf zu zweit, lässig gekleidet
Eine bringt die Schaukel mit verführerischen Bewegungen in Schwung
Die Andere rezitiert schöne Lieder
Beim Schaukeln öffnet sich ihr Gewand
Um sich dir ganz zu zeigen
Sie lässt dich ihren Hosengurt sehen
Vielleicht für dich auch ihren geheimen Schatz«[21]

Enderunlu Fazıl eröffnet seinem Auftraggeber, einem jungen Griechen, nicht nur die verschiedenen Techniken, wie scheinbar harmlose oder nachlässige Bewegungen und kurze Blickkontakte zum Flirten genutzt werden konnten, ohne zu sehr die Aufmerksamkeit Dritter auf sich zu ziehen, sondern auch die Bedeutung der Mode. Die nach 1700 deutlich extrovertiertere Gesellschaft Istanbuls hatte ihre Liebe für feine Stoffe und Farben, dünnes, teils durchsichtiges Material und tiefe Dekolletés entdeckt. Sie fand Gefallen an exotischen Kleidungsstücken. Wie Enderunlu Fazıls Text zeigt, standen Importe aus Persien und Indien hoch im Kurs. Gleichzeitig gab es eine Nachfrage nach Textilien von jenseits des Mittelmeeres. So boten die französischen Seidenhersteller der Zeit ein eigenes Sortiment für den osmanischen Markt an.[22]

Die kulturellen Veränderungen der »Entgrenzung« brachten ein Ende der in den Jahrhunderten zuvor oft sehr viel introvertierteren Formen der Geselligkeit. Man traf sich nicht mehr nur hinter den verschlossenen Mauern der Paläste, der Privathäuser, der Derwischkonvente, in Tavernen oder Bädern. Von dieser neuen urbanen und suburbanen Mobilität profitierten insbesondere Frauen. Kaum verwunderlich, dass sich beispielsweise der konservative Kritiker Şemdanizade Süleyman Efendi darüber beklagte, dass sich in zahlreichen Stadtteilen Rummelplätze etabliert hätten. Die Frauen kämen mit oder ohne Genehmigung ihrer Ehemänner, und wenn diese sie an dem Besuch zu hindern versuchten, setzten sich die Frauen durch, indem sie mit Scheidung drohten. So gebe es in den meisten Stadtteilen kaum noch Frauen, die den Anstand wahrten und in ihrer Nachbarschaft blieben. Über das ungebührliche Treiben auf den Rummelplätzen schrieb er, Männer nähmen auf den Schaukeln Frauen auf den Schoß und sängen dabei Lieder. Dieser Anblick habe dazu geführt, dass die Rummelbetreiber bereits von den Schaulustigen Eintritt nähmen.[23] Auch wenn man annehmen kann, dass Süleyman Efendi übertreibt, so lässt sich eine größere Gelassenheit in Bezug auf die Geschlechterkonventionen für diese Zeit nicht leugnen. Zahlreiche Zeitgenossen klagten bereits 1726 über die allzu freizügige Bekleidung der Frauen in der Öffentlichkeit. Der vielkritisierte Damad Ibrahim war ebensowenig daran interessiert, dass breitere Teile der weiblichen Bevölkerung sich zu sehr emanzipierten, und führte mehrere Kleiderordnungen für Istanbul ein. Auch in späteren Zeiten wurden Kleideredikte, obwohl weitgehend inhaltsgleich, in kurzen Abständen neu erlassen.[24]

Der öffentliche Garten wurde in der zeitgenössischen Dichtung als

Paradies imaginiert, in dem die Freuden aber sehr diesseitig und zugleich Verstöße gegen die Norm waren. Trotz des veränderten gesellschaftlichen Klimas waren diese Grenzüberschreitungen nicht ungefährlich. Die neuen öffentlichen Räume fern der eigentlichen Stadt wurden von Anfang an überwacht. Die *bostancı*, Gärtner der imperialen Grünflächen und zugleich Palastwache, hatten nebenbei die Aufgabe, das Istanbuler Umland und damit die Sittlichkeit in den Bosporusparks zu überwachen. Diese Aufgaben nahmen sie mitunter sehr ernst. Laut Süleyman Efendi wurden beispielsweise Verstöße gegen die Kleiderordnungen zwar nicht systematisch, aber teilweise drakonisch geahndet. 1730 soll eine nachlässig gekleidete Frau öffentlich ertränkt worden sein.[25] Über den *bostancıbaşı* (Obergärtner), dem überdies die Kontrolle der Wasserwege oblag, schrieb Eremya Çelebi Kömürciyan: »Wehe Gott, wenn der *bostancıbaşı* auf offener See Männer und Frauen erwischt, wie sie (gemeinsam) singen. Ohne zu ermitteln oder nachzufragen, versenkt er ihre Boote.«[26]

Im Istanbul des 18. Jahrhunderts versuchten die Bewohner auf verschiedenen Wegen, sich den Mehrwert der Stadt im Sinne Lefebvres anzueignen. Die einen gingen den klassischen Weg des Aufstandes und versuchten, die Schranke zwischen Arm und Reich und Herrschenden und Beherrschten einzureißen. Die anderen wählten das Fest: Sie schwärmten aus, um die bis dahin von den Städtern kaum gewürdigte Natur und die Parks zu genießen, die Dichtkunst, die menschliche Schönheit und die individuelle Freiheit zu feiern. Gerade die zahlreichen Widersprüche machen diese Zeit zu einer der interessantesten Perioden in der Geschichte der Stadt – zwei Aufstände, die fast widerstandslos die Herrschenden hinwegfegten, wenngleich der Luxus der Eliten fast ununterbrochen weiterging; eine polarisierende Finanz- und Sozialordnung, die dennoch neue kulturelle Möglichkeiten für breite Bevölkerungsschichten schuf; eine größere Konzentration auf die irdischen Vergnügungen und zugleich eine wachsende Repression gegen die sich häufenden Regelverstöße. Die hedonistische Lebenseinstellung, ausgedrückt durch Schals aus Lahore und Marseille, ausgelebt in Schlössern nach persischem wie nach französischem Vorbild, prägt diese einzigartige Zeit ebenso wie die Gegenreaktionen. Der Traum von Wien und dem Durchbruch zur Weltherrschaft war zwar ausgeträumt. Dennoch war die imperiale Hauptstadt noch nicht so stark mit den Konsequenzen dieser Wende konfrontiert. Das sollte sich im folgenden Jahrhundert ändern.

11.

The party is over

Das bittere Erwachen und Aufbruch ins 19. Jahrhundert

> *»Die Welt ist im Niedergang, glaub nicht, dass sie mit uns wieder auf die rechte Bahn findet*
> *Das Reich ist dem Mittelmaß und der Gemeinheit verfallen*
> *Alle am Hof sind mit ihrem Vergnügen beschäftigt*
> *Nichts bleibt für uns als die göttliche Gnade«*[1]

Um die Wende vom 18. zum 19. Jahrhundert war Istanbul dem Untergang geweiht – zumindest wenn man Schilderungen von Zeitgenossen glaubt. Mit Blick auf die Straßenkämpfe dieser Zeit notierte Charles MacFarlane: »Ich habe Beschreibungen der Szenen gehört, die die riesige Stadt Konstantinopel zu jener Zeit darbot, welche nah an der Obergrenze irdischen Schreckens liegen.«[2] François Pouqueville, der von 1799 bis 1801 in Konstantinopel inhaftiert war, schrieb mit revolutionärer Verachtung: »Nichts geht mit rechten Dingen zu, und das ganze politische System hält sich nur aufgrund des Respekts, der allgemein für Anciennität aufgebracht wird, und der vorherrschenden Neigung der Menschheit, sich an Althergebrachtes zu halten.«[3] Man könnte geneigt sein, die Bemerkungen von MacFarlane und Pouqueville als arrogante westliche Übertreibungen abzutun, doch selbst die Sultane sprachen von ihrer Hauptstadt in wenig schmeichelhaften Worten. Die oben zitierten, von Endzeitstimmung geprägten Verse stammen von Mustafa III. aus dem Jahr 1774. Ähnlich, wenn auch prosaischer, äußerte sich Sultan Selim III. (reg. 1789–1807) 1791:

> »Unidentifizierte Menschen aus den umliegenden Provinzen strömen täglich in die Hauptstadt. Nicht nur, dass die Provinzen wüst und unbevölkert bleiben – ihre Anwesenheit in Istanbul stört die gesellschaftliche Harmonie und verursacht Versorgungsengpässe; Bettler, Derwische, Irre verstopfen die Straßen. Und vor allem, was war das für eine Unverschämtheit des nicht identifizierten Kerls, den ich letzten Freitag bei der Moschee habe hinrichten lassen?«[4]

Der von den kaiserlichen Wachen ergriffene und geköpfte Mann, angeblich erst kürzlich aus einer Irrenanstalt entlassen, soll während des Freitagsgebetes in der Hagia Sophia aufgestanden sein und auf Arabisch lautstark über einen Schuldner geklagt haben, ehe er Sultan Selim III. mit einer Musketenkugel beworfen habe.[5]

Was war aus dem fröhlichen Istanbul des 18. Jahrhunderts geworden, in dem die vornehmen Familien ihre Villen am Bosporus bezogen, Bootsausflüge an die »süßen Wasser Asiens« unternahmen, persische Dichtung rezitierten oder flirteten? Das 19. Jahrhundert hatte zu seinem Beginn (wenn man die Französische Revolution von 1789 als Auftakt zum 19. Jahrhundert versteht) den Istanbulern ein böses Erwachen beschert. Die Welt, die sie kannten, war nicht mehr. Sie lebten nicht mehr in der märchenhaften Hauptstadt eines großen Weltreichs, sondern in einem Land, das von nun an als Inbegriff der Krise galt.

Aufmerksame Beobachter der osmanischen Politik hatten sicherlich bereits im 18. Jahrhundert die Vorboten dieser Wendung erkannt, doch wer in der Hauptstadt lebte, wird hierüber nicht allzu viele schlaflose Nächte verloren haben. Es gab zwar immer wieder Kriege mit Russland und Österreich – doch war es wirklich so wichtig, ob Asov am Don oder das tausend Kilometer entfernte Belgrad an der Donau zum Reich gehörten oder für ein paar Jahrzehnte von Moskau oder Wien aus regiert wurden? Die Gouverneure in den osmanischen Provinzen agierten zunehmend eigenständig, ohne sich an Weisungen der Hohen Pforte zu halten. Doch waren sie nicht die beste Garantie dafür, dass in den Provinzen die Steuern eingetrieben wurden, keiner den Aufstand wagte und feindliche Heere zurückgeschlagen werden konnten?[6] Die Janitscharen entzogen sich weiterhin vielerorts dem Gesetz, doch war dies ein jahrhundertealtes Problem, das kaum lösbar schien.

An der Wende zum 19. Jahrhundert überschlugen sich jedoch die Ereignisse. Das napoleonische Frankreich besetzte 1797 die venezianische Adriaküste, von wo aus es in die osmanischen Balkanprovinzen hätte vorrücken können, und 1798 das osmanische Ägypten. Zwar hielt die Besatzung Ägyptens nur drei Jahre an, allerdings war den Osmanen erstmals ein Kernland des Islams verlorengegangen. Russland, das bereits zwischen 1768 und 1792 fast alle osmanischen Gebiete nördlich des Schwarzen Meeres an sich gerissen hatte, besetzte 1806 die unter osmanischer Hoheit stehenden Fürstentümer Moldau und Walachei, und russische Truppen überquerten die Donau, um in die osmanischen Kerngebiete einzumarschieren. Dieser Krieg endete 1812 mit Russlands Rückzug aus den Fürstentümern (bis auf Bessarabien), was allerdings nicht so sehr der osmanischen Verteidigung, sondern der an Russlands Westgrenze aufmarschierenden napoleonischen Armee geschuldet war, die kurz darauf ihren Feldzug Richtung Moskau begann.

Gegen die anhaltende Gefahr durch Frankreich und Russland musste das Reich militärisch gewappnet sein. Die Provinzgouverneure mit ihren Privatarmeen hatten sich als wenig hilfreich erwiesen, teilweise hatten sie sogar ihre eigene Außenpolitik mit den französischen und russischen Gegnern betrieben, die mal aggressiver und mal konzilianter ausfiel als von der Pforte gewünscht.[7] Die Janitscharen waren mehr denn je ein Problem für die Staatsführung. In der sensiblen Grenzregion von Belgrad entmachteten sie den von Istanbul eingesetzten Gouverneur und terrorisierten die serbisch-orthodoxe Bevölkerung, bis diese sich gegen sie erhob.

Istanbul war nicht mehr der Nabel der Welt, der Sultan nicht mehr »Herrscher über zwei Meere und zwei Kontinente«, gingen doch die

Küsten und Seerouten zunehmend verloren. Sein Reich konnte sich nicht mehr mit dem Beinamen »die wohlbehüteten Länder« schmücken, denn der Sultan war nicht imstande, die Bevölkerung vor den Repressalien der eigenen Soldateska oder der Nachbarstaaten zu schützen. Das Reich musste sich neu erfinden, so eine sich zunehmend durchsetzende Auffassung am Hof, um das unfreundlich beginnende 19. Jahrhundert zu überleben. Eine straffe Zentralregierung wurde gebraucht. Die Provinzen durften nicht mehr der Willkür der Gouverneure überlassen werden, die Landesverteidigung nicht mehr einer Armee, die sich vor allem um ihr eigenes materielles Wohlbefinden kümmerte. Zu diesem Zweck musste man bereit sein, mit alten Privilegien und Traditionen zu brechen und von den erfolgreichen Staaten zu lernen, vor allem vom napoleonischen Frankreich. Großes Interesse fanden die Neuerungen auf technischer, militärischer und bürokratischer Ebene. Berater aus dem Ausland wurden ins Land gerufen, um beispielsweise die Marinewerften am Goldenen Horn in Kasimpaşa (mit Hilfe von französischen und später schwedischen Experten) auf den neuesten Stand der Technik zu bringen.

Laut Betül Başaran gingen diese Neuordnungen unter Selim und dem späteren Sultan Mahmud II. auch mit einer Veränderung der *gouvernementalité* in Bezug auf die Istanbuler Bevölkerung einher.[8] *Gouvernementalité* verbindet die Wörter *gouvernement* (»Regierung«) und *mentalité* (»Mentalität«). Den Begriff hat der Philosoph und Historiker Michel Foucault geprägt. Dabei handelt es sich aber um mehr als ein bloßes Wortspiel; verkürzt gesagt geht es vielmehr darum, dass »eben die Taktiken des Regierens« es gestatten, »zu jedem Zeitpunkt zu bestimmen, was in die Zuständigkeit des Staates gehört und was nicht in die Zuständigkeit des Staates gehört, was öffentlich ist und was privat ist, was staatlich ist und was nicht staatlich ist«.[9] Vor dem 19. Jahrhundert, so der Sozialhistoriker Edward P. Thompson, war das Verhältnis von Herrschern und Beherrschten oft von einer »moralischen Ökonomie« geprägt. Die Beherrschten konnten sich gegen Neuregelungen von oben oder das Ausnutzen einer wirtschaftlichen Schieflage wehren, wenn sie in ihrer materiellen Existenz bedroht waren, indem sie sich auf althergebrachtes Recht beriefen und symbolisch den Gehorsam gegenüber Repräsentanten der Staatsmacht verweigerten, solange sie nicht das Herrschaftsrecht des Monarchen prinzipiell in Frage stellten.[10]

Ein solches Verhältnis zwischen dem Herrscher und dem Volk gab es auch im frühen Osmanischen Reich: Der Sultan hatte für Gerechtigkeit zu sorgen. Wurde sie von seinen Beamten nicht durchgesetzt, hatten die Untertanen beispielsweise ein direktes Petitionsrecht beim Sultan, um sich über Missstände zu beschweren, was unmittelbare Konsequenzen selbst für hohe Würdenträger haben konnte. Auch die Janitscharen sahen sich nicht als bedingungslos ergebene Militärsklaven, sondern durch eine moralische Ökonomie dem Herrscher verpflichtet. Sie hatten im Laufe der Jahrhunderte ihre Auffassung durchsetzen können, dass es sich bei dem Verhältnis zwischen Sultan und Janitscharen um eine Art Vertragsverhältnis handelte: Solange der Herrscher seinen Pflichten ihnen gegenüber nachkam und für Sold, Prämien und Verpflegung sorgte, sahen sich die Janitscharen an ihn gebunden. Wenn sie ihre Loyalität aufzukündigen drohten, signalisierten sie dies zuerst dadurch, dass sie vor der Essensausgabe ihre Suppentassen umkehrten. Schlimmstenfalls nahmen sie den Kochtopf ihres Korps von der Feuerstelle, um den endgültigen Bruch zu markieren. Sie verweigerten also die Verpflegung durch den Sultan und beendeten somit ihr vertragliches Verhältnis.

Allerdings ging das Verhältnis der Janitscharen zum Sultan seit dem 17. Jahrhundert über das von Vertragspartnern im Rahmen der moralischen Ökonomie hinaus. Vielmehr hatte die Sklavenarmee für sich das Recht erkämpft, als institutionelles Gegengewicht gegen die Allmachtbestrebungen der Herrscher oder seiner hohen Hofbeamten zu wirken. Diese Tendenz der Truppe, sich als rechtmäßige Vertreter eines Standes mit einem Recht der Amtsenthebung von Würdenträgern zu sehen, nahm parallel zur Etablierung der neuen *gouvernementalité* eher noch zu, machte die Janitscharen aber mehr als zuvor zu einer Herausforderung, die ein Sultan bewältigen musste.[11] Die althergebrachte Beziehung zwischen Herrscher und Beherrschten wurde jedoch in den Zeiten der

Krise, in der die Staatsgewalt und die öffentliche Ordnung zunehmend bedroht waren, von den Sultanen neuen Typs wie Selim und Mahmud in Frage gestellt. Ordnung sollte künftig nicht mehr Verhandlungsmasse zwischen dem Sultan und seinem Volk sein und sich in Fragen zu althergebrachten Rechten und Diskussionen um imperiale Gerechtigkeit niederschlagen. Künftig wollte der Souverän das Allgemeinwohl eigenständig definieren sowie seinen Untertanen aufzwingen und schreckte dabei nicht vor unverhältnismäßiger Gewalt zurück. Bezeichnend für diese neue Herrschermentalität ist eine Reaktion Mahmuds auf den wohl kaum staatsbedrohlichen Protest der Istanbuler Färber gegen eine Erhöhung ihrer Pacht unter Berufung auf alte verbriefte Rechte:

> »Was soll das heißen, sich gegen mein Edikt aufzulehnen …? Ich habe, was dort steht, nicht spontan und ohne Abwägung geschrieben. Ich habe jenes Arrangement getroffen, nachdem ich alle (Aspekte der Frage) untersucht hatte. Zerstört die Dokumente, die sie zur Hand haben, und stellt ihnen neue aus … Falls irgendwelche von den Färbern es wagen, sich mir zu widersetzen, sagt mir Bescheid! Die neue Ordnung wird sicher Bestand haben, sobald ein paar von ihnen erhängt sind!«[12]

Während sich dieser Trend zu einer neuen *gouvernementalité* laut Betül Başaran bereits unter den Sultanen Mitte des 18. Jahrhunderts abzeichnete, nahm er mit der Thronbesteigung durch Selim III. 1789, dem Jahr des Sturms auf die Bastille, ernsthaft Gestalt an. Selim rief die Neue Ordnung *(Nizam-i cedid)* aus. Ihr Kern sollte aus einer neuen, disziplinierten Armee bestehen, mit deren Aufstellung 1797 begonnen wurde. Die Janitscharen betrachteten diese Parallelorganisation als Bedrohung. Als bekannt wurde, dass die Armee der Neuen Ordnung zur eigentlichen Armee werden und die Janitscharenverbände aufgelöst und auf die neuen Truppen verteilt werden sollten, erhoben sie sich 1806.

Sie setzten, unterstützt von Teilen der Geistlichkeit und des Hofes, Selim ab und brachten seinen Cousin Mustafa IV. auf den Thron (reg. 1807–1808). Als loyale Truppen anrückten, um den rechtmäßigen Sultan aus dem Arrest zu befreien, ermordeten ihn die Aufständischen kurzerhand. Damit war der einzige noch lebende männliche Erbe des Hauses Osman außer dem durch die loyalen Einheiten abgesetzten Mustafa dessen Bruder Mahmud, der selbst nur knapp der Ermordung durch Mustafa entgangen war. Er bestieg 1808 als Dreiundzwanzigjähriger den Thron. Die Zustände in der Hauptstadt blieben zunächst chaotisch. Die Janitscharen jagten die Angehörigen des unter Mustafa aufgelösten *Nizam-i cedid*-Heeres und verursachten dadurch den Tod von Mahmuds Retter und ersten Großwesirs, Bayraktar Mustafa Pascha (im Amt 1808). Die Ordnung in den Provinzen verfiel teilweise noch schneller. Nachdem die serbischen Aufständischen in Belgrad die Janitscharen vertrieben und Istanbul eine beschränkte Autonomie abgerungen hatten, gründete sich der griechische Geheimbund *Philiki Etaireia*, um »Griechenland zu befreien«. Anders als die Auseinandersetzungen zwischen der serbischen Bevölkerung und den Janitscharen, die eine Provinz in Randlage betrafen, wohnten Griechen über weite Teile des Reichs verstreut zumeist in Gebieten, in denen auch Türken lebten. Ein Erfolg der *Philiki Etaireia*, die stärker als die serbischen Rebellen zeitgenössischen Ideen von Demokratie und nationaler Selbstbestimmung anhingen, hätte das Ende des Reichs bedeutet. Doch die weite Streuung und die soziale Mischung der griechischen Bevölkerung waren gleichzeitig die Schwachpunkte der Verschwörung. So vertrauten insbesondere radikalisierte Anhänger der *Etaireia* in der Diaspora, beispielsweise im russischen Odessa, zu sehr auf ausländische Einschätzungen, wonach das Osmanische Reich im Verfall begriffen sei. Hingegen führte insbesondere die etablierte griechische Oberschicht in Istanbul ein durchaus behagliches Leben und hatte wenig Anlass, sich in revolutionäre Abenteuer zu stürzen. Positionen in der Kirchenhierarchie, die im osmanischen Verfassungssystem über umfangreiche Verwaltungshoheit verfügte, prestige- und einflussreiche Stellen als Dragomanen (Kanzler bzw. Dolmetscher der ausländischen Botschaften) sowie bedeutende Rollen im Handel ermöglichten einigen griechischen Familien der Hauptstadt ein sorgenfreies Leben. In den abhängigen Fürstentümern Moldau und Walachei hatte die Hohe Pforte sogar Istanbuler Griechen (die sogenannten Phanarioten, nach Phanar/Fener, dem Istanbuler Stadtteil, in dem der griechisch-orthodoxe Patriarch residiert) als lokale Herrscher eingesetzt. Innerhalb der *Etaireia* erhoben sich daher Klagen über die Geldgier und den mangelnden Patriotismus ihrer Istanbuler Landsleute. Tatsächlich stammte nur knapp ein Zehntel der Anhänger des Geheimbundes aus der Hauptstadt, was angesichts der dominanten Rolle der Istanbuler in allen anderen griechischen Institutionen sehr wenig war.

Im Frühling 1821 brach der Aufstand aus. Rumänische Bauern und griechische Separatisten, unterstützt durch Verbände aus der Diaspora in Russland, schlossen ein heterogenes Bündnis in den Donaufürstentümern. Gleichzeitig erhoben sich die griechisch-orthodoxen Bewohner der Peloponnes. Der Aufstand in den Fürstentümern wurde binnen weniger Monate niedergeschlagen, während die Rebellen im Süden sich halten konnten.

Ruhig blieb hingegen dic griechische Bevölkerung von Istanbul. Zwar hatten die Aufständischen nördlich der Donau an sie geschrieben: »Lasst die Hauptstadt in Flammen aufgehen. Wiegelt die Seeleute auf, das Arsenal in Beschlag zu nehmen. Versucht unter allen Umständen, den Sultan zu ergreifen, wenn er sich dem Feuer nähert. Lasst die Stimme des Vaterlandes erklingen. (...) Der Erfolg ist sehr nah.«[13] Doch dieser schwärmerische Aufruf verfehlte die Realität vor Ort. Trotz aller Unruhen waren die hauptstädtischen Truppen gut gerüstet, während die Griechen über keine militärische Erfahrung verfügten. Dennoch traf sie die volle Wucht der Vergeltung durch den Staat und durch muslimische Milizen. Am 22. April, nur wenige Wochen nach Ausbruch des griechischen Aufstandes, verhafteten Soldaten den Patriarchen Gregor V. nach der Ostermesse in seiner Kirche in Phanar, obwohl er wie vom Sultan verlangt den Kirchenbann gegen die Aufständischen verhängt hatte. Gregor und zwei Prälaten wurden am Tor des Patriarchats erhängt.

Nach osmanischer Praxis alten Rechts war es möglich, einen Würdenträger, der in seinen Aufgaben grob versagt hatte, unabhängig von einer persönlichen Schuld hinzurichten, so also auch das Oberhaupt der griechischen Untertanen des Sultans, das den Aufstand nicht verhindert hatte. Die Maßnahmen gegen die griechische Bevölkerung fernab des Aufruhrs wiesen jedoch in Richtung der neuen *gouvernementalité*, nach der Bevölkerungsgruppen, die als hinderlich für die Durchsetzung der Staatsräson galten, ihr Lebensrecht verwirkten. Die von der Hinrichtung Gregors ausgehende Signalwirkung führte zu wahllosen Übergriffen und Morden von Muslimen an Griechen im gesamten Osmanischen Reich und vor allem in den großen urbanen Zentren wie Istanbul, Saloniki, Izmir sowie auf Chios. Die Aufständischen auf der Peloponnes verübten derweil Massaker an der jüdischen und muslimischen Bevölkerung. Viele griechische Würdenträger im osmanischen Staatsdienst wurden wegen nachweislicher oder vermuteter Unterstützung des Aufstandes getötet, und ihre Familien flohen auf die Peloponnes oder ins Ausland. Erst nach zehn Wochen, am 5. Juli, verkündete Mahmud in einem Erlass, dass Übergriffe gegen Griechen künftig unter Strafe stünden.

Trotz der Brutalität hielten sich die Separatisten auf der Peloponnes. Mahmud rief 1825 den eigenständig agierenden Gouverneur von Ägypten, Mehmed Ali (im Amt 1805–1848), zum Eingreifen auf, dessen Armee sehr viel schlagkräftiger als die osmanische war. Nach dem Vorbild von Mehmed Alis disziplinierten Truppen leitete Mahmud eine Heeresreform ein, an der sein Vorgänger Selim noch gescheitert war. Am 11. Juni 1826 begann die Ausbildung von 200 Soldaten der Militärverbände neuen Typs durch Offiziere des ehemaligen *Nizam-i cedid*-Heeres und einen ägyptischen Offizier. Wie zu erwarten, protestierten die Janitscharen gegen die Reform. Zwei Tage später versammelten sie sich zu einem 20000 Mann starken Demonstrationszug durch die Straßen Istanbuls und stürmten die Paläste des Großwesirs, ihres eigenen Oberbefehlshabers und des aus Ägypten entsandten Leiters der Pulverfabrik. Sie riefen die Bevölkerung auf, sich ihnen anzuschließen. Anders als Selim war Mahmud auf diesen Fall vorbereitet. Er hatte sich der Loyalität der Ulema, eines Teils des Militärs inklusive der Artilleristen, und der Hofbeamten versichert. Und er hatte vom ägyptischen Vorbild gelernt: Mehmed Ali hatte die widerständigen Mamluken (das ägyptische Pendant zu den Janitscharen) durch Betrug und Mord ausgeschaltet.

Mahmud ließ den Aufruf an die Zivilbevölkerung verbreiten, sich zur Sultan-Ahmed-Moschee zu begeben, die dort bereitgehaltenen Waffen zu ergreifen und den Sultan zu schützen. Da die meisten Stadtbewohner die Janitscharen mittlerweile mehr als Last denn als Verteidiger der kleinen Leute betrachteten, schlug sich die Mehrheit auf die Seite der Obrigkeit. Vor allem hatten die Janitscharen wohl nicht mit der Kaltblütigkeit Mahmuds gerechnet, die der Justinians und Theodoras während des Nika-Aufstands nicht nachstand. Am 16. Juni ließ der Sultan die loyalen Truppen zum Et Meydanı marschieren, wo sich die meuternden Einheiten auf dem Platz vor ihrer Kaserne versammelt hatten. Nachdem die Janitscharen einige Schüsse abgegeben hatten, feuerte die Artillerie ihre Kanonen in die Menge der Meuterer ab. Die Janitscharen suchten Schutz hinter der hölzernen Wand ihrer Kaserne und im Derwischkonvent der Bektaşi. Doch die Artillerie nahm beide Gebäude unter Beschuss und setzte sie in Brand. Aus den Flammen fliehende Janitscharen wurden erschossen. Es folgte eine Hetzjagd auf die Überlebenden in der Stadt und später in weiten Teilen des Reichs. Am folgenden Tag erklärte Mahmud das Janitscharenkorps für aufgelöst. Der britische Botschafter schätzte, dass 6000 Janitscharen getötet und 5000 in die Verbannung geschickt worden waren.

Das europäische Jahrhundert

Das 19. Jahrhundert begann also für Istanbul mit Blut, Feuer und Machtkämpfen, aus denen der Sultan scheinbar triumphierend hervorging. Zeitgenössische osmanische Berichte feierten die gewaltsame Auflösung der Janitscharen als »segenreiches Ereignis« *(Vaka-i Hayriye)*. Spätere Historiker übernahmen diese Sicht weitgehend und beurteilten das Ereignis als hart, aber notwendig, seien doch so die Grundlagen für einen neuen effektiven Staat geschaffen worden. Die Modernisierung habe Einzug halten können und in den nächsten Jahrzehnten ein menschlicheres Antlitz angenommen als unter dem skrupellosen Mahmud. Ein neuer Trend in der Geschichtsschreibung schätzt die Reformen unter Selim und Mahmud jedoch deutlich kritischer ein: Vielmehr hätten diese Sultane das Fundament gelegt für die Anmaßung des osmanischen und späteren türkischen Staates, das Leben der Untertanen für wertlos zu erklären, wenn diese der einseitig definierten Staatsräson im Weg standen. Eine neue Ära begann.

Der Historiker İlber Ortaylı hat das 19. Jahrhundert »das längste Jahrhundert der Osmanen« genannt.[14] Dabei schien es angesichts der innenpolitischen Probleme zur Zeit Selims und Mahmuds zunächst das kürzeste zu werden. In allen europäischen Hauptstädten kursierte die Meinung, die Tage des einst gefürchteten Imperiums seien gezählt. Binnen weniger Jahre, so viele politische Kaffeesatzleser, werde der Zerfallsprozess abgeschlossen sein und die fremden Mächte könnten sich alsbald an die Aufteilung des um 1789 immer noch immensen osmanischen Territoriums zwischen der Adria und dem Persischen Golf, zwischen dem Maghreb und dem Kaukasus machen. »Orientalische Frage«, »Orientalische Krise« oder »Der kranke Mann am Bosporus« sind die Überschriften, unter denen Hand- und Schulbücher zur europäischen Geschichte in der Regel ein paar Zeilen zum Osmanischen Reich im 19. Jahrhundert verlieren. Und tatsächlich kam das Reich mehrere Male an seine militärischen und finanziellen Grenzen, schienen die öffentliche Ordnung, der Zusammenhalt der Untertanen oder die Verwaltungskompetenz zu versagen. Wenn Totgesagte aber länger leben, wie es heißt, war dies für das Osmanische Reich der Fall: Der dynastisch verfasste Vielvölkerstaat existierte ab 1789, dem Jahr der Französischen Revolution, noch ganze 135 Jahre. Er wurde erst aufgelöst, nachdem die Reiche der Habsburger und der Romanovs, die sich beide Hoffnungen auf die osmanischen Territorien gemacht hatten, bereits untergegangen waren. Dass man aber in dieser mehrere Generationen umfassenden Zeit nicht nur überlebte, sondern zumindest phasenweise und in manchen Schichten sehr gut leben konnte, war einer immensen

Anpassungsfähigkeit, einer starken Neugierde gegenüber dem Neuen und dem Willen, am modernen Leben des 19. Jahrhunderts teilzunehmen, geschuldet. Dieses Lebensgefühl teilten nicht nur mancher Sultan und ein einflussreicher Teil der Hofbürokratie, sondern gerade auch ein breiter Teil der städtischen Bevölkerung.

Das 19. Jahrhundert war zudem das europäischste Jahrhundert der Osmanen. Kam bis dahin den Beziehungen mit dem Habsburgerreich, der Republik Venedig (1797 aufgelöst) oder Russland nicht mehr Bedeutung zu als jenen mit Persien, dem Mogulreich oder dem Emirat von Buchara, so stand Istanbul ab 1789 im Bann des restlichen Europas. Die Großmächte gewannen bedeutend an Einfluss. Außen- und innenpolitisch wurde das ehemals mächtige Reich im Lauf des Jahrhunderts in ein zunehmend kompliziertes Machtgefüge eingesponnen, aus dem heraus ein entscheidender Befreiungsschlag zur Abwehr der existentiellen Gefahren nur schwer möglich war. Gleichzeitig war es aber die zunehmende Einbindung des Osmanischen Reichs in die großen europäischen Konflikte, die eine entscheidende militärische Offensive gegen das Reich, das militärisch nicht mehr auf der Höhe der Zeit war, verhinderte.

Die militärische Schlagkraft des Habsburgerreichs hatte zur Mitte des 18. Jahrhunderts deutlich nachgelassen, und es war durch andere Auseinandersetzungen gebunden, so dass es nicht mehr die größte Gefahr für Istanbul bedeutete. Diese Rolle kam nun dem Russischen Reich zu, das aus geostrategischen Gründen einen Zugang nicht nur zum Schwarzen Meer, sondern auch zu anderen südlichen Meeren anstrebte. Russische Diplomaten propagierten diese Expansionspolitik als Ausdruck der Solidarität mit den orthodoxen Glaubensbrüdern und später mit den Slawen unter dem »türkischen Joch«. Allerdings waren die europäischen Mächte in der Zeit nach den Napoleonischen Kriegen und dem Wiener Kongress (1814/15) stets darauf bedacht, dass keine der Großmächte eine allzu große Übermacht gegenüber den anderen gewann und somit das europäische Gleichgewicht gestört würde. Daher waren dem russischen Drang zum Bosporus Grenzen gesetzt.

Zur Schutzmacht des Osmanischen Reichs wurde Großbritannien, das aus den Napoleonischen Kriegen als Vormacht Europas hervorgegangen war. Großbritannien setzte 1838 ein Freihandelsabkommen durch, das britischen Importeuren und Exporteuren niedrigere Zölle und somit erhebliche Vorteile gegenüber einheimischen Händlern auf dem osmanischen Markt bot. Die anderen Großmächte verlangten eine nach der anderen nach ähnlichen Abkommen. Ferner legten sie die Kapitulationen, die seit Mehmed II. die diplomatischen und Handelsbeziehungen regelten, zunehmend offensiv aus, so dass diese nicht mehr Erlasse eines Sultans gegenüber befreundeten Staaten waren, sondern zunehmend als Privilegien mit weitgehender Befreiung von Ausländern von sowohl berechtigtem als auch unberechtigtem Druck der osmanischen Exekutive aufgefasst wurden.[15]

Ein Osmanisches Reich, das wirtschaftlich und militärisch keine große Herausforderung mehr bedeutete, war aus Londoner Perspektive die bessere Alternative zu einem militärisch aggressiven Russischen Reich, das die Handels- und Verbindungswege im Mittelmeerraum und im Nahen Osten und damit die britischen Interessen in Indien (ab 1858 Kronkolonie Britisch-Indien) bedrohen konnte. Ideologisch wurde der vermeintlichen russischen Solidarität mit den Christen des Osmanischen Reichs von britischer Seite entgegengehalten, dass der Sultan und die Hofbürokratie zu Reformen bereit seien, die langfristig die Gleichberechtigung aller Untertanen unabhängig von ihrer Konfession zur Folge haben würden und so eine militärische »Befreiung« der Nichtmuslime überflüssig machten. Mahmuds Nachfolger Abdülmecid (reg. 1839–1861) ließ unmittelbar nach seiner Thronbesteigung im imperialen Garten Gülhane ein Edikt über die neuen Staatsprinzipien verlesen. Im Osmanischen Reich sollte es laut dem nun verkündeten *Tanzimat* (Reorganisation, Umordnung) künftig Rechtsstaatlichkeit, Eigentumsrecht und Gleichberechtigung aller Untertanen unabhängig von ihrer Religionszugehörigkeit geben. Hinter dem Erlass standen Abdülmecids Berater, die durch eigene Reisen und Lektüre die politischen und gesellschaftlichen Entwicklungen vor allem in Großbritannien und Frankreich intensiv verfolgten. Ferner nahmen während Abdülmecids

Regierung britische Diplomaten, vor allem der langjährige einflussreiche Botschafter Stratford Canning (im Amt 1825–1828, 1842–1858) wesentlichen Einfluss auf führende osmanische Würdenträger. Canning gestaltete gemeinsam mit diesen die Reformen und gewann die westlichen Regierungen für die osmanische Seite.

Dieses Bündnis sollte sich auszahlen: Bereits 1801 bei der Vertreibung der napoleonischen Besatzungsarmee aus dem osmanischen Ägypten hatte das Vereinigte Königreich tatkräftige Hilfe geleistet. 1839 kamen Großbritannien, Österreich, Preußen und Russland dem Osmanischen Reich gegen seinen Gouverneur von Ägypten, Mehmed Ali, zur Hilfe, der zwischenzeitlich mit Istanbul gebrochen und Syrien sowie Teile Anatoliens unter seine Kontrolle gebracht hatte. Höhepunkt der britischen Stützpolitik gegenüber dem Sultan wurde jedoch der Krimkrieg. Zeitgleich mit dem Ende des griechischen Aufstandes 1829, der zu einem kleinen unabhängigen Staat geführt hatte, hatte Russland im Rahmen seiner Politik als Schutzmacht der orthodoxen Christen eine deutliche Mitsprache in den Donaufürstentümern Moldau und Walachei durch seine Konsuln durchgesetzt. Obwohl die russische Fürsorge zunehmend auf lokalen Widerstand traf, versuchte Zar Nikolaus I. (reg. 1826–1855) sie auszudehnen. 1853 forderte er ultimativ die Schutzherrschaft auch über die griechischen Untertanen des Sultans. Als Abdülmecid diese Anmaßung erwartungsgemäß zurückwies, marschierten russische Truppen erneut in den beiden Donaufürstentümern ein. Gegen dieses drohende Ungleichgewicht mobilisierten nun sowohl Großbritannien als auch Frankreich ihre Armeen.

Istanbul wurde zum Aufmarschplatz eines gewaltigen alliierten Truppenkontingents, das von hier aus über das Schwarze Meer die russische Krim angriff. Noch nie hatten sich so viele Angehörige einer fremden Armee in der Stadt am Bosporus aufgehalten. Tausende ausländische Soldaten mussten ernährt werden, die überfüllten Straßen und Wasserwege nutzen und in der Stadt Zerstreuung finden. Wie sich alsbald herausstellte, gab es im Osmanischen Reich keine Telegraphen und keine Eisenbahn, so dass es logistisch deutlich im Nachteil war. Es bestanden also genug Anreize, erheblich in die nicht nur militärische Infrastruktur zu investieren. Auch neue Ausgehmöglichkeiten jenseits der traditionellen Kaffeehäuser und Tavernen entstanden. Vor allem aber mussten osmanische wie britische und französische Befehlshaber feststellen, dass sie auf die hygienischen Verhältnisse am Schwarzen Meer und am Bosporus medizinisch nicht vorbereitet waren. Seuchen grassierten unter den Soldaten, und in zahlreichen riesigen Lazaretten in der Stadt, darunter das von der englischen Krankenschwester Florence Nightingale betreute Lager in der Selimiye-Kaserne, starben weit mehr Menschen aus allen beteiligten Ländern als im Kugelhagel. Der große britische Militärfriedhof oberhalb des Hafens Haydarpaşa und vor allem das dort errichtete, weit über das Meer hin sichtbare Kriegerdenkmal zeugen bis heute von der enormen Anzahl ausländischer Soldaten, die während dieses Krieges in Istanbul oder auf dem Krim starben. Militärisch sollten sich die Anstrengungen dennoch auszahlen: Das Bündnis der Westmächte mit dem Osmanischen Reich und der anschließende Frieden von Paris (1856) bedeuteten einen deutlichen Rückschlag für die russische Aggressionspolitik. Es sollte 20 Jahre dauern, bis sich ihr eine bessere Gelegenheit bot.[16]

Pera, die Stadt aus Stein, und die Botschaftspalais

Istanbul war auf die Bevölkerungszunahme, die zu Beginn des Jahrhunderts eingesetzt hatte, schlecht vorbereitet. Angesichts der Enge der Straßen und der Tatsache, dass die meisten Häuser aus Holz gebaut waren und es zudem an einer professionellen Feuerwehr mangelte, hatten bei einem Brand die Flammen leichtes Spiel. Dies betraf die alte Stadt *intra muros*, aber auch die aufstrebenden Stadtteile nördlich des Goldenen Horns. Durch den zunehmenden Verkehr und Handel mit Übersee wuchs der Hafen vor Galata. Da die mittelalterlichen Straßen der ehemaligen genuesischen Kolonie über keine Freiflächen mehr verfügten und Galata so nur noch durch Abriss und Neubau in die Höhe wachsen konnte, fand der Großteil des Wachstums in den angrenzenden Vierteln nördlich beziehungsweise in Hanglage oberhalb von Galata statt. Die Gegend jenseits des Galataturms und des Derwischkonvents der Mevlana, die man einst »die Weinberge Peras« genannt hatte, wuchs zu einer kompakten Vorstadt heran, die sich rund um die ehemaligen Botschaftsvillen und zu beiden Seiten des Höhenwegs (Grande Rue de Péra / Cadde-i Kebir) ausbreitete, der Galata mit den nördlichen Bosporusvororten verbindet (und dem die heutige U-Bahnlinie M2 folgt). Allerdings hatte das rasche Wachstum seinen Preis. Péra wurde 1829 und erneut 1831, 1836 und 1841 von verheerenden Bränden heimgesucht. Neue Bauverordnungen, die größere Mindestabstände zwischen den Gebäuden festlegten und bestimmten, dass zumindest das Erdgeschoss aus Stein gebaut sein musste, um die Feuergefahr zu reduzieren, fanden erst ab den 1850er Jahren Anwendung.

Unabhängig vom Brandschutz hatte sich das Bedürfnis nach Repräsentanz im 19. Jahrhundert deutlich gesteigert. Bis zum Brand von 1831 hatten die Botschaften der europäischen Mächte größtenteils aus Holz bestanden und eher Kaufmannsvillen geglichen. Nachdem sie 1831 ein Opfer der Flammen geworden waren, mussten sie neu aufgebaut werden. Gleichzeitig wuchs die Hoffnung der europäischen Großmächte auf eine dominante Rolle in osmanischen Angelegenheiten, wenn nicht gar auf Annexionen, und so wollten die jeweiligen Regierungen mit den Botschaftsneubauten auch Werbung für sich machen.[17] Den Anfang machte Russland. Das Zarenreich beauftragte den Schweizer Architekten Gaspare Fossati, der bereits in der Hauptstadt St. Petersburg tätig gewesen war. Fossati ließ einen immensen neoklassizistischen Palast an den Steilhang zur Bosporusseite der Grande Rue bauen. Das Gebäude setzte neue Standards in der immer noch durch Holzgebäude und asymmetrische Straßenverläufe geprägten Stadtsilhouette. Fossati wurde durch das viel beachtete Gebäude zum lokalen Stararchitekten und wurde beauftragt, etliche weitere Bauten in der Stadt zu realisieren. Er blieb 22 Jahre lang in Istanbul und holte schließlich noch seinen jüngeren Bruder Giuseppe sowie Giovanni Barborini als Assistenten nach, um unter anderen die niederländische, spanische und persische Botschaft zu entwerfen, die österreichische zu renovieren und einige Gebäude des Regierungskomplexes der Hohen Pforte und die geplante Universität *Darülfünun* zu bauen. Ferner restaurierte er die Hagia Sophia, errichtete zwei katholische Kirchen in Galata und Pangaltı und sowohl die Villa als auch das Mausoleum des Großwesirs Mustafa Reşid Pascha (mehrfach im Amt 1846–1858) sowie zahlreiche weitere Bauten. Die konsequent symmetrischen Fassaden Fossatis waren zu ihrer Zeit sehr beliebt, gelegentlich aber mutierte sein Werk zur Serienproduktion. So wirkt das niederländische Botschaftspalais wie eine kleinere Kopie des nur wenige Meter entfernten russischen Komplexes. Dies hat bis heute Konsequenzen, denn als sich 2015 eine nationalistische Demonstration über die russischen Luftangriffe in Syrien empörte, verwechselten sie die zwei nahe beieinander liegenden Botschaftsgebäude von Fossati und Barborini und bewarfen versehentlich die niederländische Vertretung mit ihren mitgebrachten Tomaten.

Die Botschaften, die nicht die beiden Schweizer Brüder beauftragt hatten, riefen Architekten aus ihren eigenen Ländern, um ebenfalls Botschaftspalais zu entwerfen, die im Stil nicht wesentlich vom Neoklassizismus à la Fossati abwichen. 1839 entwarf Pierre Laurécisque den Komplex französischer Botschaftsbauten, neben dem repräsentativen Hauptgebäude auch ein Konsulargericht, Wohnungen für Bedienstete sowie ein Schwesternwohnheim. Die Gebäude gruppieren sich um einen Garten, der sich am Hang unterhalb der niederländischen und unweit der russischen und österreichischen Botschaften befindet. So ragten die neu gebauten französischen, russischen und niederländischen Botschaften sowie die umgebaute österreichische und in späteren Jahren der Neubau der schwedischen Vertretung weit über die umliegenden einfachen Häusern hinaus und waren auch vom Marmarameer aus weithin sichtbar. Die britische Botschaft hingegen lag nicht auf der Bosporusseite der Grande Rue de Péra, sondern blickte über einen weitläufigen Garten und die angrenzenden, von Zypressen geprägten Friedhöfe des *Petit Champ des Morts* hinweg auf das Goldene Horn.

Dolmabahçe und das »Tanzimat Valley«

Es waren vermutlich nicht so sehr die einzelnen Botschaften, sondern vielmehr die Ballung von pompösen Botschaftspalais rund um die Grande Rue de Péra, die das Prestige und die Souveränität der Hohen Pforte herausforderten. Die Entscheidung Abdülmecids, einen neuen Hauptsitz für die Sultane zu errichten, ist im Kontext dieses Wettbewerbs mit den Großmächten zu sehen. Seine Vorgänger hatten sich damit zufriedengegeben, der Enge des Topkapı-Palasts in die luftigen Sommerpaläste am Bosporus zu entfliehen. Nun aber musste ein Bau her, der auf die Betrachter zeitgemäß wirkte und in unmittelbare Konkurrenz treten konnte mit den bei Einfahrt aus dem Marmarameer sichtbaren Botschaften. Abdülmecid ließ deswegen 1843, als die französischen und russischen Botschaften bereits im Bau waren, den Palast von Beşiktaş abreißen und an seiner Stelle eine neue Residenz errichten. Der 1856 eingeweihte neue Palast wurde Dolmabahçe (»aufgefüllter Garten«) genannt, da er auf aufgeschütteter Erde ins Meer hinein gebaut wurde. Mit einer Fassade von 600 Metern Länge und einer Grundfläche von 45 000 Quadratmetern in einem Garten, der sich über 250 000 Quadratmeter erstreckt, war der dreiflügelige Palast das seinerzeit mit Abstand größte Gebäude seiner Art in Istanbul. Nicht nur, dass der Palast mit Leichtigkeit die Botschaftspalais in den Schatten stellte: Einige der älteren europäischen Königspaläste konnten ebensowenig mit diesem Prunk mithalten. Die lange Fassade zur Seeseite war dem Zeitgeist gemäß antiken Tempelportalen nachempfunden. Anders aber als bei Fossatis Bauten oder der britischen Botschaft wurden die antiken Formen in einen sehr blumigen und exzentrischen Stil eingebettet, den man als türkische Variante des französischen Empire-Stils bezeichnet hat. Die Leichtigkeit und Naturverbundenheit der Sommerfrischen in der Tulpenzeit war einer protzigen Repräsentanz gewichen. Mehrere Tonnen Gold und Silber wurden für die Innendekoration aufgewendet; für die Beleuchtung des Palastes (und nebenbei auch der angrenzenden

Hauptstraßen von Pera) wurde das erste Gaswerk Istanbuls in Betrieb genommen. Die ersten selbstspülenden Toiletten der Stadt befanden sich ebenfalls in Dolmabahçe.

Der Palast war kein Solitär, sondern bettete sich in ein neues visuelles Panorama der Stadt ein. Wer künftig wie die meisten Europäer vom Marmarameer aus kommend in den Bosporus einfuhr, dem fiel zunächst die massive, 200 mal 260 Meter große Selimiye-Kaserne ins Auge, die im Auftrag Mahmuds II. auf der Anhöhe oberhalb Üsküdars 1829 fertiggestellt worden war. Auf der europäischen Seite hatte Mahmud 1825 nördlich von Galata bei Tophane eine (heute nicht mehr erhaltene) neue Kaserne unmittelbar am Wasser zusammen mit der Villa von Tophane und der verspielten Nusretiye-Moschee eröffnet. Abdülmecid hatte beiden Ensembles zusätzliche architektonische Akzente verliehen: hohe Ecktürme im Fall der Selimiye-Kaserne und in Tophane einen Uhrenturm und zwei Paläste für seine Töchter Cemile und Münire.[18]

Insbesondere die weitere Umgebung von Dolmabahçe wurde zu einem Schaufenster der osmanischen Moderne ausgebaut. Da der Palast unmittelbar vor einem Steilhang liegt, schließen sich die flankierenden Bauten nicht direkt an den Palast, sondern an seinen Vorplatz an. Hier beginnt die Schlucht von Maçka, die in den folgenden Jahren zu »Tanzimat Valley« ausgebaut wurde.[19] Am Palastzugang, am Anfang der Schlucht gelegen, wurden eine Moschee und ein Uhrenturm errichtet. Ein wenig weiter, jenseits der imperialen Pferdeställe (wo heute das Stadion von Beşiktaş steht), entstand 1859 das Schlosstheater, in dem Privatvorstellungen für die imperiale Familie und den Hof gegeben wurden und das der zeitgenössischen Leidenschaft für die italienische Oper Rechnung trug. Nicht weit von hier steht noch heute das erwähnte erste Gaswerk, das Dolmabahçe und Pera versorgte. Auf den Anhöhen oberhalb der Schlucht wurden größere staatliche Bauten errichtet. Südlich oder vom Wasser aus gesehen links des Tals entstand 1848 die bis heute in dieser Funktion genutzte Kaserne samt dem Militärkrankenhaus von Gümüşsuyu. Etwas oberhalb der Schlucht war schon 1812 die Kaserne der Artilleristen von Taksim in Betrieb genommen worden, an deren Stelle heute der Gezi-Park liegt. 1839 wurde ebenfalls oberhalb des Steilhangs an der Südseite mit dem Bau einer Hochschule begonnen, die jedoch nie fertiggestellt wurde. Religion, die exakte Erfassung der Zeit, vom Westen inspirierte Künste, moderne Technik, Medizin, Bildung und nicht zuletzt das Militär: Dies waren die Säulen, auf denen der neue, an das 19. Jahrhundert angepasste osmanische Staat ruhen sollte.

Unter Abdülmecids Bruder und Nachfolger Abdülaziz (reg. 1861–1876) wurde der Ausbau des »Tanzimat Valley« fortgesetzt. Allerdings nahm die Neugestaltung eine deutlich militaristische Wende. Abdülaziz ließ die Bauruine der Hochschule schleifen und setzte an ihre Stelle eine weitere Kaserne, die *Mecidiye* oder schlicht Steinkaserne genannt wurde (*Taşkışla*, 1864; heute Teil der Technischen Universität Istanbul). Auf der Nordseite von Maçka entstanden die Militärhochschule (*Harbiye*, 1864), das Zeughaus *(Silahhane)* und die Wache *(Karakolhane)*.[20] Der einzige zivile Gebäudekomplex, der unter Abdülaziz beim »Tanzimat Valley« entstand, ist die Reihenhaussiedlung *Akaretler*, die an der Straße von der Wache hinunter zum Fischerdorf Beşiktaş liegt. Diese sollte Einnahmen für eine Stiftung generieren, die eine Moschee auf dem Hügel oberhalb Dolmabahçes errichten sollte (wo heute das *Swiss Hotel* steht), zu deren Bau es jedoch nie kam.[21] Ferner setzte Abdülaziz das Vorhaben seines Vorgängers fort, die Bosporuspaläste des 18. Jahrhunderts durch verkitschte Monumentalbauten zu ersetzen, und schuf die erhaltenen Paläste von Çirağan nördlich von Beşiktaş und Beylerbeyi an der gegenüberliegenden asiatischen Küste.

Die Ballung von Großbauten im »Tanzimat Valley« muss seinerzeit beeindruckend gewesen sein, und die bis heute erhaltenen Gebäude stechen als Meisterleistungen der Hofarchitekten aus der Familie Balyan heraus (auch wenn der Ensemblecharakter später durch das Stadion, mehrspurige Straßen und Hotelhochhäuser zerstört wurde). Städtisch werden die verteilt stehenden großen Einzelgebäude allerdings schon damals nicht gewirkt haben. Das unter Abdülmecid neu angelegte Wohnviertel namens Teşvikiye (wörtlich: Anreiz), das die zahlreichen

Hof- und andere Beamte beherbergen sollte, befand sich nämlich weiter nördlich, einen halben Kilometer vom Abhang, an dem das Zeughaus und die Militärhochschule liegen, und anderthalb Kilometer sowie 100 Höhenmeter entfernt vom Dolmabahçe-Palast. Leider existiert heute keine einzige der Villen *(Konak)* der hohen Hofbeamten mehr. Lediglich die ursprüngliche Polizeiwache und die Moschee von Teşvikiye (ebenfalls von der Balyan-Familie) sind erhalten.[22]

Diese drei zusammenhängenden Orte – der Dolmabahçe-Palast, die Maçka-Schlucht und Teşvikiye – konnten trotz ihrer imposanten Architektur und Landschaftsgestaltung nie ihren künstlichen Charakter überwinden. Abdülmecid und nach ihm sein Bruder Abdülaziz hatten sich zwar bemüht, die Zeichen der Zeit zu erkennen und sie in ihren Staat zu integrieren. Allerdings hatten sie nicht die grundsätzlich neuartige Dynamik des 19. Jahrhunderts begriffen. Nirgendwo in Europa konnte die gesellschaftliche Entwicklung noch durch den Hof erfolgreich gesteuert werden. Großmachtpolitik, Kapitalinteressen, bürgerliche und unterbürgerliche Schichten, neue technische und infrastrukturelle Möglichkeiten, Bevölkerungswachstum – all diese Faktoren machten die besten Pläne zunichte und nahmen quer durch Europa den meisten Monarchen ihre traditionellen Rollen. Diese konnten nur überleben, wenn sie eine neue Rolle fanden als symbolisches Oberhaupt der Nation. Mit einer rein symbolischen Rolle taten sich die osmanischen Herrscher aber trotz aller progressiven Neigungen schwer.

Entsprechend ist es nicht verwunderlich, dass der dynamischste Teil Istanbuls Galata-Pera blieb. Die Nähe zum Hafen und dem damit verbundenen Gewerbe sowie zu Handel und Finanzen, die Botschaften, um die herum sich zunehmend Kirchen, Gemeindeinstitutionen und Gaststätten gruppierten, sowie das ständig wechselnde Gemisch aus Zuwanderern sowohl aus verschiedenen Ecken des Reichs als auch von jenseits des Mittelmeers, aus Osteuropa oder Asien machten es zum dynamischsten Stadtteil des 19. Jahrhunderts. Benachbarte Dörfer wie Tatavla (heute Kurtuluş), Pangaltı oder Feriköy wuchsen zu dicht bebauten Vorstädten heran, in denen die meist christlichen Arbeitskräfte für den Betrieb des Hafens, des Gewerbes, des Handels und der Vergnügungsindustrie wohnten.

Auch die oberen Schichten Galata-Peras vermochten sich schneller den verändernden Verhältnissen anzupassen als die Hofbürokratie. Dies sieht man beispielsweise an den großen Dragomanenfamilien. Über die Jahrhunderte hatten sich einige Familien darauf spezialisiert, als Dolmetscher für die Botschaften zu arbeiten. Da aus den jeweiligen Heimatländern entsandtes Botschaftspersonal wechselte und oft nicht über ausreichende Sprach- und Ortskenntnisse verfügte, etablierten sich die Dragomanen als die wichtigsten Unterhändler zwischen den Botschaften und der Pforte.[23] Im 19. Jahrhundert, in dem fast alle diplomatischen Dienste auf im Mutterland professionell ausgebildete Diplomaten umstellten, nutzten die Dragomanenfamilien ihre Beziehungen, um in die Wirtschaft oder den Kultursektor zu wechseln oder zu investieren. Einige der eleganten Apartmenthäuser im Umfeld der Botschaften tragen bis heute Namen dieser Familien.

Der Untertanen neue Kleider

Mehr noch als eine Epoche des politischen, wirtschaftlichen und urbanen Wandels war das 19. Jahrhundert für die Istanbuler eine Epoche des kulturellen Wandels. Eine der markantesten Veränderungen hatte bereits Mahmud in den 1820er Jahren initiiert. Als äußeres Zeichen des Bruchs mit der Vergangenheit erließ er unmittelbar nach der Zerschlagung des Janitscharenkorps neue Kleidungsvorschriften für Beamte. Die Staatsdiener hatten sich von den weiten Gewändern, die jahrhundertelang typisch für die osmanischen Würdenträger gewesen waren, ebenso zu verabschieden wie von den farbenfrohen Exzessen des 18. Jahrhunderts. Die Kleiderordnung übernahm von französischen Offiziersuniformen die vergleichsweise enganliegenden Hosen, Westen und Hemden und kombinierte sie mit dem langen schwarzen Setri-Mantel und, als wichtigstes Unterscheidungsmerkmal zu anderen Europäern, mit dem

Fes, einem roten zylindrischen, krempenlosen Filzhut. Bereits nach kurzer Zeit fand der neue Look in weiten Teilen der Bevölkerung Nachahmung und wurde gleichermaßen von Türken, Armeniern, Griechen, Bulgaren und Sepharden aufgegriffen.[24] Ein Blick in das Haushaltsheft von Mehmed Celal Bey, einem jungen Angestellten in der Auszahlungsabteilung des Finanzministeriums, zeigt, dass dieser Dresscode mit wenigen Varianten und Neuerungen die Männermode über die folgenden Jahrzehnte prägte. Mehmed Celal kaufte zwischen 1855 und 1864 für sich 19 Fese, 14 Quasten für die Fes, zwei Krawatten, acht Setri-Mäntel, zwei Schals, fünf Pelze, zwei Paar Handschuhe, sechs Taschentücher, 14 Hosen, 29 Paar Strümpfe, 19 Paar Schuhe, neun Paar Gamaschen und 15 Paar lederne Hausschuhe. In einem der bekanntesten Istanbuler Lieder des 19. Jahrhunderts erzählt eine Frau, wie sie mit »meinem Sekretär«, das heißt einem Angestellten, der ihr Mann oder Freund ist, gemeinsam mit der Fähre nach Üsküdar übersetzt. Das Lied beschreibt detailliert die Kleidung des Mannes und bestätigt den Eindruck aus Mehmed Celals Kleiderschrank:

> »Als wir nach Üsküdar übersetzten, kam ein Regen über uns
> Der Setri-Mantel meines Sekretärs ist lang, so dass der Saum matschig wurde (…)
> Wie gut steht meinem Sekretär sein langärmeliges Hemd«[25]

Ein neuer Wind weht aus Übersee

Jedoch wäre es ein Fehler, in einem so global vernetzten Zeitalter wie dem 19. Jahrhundert die Geschichte auf eine Reihe von herrschaftlichen Erlassen oder Interventionen der Großmächte zu reduzieren. Wirtschaftlicher und sozialer Wandel ging zunehmend unmittelbar von den technischen und wirtschaftlichen Neuerungen in Westeuropa, vor allem Großbritannien, aus. Britische Industrieprodukte, französische Literatur, italienische Musik, preußischer Militärdrill – alles wurde mit Neugierde aufgenommen und in den Istanbuler Kaffeehäusern, Brasserien oder Clubs kommentiert, zum Vorbild oder auch zum Irrweg erklärt. Die wichtigste Veränderung, die den engeren Kontakt mit dem Rest Europas möglich machte, war die Dampfschifffahrt. 1827, ein Jahr nach dem Ende der Janitscharen, hatte die *Swift* als erstes Dampfschiff Istanbul erreicht. Der Passagier Charles MacFarlane berichtet voller westlicher Überheblichkeit:

> »Das Zusammentreffen eines gewaltigen Gegenwindes und einer schnellen Strömung in einer Meerenge war gut geeignet, um den Türken einen vorteilhaften Eindruck von Dampf zu vermitteln. Große Menschenmassen versammelten sich am Kap, auf dem Konstantinopel steht, um erstaunt zu schauen, wie wir vorbeifuhren, denn dies war das erste Dampfschiff, das in dieser Gegend zu sehen war. Sie nahmen wahr, dass der Wind stark vom Schwarzen Meer her blies – dass die Strömung mit ihrer ewigen Gewalt floss, aber dass das Schiff schnell vorankam. Einige Gruppen rissen ihre Arme hoch und jubelten uns zu, während andere zu Pferd auf dem Strand mit uns mithielten, um zu sehen, wie dieses Wunder ausging. Von einigen Batterien entlang der Küste wurden wir, wie wir später erfahren sollten, als ein weniger angenehmes Wunder wahrgenommen: Die ignoranten Kanoniere hatten es für ein Brandschiff gehalten und vorgeschlagen, auf uns zu schießen.«[26]

Die *Swift* wurde gekauft und anschließend Sultan Mahmud zum Geschenk gemacht. Doch die Dampfschifffahrt wurde keine Domäne des osmanischen Staates. Binnen weniger Jahre revolutionierten ausländische Dampfschifffahrtsgesellschaften den Verkehr. Bereits Mitte der 1830er Jahre existierten wöchentliche Verbindungen nach London, Marseille, Triest und vielen anderen Häfen vor allem am Mittelmeer. Die Passagen waren viel schneller, berechenbarer, komfortabler und sicherer zu bewältigen als mit Segelschiffen. Die Piraterie in der Ägäis konnte mit dem Ende des Krieges um die Peloponnes unterdrückt werden. Neue Quarantäneeinrichtungen waren zwar lästig für Reisende, dämmten aber die Verbreitung schwerer Epidemien erfolgreich ein. So sorgten die Dampfer dafür, dass sich Personen relativ einfach rund ums Mittelmeer bewegen konnten, dass Produktionsmittel für Investoren verfügbar waren und dass Konsumprodukte schnell den osmanischen Markt erreichen konnten. Beispielsweise wurde der Fes, obwohl ausschließlich für den osmanischen Markt bestimmt, Ende des 19. Jahrhunderts größtenteils in Österreich produziert.

Istanbul im Opernfieber

Schneller als der Wirtschafts- oder der Bildungssektor und noch vor der Dampfschifffahrt machte der Bereich der öffentlichen Unterhaltung eine geradezu revolutionäre Entwicklung durch. Die Speerspitze bildeten das Theater und vor allem die Oper. Als erster Sultan ließ Selim III. 1793 an seinem Hof eine Oper aufführen.[27] Aus etwa derselben Zeit haben wir den Nachweis, dass italienische Theatertruppen als Teil ihrer Tourneen auch vor städtischem Publikum in den großen osmanischen Hafenstädten auftraten.[28] Trotz des immensen Aufwandes – speziell ausgebildete Musiker, Sänger und Bühnenbildner, Instrumente und Kostüme mussten aus Übersee, meist aus den italienischen Ländern herangeschafft werden – setzte östlich des Mittelmeeres alsbald ein regelrechtes Opernfieber ein. Nationalromantische Schnulzen, in denen unterdrückte Völker für ihre Unabhängigkeit kämpfen und die Liebe zu guter Letzt alle Grenzen überwindet, standen hoch im Kurs. Laut der Beobachtung eines Reisenden waren die Istanbuler vernarrt in die Opern Giuseppe Verdis und Gaetano Donizettis (dessen Bruder Giuseppe 1828 von Mahmud II. zum Leiter der imperialen Musikschule und Hofkapellmeister ernannt wurde).[29]

Die für Opernaufführungen nötige Infrastruktur entwickelten die aus Italien anreisenden Schauspieler zunächst selbst. Da sie in Istanbul keinen geeigneten Auftrittsort fanden und gezwungen waren, in Salons oder anderen Räumlichkeiten aufzutreten, die nicht genügend Zuschauerplätze boten und somit nur unzureichende Einnahmen ermöglichten, ergriffen einige Bühnenbildner selbst die Initiative. Das an der Kreuzung der Grande Rue de Péra, den Vier Straßen (Dörtyol/Stavrodromi/Quatre Rues; heute meist Galatasaray-Platz genannt), gelegene Haus der Dragomanenfamilie Naum war dem Feuer von 1831 zum Opfer gefallen. Auf dem leeren, zentral gelegenen Grundstück improvisierten italienische Bühnenbauer 1838 zunächst eine rustikale hölzerne Freiluftbühne. Alsbald wurde auf dem Grundstück ein echtes Opernhaus gebaut, zunächst von dem Zauberkünstler Giovanni Bartolomeo Bosco und nach dessen Verschwinden aus der Stadt von dem Habsburger Untertanen Basilio Sansoni. Am 18. November 1841 wurde (soweit wir wissen) das Opernhaus mit Vincenzo Bellinis »Norma« eröffnet. Nach einigen weiteren Wechseln übernahm schließlich der Hausherr Michel Naum persönlich die Theaterleitung, investierte in den Ausbau (ab 1848 hatte das *Naum-Theater* tausend Plätze) und ließ künftig eine feste Truppe jeweils für ein Jahr direkt in Italien anheuern. Aufgrund der Revolutionen in Italien und anderen europäischen Ländern schauten sich viele hochtalentierte Opernstars nach einem Engagement im fernen Istanbul um. Angelo Mariani zum Beispiel, der als Giuseppe Verdis Assistent tätig war, selbst komponierte, dirigierte und Theater leitete, floh um 1848 vor den Habsburgern und wurde für vier Jahre Dirigent bei *Naum*. Die in Belgien geborene Giuseppina Vilmot-Medori trat als Einundzwanzigjährige bei *Naum* auf, bevor sie später in Mailand, Venedig, Paris, New York und Montevideo engagiert wurde. So waren die 1850er die goldenen Jahre des *Naum-Theater*s. Auch wenn Menschen mit ausländischen Wurzeln im Publikum und vor allem in den Logen überrepräsentiert waren, gehörte der Theaterbesuch für die Bürger jeglicher Herkunft selbstverständlich zum gesellschaftlichen Programm. Eine Verlosung der Logen des *Naum* für die Saison 1851/52 nennt Italiener, Armenier, Türken, Franzosen, Engländer, Niederländer, Griechen, Rumänen, christliche Araber, Sepharden, Dalmatiner und Montenegriner unter den Abonnenten.[30] Ab den 1860er Jahren ging es mit dem Angebot und den Finanzen des *Naum-Theater*s bergab. Nach einem Brand 1870 wurde die Oper nicht wieder aufgebaut, sondern durch einen Büro- und Einkaufskomplex, die *Cité de Péra* (heute *Çiçek Pasajı*), ersetzt. Das Theatergeschehen verlagerte sich zunächst in viele mittelgroße Etablissements und schließlich zum Petit Champ des Morts.

Ab den 1860er Jahren schrieben auch Istanbuler Theaterstücke und Opern. Bartolomeo Pisani, Sohn einer alteingesessenen perotischen Dragomanenfamilie, komponierte und schrieb auf Italienisch und hatte mit seinen Stücken auch in Italien Erfolg.[31] İbrahim Şinasi, der wenige hundert Meter vom *Naum-Theater* entfernt aufwuchs und in Paris studierte, verfasste mit seiner 1860 veröffentlichten Komödie »Şair Evlenmesi« (»Die Hochzeit des Dichters«) das erste moderne Theaterstück in türkischer Sprache (das allerdings erst 50 Jahre später entdeckt und aufgeführt wurde).[32] Dikran Çuhacıyan, der »Verdi des Orients«, schrieb auf Armenisch und Türkisch. Seine türkischsprachige komische Oper »Leblebici Horhor Ağa« (»Horhor Agha, der Kichererbsenverkäufer«) feierte 1876 Premiere und avancierte zum Klassiker.[33]

Einwanderer am Existenzminimum

Außer den meist italienischen Opernsängern gab es zahlreiche andere Einwanderer aus Übersee, die ihr Glück in Istanbul versuchten. Oft hatten sie keine bestimmte Ausbildung, sondern waren flexibel in ihrer Arbeitssuche, wobei ihre Verhältnisse prekär waren und sie zahlreiche Rückschläge, wenn nicht Katastrophen erlebten. Werfen wir einen Blick in die Memoiren einer solchen Immigrantin. Die 1789 auf einem Kärntner Bauernhof geborene Anna Forneris beschloss bereits 1826, nach diversen anderen Stellen rund ums östliche Mittelmeer als Haushälterin, Händlerin und Wirtin, nach Istanbul zu ziehen:

> »Ich hatte mir während meines 3½-jährigen Aufenthaltes in Corfu etwas erspart (…). Ich war daher gesonnen nach Constantinopel mich zu begeben, dort einen Kleinhandel oder eine Tracterie (Lebensmittelladen, Anm. MF) zu eröffnen und alsdann meinen Sohn von Smyrna dahin kommen zu lassen (…), und (schiffte) mich auch wirklich am 21. April 1826 auf einem Kauffahrer, befehligt von einem griechischen Capitän, (ein).«[34]

Forneris' Schilderung zeugt davon, wie schwierig die Anreise vor dem Aufkommen der Dampfschiffe und während des Krieges auf der Peloponnes war:

> »Der griechische Archipel wimmelte zu jener Zeit von Seeräubern, und kaum befanden wir uns in selbem, so machte ein Corsar, bemannt mit 50 Räubern Jagd auf uns. Diese währte nicht lange, denn das feindliche Schiff schoß wie ein Falke auf unseres. Bald war es an unserer Seite, und die wettergebräunten Gestalten der Räuber sprangen auf unser Deck, einer nach dem Andern. Unsere Angst war gräßlich. Mit barschem Tone verlangten sie Geld oder Schmuck. Wir gaben ihnen was wir hatten. Nun wurden alle Schiffsräume von unten nach oben durchsucht, und sie berathschlagten, ob sie das Schiff plündern und alsdann in den Grund bohren sollten. Unser aller Todesurtheil hing von einem einzigen Worthe ab.«[35]

Schließlich sollte es beim Plündern bleiben, doch die Piraten malträtierten die männlichen Passagiere und drohten, sie umzubringen. Das zufällige Erscheinen eines französischen Kriegsschiffes ließ die Seeräuber die Flucht ergreifen. Nachdem die Besatzung und die Passagiere sich drei Tage lang im Hafen von Poros von diesem Schrecken erholt hatten, setzten sie die Reise fort, die allerdings weiterhin unangenehm blieb. Kriegsschiffe der revolutionären griechischen Armee hielten sie wiederholt auf und nötigten den Kapitän, einen Hafen anzusteuern, um dort die Fracht zu inspizieren.

> »Durch solche Verzögerung brauchten wir weit mehr als einen Monat nach Constantinopel; allein vor dem Hafen erfuhren wir durch andere Schiffe, daß so eben jenes grässliche Gemetzel unter den Janitscharen vor sich ging, aller Handel darnieder liege, und wer gerade nicht müsse, sich hüthe, für dermalen die Stadt zu betreten.«[36]

Nachdem Feuer auf ihrem Schiff ausgebrochen und sie nur mit ihrem nackten Leben davongekommen war, erreichte Forneris schließlich Istanbul mit gemischten Gefühlen. Einerseits spiegelt ihr erster Eindruck die lobpreisende Poesie zu Zeiten Mehmeds II. wider. Andererseits ergeht es ihr wie Hunderttausenden, die über die Jahrhunderte in diese Stadt zogen und von deren Größe, aber ebenso der Schwierigkeit, unter so vielen Menschen ein Auskommen zu finden, fast überwältigt wurden.

> »Wenn man diese Riesenstadt vor sich so wunderschön am Meeresufer ausgebereitet sieht, so glaubt man wirklich, daß man das Paradies betrete. Aus den unzähligen Häusermassen heben sich stolz die Moscheen mit ihren Kuppeln, und säulenartigen Thürme (Minarets) ragen allenthalben um die zahlreichen Gotteshäuser gegen Himmel empor. (…) In diesem Gewirre von 500000 Menschen kannte ich für jetzt außer den mit mir von Corfu gereiseten Tischler nicht eine Seele. (…) Der Verkehr ist sehr stark und lebhaft, und mit Fleiß und nur einiges Geld zum Beginne, kann man sich seinen Lebens-Unterhalt leicht verschaffen.«[37]

Forneris fand in der Stadt, die sich nur langsam von der exzessiven Gewalt in ihren Straßen erholte, zunächst eine Stelle als Haushälterin des Konsuls von Sardinien, bevor sie anderthalb Jahre später im aufsteigenden Vorort Pera ein eigenes Wirtshaus eröffnete. Allerdings wurde es Opfer des verheerenden Feuers vom August 1829. Nicht zuletzt aufgrund dieses Schockerlebnisses verließ sie die Stadt Richtung Persien. Als sie Mitte der 1830er Jahre zurückkehrte, eröffnete sie zusammen mit ihrem sardischen Ehemann erneut ein Wirtshaus und hatte dabei eine besondere Geschäftsidee:

> »So mietheten wir in einem Hause ein großes Magazin und eine ungeheure Küche zu ebener Erde; im obern Stocke aber ander Wohnlokalitäten, die ich zu Gastzimmern umwandelte, und Bier ausschenkte, das ich selbst braute. Der Zudrang von Deutschen war außerordentlich, und ich hatte alle Ursache, sehr zufrieden zu sein.«[38]

Bier als Genussmittel stand zu jener Zeit am Beginn einer steilen Karriere im Osmanischen Reich. Zwar kannte die osmanische Gesellschaft *Boza*, doch um 1800 war das leicht alkoholische Getränk so gut wie ausgestorben. Außerdem hatten Westeuropäer in der Diaspora bereits zuvor ihr eigenes Bier gebraut; bekannt als Brauer ist beispielsweise ein Niederländer im 18. Jahrhundert. Doch im 19. Jahrhundert wurde Bier langsam auch in der breiten Bevölkerung beliebt. Außer Forneris sind aus dieser frühen Zeit als Brauer bekannt noch der Bulgare Kosma in Feriköy nördlich Peras, die beiden französischen Staatsbürger de Gallier und Tokas (Letzterer dem Namen nach zu urteilen ursprünglich ein Grieche) in Kuruçeşme am mittleren Bosporus und ein namentlich unbekannter Deutscher im Bosporusvorort Bebek. Sie alle betrieben kleine, vermutlich überwiegend für den sofortigen Genuss in hauseigenen Schankwirtschaften produzierende Hausbrauereien. In dieser Frühphase von den 1830ern bis in die 1850er Jahre war die Bierproduktion noch stark auf die anwesenden Ausländer fokussiert. Forneris berichtet beispielsweise, dass Sultan Mahmud für die Modernisierung des Marinearsenals verstärkt deutsche Werftarbeiter angeworben hatte, die einen großen Teil ihrer Kundschaft ausmachten. Als die Arbeiter nach Mahmuds Tod entlassen wurden, ging Forneris' Umsatz zurück. Gleichwohl war das Geschäft risikoreich: Forneris berichtet, dass sie dreimal ihr Gasthaus durch Polizeibefehl oder Gerichtsbeschluss verlor, unter anderem, weil ein armenischer Nachbar über den Gestank der Brauerei klagte. De Gallier und Tokas wurden sogar tätlich angegriffen, angeblich da ein Beamter des Kriegsministeriums eine Uhr als Prämie für den Täter ausgelobt habe, um die Brauherren einzuschüchtern. Andererseits sah der deutsche Braumeister in Bebek vor allem die Vorteile: Anders als in anderen europäischen Ländern war die Bierproduktion im Osmanischen Reich noch gänzlich unreguliert, er brauchte keine Genehmigung, zahlte keine Sonderabgaben oder -steuern, so dass er eine komfortable Profitspanne erwirtschaften konnte.[39]

Neben den darstellenden Künsten, dem Handel und der Lebensmittelproduktion bekam die Kriminalität Zuwachs aus Übersee. Ein frühes Beispiel findet sich im Prozess vor dem sardischen Konsulargericht 1828 gegen Giacomo Navarra, der angeblich das Geschäft des Habsburger Untertanen Alessandro Beato ausgeraubt hatte. Navarra lebte seit

13 Jahren in Galata und verkaufte Schiffszubehör wie beispielsweise Anker. Er hatte drei Kinder aus einer Beziehung mit der in Konstantinopel geborenen, aus Sizilien stammenden Maria Tassiera. Navarras mutmaßliche Komplizen waren Giuseppe Mollo aus der Toskana und Stefano Garibaldi aus Korfu, die ebenfalls seit langer Zeit in Galata wohnhaft waren und Kinder mit ihren Geliebten hatten. Alle drei waren im Gelegenheitshandel beim Hafen tätig, hielten ihre geschäftlichen Treffen in Francescos *Taverne Grande* ab, nutzten eine Wohnung von Giuseppe Rolla in der Peroter Oberstadt für ihr Diebesgut und verkauften es an den Genuesen Giovanni Castignola. Die Gerichtsakte zeigt ein Milieu aus Immigranten, die zwischen kleinen Geschäften und kleiner Gaunerei hin und her wechselten, Familie hatten, wenn auch ohne den Segen der katholischen Kirche, und die in der großen italienischsprachigen *community* verschiedener Nationalitäten sowohl Komplizen als auch Opfer fanden.[40]

Die Reformen Mahmuds und des *Tanzimat*s, die innovationsfreudige Bürokratie, die britische Protektion gegen innere und äußere Bedrohungen sowie die neue Mobilität rund ums Mittelmeer prägten diese Phase in der Entwicklung Istanbuls, die der Stadt etwa ab 1828 bis zu den 1870er Jahren trotz der Massenzuwanderung und der Brände relative Stabilität verschaffte. In dieser Zeit fand die Reichshauptstadt zu ihrer neuen Stellung in der Welt. Istanbul war nicht länger das Machtzentrum, das gegenüber dem Rest des Mittelmeers, Europas und des Nahen Ostens den Ton angeben konnte. Genauso wenig war sie jedoch eine willenlose Kolonie. Die Stadtbewohner suchten ihren eigenen Weg in die Moderne, in der wie seit Jahrhunderten neue Kunstformen, neue Architekturen und Einwanderer aus fernen Gebieten eine wichtige Rolle spielten.

12.
Die Belle Époque am Bosporus

Klein-Paris und der »Rote Sultan«

Der fröhliche Aufbruch ins moderne Zeitalter mit britischer Unterstützung und liberaler Agenda sollte etwa ein halbes Jahrhundert nach der Auflösung des Janitscharenkorps ein jähes Ende finden. In den späten Jahren der Herrschaft von Sultan Abdülaziz erreichte die Unzufriedenheit im Reich erneut einen Höhepunkt. Staatsausgaben, Steuern und die seit dem Krimkrieg praktizierte Aufnahme von Auslandskrediten erreichten Rekordniveau, ohne dass sich der Wohlstand der Untertanen spürbar erhöht hätte. Ebenfalls seit dem Krimkrieg waren die Militärausgaben, insbesondere für die Marine, stark gestiegen. Gleichzeitig hatte man mehrere Infrastrukturmaßnahmen wie den Bau von Telegraphenverbindungen, Bahnlinien und Landstraßen in Angriff genommen, die weitere Ressourcen verschlangen, doch waren von ihnen bisher noch keine wesentlichen Impulse für die wirtschaftliche Produktivität ausgegangen. Dass Abdülaziz zwei weitere Prunkschlösser (Çırağan und Beylerbeyi) am Bosporusufer erbauen ließ, dürfte seiner Popularität nicht eben zuträglich gewesen sein. Insbesondere an den Rändern des Reichs herrschte außerdem Unzufriedenheit mit der neuen Staatsideologie, nach der alle Untertanen vor dem Recht gleich sein sollten. Die Bewohner des albanischen Hochlandes wie auch die Beduinen der arabischen Halbinsel hätten so ihre jahrhundertealte Autonomie verloren und verweigerten sich deswegen dem neuen Regime. In religiös gemischten Gebieten wie dem Libanon und Bosnien förderten die Reformen Spannungen zwischen Muslimen und Christen, die sich teilweise in blutigen Auseinandersetzungen entluden.[1]

Hunger, Aufstände, Pleite: Der Beginn der großen Krise

Mitte der 1870er Jahre spitzte sich die Situation zu. Die zentralanatolischen Provinzen um Ankara litten von 1873 bis 1875 unter einer Dürre, der mindestens 100 000 Menschen zum Opfer fielen. Weltweit gab es ein Missverhältnis zwischen wachsender Bevölkerung und ausbleibendem Wirtschaftswachstum, das durch ein liberales Staatsverständnis, demzufolge das Wechselspiel von Angebot und Nachfrage Versorgungsprobleme am besten löse, noch befördert wurde. Dies führte im Verlauf des 19. Jahrhunderts vielerorts zu Hungerkatastrophen, so von 1845 bis 1849 in Irland und fast zeitgleich mit der zentralanatolischen Dürre 1873 und 1874 in Indien sowie von 1876 bis 1879 in China. Die Hohe Pforte hatte schon 1839, gleich zu Beginn des *Tanzimat*, die zentrale Getreideverwaltung abgeschafft. Bis man 1874 in Istanbul das Ausmaß der Katastrophe erkannte und Hilfsmaßnahmen ergriff, war es für viele Menschen schon zu spät. Eine weitere Folge der Missernten waren erhebliche Steuerausfälle. Am 30. Oktober 1875 konnte das Osmanische Reich die Tilgungsraten für seine ausländischen Schulden nicht mehr zahlen und erklärte den Staatsbankrott.[2]

Bedingt durch die schlechten Ernten und den erhöhten Steuerdruck war es im Sommer 1875 zu Aufständen der christlichen Bauern in der Herzegowina gegen die muslimischen Grundherren gekommen. Im April 1876 folgte ein Aufstand der bulgarischen Provinzbevölkerung. Weder der Aufruhr in der Herzegowina noch der in Bulgarien waren eine besondere Herausforderung für die osmanischen Truppen. Zusammen mit irregulären Kämpfern hatten sie in weniger als einem Monat die Lage wieder unter Kontrolle. Doch die Tausenden von Toten unter der bulgarischen Bevölkerung, darunter viele Zivilisten und Frauen und Kinder, sollten der osmanischen Politik zum Verhängnis werden. Trotz der Abgelegenheit der Aufstandsgebiete wurden insbesondere durch bulgarische Schüler am amerikanischen Robert College in Istanbul Berichte über die Massaker an die britische und amerikanische Presse weitergeleitet. Eine Welle der Empörung in Großbritannien zwang die Londoner Regierung, ihre bisherige proosmanische Politik aufzugeben.

Als 1877 Russland erneut als selbsternannte Schutzmacht der orthodoxen Untertanen auftrat und der Pforte den Krieg erklärte, stand das Osmanische Reich isoliert da. Aufgrund der inneren politischen Unruhen versagte die Kriegsmaschinerie. Sechs Monate nach der Kriegserklärung standen russische Truppen in den Vororten Istanbuls, so dass die Pforte kapitulieren musste. Im Vorort San Stefano (Agios Stefanos, heute Yeşilköy) wurde ein Friedensvertrag unterzeichnet, der einen riesigen bulgarischen Staat vom Schwarzen Meer bis fast zur Adria und von der Donau bis an die Ägäis vorsah, der bis auf Tributzahlungen weitgehend selbständig vom Osmanischen Reich sein sollte. Da die Westmächte befürchteten, dass dieser Staat zur russischen Marionette werde und somit das europäische Gleichgewicht gefährdet hätte, wurde der Vertrag in Berlin unter Vermittlung von Reichskanzler Otto Fürst von Bismarck (im Amt 1871–1890) revidiert. Nun wurde ein sehr viel kleineres Territorium südlich der Donau zum autonomen Fürstentum Bulgarien innerhalb des Osmanischen Reichs erklärt, während das südlich angrenzende Ostrumelien einen Sonderstatus erhielt. Zum Ausgleich besetzte Großbritannien Zypern und Österreich-Ungarn Bosnien, die Herzegowina und den Sancak (Bezirk) Novi Pazar. Auf dem Berliner Kongress wurden so die Karten im internationalen Machtpoker neu gemischt. Das Deutsche Reich nahm nun die frühere Rolle Großbritanniens als Garant des osmanischen Status quo ein, während auf dem Balkan fortan ein griechischer, ein serbischer und ein bulgarischer Staat um die Ausdehnung auf die verbleibenden osmanischen Provinzen rivalisierten.[3]

Das neue politische Regime der Belle Époque

Wie erwähnt fand im Rahmen dieser sogenannten Orientalischen Krise auch eine Wende in der osmanischen Innenpolitik statt. 1876, als die Hungersnot, die Aufstände und die Zahlungsunfähigkeit sich zur Staatskrise verdichteten, kamen einige Würdenträger überein, dass Abdülaziz seiner Aufgabe nicht mehr gewachsen sei und man erstmals nach 70 Jahren wieder einen Sultan stürzen müsse. Abdülaziz wurde unter Hausarrest gestellt und kam unter nie ganz geklärten Umständen (Mord oder Selbstmord) ums Leben. Nachdem sich binnen weniger Wochen herausstellte, dass der neue Sultan Murad V. aufgrund seiner psychischen Erkrankung regierungsunfähig war, fiel das Los auf einen anderen Sohn Abdülmecids, Abdülhamid II. (reg. 1876–1909). Der neue Großwesir Ahmed Şefik Midhad Pascha hatte als Gouverneur in zahlreichen Provinzen Erfahrung gesammelt. Als treibende Kraft der Reformen wie des Umsturzes nötigte er den neuen Sultan, erstmals eine schriftliche Verfassung zu verkünden und ein Parlament einzuberufen. Allerdings hatte Abdülhamid andere Pläne. Er nutzte den Krieg mit Russland als Vorwand, um schon nach kurzer Zeit das Parlament und die Verfassung zu suspendieren. Midhad Pascha wurde seines Amtes enthoben, zunächst verbannt und schließlich ermordet.

Das Russische und das Osmanische Reich blieben die letzten absolutistisch regierten Länder Europas. Zwar investierte Abdülhamid in moderne Bildungsinstitutionen und das Schienennetz, zudem meisterte er den diplomatischen Balanceakt mit den anderen Großmächten erfolgreich, wodurch das Reich aus seiner außenpolitischen Isolation fand. Allerdings war die gesamte Innenpolitik einem an Paranoia grenzenden Sicherheitsdenken untergeordnet. Kritiker sehen die hamidische Ära als den Wendepunkt, ab dem die schon unter Selim III. und Mahmud II. angelegte *gouvernementalité* zu einem prinzipiellen Misstrauen gegen die Untertanen und einem umfassenden System des Überwachens und Strafens führte. Die Sicherheitsbesessenheit Abdülhamids und seines Apparates war jedoch keine traditionelle Abwehrreaktion auf die Moderne. Sie stellt einen alternativen, antiliberalen Weg in die Moderne dar.[4]

Prinzipiell aufgeschlossen zeigte sich der Sultan gegenüber neuen Entwicklungen im Bereich der Kunst, besonders der Baukunst. 1893 berief er Raimondo D'Aronco als neuen Hofarchitekten. Der Italiener löste die Architektenfamilie Balyan ab, deren Repertoire sich nicht über den sogenannten türkischen Empire-Stil hinaus weiterentwickelt hatte und die mittlerweile in Skandale verwickelt war.[5] D'Aronco hingegen brachte die revolutionären neuen Entwürfe der Wiener Sezession und des entstehenden Jugendstils nach Istanbul und suchte nach neuen Formen für traditionelle muslimische und osmanische Bauten. Die Moschee am Karaköy-Platz in Galata, die *Merzifonlu Kara Mustafa Paşa Camii*, geht beispielsweise auf seinen Entwurf zurück. Bis heute erhalten ist ein beeindruckendes Mausoleum für Scheich Zafir Efendi nahe des Yıldız-Palastes, des neuen Herrschaftssitzes, den Abdülhamid sich am Hang oberhalb von Beşiktaş als seine eigene Stadt in der Stadt ausbauen ließ und dessen Gebäude teilweise ebenfalls von D'Aronco stammen. Außerdem entwarf der italienische Hofarchitekt einige Apartmenthäuser und Villen in der Stadt sowie mehrere Brunnen. Sein größtes Werk, für das er mit Alexandre Vallaury kollaborierte, war die imperiale Medizinhochschule. Sie prägt mit ihrem monumentalen, eigenwilligen Formenspiel, das Elemente aus östlicher und westlicher Architektur vereint, bis heute die Skyline des asiatischen Ufers oberhalb von Haydarpaşa.[6]

Alexandre Vallaury ist einer der anderen herausragenden Architekten, die in dieser Zeit das Aussehen Istanbuls revolutionierten. Vallaury war sizilianischer Abstammung und französischer Staatsbürger, doch in Istanbul geboren. Seine Eltern führten einen Süßwarenladen an der Grande Rue de Péra. Ähnlich wie D'Aronco begann Vallaury seine Architektenlaufbahn, indem er sich im Sinne des Historismus des Formenrepertoires vergangener Zeiten bediente, von griechischen Tempeln bis zu orientalischen Palästen. Später widmete er sich der Entwicklung einer Synthese zwischen osmanischer Tradition und Moderne. Seine bekanntesten Gebäude sind die Osmanische Bank in der Bankenstraße von Karaköy und die Öffentliche Schuldenverwaltung (heute *İstanbul Lisesi*), die aus dem Häusermeer oberhalb von Eminönü herausragt. Vor allem dieser Bau diente lange Zeit als Vorbild bei der Suche nach einer spezifisch türkischen Architektur, die sich beispielsweise in der Istanbuler Hauptpost von Vedat Tek widerspiegelt.[7] Besucher, die um die Jahrhundertwende Istanbul erreichten, konnten einerseits eintauchen in die Basare, Moscheen und Außenbezirke, die sich äußerlich über die Jahrhunderte nicht viel verändert hatten. Sie konnten aber genauso gut eine moderne Architektur bewundern, die Impulse aus dem restlichen Europa aufgenommen hatte und davon inspiriert mit neuen Formen experimentierte.

Istanbuls neuer Platz in der Weltwirtschaft

Das 19. Jahrhundert wird in den meisten Überblickswerken nach wie vor als Zeit des Niedergangs der osmanischen Dynastie und ihrer Hauptstadt erzählt. Die Zahlen sprechen allerdings eine andere Sprache. Die Wirtschaft erholte sich recht zügig vom osmanischen und ebenso europaweiten Tief der 1870er Jahre. 1881 einigten sich das Reich und seine Gläubiger auf die Einrichtung einer internationalen Verwaltung der osmanischen Staatsschulden *(Administration de la Dette Publique Ottomane; Düyun-u Umumiye)*. Sie hatte direkten Zugriff auf einige der osmanischen Steuern und führte sie ohne Umweg über den Staatshaushalt an die Gläubiger ab. Obwohl dies ein Schritt in Richtung einer semikolonialen Bevormundung des Reichs war, hatte diese Institution durchaus positive Aspekte. Ausländische Geldgeber waren beruhigt, dass sie wieder im Osmanischen Reich investieren konnten, und der Staat galt wieder als kreditwürdig. Ferner hatte die internationale Staatsschuldenverwaltung ein Interesse an Einnahmen und bemühte sich, die inländische Wirtschaft produktiv und profitabel zu organisieren. Eine sehr viel intensivere Verflechtung des osmanischen Marktes mit der europäischen Wirtschaft setzte ein. Die sogenannte *Belle Époque*, eine Periode langfristigen Wachstums, in der 35 Jahre lang kein größerer Krieg geführt wurde, hatte begonnen.

Auch in Bezug auf die Reichshauptstadt kann man für diese Jahre nicht von Niedergang sprechen. Konstantinopel hatte im späten 6. Jahrhundert, während des Vierten Kreuzzugs und im Zusammenhang mit der osmanischen Eroberung erhebliche Bevölkerungsverluste erlebt. Im 19. Jahrhundert war die Metropole zwar nicht mehr wie unter Justinian und erneut um 1600 die größte Stadt Europas, sie wuchs aber weiter und war um 1900 eine der lediglich sieben Städte Europas und eine von 14 weltweit, in denen eine Million Menschen lebten. Die Zunahme basierte nicht nur auf dem globalen deutlichen Bevölkerungswachstum, sondern ebenso auf Abwanderung aus marginalisierten ländlichen Gebieten innerhalb wie außerhalb des Osmanischen Reichs sowie auf Flucht und Vertreibungen der muslimischen Bevölkerung vor allem aus den neu entstandenen Balkanstaaten.

Gemessen an Westeuropa gab es kaum Industrie in Istanbul. Die Versuche, um die Mitte des 19. Jahrhunderts eine durch eigene Rüstungsproduktion vorangetriebene Industrialisierung staatlich zu initiieren, scheiterten an den schnellen Fortschritten in der Kriegstechnik, so dass es so gut wie keine Schwerindustrie in der Hauptstadt gab. Allerdings entstanden einige sowohl staatliche als auch privatwirtschaftliche Fabriken der Leichtindustrie, in denen Lebens- und Genussmittel, Glas und Kleidung produziert wurden. Kurz vor dem Ersten Weltkrieg wurde schließlich das erste Elektrizitätswerk der Stadt in Betrieb genommen. Daneben existierten viele als Manufaktur organisierte Klein- und Mittelbetriebe im Stadtgebiet, die beispielsweise Ziegel brannten, Regenschirme herstellten oder aus den Provinzen gelieferte Agrarprodukte weiterverarbeiteten.[8] Die wachsende Stadtbevölkerung fand zudem Arbeit im stark expandierenden Dienstleistungssektor. Vor allem in der Verkehrsinfrastruktur und Logistik gab es großen Bedarf, beispielsweise an Lastenträgern im Hafen, Bahnarbeitern und Matrosen. Die veränderten Wirtschafts- und Kulturformen brachten überdies neue Berufssparten hervor. Banken und Versicherungen entstanden, entweder als Filialen von Bankhäusern aus Übersee oder als Gründungen traditioneller Geldwechsler. Die Banken bedurften speziell geschulten Personals, ebenso der Hotelsektor und die zahlreichen neuen Restaurants.

Der Handel und die funktionale Infrastruktur konzentrierten sich wie in den Jahrtausenden zuvor rund um das Goldene Horn, sowohl in Eminönü vor der historischen Altstadt, wo das Telegraphenamt, die osmanische Post sowie der europäische Bahnhof der Stadt entstanden, als auch in Galata, wo sich vor allem die modernen Bankhäuser und internationalen Versicherungen in der Bankenstraße (Voyvoda Caddesi) niederließen, da viele Kredite und Versicherungen unmittelbar mit den Import- und Exportgeschäften oder der Schifffahrt zusammenhingen. Während Galata *intra muros* ausgefüllt war und nur durch den Abriss älterer Gebäude und mehrstöckige Neubauten mit kleinen Grundrissen nachverdichtet werden konnte, erstreckte sich das angrenzende Pera zunehmend entlang des Höhenweges, der Grande Rue de Péra. Die dortigen Botschaften bildeten den Kern, um den herum das Quartier weiter wuchs.

In Pera entstanden moderne Büros, Geschäfte und Lokale. Schicke Passagen in neoklassischer wie neomaurischer sowie später in Jugendstilarchitektur erstreckten sich rund um die Grande Rue von Galata zum Taksim-Platz, wo der alte Höhenweg nun zur Allee in die Vororte ausgebaut war. Die beiden großen Friedhöfe, das Petit Champ des Morts (heute Tepebaşı) auf halber Strecke zwischen Galata und Taksim und das Grand Champ des Morts von Taksim, wurden aufgegeben und in städtische Parks umgewandelt, die zugleich als Ausgehzentren dienten. Um das Petit Champ gruppierten sich ab den 1880ern die vornehmsten Theater der Stadt (an der Stelle des heutigen staatlichen Rundfunkgebäudes) und die elegantesten Hotels, darunter die bis heute bestehenden Hotels *Pera Palace* und *Grand Hotel de Londres* (heute Büyük Londra), während der Park von Taksim von zahlreichen Biergärten umgeben war.

Bier als Eintrittskarte in die moderne Welt

In den 1880er Jahren hatte sich die Rolle des Biers gegenüber 1850 völlig gewandelt. Man kann den schnell wachsenden Bierkonsum im spätosmanischen Istanbul als Indikator dafür sehen, inwieweit die Europäisierung Akzeptanz fand. Große Etablissements an der Grande Rue mit Kellnern in schwarzem Anzug und Fliege und eleganten Tischen mit weißen Tischdecken nannten sich *Brasserie Viennoise* oder *Brasserie Suisse* und schenkten teure Biere aus, die aus Belgrad, Straßburg, Triest oder München importiert waren. Wer Bier trinken ging, wollte zeigen, dass er oder sie zur modernen, weltoffenen Gesellschaft gehörte, die keine Angst vor dem Neuen und dem Ausländischen hatte und gerne auch in gemischtgeschlechtlicher Gesellschaft verkehrte, was zuvor weder in den Kaffeehäusern noch in den Tavernen mit Wein- oder *Rakı*-Ausschank üblich gewesen war. Der Autor Refik Halid Karay, der im Istanbul der Jahrhundertwende aufwuchs, brachte es auf den Punkt:

> »Warum kamen wir zum Petit Champ und hingen nicht im *Küllük*-Kaffeehaus ab? Das Erste, was uns dazu einfällt, ist ›Libido‹. Denn es gab dort einen Ort, an dem Männer und Frauen Seite bei Seite saßen, man sie zusammen antreffen konnte, wie sie umherwanderten und sich umdrehten; er war voller Frauen. Ohne Schleier oder Kopftuch, sondern in maßgeschneiderten Kostümen oder Kleidern, und auf dem Kopf trugen sie Strohhüte mit Schleifen und Blumen, die durch lange Nadeln gehalten wurden, Frauen, Frauentypen, die wir voll Staunen beobachteten, da sie uns an die Illustrationen in französischen Romanen erinnerten (...) Eine Ecke Europas!«[9]

Ab den 1890er Jahren und vor allem nach der Jahrhundertwende wurde das neue Getränk zum Massenphänomen. Die Schweizer Brüder Bomonti, die als Immigranten in die Stadt gekommen waren, eröffneten 1893 bei Feriköy, wo bereits Kosma sein Kleinstunternehmen geführt hatte, eine dampfbetriebene Großbrauerei. *Bomonti*, dessen Qualität sogar ausländische Beobachter anerkennen mussten, wurde schnell zum marktbeherrschenden Bier des Osmanischen Reichs. Das ehemalige Industrieviertel rund um die Brauerei trägt bis heute den Namen der Brüder. Binnen weniger Jahrzehnte erlebte Bier eine bemerkenswerte Karriere: Vom Nischenprodukt für Ausländer über ein Prestigeprodukt für einen elitären Teil der Gesellschaft bis hin zum Massenkonsumartikel, der Anfang des 20. Jahrhunderts Wein als zweitbeliebtestes Getränk in der Region ablöste und mittlerweile auch *Rakı* als populärstes alkoholisches Getränk überholt hat.[10]

Ein nicht enden wollendes Fest: Istanbuler Nächte in der Belle Époque

Überhaupt waren Ausgehen und Feiern ein wichtiger Bestandteil der Kultur der *Belle Époque*. Noch in den 1850er Jahren hatten zahlreiche Besucher der Hauptstadt – wie etwa der Historiker Jean-Henri-Abdolonyme Ubicini – geklagt, dass es in Istanbul und insbesondere in Pera nicht viel und vor allem nichts Anspruchsvolles zu unternehmen gäbe. Insbesondere die Tavernen seien im Allgemeinen üble Hafenspelunken, so dass die gute Peroter Gesellschaft die türkischen Kaffeehäuser bevorzuge. Bereits 20 Jahre später spricht der italienische Schriftsteller Edmondo De Amicis hingegen von einer »Menschenflut«, die sich aus der Grande Rue hin zu den Biergärten des Taksim-Platzes ergießt.[11]

Wichtigste Zeit des Jahres für gesellschaftliche Ereignisse war die »Saison«. Sie dauerte von Neujahr bis zur christlichen Fastenzeit, die in Istanbul nach dem griechisch-orthodoxen Kalender festgelegt wurde und somit sehr spät im Jahr liegen konnte. Deshalb waren Januar, Februar, März und manchmal noch der gesamte April »Saison«. In dieser Zeit fand eine Unzahl an Essenseinladungen und vor allem Bällen statt, sowohl in privaten Haushalten als auch in den großen Clubs und Hotels. Insbesondere die ortsansässigen Angehörigen der westlichen Großmächte hatten Vereinigungen gegründet, die oft als Selbsthilfegruppen ankommender prekärer Arbeiter angefangen hatten, in der *Belle Époque* aber vor allem Räumlichkeiten für Ereignisse der guten Gesellschaft boten. Die *Union Française*, die italienische *Società Operaia di Mutuo Soccorso* und die deutsche *Teutonia* waren drei Organisationen dieser Art, deren stattliche Gebäude bis heute bestehen.

Vor allem nach der Jahrhundertwende wurde das Ausgehpublikum zunehmend anspruchsvoller und vergnügungssüchtiger. Die Istanbuler wollten künftig nicht nur nach dem Kalender der »Saison« und den mit ihr verbundenen gesellschaftlichen Zwängen tanzen, Musik hören oder zusammentreffen. Zahlreiche Gaststätten boten künftig rund ums Jahr Unterhaltung an. Ein Blick in die Istanbuler Tageszeitungen von Anfang des Jahres 1911 zeigt, dass im *Winter Garden* des Petit Champ, in der *Brasserie Aleko* und im *Ice Skating Palace* den Besuchern *Highlife* versprochen wurde, ein neuer Trend aus Amerika mit angeblich aufregendem tempohaftem Geschehen. Hierfür sollten die Orchester – mit Pausen – bis zu neun Stunden spielen, darunter Auszüge aus »Madame Butterfly«. Andere Möglichkeiten zum Zeitvertreib boten das Kino im Amphitheater des Petit Champ, das *Variété*, in dem griechischsprachige Theaterstücke aufgeführt wurden, und das *Kataklum Variété* mit Musikern vom Montmartre.[12]

An diesem Geschehen in Galata-Pera nahmen deutlich mehr Christen und Juden teil als Muslime. Seit dem zweiten Reformedikt 1856 war es möglich, große nichtmuslimische Gotteshäuser zu bauen, was alle ortsansässigen Konfessionen sowie jene unter fremdem Schutz wie die Katholiken und Protestanten auch eifrig taten. So ist Galata-Pera bis heute geprägt von zahlreichen großen und repräsentativen Kirchen und Synagogen. Der kosmopolitische Charakter des Viertels war offensichtlich. Die großen Kaufhäuser warben teilweise gleichzeitig in lateinischer (französischer), griechischer, armenischer und arabischer (osmanisch-türkischer) Schrift für sich. Dabei fällt die Unterrepräsentanz der Muslime, die immer noch knapp die Hälfte der Istanbuler Bevölkerung ausmachten, ins Auge, doch gab es keine Regel, die sie vom gesellschaftlichen Leben in dem aufstrebenden Stadtteil ausschloss. Es mangelt nicht an Berichten über Muslime beim Biergartenbesuch, in der Oper, in der Tanzschule zur Vorbereitung auf den Gesellschaftsball oder beim Karneval. Ausländische Besucher im 19. Jahrhundert bemühten sich häufig, einen großen Kontrast zwischen den beiden Halbinseln nördlich und südlich des Goldenen Horns zu konstruieren: Hier Galata-Pera, das europäisch geprägte Viertel mit seinen modernen Passagen, und dort die historische Altstadt, der Orient mit seinen zeitlosen Moscheen. Doch dieses Bild dürfte wenig mit dem Alltag der meisten Istanbuler zu tun gehabt haben. Die beiden Ufer waren durch zwei Brücken verbunden, und der Weg konnte in einer Pferdekutsche bzw. ab 1913 in einer elektrischen Straßenbahn in kürzester Zeit zurückgelegt werden. Wer wollte, konnte sich zwischen den beiden Stadtteilen problemlos hin- und herbewegen und binnen 30 Minuten zwischen italienischer Oper am Petit Champ und türkischer Operette im Altstadtviertel Direklerarası wechseln, zwischen einem Croissant an der Grande Rue und Lokum am Gewürzbasar oder zwischen den verschiedenen Kaufhäusern auf beiden Seiten. Deswegen sollte man vom Istanbul des 19. Jahrhunderts als einer Stadt der Vielfalt, nicht der Kontraste sprechen. Viele Bewohner wussten sehr gut, diese Vielfalt zu genießen, um so ihr »Recht auf Stadt« auch in der verwestlichten, kommerzialisierten Zeit der *Belle Époque* ausleben zu können.

Glücklich kaufen am Bosporus

Ein weiteres Element dieser neuen Vielfalt waren die Einkaufsmöglichkeiten. Die Stadt, die seit dem Umbau unter Mehmed II. durch ihre großen Basare als Hauptumschlagsort des Handels geprägt war, lernte nun das Warenhaus kennen. Ausländische oder weit herumgekommene Kaufleute investierten in diese neuen Einrichtungen, die (im Gegensatz zum Basar oder der heutigen Mall) ein breites Sortiment in einem Gebäude unter einheitlicher Leitung anboten. Zwischen dem Krimkrieg und der Orientalischen Krise wissen wir nur von wenigen Geschäften, die man als Warenhäuser bezeichnen könnte, nämlich von George Bakers Konfektionsgeschäft, von Wilhelm Palukas *Bazar Allemand* und vom *Au Bon Marché* der Gebrüder Bortoli aus dem Jahre 1869. Unmittelbar nach der Gründung der internationalen Staatsschuldenverwaltung 1881 drängten gleich vier Firmen von Angehörigen des Habsburgerreichs auf den Istanbuler Markt: die Kaufhäuser von Siegmund Mayer, geboren in Ungarn, von Salomon Stein, geboren im Fürstentum Moldau, mit gleich drei Filialen in den Stadtteilen Pera, Galata und Alt-Istanbul, und von Viktor Tiring, geboren in Istanbul, sowie das Haus *Orosdi Back*, gegründet durch zwei exilungarische Familien aus Aleppo und Istanbul. Einige dieser Familienunternehmen sowie das *Au Bon Marché* besaßen zugleich Filialen in Orten wie Kairo, Palermo, Algier, Tunis, Täbris und Johannesburg.[13]

Viele Neuerungen im städtischen Leben gingen auf mittel- und westeuropäische Einwanderer zurück, die keineswegs, wie es in der Literatur teilweise behauptet wird, stets der Oberschicht zuzurechnen waren. Der evangelische Ungar Max Fruchtermann zum Beispiel kam 1865 in Istanbul an und eröffnete zwei Jahre später als Siebzehnjähriger einen Laden für Bilderrahmen am Yüksek Kaldırım (die Hauptstraße von Galata bergauf nach Pera). Später wandelte sich der Laden in ein Schreibwarengeschäft, ehe Fruchtermann 1895 auf die Idee kam, die ihn berühmt machen sollte: Inspiriert durch eine neue internationale Modeerscheinung begann er, vielleicht als der Erste überhaupt, Postkarten zu drucken, natürlich von Istanbul. Den Markt für Fotografien hatten zuvor wenige Studios dominiert (Sebah und Joaillier, Gebrüder Abdullah), die hohe Preise verlangten. Das Massendruckerzeugnis Postkarte bot eine billige, populäre Alternative. Gegenüber dem schwerfälligeren Kommunikationsmedium Brief hatten die Bewohner und Besucher Istanbuls mit der Postkarte nun die Gelegenheit, ein paar freundliche Grüße, eine knappe Aufmerksamkeit oder auch einen Scherz zu versenden, illustriert mit einem passenden, vorgefertigten Bild. Die Karten Fruchtermanns entwickelten sich schnell zum Sammlerobjekt, zumal die vielen pittoresken Szenen der Großstadt international beliebt waren.[14]

Mobilität und Kriminalität im Istanbul der Jahrhundertwende

Die Dampfschifffahrt und die Öffnung des Osmanischen Reichs gegenüber den Staaten jenseits des Mittelmeers schufen überdies neue Möglichkeiten für Akteure am Rande der Gesellschaft und für Kriminalität. Da das mediterrane Europa im 19. Jahrhundert ein großes Bevölkerungswachstum ohne ausreichende Arbeitsmöglichkeiten erlebte, suchten Tausende ihr Glück jenseits des Mittelmeers. Die Armutsmigration erreichte auch Istanbul, wo die Ankommenden sich als Seeleute, Hafen- oder Werftarbeiter, Tagelöhner, Bau- oder Bahnarbeiter, Handwerker oder Verkäufer verdingten.[15] Eine nicht unbedeutende Zahl von ihnen blieb dauerhaft auf Spenden wohlwollender Landsleute angewiesen oder griff auf illegale Handlungen als Einnahmequelle zurück. Kriminelle konnten sich oft erfolgreich vor der osmanischen Gerichtsbarkeit drücken. Wie bereits erwähnt, hatten die meisten ausländischen Mächte die Kapitulationen, die seit Mehmed II. die Beziehungen zwischen dem Osmanischen Reich und seinen Partnern regelten, ab dem 18. Jahrhundert aggressiv nachverhandelt oder sehr einseitig ausgelegt. Als Konsequenz konnten viele Ausländer nur bei Kapitalverbrechen direkt durch die osmanischen Behörden bestraft werden, ansonsten unterstanden sie ihren Konsulaten. Einwohner Maltas und bis 1864 der Ionischen Inseln hatten das Recht, den konsularischen Schutz Großbritanniens zu beanspruchen, Dalmatiner und Istrier waren Untertanen der Habsburgermonarchie. Italiener standen je nach Herkunftsregion und Entwicklung der italienischen Einigung unter dem Schutz Österreichs, Sardiniens, Siziliens oder des Kirchenstaats und schließlich des italienischen Einheitsstaats. Obwohl die Konsuln dieser Staaten keineswegs ein Interesse daran hatten, dass ihre Untertanen straffrei illegalen Aktivitäten nachgingen, fehlten ihnen meist trotz Konsulatsdienern (Kawassen), Konsulargerichten und -gefängnissen die Ressourcen, um effektiv gegen gewiefte Kriminelle vorzugehen.[16]

Arme Immigranten aus Osteuropa trafen ebenfalls in Galata ein. Unter den Einwanderern war eine bedeutende Anzahl Aschkenasim. Vor allem der zunehmende Antisemitismus im Russischen Reich, aber auch die Armut in den habsburgischen Ländern Galizien und der Bukowina führten zu einer Auswanderung der dortigen Juden, so dass der französische Diplomat Bertrand Bareilles bereits im späten 19. Jahrhundert von Galata als einem heruntergekommenen osteuropäischen Schtetl sprach.[17] Ein kriminelles Milieu, das sich aus einigen dieser Einwanderer zusammensetzte, verhalf Istanbul wieder zur Rolle als Drehscheibe des globalen Handels, wenn auch mit einer Ware, die zum schlechten Ruf der Stadt wesentlich beitrug. In deutschsprachigen Akten werden diese Aktivitäten »Mädchenhandel« genannt, der englische Ausdruck »white slave trade« klingt noch spektakulärer. Von den Hafenvierteln Kalkuttas bis in die Vororte Rio de Janeiros bestand eine beträchtliche Nachfrage nach Prostituierten mit blondem Haar und hellem Teint. Die größtenteils männlichen und ausschließlich aschkenasischen Menschenhändler rekrutierten hierzu junge Frauen und Mädchen, die vor allem aus Osteuropa stammten und häufig ebenfalls aschkenasische und zu einem geringeren Teil slawische (polnische oder serbische) Namen trugen. Das Milieu agierte natürlich nicht frei von Zwang, Betrug und Ausbeutung, doch mussten die Konsulatsbehörden der betroffenen Länder, allen voran die habsburgische Vertretung, eingestehen, dass der überwältigende Anteil der Frauen sich freiwillig und im Wissen um das, was sie erwartete, auf die Vermittlung der Menschenschmuggler einließ. Sie bevorzugten den relativen Luxus eines Bordells in Buenos Aires oder Istanbul gegenüber der Armut und dem sozialen Stigma, die sie in ihrer Heimat erwarteten. Die Präsenz dieser Sexarbeiterinnen aus Ländern, die sich selber als mustergültige Horte der Zivilisation stilisierten und Anspruch auf die Erbmasse des Osmanischen Reichs anmeldeten, trug wesentlich dazu bei, dass der Westen in Istanbul an Ansehen verlor.[18]

Die mediterrane Mobilität ermöglichte nicht nur den globalen Umschlag von »weißen« Prostituierten als Ware und die Ausnutzung der Kapitulationen durch Akteure von jenseits des Meeres. Sie bot auch Kriminellen aus der Region zahlreiche Möglichkeiten, sich der Justiz zu entziehen, wie die Geschichte des Messerstechers Petri zeigt. Petri war angeblich auf der seinerzeit osmanischen Insel Lefkada als unehelicher Sohn eines Vergewaltigungsopfers aufgewachsen. Wegen dieser Schande war seine Mutter zur Prostitution gezwungen. Als sie ihren Sohn in die Obhut eines Diakons gab, um ihrer Arbeit nachgehen zu können, wurde Petri von diesem vergewaltigt. Nach dem Tod seiner Mutter arbeitete er in einer Taverne. Als ein Kapitän aufdringlich wurde, erstach Petri ihn. Die Inselbewohner hatten Mitleid mit dem Jungen und verhalfen ihm zur Flucht. Kapitän Lefteri von der Insel Kefalonia nahm ihn an Bord und begann ein Verhältnis mit ihm. Als sich Lefteri 1874 in Galata nach etwa drei Jahren von Petri trennte, erstach der mittlerweile siebzehnjährige Jugendliche aus ungeklärten Gründen auch ihn. Er stürzte sich in das Nachtleben der Großstadt und schlug sich mit Arbeit in Nachtclubs und weiteren Gelegenheitsjobs durch. Im Laufe der nächsten Jahre verübte er zahlreiche weitere Morde, unter anderem an Familienmitgliedern Lefteris, die ihn aus Rache verfolgten, an Polizisten, an Personen, die angeblich seine Geliebten beleidigten, oder an seinen Liebhaberinnen und Liebhabern, wenn er sie verdächtigte, ihn an die Behörden oder seine Feinde verraten zu haben, oder wenn sie seine Ehre beleidigten.

Immer wieder konnte sich Messerstecher-Petri durch die Flucht übers Meer den Behörden oder den auf Rache sinnenden Verwandten Lefteris entziehen. Wenn er in Istanbul gesucht wurde, tauchte er unter, auf Lefkada, Sizilien, Samos, Athos oder den Kykladen, in Triest, Beirut, Saloniki oder Odessa. Im Jahr 1880, nach mindestens 14 Morden, fanden die Verwandten Lefteris Petri und nahmen Rache, indem sie ihn in einer Seitenstraße Galatas ermordeten.

Die Geschichte von Messerstecher-Petri, die im späten 19. Jahrhundert kursierte, ist nicht durch Akten oder Zeitungen belegt. Allerdings heißt das nicht, dass sie nicht teilweise oder ganz auf Tatsachen beruht. Wichtiger ist jedoch, dass diese *urban legend* die Phantasie zahlreicher Menschen aus unterschiedlichsten Kreisen ansprach. In den Unterschichten fühlten sich viele Männer angezogen von einem Lebensstil, der sich der Rationalität und Moral der Mehrheitsgesellschaft verweigerte und bei dem sie sich stattdessen von eigenen Gefühlen von Ehre, Liebe und Abenteuer leiten ließen. Diese Ritter der Straße wurden auf Griechisch *Mangas* genannt. Sie wurden in populären Mörderballaden und anderen Liedern besungen und fanden vor allem später in Griechenland Eingang in den neuen Musikstil *Rebetiko.* In den gutbürgerlichen Kreisen hingegen überwog das Schaudern angesichts der Gefahren, die in den Geschichten um das »Monster von Galata«, wie Petri auch genannt wurde, heraufbeschworen wurden. In ihnen kamen eben auch die Unsicherheit in der Großstadt, die Angst vor der grenzenlosen Mobilität und die Ungewissheit über die eigene Zukunft in einer sich rasant verändernden Welt zum Ausdruck. So wuchs die Akzeptanz gegenüber dem sich herausbildenden Überwachungsstaat Abdülhamids, obwohl dessen Bilanz in der Kriminalitätsbekämpfung mager ausfiel.[19]

1894–1896: Vorzeichen des kommenden Schreckens

Vieles, was sich in den drei Jahrzehnten der Regierung Abdülhamids in Istanbul abspielte, scheint also durchaus normal für die europaweite *Belle Époque*: wirtschaftliches Wachstum, kaum militärische Auseinandersetzungen, soziale und kulturelle Ausdifferenzierung der Gesellschaft, kulturelle Experimentierfreudigkeit und ein relativ friedliches Miteinander von Menschen unterschiedlicher Sprache und Konfession. Istanbul war in all diesen Dingen gewiss keine perfekte Kopie der gefeierten Vorbilder moderner Urbanität wie Paris, London oder Berlin. Allerdings schlug es all diese Städte, wenn man den Fokus auf kulturelle Vielfalt, das Nebeneinander von Althergebrachtem und Neuem und interkontinentale Verflechtungen richtet. Indes muss man sich hüten, die Zeit Abdülhamids als vollkommen harmonisch und krisenfest zu beurteilen. Insbesondere die Jahre 1894 bis 1896 sollten die Istanbuler für oder wider die herrschenden Verhältnisse auf die Straßen bringen und die Eigentums- und Herrschaftsverhältnisse nachhaltig durcheinanderwirbeln.

Eine Revolte im abgelegenen inneranatolischen Sassun im Sommer 1894 bildete den Auftakt einer verhängnisvollen Ereigniskette, die aufgrund der verworrenen Situation bald die Beziehungen zwischen den Religionsgemeinschaften im Osmanischen Reich, das politische System, die sozialen Verhältnisse Istanbuls und die Beziehungen des Reichs zu den Großmächten veränderte. Der Aufstand hatte sich ursprünglich vermutlich gegen die staatlichen Steuereintreiber gewandt, weitete sich jedoch rasch aus. Die kurdischen Einwohner der Region griffen die armenischen Aufständischen an. Schließlich intervenierte die Armee und verübte Massaker an der Bevölkerung. Als mit einiger Zeitverzögerung das Ausmaß dieser Übergriffe international bekannt wurde, standen die Großmächte unter Druck, ihre mit der Vereinbarung des Berliner Kongresses gemeinschaftlich übernommene Verantwortung für die christlichen Untertanen des Sultans in die Tat umzusetzen. Insbesondere der britische Premierminister William E. Gladstone (mehrfach im Amt zwischen 1868 und 1894) forderte grundlegende Reformen in den östlichen Provinzen, wie beispielsweise die Aufnahme von Christen in die Provinzverwaltung und die Gendarmerie. Die Unterstützung durch Frankreich und Russland fiel aber verhalten aus, da alle Seiten argwöhnten, eine der anderen Mächte könne durch die Reformen eine zu starke Rolle in der osmanischen Politik einnehmen.

Angesichts dieser latenten Rivalität spielte Abdülhamid auf Zeit. Er reagierte zunächst nicht auf die Forderungen, tauschte allerdings als kleine Konzession den Großwesir aus und setzte schließlich eine eigene Untersuchungskommission ein, obwohl die britische Mittelmeerflotte bereits vor den Dardanellen kreuzte. Abdülhamids Taktik schien zunächst aufzugehen, da die einander misstrauenden Großmächte sich nicht darauf verständigen konnten, ihm ein Ultimatum zu stellen. Doch dann sollten die Verhältnisse auf den Istanbuler Straßen die Diplomatie der Großmächte unter Druck setzen.[20]

Unter den Armeniern hatten sich nationalistische Organisationen gebildet. Angetrieben wurden sie von der Angst, dass die muslimische Bevölkerung und speziell die Regierung eine Islamisierung der asiatischen Reichshälfte anstreben könnten, um so das Reich zu stabilisieren, nachdem große Teile des Balkans und damit der christlichen Untertanen nach dem Berliner Kongress verloren gegangen waren. Armenier lebten vor allem im Nordosten Anatoliens, aber auch verstreut im gesamten Reich und hatten nirgendwo ein kompaktes Siedlungsgebiet. Sie lebten Seite an Seite mit Kurden, Türken und zahlreichen weiteren Volksgruppen Anatoliens. In Istanbul bildeten sie einen nennenswerten Teil der Bevölkerung und arbeiteten in unterschiedlichsten Berufen, vom Lastenträger im Hafen bis zum Bankier. Die Massaker verstärkten das Bewusstsein, dass die Islamisierung und damit langfristig die ethnische Säuberung Anatoliens begonnen habe und man sich dagegen wehren müsse: durch die Intervention der Großmächte wie auch durch Selbstverteidigung. Am 30. September 1895 versammelten sich mehrere Tausend Armenier vor dem Sitz des armenischen Patriarchen im Viertel Kumkapı nahe dem Marmarameer und marschierten zum Regierungssitz, der Hohen Pforte, um dort den Sultan aufzufordern, den Reformplan der Großmächte anzunehmen. Sie trugen Waffen bei sich. Noch nie seit der Einnahme der Stadt durch Mehmed II. war es durch nichtmuslimische Untertanen zu einem solchen Affront gekommen. Obwohl die Regierung befohlen hatte, die Brücken über das Goldene Horn hochzuklappen (was in der Regel für Schiffdurchfahrten geschah), schlossen sich zahlreiche Armenier aus Galata-Pera, die in Ruderbooten übersetzten, dem Aufmarsch an. Als osmanische Truppen versuchten, den Demonstrationszug aufzulösen, wurde der befehlshabende Offizier kurzerhand erschossen. Es folgten Auseinandersetzungen, Hetzjagden und Zusammenstöße in verschiedenen Teilen der Stadt und insbesondere in den Herbergen, in denen die armenischen Wanderarbeiter zu wohnen pflegten. Die Verfolgten retteten sich mit Waffen in drei armenische Kirchen in Kumkapı, Galata und Pera. Erst nach zweiwöchigen Verhandlungen zwischen armenischen Frauen, den Botschaften und der Pforte konnten die ins Kirchenasyl Geflüchteten unbehelligt abziehen, nachdem sie ihre Waffen niedergelegt hatten. Angesichts der Verhältnisse sahen sich die Botschafter der Großmächte genötigt, die Reformen endlich einzufordern. Schließlich willigte Abdülhamid am 17. Oktober 1896 in eine stark abgeschwächte Fassung der Reforminitiative ein.[21]

Nur 14 Tage später, am 31. Oktober, kam es zu einem weiteren verhängnisvollen Ereignis. In Galata hatte sich eine erfolgreich global agierende Börse etabliert. Zahlreiche Angehörige der Ober- und der Mittelschicht glaubten, hier in die Zukunft investieren zu können. Insbesondere die halbstaatliche Osmanische Bank unter ihrem englischen Direktor Edgar Vincent entwickelte Anlagemöglichkeiten für die Istanbuler, die sich einerseits aus sogenannten lokalen Aktien und andererseits aus südafrikanischen Werten zusammensetzten. »Lokal« traf allerdings nur eingeschränkt zu, denn obwohl es sich um Güter und Werte handelte, die im Osmanischen Reich erwirtschaftet worden waren, so durch Tabakanbau oder durch die dortigen Eisenbahngesellschaften, waren die Aktien dieser Gesellschaften meist an den Börsen von London, Paris, Zürich oder Wien notiert und wurden nur mittelbar in Galata angeboten. In Südafrika lockten die Erträge der Goldminen des seinerzeit noch unabhängigen Transvaal. Vermögende Christen, Muslime und Juden aus Istanbul investierten gleichermaßen in diese neue Anlageform und hatten das Gefühl, auf produktive Weise an der modernen Welt teilzuhaben. Allerdings verspekulierten sie sich gründlich. Die Goldminen waren nicht annähernd so ertragreich wie angenommen, und auch die etablierten lokalen Aktien, die in Beteiligungsgesellschaften mit den südafrikanischen Akten vermischt waren, konnten die Überkapitalisierung des Marktes nicht wettmachen. Als die Aktienkurse der Istanbuler Börse – und ausgelöst durch sie später quer durch Europa – schlagartig abstürzten, stürmten die Anleger am 31. Oktober die Osmanische Bank und verlangten die Auszahlung des Restwertes ihrer Aktien in Gold. Von diesem plötzlichen Ansturm überfordert, musste die Bank die Auszahlungen suspendieren. Auch für diesen Vorfall wurden die im Finanzwesen tätigen Armenier verantwortlich gemacht, ohne dass sich ein konkreter Zusammenhang belegen lässt, außer der zeitlichen Nähe zum Marsch auf die Hohe Pforte. Für die öffentliche Wahrnehmung war dies wohl ausreichend, um eine Verbindung herzustellen. Wie dem auch sei, mit dem Bankencrash vom 31. Oktober 1895 verschwand die Hoffnung auf ein eigenständiges, international agierendes Bürgertum im Osmanischen Reich. So rutschte das Reich ein Stück weiter in die Abhängigkeit der anderen europäischen Länder.[22]

Der Marsch auf die Hohe Pforte, die anschließenden Straßenkämpfe vom 30. September 1895 und die Einwilligung Abdülhamids in die Reformpläne der Großmächte sollten nicht das Ende des Konflikts bedeuten, sondern nur eine Wende. Der Sultan setzte fortan alles daran, die Umsetzung der Reformen hinauszuzögern und zu hintertreiben. Da er gar nicht erst versuchte, bei der Bevölkerung um Akzeptanz für die Reformen zu werben, fachte sein Zugeständnis an die Großmächte die Kämpfe zwischen Armeniern, Kurden und Türken im asiatischen Reichsteil eher noch an. Die Zusammenstöße in den Provinzen spitzten sich in den folgenden Monaten zu.

Um die ausländischen Garantiestaaten erneut zum Eingreifen zu animieren, setzten einige Kämpfer der armenischen revolutionären Organisation *Hantschak* auf einen spektakulären Anschlag in der Hauptstadt. Am 26. August 1896 besetzten sie mit Waffengewalt das Hauptgebäude der Osmanischen Bank in Galata. Die Bank wurde von der Polizei umstellt, eine spannungsreiche Belagerung begann. Um ein Blutbad zu vermeiden, vermittelte der Bankdirektor Edgar Vincent, dass die Besetzer unbehelligt seine Privatyacht nutzen konnten, um die Bank zu verlassen. So entstand in der Öffentlichkeit ein fataler Eindruck. Die Nichtmuslime und die Ausländer, so schien es, missachteten ungestraft die Gesetze, den Staat und das Leben der muslimischen Untertanen. Ein Straßenmob formierte sich, der nun pauschal an allen Armeniern Vergeltung übte und viele von ihnen ermordete. Erst nach zwei Tagen begann die Polizei, dem Treiben Einhalt zu gebieten. Diesmal intervenierten die Großmächte nicht zugunsten der Armenier. Stattdessen mussten die Aufständischen einsehen, dass sie es nicht vermochten, die Macht herauszufordern, und dass der Staat und der Mob bereit waren, auf äußerst brutale Weise ihre Herrschaft durchzusetzen.

»Alles eingeschlafen«: Die späte Herrschaft Abdülhamids

Für die Gesellschaft im Reich und in der Stadt blieben die folgenden Jahre eine bleierne Zeit. Gegenüber dem Tiefstand von 1895 waren durchaus Fortschritte in Staat, Wirtschaft und Stadtentwicklung zu verzeichnen, ebenso im Militär. Ein griechischer Angriffskrieg 1897 konnte zurückgeschlagen werden. Dies war der erste aus eigener Kraft gewonnene Krieg der Osmanen im 19. Jahrhundert, ein Erfolg, der Abdülhamids Reorganisation des Heeres mit Hilfe deutscher Experten und deutscher Waffen zugeschrieben wurde. Dass Griechenland bei seinem Abenteuer international isoliert dastand, war hingegen ein diplomatischer Erfolg. Nichtsdestotrotz hielten nach den erwähnten Massakern an Armeniern die meisten Großmächte politisch Distanz mit der Folge, dass sich die deutsch-osmanischen Beziehungen vertieften. Deutsche Imperialisten sahen zu dieser Zeit, in der Asien und Afrika weitgehend zwischen den »alten« Kolonialmächten – vor allem Großbritannien und Frankreich – aufgeteilt waren, in einem politisch schwachen Sultansstaat eine potentielle Ersatzkolonie. Die deutsche Wirtschaft erhoffte sich weitere lukrative osmanische Aufträge für Rüstungsgüter und für den Eisenbahnbau. Die deutsche Politik erwartete, dass das Osmanische Reich langfristig bei einem möglichen deutsch-russischen Krieg ein strategisch wichtiger Partner sein könnte. Abdülhamid hingegen brauchte nach dem Crash der Istanbuler Börse dringend neue Investitionen sowie diplomatische Rückendeckung gegenüber den anderen Großmächten. 1898 wurde Kaiser Wilhelm II. (reg. 1888–1918) zu einem aufwendig inszenierten Staatsbesuch nach Istanbul eingeladen, der diese Rückendeckung demonstrieren, die Freundschaft des leicht zu beeindruckenden deutschen Kaisers gegenüber dem Sultan vertiefen und zur Einfädelung von Bahngeschäften dienen sollte.[23]

Die andere Strategie, mit der sich Abdülhamid auf dem nationalen und internationalen Parkett zu behaupten versuchte, war der Panislamismus. Er betonte seine Rolle als geistiges Oberhaupt des sunnitischen

Islams, das heißt als Kalif, ein Titel, den die osmanischen Sultane neben anderen Huldigungsbezeichnungen trugen. Mit propagandistischen Aktionen warb Abdülhamid um die Unterstützung von Muslimen in aller Welt. Zugleich wollte er den Großmächten suggerieren, er hätte die Macht, die Muslime in den britischen, französischen und russischen Kolonialreichen zum Aufstand zu animieren, obwohl er selbst wusste, dass dies jenseits seiner Einflussmöglichkeiten lag.

Innenpolitisch setzte Abdülhamid verstärkt auf Repression. Armenische Wanderarbeiter wurden aus der Hauptstadt ausgewiesen und ihre Stellen beispielsweise als Lastenträger am Hafen bevorzugt an Kurden vergeben. Die Bespitzelung und das Misstrauen gegenüber Dissidenten sowie gegen jegliche öffentliche Äußerung erreichten neue Ausmaße. Als der Theaterstar Sarah Bernhardt auf ihrer Welttournee 1904 Istanbul erreichte, um im *Winter Garden* des Petit Champ aufzutreten, reichte sie fünf oder sechs Stücke bei den Zensurbehörden ein, von denen nur eins genehmigt wurde, obwohl einige darunter waren wie beispielsweise die Oper »Tosca«, die noch wenige Jahre zuvor in Istanbul aufgeführt worden waren.[24]

Die Wirtschaft erholte sich hingegen recht schnell von den Folgen der Massaker an den Armeniern. Angesichts der lebhaften Konkurrenz legten die meisten europäischen Firmen ihre Skrupel rasch ab, mit dem Land des »roten Sultans« (rot im Sinne von blutig) Geschäfte zu machen. Wie zuvor im Warenhaussektor dominierten vor allem Staatsangehörige von Österreich-Ungarn den osmanischen und Istanbuler Handel. Mit dem Wegfall einer lokalen Schicht kapitalkräftiger Anleger durch den Börsencrash war das Land mehr als zuvor von ausländischen Krediten und Investoren abhängig.

Trotz aller städtebaulichen Veränderungen, der lebhaften urbanen Kultur und der wirtschaftlichen Dynamik lag zu Beginn des Jahrhunderts ein allgemeines Gefühl der Stagnation in der Luft. Die aus Zagreb stammende Alka Nestorova, Ehefrau eines bulgarischen Diplomaten, schrieb im März 1908 an ihre Eltern:

»Es scheint, als ob alles in dieser Stadt eingeschlafen ist – es gibt wenig Bauarbeiten, und was gebaut worden ist, ist so geschmacklos, dass es die Einzigartigkeit des Orients trübt. (…) Was am meisten an dieser Stadt stört, ist, dass es keine elektrische Straßenbeleuchtung oder Straßenbahn gibt, oder überhaupt irgendeine Art modernen Komfort.
Es ist schrecklich, mit diesen Paraffinlampen umgehen zu müssen. (…) Man kann echte Abenteuer erleben mit diesen Paraffinlampen, in allen Häusern, egal ob eines der bescheidenen Häuser oder das des Großwesirs. Außer, wenn sie die Lampen durch Kerzen ersetzt haben. Gott allein weiß, wie viele tausende Kerzen im Yıldız-Palast brennen.
Es ist schwer, kein Telefon zu haben, denn die Entfernungen sind groß. Nach dem Tode Abdülhamids wird Zarigrad sein heutiges Aussehen verlieren. Die Hunde werden verschwinden und Wolkenkratzer werden ihre hohlen amerikanischen Kuppeln zur Schau stellen. Gott sei Dank wird das nicht sehr bald geschehen. Obwohl keiner es sicher wissen kann, haben wir alle das Gefühl, dass diese armen Hunde ihr Ende finden werden. Es gibt mehr Hunde in Zarigrad als Fese. Stell dir nur vor, mir das nur vorzustellen, fällt mir schwer, vor allem die optische Modernisierung der Stadt.
Aber es führt kein Weg dran vorbei – so ist es. Es ist unvermeidbar.«[25]

In vielen Dingen sollte Alka Nestorova recht behalten. Wenn man die heutigen Bankenhochhäuser im Stadtteil Levent betrachtet, ist es tatsächlich schwer, sich vorzustellen, wie vor 110 Jahren nur dreieinhalb Kilometer von hier der letzte absolute Herrscher Europas in seiner »Stadt in der Stadt«, dem Yıldız-Palast, noch immer ein Reich von Durrës an der Adria bis nach Jemen am Indischen Ozean regierte. Und tatsächlich sollte die erste Regierung nach Abdülhamid als eine ihrer ersten Amtshandlungen die Straßenhunde zusammentreiben, um sie auf einem trinkwasserlosen Felsen im Marmarameer auszusetzen und qualvoll zugrunde gehen zu lassen – allerdings sollte sich die Straßenhundpopulation schon bald erholt haben. Vor allem aber gab Nestorova den in Istanbul vorherrschenden Zeitgeist wieder, denn viele Stadtbewohner mutmaßten, dass die weitergehenden Veränderungen und Anpassungen an die Moderne, die Abdülhamids repressives System und sein diplomatischer Schlingerkurs bisher verhindert hatten, auf stürmische Weise über die Stadt hereinbrechen würden. Tatsächlich sollte dies schneller passieren, als sie vermuteten.

1908: Revolution aus der Provinz

1905 hatte der russische Zar aufgrund landesweiter Proteste die Einberufung eines Parlaments zugestehen müssen, ebenso wie ein Jahr später der Schah von Persien. Das Osmanische Reich drohte also noch hinter die beiden Nachbarländer zurückzufallen. In dieser Zeit bildete sich das Komitee für Einheit und Fortschritt, in dem sich kritische Offiziere, Beamte und Angehörige der Zivilgesellschaft zusammenfanden. Dieser Geheimbund, der im Westen als »Jungtürken« bekannt ist, sah sich selbst als letzte Rettung für das Reich, das durch die aggressive Politik der imperialen Mächte vor dem Untergang stand. Die Verfassung sollte wieder in Kraft gesetzt und ein Parlament einberufen werden. Im Weiteren aber gingen die Vorstellungen innerhalb des Komitees auseinander. Würde die konstitutionelle Monarchie ausreichen, um die zahlreichen separatistischen Bewegungen innerhalb des Reichs zu befrieden und stattdessen einen »Verfassungspatriotismus« ins Leben zu rufen? Oder sollte man die mehrheitlich von Christen bewohnten Reichsteile auf dem Balkan ziehen lassen und sich auf einen Ausgleich zwischen den muslimischen Türken und Arabern konzentrieren, um das Reich im Rahmen einer islamisch-nationalen Identität neu zu gründen? Oder sollte man sich die Alldeutschen im Deutschen Reich und die Panslawisten in Russland zum Vorbild nehmen und sich die Vereinigung aller turksprachigen Völker von Istanbul quer durch das Russische Reich bis nach Westchina zum utopischen Ziel setzen?

Die Jungtürken waren insbesondere unter den Offizieren und vor allem in Makedonien stark vertreten. Im Sommer 1908 gingen sie dazu über, Anschläge gegen sultanstreue Würdenträger zu verüben. Als Abdülhamid Truppen aus Istanbul in die Region entsandte, um die Verantwortlichen festzunehmen, rebellierten die lokalen Einheiten. Eine Gruppe von Soldaten setzte sich in die Berge ab und rief zum offenen Widerstand auf, während die großen Kasernen in Makedonien den Befehl verweigerten und mit einer einseitigen Wiedereinführung der Verfassung und einem Marsch auf Istanbul drohten. Abdülhamid wollte diesen Aufstand nicht eskalieren lassen und erklärte am 24. Juli 1908 von sich aus die Wiedereinführung der Verfassung von 1876.

Im Gegensatz zu den vorangegangenen Aufständen und Putschen, die in den Jahrhunderten zuvor die Alleinherrschaft von Kaisern und Sultanen hinweggefegt hatten, war dieser Aufstand fern von der Hauptstadt entstanden, und die Aufständischen hatten nicht einmal bis vor den Herrschersitz marschieren müssen. Istanbul war unbeteiligt geblieben, zu sehr hatte das repressive System die Hauptstadt im Griff gehabt. Nichtsdestotrotz wurde der Putsch der Truppen im fernen Saloniki und Manastır (Bitola) begeistert begrüßt. Und tatsächlich schienen zunächst diejenigen recht zu behalten, die an eine Wiederbelebung des Reichs durch die Verfassung und einen Ausgleich zwischen den verschiedenen nationalistisch orientierten politischen Gruppen glaubten. Riesige Menschenmengen versammelten sich in den Straßen Salonikis, Izmirs und der Hauptstadt, feierten das Ende der Alleinherrschaft des Sultans und umarmten wildfremde Menschen, mit denen sie vielleicht nicht einmal eine gemeinsame Sprache teilten. Plakate in osmanisch-türkischer, griechischer, bulgarischer und armenischer Sprache beschworen die neue Völkerfreundschaft. Die militanten Separatisten unter den slawischen Makedoniern und den Armeniern legten ihre Waffen nieder und beteiligten sich am parlamentarischen Prozess. Die Presselandschaft, bisher durch die Zensur recht inhaltslos, wurde über Nacht durch zahlreiche Zeitungsneugründungen in allen Sprachen zu einem echten Forum für Diskussionen über die Zukunft des Landes. Gewerkschaften, die bisher verboten waren, formierten sich und forderten in einer noch nie dagewesenen Streikwelle während des Sommers 1908 die Rechte der Arbeiter ein. Betroffen davon waren auch die beiden von Istanbul ausgehenden Bahnlinien, die sogenannte Orientbahn (von Istanbul bis an die bulgarische Grenze) und die Anatolische Bahn (Istanbul–Ankara mit Abzweigung nach Konya). Die mehrheitlich im Besitz der Deutschen Bank befindliche Aktiengesellschaft, die beide Bahngesellschaften besaß, musste entsetzt wahrnehmen, dass sich die Arbeiterschaft über alle nationalen, ethnischen und konfessionellen Grenzen hinweg zum Arbeitskampf zusammenschloss.

Der 24. Juli 1908 hätte das glückliche Ende einer langen Geschichte sein können: Das Ende eines Staates, der Menschenleben der Staatsräson unterordnet, und einer Tradition, die nur extrem gewaltsame politische Umbrüche kennt. Doch die allgemeine Euphorie hielt sich nur kurz. Bald setzte sich wieder die alte *gouvernementalité* durch, derzufolge die Untertanen prinzipiell suspekt waren und der politische Gegner am besten vernichtet wurde.

Die ersten Misserfolge des neuen konstitutionellen Regimes waren außenpolitischer Natur. Am 5. Oktober erklärte sich Bulgarien samt Ostrumelien für unabhängig. Noch am selben Tag annektierte Österreich-Ungarn Bosnien und die Herzegowina. Dies änderte wenig an den faktischen Machtverhältnissen, da beide Staaten schon seit drei Jahrzehnten diese Gebiete beherrschten. Aber diese Ereignisse machten klar, dass die Jungtürkenrevolution trotz der großen Verbrüderung nicht alle Probleme gelöst hatte und Imperialisten und Revanchisten weiterhin jede Gelegenheit für ihre Zwecke nutzen würden. Die nationale Empörung, die nun folgte, begründete erneut ein fremden- und minderheitenfeindliches Klima.

1909: Konterrevolution in den Straßen der Hauptstadt

Obendrein gaben sich die Anhänger des *ancien régime* nicht so leicht geschlagen, wie es zunächst aussah. Im März 1909 demonstrierten Theologiestudenten für die Einführung der Scharia; kurz darauf erfolgte ein Gegenputsch. Anhänger des Komitees für Einheit und Fortschritt mussten sich verstecken, einige wurden gelyncht. Nun kam es zum

Marsch der jungtürkischen Truppen aus Makedonien auf die Hauptstadt, den Abdülhamid im Jahr zuvor durch sein Einlenken verhindert hatte. In einem zähen Straßenkampf mit zahlreichen Feuergefechten nahmen die Verfassungsanhänger die Stadt ein und setzten die Konterrevolutionäre fest. Anders als noch beim Marsch der Armenier zur Hohen Pforte konzentrierten sich die Kämpfe um die Macht über Istanbul erstmals nicht mehr zwischen Hippodrom und Hagia Sophia, sondern am neuen Mittelpunkt der Stadt, Galata-Pera. Die Schießerei um die Einnahme der Kaserne am Taksim-Platz bildete einen der Höhepunkte der Auseinandersetzungen. So waren auch die Diplomaten, die sonst solche Unruhen nur aus einiger Entfernung wahrnahmen, unmittelbar betroffen. Einige Eindrücke der Diplomatengattin Alka Nestorova aus diesen Tagen veranschaulichen den Schrecken, den die Ereignisse mit sich brachten. Nestorova war gerade mit ihrem Mann auf der Grande Rue unterwegs, als jemand rief, die Armee komme und sie schieße. Dies führte zu einer Massenflucht, bei der sich die gebürtige Zagreberin glücklich schätzte, dass sie nicht niedergetrampelt wurde.[26] Weiterhin erreichten sie Nachrichten über Grausamkeiten, die anderswo in der Stadt stattgefunden hatten. Ein Seemann »kehrte zurück und war deutlich verstört durch das, was er in der Nähe vom Yıldız-Palast gesehen hatte: eine schreckliche Gruppe festlich gekleideter Offiziere mit Orden, an deren Füße Steine gebunden waren. Die Meeresströmung spülte ihre Leichen hin und her, deren Augenhöhlen leer waren – anscheinend ist dies die erste verstörende Handlung der Fische und Krabben, die über die ertrunkenen Körper schwärmten«.[27]

Gerüchte kursierten, die konterrevolutionären Theologiestudenten wollten nicht nur die Jungtürken ermorden, sondern auch die Ausländer und Nichtmuslime. Angeblich hatten bereits Plünderer in Galata die Häuser von Juden angesteckt. Die Wohnung des Diplomatenehepaares lag besonders ungünstig, nämlich direkt gegenüber der Militärakademie *(Harbiye)*. Zahlreiche Kugeln schlugen in den Decken und Wänden der Wohnung ein und beschädigten die Einrichtung schwer. Zwar wurde niemand im Haus getroffen, allerdings mussten die Bewohner um ihr Leben fürchten. Sie konnten wegen der Schüsse nicht fliehen und mussten den Anblick der toten und sterbenden Soldaten und Pferde in der Straße ertragen. Die Familie konnte sich schließlich doch noch ins nahe Russische Krankenhaus absetzen, das nicht unmittelbar in der Schusslinie lag.[28]

Nach wenigen Tagen gewannen die verfassungstreuen Truppen die Oberhand. Abdülhamid wurde abgesetzt und in Saloniki in einer vornehmen Industriellenvilla unter Hausarrest gestellt. An seiner Stelle wurde sein Bruder Mehmed V. (reg. 1909–1918) Sultan. In Abgrenzung zur vorangegangenen Herrschaft zog Mehmed aus Yıldız zurück in den Dolmabahçe-Palast und überließ die übrigen Paläste und den persönlichen Besitz der Dynastie dem Staat. Der neue Sultan vermochte nie, eine eigenständige Rolle in der Politik zu spielen. Von nun an hatten die Politiker das Sagen.

Nach dem Gegenputsch waren die Jungtürken nicht mehr so versöhnlich wie im Vorjahr. Die neuen Machthaber zogen aus den Ereignissen die Lehre, dass sie um zu überleben härter und rücksichtsloser gegen ihre Feinde vorgehen mussten. Nestorova erzählt, dass sie beim Blick aus dem Fenster die Galgen auf dem Vorplatz der Militärakademie sehen konnte, an denen zahlreiche Theologiestudenten ihr Leben lassen mussten. Einmal beobachtete sie, wie angeblich 20 000 gefangene loyalistische Soldaten und höfische Würdenträger an ihrem Haus vorbeigeführt wurden.

> »Ich sah ihnen stundenlang zu, wie sie durch die Straße unterhalb meines kaputten Fensters zogen, mit verbundenen Händen, bleich, misshandelt, dreckig. (...) Was an dieser Parade der Verhafteten besonders widerwärtig war, waren die Reihen der nackten Eunuchen und Würdenträger. Zahlreiche schwere Orden wurden ihnen mit Nadeln an die entblößte Brust gesteckt!
> Glaub mir, Mutter, während ich diese Parade von unbestritten bösartigen Männern des Sultans, die bereit waren, auf Geheiß ihres Herren jegliche und sämtliche Straftaten zu begehen, anschaute, verabscheute ich die Gewinner, die sich auch nicht von bösartigem Handeln gegenüber dem geschlagenen Feind zurückhalten konnten.«[29]

Für das multikulturelle, regional und global vernetzte und seiner langen und widersprüchlichen Geschichte bewusste Istanbul setzte eine düstere Entwicklung ein, von der sich die Stadt nicht so schnell erholen sollte.

13.
Der Absturz

Von der Reichshauptstadt zum Trümmerhaufen des Kosmopolitismus

Nach 35 Jahren, in denen weitgehend Frieden herrschte, endete die *Belle Époque* abrupt, und die Ereignisse überstürzten sich. Zwischen 1911 und 1923 wurde das Osmanische Reich von einer schier endlosen Kette von Kriegen heimgesucht. Auslöser waren Aggressionen seitens imperialistischer Mächte, die ihr Territorium vergrößern wollten, Nachbarstaaten, die eine Politik des Irredentismus verfolgten – also der Expansion bis hin zu den Grenzen der mittelalterlichen oströmischen, bulgarischen oder serbischen Großreiche –, aber auch die verantwortungslose Politik der neuen Machthaber.[1] Die Kämpfe selbst fanden weit entfernt von Istanbul statt, und doch war die Stadt danach nicht mehr dieselbe. Die Reichshauptstadt war so gut wie ohne Reich, sie wurde besetzt, befreit und schließlich von ihren Befreiern als Hauptstadt aufgegeben.

Von Libyen bis Edirne: Der Auftakt zu zwölf Jahren Krieg

Nur zwei Jahre nach der Niederschlagung der Konterrevolution von 1909 folgte der nächste verheerende Schlag gegen das Osmanische Reich. Das Königreich Italien griff die letzten osmanischen Provinzen in Nordafrika, Tripolis und Cyrenaika (heute Libyen) an. Da die angrenzenden osmanischen Provinzen von Algier und Tunis bereits seit langem unter französischer Verwaltung standen (1830 und 1881) und Ägypten unter britischer (seit 1882), hätte das Osmanische Reich die entlegenen Provinzen nur auf dem Seeweg erreichen können, was angesichts der Überlegenheit der italienischen Marine nicht ratsam war. Zudem waren Truppen zur Bekämpfung von lokalen Aufständen in Albanien und Jemen gebunden. So beschränkte sich das osmanische Militär darauf, den Widerstand der lokalen Bevölkerung gegen die Besatzer zu organisieren. Die italienische Flotte revanchierte sich, indem sie auch noch die Dodekanes-Inseln der südlichen Ägäis unmittelbar vor der anatolischen Küste besetzte.

Da sich in der Zwischenzeit in den osmanischen Kernländern ein sehr viel bedrohlicheres Szenario entwickelte, musste die Auseinandersetzung mit Italien schnellstmöglich beendet und ein hastiger Frieden geschlossen werden. Die ansonsten untereinander notorisch zerstrittenen Staaten, die aus den osmanischen Balkanprovinzen hervorgegangen waren, hatten ein Bündnis geschlossen, das auf die militärische Aneignung der verbliebenen osmanischen Territorien auf der Halbinsel abzielte. Im Oktober 1912 griffen Griechenland, Montenegro, Serbien und Bulgarien gemeinsam das Osmanische Reich an. Anders als beim griechisch-türkischen Krieg 15 Jahre zuvor versagte diesmal die Landesverteidigung komplett. Verschiedene Gründe kamen zusammen: die Truppenbindung im Konflikt mit Italien, die jahrelange Verwicklung des Offizierskorps in innenpolitische Auseinandersetzungen, aber auch die Unfähigkeit der Armeeführung, eine effektive Verteidigung zu organisieren. Die Pläne der Militärs sahen für diesen Fall vor, die feindlichen Truppen tief ins eigene Land vorstoßen zu lassen, bis zu einer Linie, von der aus sich die zahlenmäßig stark unterlegene osmanische Armee effektiv verteidigen und auf Nachschub warten konnte. Stattdessen wurde verfrüht und ineffektiv angegriffen, so dass die Armee aufgerieben war, ehe sie einen nennenswerten Widerstand organisieren konnte. Bereits im Dezember musste die osmanische Regierung ihre Niederlage und den Verlust sämtlicher europäischer Besitztümer bis auf die letzten

200 Kilometer westlich von Istanbul einräumen und in Friedensverhandlungen eintreten.[2]

In der osmanischen Gesellschaft saß das Kriegstrauma tief. Anders als Libyen oder andere verlorengegangene Provinzen waren Albanien, Makedonien und Thrakien über Jahrhunderte Kerngebiete des Reichs gewesen. Zahlreiche führende Politiker der neuen konstitutionellen Ära hatten durch den Balkankrieg ihre Heimat verloren. Die Gebietsverluste waren zudem mit Gräueltaten gegen die muslimische Zivilbevölkerung einhergegangen und hatten viele Muslime zur Flucht Richtung Istanbul bewegt. Vielerorts verbreitete sich die Ansicht, dass der Krieg als Nächstes um Anatolien geführt werden würde und die dort lebenden christlichen Griechen und Armenier sich als fünfte Kolonne einer Invasionsarmee entpuppen würden. Insbesondere entlang der Ägäisküste, die nach Einnahme der nordägäischen Inseln durch die griechische Marine als nächstes Ziel der griechischen Irredentisten angenommen wurde, kam es bereits Anfang 1914 zu Vertreibungsaktionen gegen die örtlichen Griechen und Armenier, die gezwungen wurden, auf die nun griechischen Inseln oder nach Izmir (Smyrna) umzusiedeln.[3]

Die Option eines osmanischen »Verfassungspatriotismus« verlor jeglichen Wert. Die verbleibenden Modelle in der politischen Diskussion waren entweder ein islamisch-asiatisches oder ein panturanisches Großreich aller turksprachigen Völker. Auch der Glaube an die europäischen Vorbilder war erschüttert. Nach dem Türkisch-Griechischen Krieg von 1897 hatte sich das Osmanische Reich dem Willen der Großmächte gefügt, sich trotz großer Geländegewinne wieder auf seine Staatsgrenzen zurückgezogen und dem unruhigen Kreta weitgehende Autonomie gewährt. Nun segneten dieselben Mächte die Eroberungen Italiens und der Balkanstaaten ohne weitere Rücksicht ab. Zunehmend herrschte die Meinung, dass die europäischen Länder trotz ihres Anspruchs, sie verfügten über eine höhere Zivilisation und achteten internationales Recht, letztendlich durch eine Art Kreuzrittermentalität vereint waren.[4]

Wie so oft in Istanbul waren militärische Niederlagen eng mit innenpolitischen Machtwechseln verbunden. Im Januar 1913 führte der jungtürkische Offizier İsmail Enver Bey einen Putsch gegen die amtierende liberale Regierung an und brachte so das kürzlich abgewählte Komitee für Einheit und Fortschritt erneut an die Regierung. Enver war in den ersten Tagen der Revolution von 1908 zum »Helden der Freiheit« erklärt worden, denn er hatte den aufständischen makedonischen Truppen angehört. Kurz darauf wurde er Militärattaché in Berlin (1909–1911). Während seiner Zeit in Deutschland knüpfte der Bewunderer der preußischen Armee Kontakte zu zivilen und militärischen Kreisen. In Libyen organisierte er den Widerstand, bevor er wegen des Balkankrieges nach Istanbul zurückkehrte. Auslöser des Putsches war, dass sich die liberale Regierung in ihren Friedensverhandlungen mit Bulgarien gezwungen sah, die ehemalige Residenzstadt Edirne abzutreten. Im Anschluss an den Putsch organisierte Enver eine propagandistisch überhöhte »Rückeroberung« Edirnes, die aber kaum auf Widerstand traf, da Bulgarien angesichts des zweiten Balkankrieges seine Soldaten hatte abziehen und gegen die ehemaligen Verbündeten einsetzen müssen.[5]

Ein Krieg zur »völkischen Erziehung?«
Eine verheerende Entscheidung

Die neue Führung war noch vollauf damit beschäftigt, den Staat und vor allem das Militär nach den herben Verlusten zu reorganisieren, als die Nachricht von der Ermordung des österreichisch-ungarischen Thronfolgers Franz Ferdinand und seiner Ehefrau Sophie durch serbische Nationalisten in Sarajevo eintraf. Damit stellte sich dringend die Bündnisfrage. Die Deutschen erhofften sich von einer Allianz mit Istanbul vor allem, durch einen Angriff der osmanischen Armee auf Russland und das britisch beherrschte Ägypten gegnerische Truppen an weit entfernten Fronten zu binden, so dass das Deutsche Reich erfolgreich einen Zweifrontenkrieg in West- und Osteuropa führen konnte. Darüber hinaus glaubte man in Berlin, dass ein Bündnis mit dem Sultan-Kalifen eine weitere Wirkung in der muslimischen Welt entfalten würde und die muslimischen Untertanen Großbritanniens, Frankreichs und Russlands in Indien, Zentralasien und Nordafrika sich zum Dschihad gegen ihre Kolonialherren ermutigt fühlen würden.[6]

Angesichts eines drohenden Krieges fielen die Reaktionen der osmanischen Eliten auf die Bündniskonstellationen ganz unterschiedlich aus. Traditionell sympathisierten viele Militärs mit Deutschland, da sie ihre Ausbildung durch preußische Offiziere oder nach preußischen Lehrbüchern erhalten hatten. Allerdings war das Reich so kurz nach den verheerenden Balkankriegen kaum in der Verfassung für einen weiteren Krieg. Debattiert wurde, ob man neutral bleiben sollte, was vor allem der Entente zugute kommen würde, oder ob man auf deutscher Seite in den Krieg eintreten sollte. Für Deutschland sprach die Befürchtung, dass Großbritannien, Frankreich und Russland nach einem Sieg die Gelegenheit nutzen würden, auch ein neutral gebliebenes Osmanisches Reich unter sich aufzuteilen.[7] Die Mehrheit im Kabinett neigte jedoch zur Neutralität. Ein kleiner Kreis um Enver, der seit Anfang des Jahres 1914 Kriegsminister war, schuf allerdings durch geheime Vorbereitungen und Verhandlungen mit dem Deutschen Reich Fakten. Im Denken und Handeln des bei Amtsantritt erst zweiunddreißigjährigen Envers verbanden sich sozialdarwinistische Vorstellungen mit einer Vabanque-Mentalität und dem Drang, das vorsichtige Taktieren der Epoche Abdülhamids hinter sich zu lassen. Seinem Freund, dem Korvettenkapitän und Marinegeheimdienstagenten an der deutschen Botschaft Hans Humann, sagte er:

> »Bei dieser grossen Mobilisierung habe ihm immer der Gedanke vorgeschwebt, dass die Opfer, die das Volk dafür bringt, vornehmlich seiner völkischen Erziehung zugute kommen sollen. Ihm steht das jetzige Beispiel Deutschlands vor Augen; rastlose Opferfreudigkeit aller, Hingabe der ganzen Person, wenn es das Vaterland gilt. Ein Volk das dies nicht kann, sei heute nicht existenzberechtigt.«[8]

Durch taktische Anregungen (und finanzielle Anreize) seitens der deutschen Botschaft ließen sich außer Enver der Innenminister Talât, der Marineminister Cemal und der Parlamentspräsident Halil für ein Bündnis mit Deutschland und Österreich-Ungarn gewinnen. Nach Kriegsausbruch, als das Deutsche Reich und die k. u. k. Monarchie der Entente gegenüberstanden und das Osmanische Reich offiziell noch neutral war, entwickelten die Minister und die Diplomaten in der Sommerresidenz des deutschen Botschafters am oberen Bosporus in Therapia (Tarabya) einen geheimen Plan. Die beiden deutschen Kreuzer *Goeben* und *Breslau*, die sich nach Angriffen auf das französische Algerien vor alliierter Verfolgung nach Istanbul gerettet hatten, waren, um ein Ultimatum der Entente zu entkräften, formell zu osmanischen Schiffen umdeklariert worden, obwohl ihre Mannschaften noch immer aus Deutschen bestanden. Nun sollten sie in einem »Blitzkrieg« Städte an der russischen Schwarzmeerküste angreifen. Am 29. Oktober 1914 schließlich wurden Sevastopol und Odessa ohne Vorwarnung beschossen. Nicht nur die russische Marine wurde unvorbereitet getroffen, auch das restliche Kabinett in Istanbul sah sich vor vollendete Tatsachen gestellt.[9]

In dem Geheimabkommen hatte sich die osmanische Regierung verpflichtet, außer im Schwarzen Meer auch im Kaukasus und in Ägypten den gemeinsamen Gegner anzugreifen. Später kam außerdem die Front im Irak hinzu, die eine britisch-russische Offensive über Persien abwehren sollte. Das Kalkül Berlins war es, die Truppen der Entente an möglichst vielen Fronten zu binden, das Interesse der Entente daher, möglichst schnell eine dieser Fronten zu befrieden. Das Osmanische Reich bot sich als vermeintlich schwächstes Glied an, zumal es in dem erst ein Jahr zurückliegenden Balkankrieg versagt hatte. Wenn die im Mittelmeer stationierten britischen und französischen Kriegsschiffe die Meerenge der Dardanellen durchbrechen würden, könnten sie ungehindert über das Marmarameer die osmanische Hauptstadt erreichen. Wäre erst einmal das Osmanische Reich ausgeschaltet, könnte man über den Bosporus den dringend nötigen Nachschub an das verbündete

Russland liefern, so die Überlegungen in London und Paris. Unter der Leitung des britischen Marineministers Winston Churchill konzentrierte sich daher die erste alliierte Großoffensive im östlichen Mittelmeer auf die Dardanellen und die Einnahme Istanbuls. Doch die deutschen, österreichischen und osmanischen Verteidiger hatten diese Strategie vorausgesehen und die Truppen, Befestigungen und Artilleriestellungen an den Dardanellen verstärkt. Erste Vorstöße alliierter Kriegsschiffe am 19. Februar 1915 und erneut am 18. März blieben erfolglos. Deswegen beschloss die Entente die Invasion der Halbinsel von Gallipoli, um den Angriff auf die Dardanellen vom Wasser und vom Land aus gleichzeitig zu führen. Auch die Landeaktion, die am 25. April begann, sollte erfolglos bleiben. Die Gallipoli-Offensive entwickelte sich zu einem der zahlreichen Stellungskämpfe des Ersten Weltkriegs, bei denen nichts erreicht, aber hunderttausende Menschenleben verheizt wurden.[10]

Die Verteidigung der Dardanellen leitete der von der preußischen zur osmanischen Armee abgeordnete General Otto Liman von Sanders; zu seinem Stab gehörten die später berühmten Offiziere Mustafa Kemal [Atatürk] und Mustafa İsmet [İnönü]. Sie alle hegten eine Abneigung gegen Envers Charakter, seine strategische Inkompetenz und Neigung zu militärischen Abenteuern. Gemeinsam organisierten sie auf Gallipoli den einzigen nennenswerten Erfolg der osmanischen Armee im Ersten Weltkrieg, der für den weiteren Kriegsverlauf entscheidend sein sollte.

Die Schlacht endete wider Erwarten siegreich für die osmanische Seite. Am 9. Januar 1916 zogen sich die letzten Angreifer ins griechische Saloniki zurück. Istanbul und somit das Reich waren zunächst gerettet, und die Entente konzentrierte sich auf andere Fronten. Allerdings sollte sich der Erfolg an den Dardanellen langfristig als Pyrrhussieg erweisen. Das osmanische Militär hatte sich verausgabt: An keiner der anderen Fronten (mit der kurzfristigen Ausnahme der irakischen Front), weder am Suezkanal noch im Kaukasus oder zur See konnte die osmanische Armee viel erreichen, es wurden vor allem weitere Soldaten in den Tod durch Kampf, Seuchen, Hitze oder Kälte geschickt.

Die Schlacht von Gallipoli galt dennoch fortan im türkisch-republikanischen Mythos als Geburtsstunde einer neuen Nation, die sich mit Aufopferungswillen gegen den europäischen Imperialismus zur Wehr setzte. So diente der Weltkrieg letztendlich doch der »völkischen Erziehung«, wenn auch anders, als der von einem panasiatischen Großreich träumende Enver es vorgesehen hatte.

Der 24. April 1915: Auftakt zum Völkermord

Wie erwähnt, hatte sich nach den Balkankriegen zunehmend die Überzeugung durchgesetzt, dass die christlichen Untertanen sowohl eine wohlfeile Ausrede für eine Intervention der ausländischen Mächte böten als auch selbst eine fünfte Kolonne im Reich seien. Nachweisliche Akte der Kollaboration und der Spionage wurden als Beweis für den Verrat ganzer (christlicher) Volksgruppen gewertet. Großangelegte Programme zur Umsiedlung und Bevölkerungsaustausch wurden zwischen den Balkanstaaten schon länger diskutiert. Maßnahmen gegen die griechisch-osmanische Bevölkerung hielten sich – obwohl sie punktuell harsch waren – im Rahmen, da man keinen Vorwand für einen Kriegseintritt des neutralen Griechenlands liefern durfte. Mit der Dardanellen-Offensive setzte eine radikalere Politik ein. Die Maßnahmen konzentrierten sich auf die im Reich lebenden Armenier. Am 24. April 1915 ordnete das Innenministerium die Verhaftung der armenischen Honoratioren an. Zunächst wurden 235 Istanbuler verhaftet, die entweder einer der drei großen armenischen Parteien angehörten (*Daschnak*, *Huntschak* und *Ramgawar*) oder als prominente Mitglieder der armenischen *community* bekannt waren. Inhaftiert wurden sie im verfallenen Palast des Großwesirs Ibrahim Pascha aus dem 16. Jahrhundert am Hippodrom. 164 von ihnen wurden schließlich vom Bahnhof Haydarpaşa unter Polizeibewachung nach Ankara deportiert. Man glaubte, wenn man die armenischen Eliten nach Zentralanatolien verbannte, weitab von den Dardanellen und zugleich von der russischen Kaukasusfront, werde keine Gefahr von ihnen ausgehen.

Mag man diese erste Deportation noch als harte, aber nicht ungewöhnliche kriegsbedingte Vorsichtsmaßnahme werten, so zeigte sich bereits einen Monat später, dass die Pläne des Innenministers Talât viel weiter gingen. Wie große Teile der Führung war auch Talât vom zeitgenössischen Sozialdarwinismus geprägt, der Krieg als »Ringen der Völker« und alle Menschen als potentielle Soldaten für ihre jeweilige nationale Sache ansah. Am 27. Mai erließ er ein Dekret, das die generelle Deportation der armenischen Bevölkerung aus kriegsgefährdeten Gebieten und somit aus dem gesamten Osten des Landes anordnete. Betroffen davon waren zudem die einen Monat zuvor deportierten Istanbuler Armenier: Während einige von ihnen in ihren Gefängnissen in oder bei Ankara verblieben, schickte man andere in die Verbannung. Mindestens 57 von ihnen wurden in das Lager von Deir ez-Zor in der syrischen Wüste verlegt, was einem Todesurteil gleichkam.[11]

In Istanbul und Izmir kam es immer wieder zu Verhaftungen und Hinrichtungen von Armeniern. Allerdings wollten die Machthaber in diesen wichtigen Zentren keine Unruhe provozieren und unterließen deswegen ihre planmäßige Deportation, lebten doch allein in Istanbul geschätzt zwischen 80000 und 160000 Armenier. In Anatolien wurden sie hingegen zusammengetrieben und zur »Umsiedlung« gezwungen, offiziell eine Vorsichtsmaßnahme mit Blick auf eine mögliche russische Invasion. Manche wurden zunächst in Arbeitsbrigaden ausgebeutet und später ermordet, andere bereits wenige Kilometer außerhalb ihrer Städte erschlagen und ausgeplündert. Spätestens in der syrischen Wüste bei Deir ez-Zor fanden die meisten ihr Ende. Die geschätzten Opferzahlen schwanken, realistisch ist vermutlich die Zahl von etwa 900000 Menschen.[12] Möglicherweise war die Regierung tatsächlich davon überzeugt, dass die armenische Bevölkerung bei einem Einmarsch der russischen Armee in toto mit dieser kollaborieren würde. Doch hier wurde nicht nur auf die unmittelbare Kriegslage reagiert, sondern durch genozidale Bevölkerungspolitik eine endgültige »Lösung« der rivalisierenden nationalen Ansprüche auf das verbleibende osmanische Staatsterritorium durchgesetzt.

Die dritte Besatzung Konstantinopels: Kurze Rückkehr zur großen Party

Anfang November 1918 – das Osmanische Reich hatte bereits einen Waffenstillstand geschlossen, der Zusammenbruch der deutschen und österreichischen Stellungen war nur noch eine Frage der Zeit – flohen die drei Minister Enver, Talât und Cemal wie Kriminelle heimlich an Bord eines deutschen U-Boots aus Istanbul über Odessa nach Deutschland, um dem Zorn der eigenen Bevölkerung zu entgehen. Mit dem Genozid an den Armeniern hatte das während des Krieges diktatorisch regierende Triumvirat nicht nur das größte Verbrechen an der eigenen Bevölkerung in der gesamten osmanischen Geschichte angezettelt. Es ließ auch ein durch Krieg, Hunger und Vertreibung ausgelaugtes Land zurück.

Am 30. Oktober 1918, nur vier Tage vor Österreich-Ungarn und zwölf Tage vor dem Deutschen Reich, unterzeichnete der neue Marineminister Hüseyin Rauf [Orbay] auf einem britischen Kriegsschiff vor der Insel Limnos nahe den Dardanellen den Waffenstillstand mit der Entente. Neben vielen weiteren Klauseln ging das Recht zur Kontrolle der Dardanellen und des Bosporus auf die Alliierten über. Nur drei Jahre zuvor hatten zehntausende osmanische Soldaten ihr Leben gelassen, um genau dies zu verhindern. Die Besatzung Istanbuls begann am 13. November 1918 und sollte fünf Jahre, bis zum 6. Oktober 1923, andauern. Neben den offiziellen Besatzungsmächten Großbritannien, Frankreich und Italien waren US-amerikanische und griechische Einheiten beteiligt. Die osmanische Exekutive durfte in der Stadt nur in Gestalt einer begrenzten Anzahl Polizisten agieren, die zudem nur sehr eingeschränkte Befugnisse hatten. Als eine Nachtpatrouille der Polizei betrunkene alliierte Soldaten am Randalieren hinderte, betrachteten die Besatzer dies als einen Verstoß gegen das Besatzungsstatut. Zudem herrschte wie zu Zeiten der Kapitulationen wieder unterschiedliches Recht je nach Staatszugehörigkeit. Das Jungtürkenregime hatte bei Kriegsbeginn alle extraterritorialen Rechte für beendet erklärt. Doch nun war für ausländische Zivilisten ein interalliiertes Gericht zuständig, während Soldaten sich vor ihren jeweiligen Militärgerichten verantworten mussten. Diesen Gerichten unterlag aufgrund des Kriegsrechts auch die örtliche Bevölkerung.[13]

Da die Besatzungssoldaten nach Jahren an der Front die städtischen Vergnügungen voll auskosten wollten, erlebte das Istanbuler Nachtleben nach den mageren Kriegsjahren eine einzigartige Renaissance. Statistiken zählten 1921 in Istanbul 257 Restaurants, 31 Cafés, 471 Bierkneipen und 654 lizenzierte Alkoholgeschäfte. Die Namen der Gaststätten und ihrer Besitzer klangen noch internationaler als zuvor, unter anderem, weil einige Barbetreiber den Truppen hinterherreisten und an deren jeweiligen Stationierungsorten neue Lokale eröffneten. Ein Beispiel ist *J. Christo's Union Jack Bar*, die während der Schlacht an den Dardanellen von Limnos nach Imbros, von dort nach Saloniki und schließlich nach Pera umgezogen war. Die meisten Gaststätten bedienten, um die Soldaten anzuziehen, die Sehnsucht sowohl nach der Heimat als auch nach Exotik: Einerseits sollten die Bars wie ordentliche englische Eckkneipen wirken; andererseits gab es Wasserpfeifen und in Pluderhosen gekleidete Frauen, um den Gästen eine »orientalische« Atmosphäre zu bieten.[14]

Das ungezwungene Aufeinandertreffen von Menschen unterschiedlicher Herkunft, oft unter Einfluss von Alkohol, besonders Absinth, und anderen Stimulanzen, war eine Schreckensvorstellung für die Militärbehörden der Entente, die auch nach dem Waffenstillstand klare Freund- und Feindbilder kultivierten. Eine Lizenz für die Öffnung nach der allgemeinen Sperrstunde für die *Brasserie Chat Noir* (türkisch *Kedi* genannt; die einzige Bar, die einem Muslimen, Rifat Ali, gehörte) wurde beispielsweise damit begründet, dass die Kundschaft aus »Kosmopoliten und Frauen schlechten Charakters« bestünde.[15]

Die Istanbuler waren geteilter Meinung über die Besatzung. Ihre

Einstellungen richteten sich meist danach, welcher nationalen oder imperialen Sache sie den Vorzug gaben. Für einige schien nach den nationalistischen Exzessen der Jungtürken die fröhliche Zeit der *Belle Époque* zurückgekehrt zu sein. Für den in Istanbul geborenen italienischen Feuilletonisten Willy Sperco bedeutete die bunte Mischung aus britischen, italienischen und französischen Uniformen (unter Letzteren vor allem die der senegalesischen Soldaten), die farbenprächtige Tracht der vor den Bolschewisten geflohenen Kosaken und die Garderobe der ebenfalls geflüchteten russischen Adeligen den Höhepunkt des konstantinopolitanischen Kosmopolitismus.[16] Andere werteten insbesondere die Übergriffe durch betrunkene alliierte Soldaten als eine Schande und Erniedrigung der Istanbuler Gesellschaft.[17]

»Die Engländer sind doch rundherum Lumpen.« Nationaler Widerstand gegen die Besatzung

Die Besatzung war die erste durch fremde Truppen seit der osmanischen Eroberung und nach 1204 und 1453 die dritte überhaupt seit der Gründung Konstantinopels. Anders als die vorangegangenen fand der Einmarsch nach ordentlichen Verhandlungen statt, so dass sich Übergriffe durch ausländische Soldaten im Rahmen hielten. Allerdings war dies die erste Besatzung, seit Konstantinopel osmanische Hauptstadt geworden war. Obwohl das Reich schon lange keine Großmacht mehr war und in den vergangenen hundert Jahren mehrfach die Einnahme der Stadt gedroht hatte, insbesondere im Russisch-Türkischen Krieg 1878, empfanden vor allem patriotisch Gesinnte die Besatzung Istanbuls als einzigartigen Absturz und Schmach. Unmut wurde laut, wenngleich er sich meistens nicht gewaltsam äußerte. Als Griechenland im Mai 1919 die osmanische Machtlosigkeit ausnutzte und Smyrna (Izmir) besetzte, versammelten sich angeblich 200 000 Menschen aus Protest im Hippodrom. Es sprach die Schriftstellerin und führende Agitatorin der türkisch-nationalen Bewegung, Halide Edip:

»Von den Minarettspitzen bis zum Himmel schauen siebenhundert Jahre Glorie auf diese neue Tragödie der osmanischen Geschichte. Ich rufe die Seelen unserer Vorväter an, die so oft in Prozession über diesen Platz gezogen sind. Ich erhebe mein Haupt vor ihrer gerechten Wut und sage: Ich bin eine glücklose Tochter des Islams und gleichermaßen glücklose Mutter dieser heroischen, aber vom Schicksal geschlagenen Generation von heute. Ich verneige mich vor unseren Vorfahren und erkläre im Namen dieser neuen türkischen Nation, dass die heutige entwaffnete türkische Nation noch immer eure unbesiegbaren Herzen besitzt.«[18]

Ab Jahresbeginn 1920 legten die britischen Besatzer eine deutlich aggressivere Politik an den Tag. Der Jurist Hakkı Sunata von der *Darülfünun*, der 1900 eröffneten Universität, notierte am 14. Februar 1920 in sein Tagebuch:

»Gestern lief ich hoch bis zum Beyazıt-Platz. Die Engländer haben den Türkischen Herd (ein nationalistischer Kulturverein, Anm. MF) besetzt. Dic Herdmitglieder haben mit dem Ausdruck ihrer Gedanken nicht hinterm Berg gehalten. Die Engländer sind doch rundherum Lumpen. Sogar die Feuerwehr auf dem Gelände des Kriegsministeriums haben sie beschlagnahmt. Das anzuschauen habe ich mir nicht auch noch angetan. Diese Besetzungen bereiten mir große Sorge.«[19]

Im März kam es zur gewaltsamen Besetzung mehrerer Ministerien durch britische Soldaten, des Galataturms und der Hauptpost, mit mehreren Toten auf beiden Seiten. Das osmanische Parlament wurde von den Besatzern zerstreut und später vom Sultan für aufgelöst erklärt. Dutzende von vermeintlichen Verantwortlichen des Jungtürkenregimes oder türkische Nationalisten wurden verhaftet und teils nach Malta verbracht. Halide Edip und ihr Mann Adnan Adıvar konnten sich verkleidet aus der Stadt und in das von türkisch-nationalen Truppen gehaltene Gebiet retten.[20]

Im Bemühen, den Frieden durch unbedingte Kollaboration mit London zu sichern, hatte Sultan Mehmed VI. Vahdettin (reg. 1918–1922) seinen probritisch eingestellten Schwager Damad Ferid Pascha zum

Großwesir ernannt. Doch die Hohe Pforte war weniger denn je in der Lage, die Situation zu kontrollieren. Im Osten des Landes waren Kämpfe ausgebrochen, und im abgelegenen inneranatolischen Ankara hatte sich eine nationale Gegenregierung formiert. Ihr Vorsitzender, der Offizier Mustafa Kemal, verkündete, dass er fortan die Regierung in Istanbul nicht mehr anerkenne und als Antwort auf die Auflösung des Parlaments eine Nationalversammlung nach Ankara einberufe.[21]

Als im Spätsommer 1920 die Bedingungen des Friedenvertrages zwischen der Entente und dem Osmanischen Reich bekannt wurden, nahm der Unmut über die Besatzer und den Sultan von ihren Gnaden ebenso zu wie der Zuspruch für die Regierung in Ankara.[22] Die Hoffnung, dass die Alliierten sich gegenüber den neuen, im Gegensatz zu Talât und Enver von Genozid und Angriffskrieg unbelasteten Ministern nachsichtiger verhalten würden, hatte sich als Trugschluss erwiesen. Ähnlich wie die Vorgaben gegenüber dem Deutschen Reich sollten die Friedensbedingungen das unterlegene Osmanische Reich territorial und wirtschaftlich schwächen und es ihm unmöglich machen, wieder einen Angriffskrieg zu führen. Großbritannien und Frankreich dehnten ihre Interessensphären in den arabisch geprägten früheren osmanischen Provinzen aus, durch Völkerbundmandate als vorläufige und angeblich fürsorgliche Protektorate abgesegnet. In den Diskussionen über die nördlichen osmanischen Gebiete hingegen konzentrierte sich alles auf die Frage, wie groß der osmanische Reststaat sein sollte und wie viel Land an rivalisierende Nationalprojekte abzutreten sei. Griechische Irredentisten hofften schon, die Eroberung von 1453 rückgängig machen und das Königreich Griechenland zu einem neuen eurasischen Imperium erweitern zu können, wie es zu den Blütezeiten des Oströmischen Reichs bestanden hatte. Letztendlich sah der Vertrag von Sèvres, der am 10. August 1920 unterschrieben, aber nicht mehr durch den Sultan ratifiziert wurde, keine Aufgabe Istanbuls vor. Allerdings sollte die griechische Grenze bis an Çatalca heran verschoben werden, nur 60 Kilometer vom Bosporus entfernt. Das bereits seit Mai 1919 von Griechenland besetzte Smyrna und seine Umgebung sollten Autonomie und ein

Sezessionsrecht erhalten. Im Osten waren ein neu zu gründender westarmenischer Staat auf ehemals osmanischem Boden und eine kurdische Autonomieverwaltung vorgesehen. Die beiden letztgenannten Projekte wurden nie umgesetzt, da sich dafür keine einflussreiche Schutzmacht unter den Alliierten fand.[23]

Insgesamt lag hier das Hauptproblem des Vertrags von Sèvres: Mit der einsetzenden Kriegsmüdigkeit unter den Siegermächten und der Bindung an anderen Schauplätzen fehlte es an einer durchsetzungsstarken Ordnungsmacht. Frankreich und Italien hatten sich mit der Nationalregierung in Ankara geeinigt, gaben ihre Einflusssphären in Südanatolien auf und konzentrierten sich auf ihre Neueroberungen in Syrien, Libyen und dem Dodekanes. Für Frankreich spielte obendrein die Befriedung Deutschlands eine sehr viel wichtigere Rolle. Die USA zogen sich aus Enttäuschung über die europäische Nachkriegsordnung zurück und fielen als Schutzmacht eines unabhängigen Westarmeniens aus. Auch Großbritannien gab schließlich weitergehende Ziele und insbesondere die Unterstützung griechischer Ambitionen in Smyrna auf. So blieb die griechische Besatzung Westanatoliens auf sich allein gestellt. Die griechische Militärführung beging den fatalen Fehler, zum vernichtenden Schlag gegen die Regierung in Ankara tief ins Landesinnere zu ziehen, bis es ein leichtes für die türkisch-nationalen Truppen war, die durch Wüstenmärsche und Versorgungsengpässe geschwächte Armee zu schlagen. Die griechischen Soldaten flüchteten über den Hafen von Smyrna. Am 9. September 1922 endete der sogenannte Befreiungskrieg mit dem Einmarsch der türkisch-nationalen Truppen unter Mustafa Kemal in die durch die griechische Armee aufgegebene Stadt. Vier Tage später setzten türkische Freischärler und Soldaten das von Flüchtlingen überfüllte Smyrna in Brand. Bei dieser Katastrophe und den folgenden Deportationen verloren Zehntausende, nach manchen Angaben sogar Hunderttausende ihr Leben.[24]

Die Regierung in Ankara erreichte schließlich die Revision des Vertrags von Sèvres. Im 1923 unterzeichneten Vertrag von Lausanne erhielt die Türkei alle osmanischen Gebiete nördlich der französisch und britisch verwalteten arabischen Territorien zurück. Außerdem verständigten sich Griechenland und die Türkei auf einen Bevölkerungsaustausch. Eine Million Griechen aus Anatolien und eine halbe Million Türken aus dem Königreich Griechenland mussten ins jeweils andere Land übersiedeln. Durch diese Maßnahme sollte die Gefahr irredentistischer Kriege zwischen beiden Ländern ein für alle Mal ausgeschlossen werden. Zwar war Istanbul explizit ausgenommen; etwa 150000 Griechen verließen dennoch aus Angst vor Übergriffen zeitgleich die Stadt Richtung Griechenland.[25]

Britische und türkisch-nationale Einheiten standen sich nun am Stadtrand des besetzten Istanbuls unmittelbar gegenüber. Die britische Truppenpräsenz war mittlerweile recht gering und der türkischen deutlich unterlegen. Allerdings war noch immer eine beachtliche Zahl von Kriegsschiffen vor Ort, die die Stadt in Schutt und Asche hätten legen können. Letztendlich siegte die Vernunft. Beide Seiten wussten, dass das britische Abenteuer am Bosporus gescheitert und der Sieg der Regierung in Ankara nur eine Frage der Zeit war. Sie handelten einen nicht gerade reibungslosen, aber schließlich friedlichen Übergang aus. Am 19. Oktober 1922 erhielt ein von Ankara ernannter Gouverneur Zugang zur Stadt. Für die verbleibenden Monate bis zum Abzug der Besatzungsarmee besaßen beide Seiten getrennte Kompetenzen in Istanbul.[26]

Die verschmähte »Königin der Städte«

Von der Jungtürkenrevolution 1908 über die Balkankriege, den Weltkrieg, den Genozid an den Armeniern und den sogenannten nationalen Befreiungskrieg bis zum Bevölkerungsaustausch 1923: Bei all diesen Weichenstellungen zu Beginn des 20. Jahrhunderts war die Reichshauptstadt größtenteils nur Zaungast oder Akteurin am Rande gewesen. Weder die nominellen Herrscher in den Sultanspalästen noch die städtische Bevölkerung hatten diese Ereignisse vorantreiben oder verhindern können. Egal ob aus einem nationalen oder aus einem antiimperialistischen

Blickwinkel heraus betrachtet: Die Istanbuler schienen mit nicht viel mehr als ihren Vergnügungen und ihrem materiellen Vorteil beschäftigt zu sein. Die Stadt war schlichtweg zu schwach, um weiterhin als Akteurin der Geschichte Respekt zu verdienen. Das schwindende Ansehen der Stadt, die einst über zwei Meere und zwei Kontinente geherrscht hatte, spiegelt sich in zeitgenössischen Äußerungen wider.

Harold Armstrong, ein junger britischer Offizier der Besatzungsarmee, stimmte nicht in die früheren Loblieder über Istanbul ein: »ein mittelalterlicher Kerker, mit lediglich einer Krone moderner Zivilisation ausgestattet, nämlich elektrischem Licht«.[27] Der zur gleichen Zeit anwesende britische Militärpolizist John Kennedy verspürte so viel Abscheu für Istanbul, dass er am liebsten »die Stadt niederbrennen und sie dann neu erbauen und neu besiedeln« wollte.[28] Der deutsche Architekt Paul Bonatz nannte den zuvor hoch gelobten Stadtteil Pera nördlich des Goldenen Horns ein »abscheuliches Häusergewirr«.[29] Das *bashing* der einst so verehrten Stadt und ihrer Vielfalt beschränkte sich nicht auf Fremde. So sprachen die türkischen Architekten der Zwischenkriegszeit von »kosmopolitischen Haufen von Stein und Marmor«.[30] Denn das neue Regime sah sich nicht nur in Opposition zum ausländischen Imperialismus. Es beschuldigte außerdem das alte Regime, sich durch seine Weltreichsexpansion vom türkischen Nationalcharakter entfernt zu haben und zum imperialistischen Unterdrücker der eigenen Nation geworden zu sein. So schrieb der führende Ideologe der türkisch-nationalen Bewegung, der Publizist und Soziologe Ziya Gökalp:

> »Was ist eigentlich der Grund, dass unsere Heimat in diesen eigenartigen Zustand verfallen ist? Warum sind die zwei Typen, die in diesem Land leben, der türkische Typ und der osmanische Typ, einander so zuwider? Warum ist alles am türkischen Typ schön und alles am osmanischen Typ hässlich? Weil der osmanische Typ die türkische Kultur und das türkische Leben auf dem verderblichen Feld des Imperialismus geopfert hat, zum Kosmopoliten geworden ist, das Klasseninteresse über das nationale Interesse gestellt hat.«[31]

Bereits in einer Rede am 1. November 1922, unmittelbar nach dem Beginn der Zusammenarbeit zwischen britischen und türkisch-nationalen Truppen in Istanbul, erklärte Mustafa Kemal, dass er die osmanische Dynastie genauso wie die Besatzer als imperialistische Fremdherrschaft über das türkische Volk betrachte.[32] Die Konsequenzen, die die neuen Machthaber zogen, waren radikal. Mehr als je zuvor in der langen Geschichte der Umstürze am Bosporus ging es nicht darum, eine Herrschaft durch eine andere zu ersetzen. Es ging um einen fundamentalen Systemwechsel, an dessen Ende weder der Staat noch die Hauptstadt dieselben wie vorher sein würden. Der Sultan wurde zuerst auf seine Rolle als geistiges Oberhaupt, als Kalif, beschränkt, bis die neuen Machthaber sich 1924 sicher genug fühlten, auch dieses Amt abzuschaffen. 1928 wurde der Islam als Staatsreligion aus der Verfassung gestrichen und das Land somit zur laizistischen Republik. Istanbul, das seit anderthalb Jahrtausenden als Reichshauptstadt gedient hatte, davon fünf Jahrhunderte als Hauptstadt des Osmanischen Reichs, wurde diese Würde entzogen. Eine bis dahin eher unscheinbare Karawanenstadt in Zentralanatolien, Ankara, war als Hauptstadt der Türkischen Republik auserwählt. Der Umzug hatte sowohl praktische als auch symbolische Gründe. Eine Hauptstadt tief im Landesinneren würde nicht so schnell von einer feindlichen Armee erreicht werden können. Zum anderen gerierte sich die Republik als Vertreterin der einfachen Landbevölkerung, die, so der von den Ideologen der neuen Regierung kolportierte Mythos, den Befreiungskampf uneingeschränkt unterstützt habe, während das kosmopolitische Istanbul sich widerstandslos oder sogar willig in die Besatzung gefügt habe. Das alte Imperium und seine Hauptstadt seien erschlafft, die gesunden bäuerlichen Bewohner Anatoliens hingegen das aufstrebende Herz der Nation.[33]

Die Nationalisierung der kosmopolitischen Stadt

Feuerkatastrophen in den Stadtvierteln rund um Aksaray, die Brutalität gegen die Armenier, kriegsbedingte Hungerkatastrophen auf dem Land, die zahlreichen Gefallenen, Flucht, Vertreibung und Einschüchterung der griechischen Einwohner, der Fortzug von ausländischen Staatsbürgern, der Niedergang der Vergnügungsindustrie, der Hauptstadtumzug – all diese Faktoren führten dazu, dass nicht nur die Bedeutung Istanbuls schwand, sondern überdies die Bevölkerung in einem Ausmaß schrumpfte, das früheren Einbrüchen wie der Justinianischen Pest in nichts nachstand. Zu Kriegsende lebten 1,1 Millionen Menschen in Istanbul, zehn Jahre später waren es nur noch 700 000 – die Stadt hatte ein Drittel ihrer Einwohner eingebüßt. Indes wurde sie nicht weniger kosmopolitisch, das Gegenteil war der Fall. Zwar waren zahlreiche Griechen, Armenier und Ausländer, obwohl Istanbul offiziell vom Genozid an den Armeniern und auch vom türkisch-griechischen Bevölkerungsaustausch ausgenommen war, emigriert. Allerdings kamen neue Zuwanderer. Teilweise wurden überlebende Armenier aus den anatolischen Provinzen ausgewiesen oder vergrault und waren gezwungen, in die Metropole zu ziehen. Dazu ereigneten sich 1934 in den europäischen Provinzen Pogrome gegen die ortsansässigen sephardischen Juden, die ebenfalls nach Istanbul flüchteten.[34]

Eine weitere Gruppe von Neuankömmlingen sorgte für deutlich mehr Aufsehen in der Stadt. Während des Russischen Bürgerkriegs hatten sich auf der Flucht vor der Roten Armee bereits 1920 fast 150 000 zarentreue Soldaten und Zivilisten von der Krim und Odessa aus über das Schwarze Meer nach Istanbul abgesetzt. Diese »weißen« (zarentreuen) Russen bildeten schnell einen markanten Teil der lokalen Gesellschaft und spielten vor allem im Ausgeh- und Unterhaltungssektor eine bedeutende Rolle. Besonders die Russinnen eroberten wegen ihres freizügigen Auftretens einen festen Platz im öffentlichen Gedächtnis der Stadt in einer Zeit, in der Frauen allgemein stärker in den öffentlichen Raum eindrangen. Unter anderem gehörten die Russinnen zu den ersten Frauen, die an Stränden in gemischter Gesellschaft badeten. Die russischen Emigranten blieben allerdings nicht lange, viele von ihnen zogen nach wenigen Jahren weiter ins westeuropäische oder amerikanische Exil.[35]

Die Stadt musste sich nun in die neue, postosmanische Ordnung aus Ankara einfügen. Während der Widerstand gegen den Vertrag von Sèvres und die Besatzung Izmirs noch von einem sehr heterogenen gesellschaftlichen Bündnis und verschiedenen militärischen und politischen Führungsfiguren wie beispielsweise Halide Edip getragen wurde, wuchs Mustafa Kemal spätestens seit der Vertreibung der griechischen Armee zur alles dominierenden Persönlichkeit an. Der ab dem Sieg von 1922 als »Gazi« (ursprünglich: siegreicher muslimischer Feldherr) bezeichnete General war in der Hafenstadt Saloniki aufgewachsen, die durch ihre starke religiöse und sprachliche Mischung, Nähe zu den Balkanstaaten und intensiven Austausch mit Übersee gekennzeichnet war. Mustafa Kemal hatte als Offiziersanwärter seine Ausbildung an der Istanbuler *Harbiye* absolviert. Er schloss sich wie viele Offiziere seiner Generation dem Komitee für Einheit und Fortschritt an, hatte doch vor allem in gesellschaftlichen Fragen sehr viel radikalere Ansichten. Während manch andere Komiteemitglieder wie Enver von einem panturanischen Reich bis Westchina träumten, zeigte Mustafa Kemal als Präsident (reg. 1923–1938) noch nicht einmal Interesse an den verlorenen osmanischen Provinzen (mit der Ausnahme des bis 1937 französischen Hatay). Er konzentrierte sich auf den Wandel im Inneren und überzog das Land mit zahlreichen Reformen. Neben der Abschaffung der Monarchie und des Kalifats führte er moderne Gesetzbücher nach mitteleuropäischen Vorbildern ein, zwang die männliche Bevölkerung, Hüte statt der Fes zu tragen, führte die lateinische Schrift für die türkische Sprache und erstmals Nachnamen für die ganze Bevölkerung ein und gab Frauen das Wahlrecht. Während andere ehemalige Komiteemitglieder die Religion entweder ernstgenommen oder sie zumindest als wohlfeiles »Opium fürs Volk« betrachtet hatten, unternahm der Gazi ernsthafte Schritte, um die Rolle des Islams im Alltag zurückzudrängen, wie die Schließung der Sufi-Konvente und die Einführung der Zivilehe. Aufstände in den Provinzen, insbesondere gegen die religions- und minderheitsfeindlichen Maßnahmen, blieben nicht aus. Sein Ziel war, das Land an den »zivilisatorischen« Standard West- und Mitteleuropas heranzuführen, gleichzeitig aber auf die nationale Eigenständigkeit zu achten. Nachträglich hat man diese zielgerichtete, aber nur schwer in das zeitgenössische Links-Recht-Schema einzuordnende Weltsicht »Kemalismus« genannt. Ähnlich wie viele osteuropäische, asiatische und lateinamerikanische Regime der Zwischenkriegszeit glaubte man in der Türkei, dies nicht durch ein liberales System, sondern nur durch einen starken Staat erreichen zu können. Nach einigen kurzlebigen Experimenten verzichtete man auf ein Mehrparteiensystem, so dass die durch den Gazi gegründete Republikanische Volkspartei (CHP) allein regierte. Insbesondere seine Vorstellung von einer institutionalisierten Revolution zielte im Kern auf die Herausbildung eines neuen Menschen. Sowohl Frauen als auch Männer sollten künftig sportlich ertüchtigt, hochgebildet, weltgewandt und patriotisch zugleich sein.[36]

Gewissermaßen kann man von Glück sprechen, dass Istanbul in dieser Zeit aus dem Blickfeld der Mächtigen verschwand. Denn in Ankara und im kriegszerstörten Izmir plante man den Bau neuer Stadtviertel aus der Retorte, ohne groß auf die vorangegangene Bebauung oder Landschaft Rücksicht zu nehmen. Insbesondere die nach dem Brand in Izmir noch erhaltenen Kirchen, Synagogen, Friedhöfe, Konsulate, Schulen und Villen der Nichtmuslime und Ausländer sind entweder abgerissen oder heute nur noch schwer aufzufinden, während große neue Boulevards auf die Mustafa-Kemal-Statue oder das Messe- und Parkgelände im ehemaligen armenischen Viertel zulaufen. Für die Bau- und Infrastrukturmaßnahmen, mit denen man international bekannte Stadtplaner und Architekten beauftragt hatte, wurde viel Geld in die anatolischen Städte gepumpt. Die Vernachlässigung der ehemaligen Reichshauptstadt sorgte hingegen dafür, dass Istanbul zumindest in der Anfangszeit der Republik sehr viel weniger eine gelenkte Stadt war. Die neuen Prinzipien wie Vorrang des Nationalen, Zurückdrängung der Religion und extrovertierte Lebensweise waren auch hier wichtig, aber die Stadtbewohner fanden auf eigenen Wegen zu ihnen.[37]

Die Istanbuler gingen nun häufiger aus, wobei sich die Gepflogenheiten veränderten. Nach den Prinzipien der neuen Republik war (anders als unter Abdülhamid und zeitweise unter den Jungtürken) eine starke Präsenz von muslimischen Türken beiderlei Geschlechts in der Öffentlichkeit erwünscht. Tanzen, auswärts essen und trinken, Theater, Kino und Sport galten nun auch in der Mitte der Gesellschaft nicht mehr als moralisch bedenkliche importierte Sitten, sondern als Bejahung des modernen Lebens und somit der Staatsprinzipien. Paradoxerweise intensivierte sich hierdurch der kulturelle Austausch der Muslime mit den Nichtmuslimen. Denn die Restaurants und Veranstaltungsorte in Pera, das nun häufiger mit seinem türkischen Namen Beyoğlu benannt wurde, waren in der Regel noch immer von Griechen, Armeniern oder Ausländern betrieben, deren Chancen auf dem weiteren Arbeitsmarkt und insbesondere im öffentlichen Sektor aufgrund der nationalistischen Politik der Republik eingeschränkt waren. Die moderne Lebensart drückte sich ebenfalls darin aus, dass zunehmend das Wohnen in modernen mehrstöckigen Apartmenthäusern als schick galt.[38]

Doch im Laufe der 1930er Jahre wurde man sich in Ankara bewusst, dass man die nach wie vor größte, reichste und wirtschaftlich aktivste Stadt des Staates nicht einfach ignorieren konnte. In den frühen Jahren hatte man nur ein paar symbolträchtige Umbenennungen vorgenommen: Die ehemalige Grande Rue de Péra hieß nun »Unabhängigkeitsstraße« (İstiklal Caddesi), und das angrenzende Viertel mit dem griechischen Namen Tatavla wurde umbenannt in »Befreiung« (Kurtuluş). In den 1930er Jahren aber begann der türkische Staat, seine neuen Prinzipien in das Istanbuler Stadtbild einzuschreiben. Bei dieser umfassenden Planung fing man nicht komplett bei null an, sondern schloss an die Bauten des »Tanzimat Valley« im Umfeld des Dolmabahçe-Palastes an, also an eine Periode in der osmanischen Geschichte, auf die manche in der Republikanischen Volkspartei im Gegensatz zu Ziya Gökalps radikaler Absage vorsichtig wieder Bezug nahmen. Der Dolmabahçe-Palast selbst diente nun als Istanbuler Dienst- und Wohnsitz des türkischen Präsidenten Mustafa Kemal Atatürk. Nach langer Abstinenz hielt sich der Präsident wieder häufiger am Bosporus auf, grenzte sich aber vom Pomp Abdülmecids ab, indem er nur einen kleinen Bereich des riesigen Gebäudes als Wohn- und Arbeitsbereich nutzte. Um den Palast herum und oberhalb des Tals erfolgten hingegen deutliche Eingriffe in das Stadtbild. Im Maçka-Tal, wo sich einst die imperialen Pferdeställe befunden hatten, wurde ein großes Stadion erbaut. Die Militärgebäude aus der Zeit Abdülaziz', *Taşkışla*, *Silahhane* und *Karakolhane*, wurden von der neu gegründeten Technischen Universität Istanbul übernommen. Die Kaserne am Taksim-Platz, die schon seit den Gefechten von 1909 stark beschädigt war und deren Innenhof zuletzt für Sportveranstaltungen wie Fußball genutzt worden war, wurde schließlich abgerissen. An ihrer Stelle entstand der Gezi-(Ausflugs-)park. Volksnähe, körperliche Ertüchtigung der Bürger, Bildung, Wissenschaft, Freizeit und Repräsentanz fanden so ihren symbolischen Platz im Herzen der Stadt.

1936 hatte Atatürk den international renommierten französischen Stadtplaner Henri Prost eingeladen, einen Generalplan für Istanbul zu entwerfen. Zwei Jahre sammelten seine Mitarbeiter Daten über die Stadt, dann entwarf er ein modernes Stadtbild mit neuen Gebäuden und Straßen, aber auch Plätzen und Parks. Der Gezi-Park sollte laut diesem Plan auf beiden Seiten von repräsentativen staatlichen Gebäuden gesäumt werden. Sie sollten Teil einer Bebauung sein, die entlang der Ostseite des zur »Allee der Republik« ausgebauten Höhenweges (Cumhuriyet Caddesi) vorgesehen war. Diese den Park unmittelbar flankierenden Gebäude wurden jedoch nie errichtet, so dass der Gezi-Park eine sehr viel großzügigere, offenere Form annahm als geplant. Weiter nördlich entstanden entlang der Achse, die die Cumhuriyet Caddesi bildet, das erste Rundfunkgebäude und später das (Lütfi Kırdar-) Sport- und Ausstellungsgebäude. Für diese Baumaßnahmen (und für die in diesem Bereich Jahrzehnte später entstandenen Großhotels) wurde der weiträumige armenisch-apostolische Surp-Agop-Friedhof enteignet und aufgehoben. In der Militärakademie, die den Endpunkt der neuen Achse und somit das städtebauliche Scharnier zwischen den früher durch den Friedhof getrennten Stadtteilen Taksim und Teşvikiye bildete, wurde das Militärmuseum eingerichtet. 1969 kam noch das Atatürk-Kulturzentrum unmittelbar am Ostende des Taksim-Platzes hinzu, 1981 folgte die etwas abseits in Hanglage zum Bosporus gebaute Atatürk-Bibliothek.[39]

Die neuen Bauten waren Ausdruck der Prinzipien der jungen Türkischen Republik: Konzentration auf den wirtschaftlichen Wiederaufbau des Landes nach dem verheerenden Krieg, auf die Revolutionierung des Alltags seiner Bürgerinnen und Bürger im Sinne der fortschrittsorientierten Staatsideologie und auf die nationale Ausrichtung der Gesellschaft. Nach wie vor wurden allerdings ausländische Experten herangezogen. Beispielsweise unterrichtete Heinrich August Meißner, vor dem Ersten Weltkrieg Chefingenieur der Hedschasbahn, Eisenbahnbau an der Istanbuler Technischen Hochschule (heute Technische Universität Istanbul). Es war jedoch zugleich Staatsdoktrin, dass die Türkei sich nicht wieder von einem einzelnen Land oder von einer internationalen Ideologie abhängig machen durfte, sondern ihre Souveränität bewahren musste. So lud man in den 1930er Jahren nach Beginn der Naziherrschaft sowohl regimekritische als auch regimetreue Deutsche in das Land ein, um an den Hochschulen und in der öffentlichen Verwaltung tätig zu sein. In den letzten Jahren seines Lebens unterrichtete etwa der emigrierte deutsche Architekt Bruno Taut an der Hochschule für Bildende Künste Istanbuls (heute Mimar-Sinan-Universität). Taut entwarf zahlreiche moderne Bauten, wie die Philologische Fakultät der Universität Ankara, und für sich selbst eine von traditioneller japanischer Architektur inspirierte Villa am Bosporus.

Nachdem Präsident Mustafa Kemal Atatürk im November und Bruno Taut im Dezember 1938 verstarben, verlor die moderne Architektur in der Türkei an Beliebtheit. Der Stuttgarter Architekt Paul Bonatz warb nun für die in Deutschland seit den 1930er Jahren übliche Monumentalarchitektur und wurde 1942 als technischer Berater für den Bau der Geisteswissenschaftlichen Fakultät der Universität Istanbul engagiert, in der sich der zeitgenössischen Einfluss durch Hitlers Staatsarchitekten Albert Speer deutlich widerspiegelt.[40]

Zwischen den Fronten: Die Türkei im Zweiten Weltkrieg

Angesichts der politischen Entwicklungen in Mitteleuropa und der drohenden Gefahr eines neuen Weltkriegs stand die Türkei wie ein Vierteljahrhundert zuvor wieder vor der Frage, für welche Seite sie sich entscheiden sollte. Insbesondere wirtschaftlich war die Republik stark vom Deutschen Reich abhängig, dieses wiederum war für rüstungsrelevante Rohstoffimporte wie Chrom auf die Türkei angewiesen. Atatürks Nachfolger als Präsident, İsmet İnönü (reg. 1938–1950), setzte auf einen Kurs des Lavierens zwischen den beiden Seiten, der das Land so lange wie möglich aus den Feindseligkeiten heraushalten sollte. Als jedoch 1941 die Wehrmacht in Jugoslawien und Griechenland einmarschierte, gewann die Frage erneut an Brisanz, da das Land nun unmittelbar an deutsch besetztes Gebiet grenzte und eine gemeinsame Offensive von deutschen und verbündeten bulgarischen Truppen nicht mehr auszuschließen war. Die Türkische Republik machte mobil. In den möglichen Szenarien war vorgesehen, Istanbul im Falle eines Angriffs weitgehend kampflos zu räumen und die Landesverteidigung auf Anatolien zu konzentrieren. Möglicherweise war dies nicht nur eine strategische Entscheidung, sondern ebenso Ausdruck der ideologischen Geringschätzung der Stadt durch die Führung in Ankara.[41]

Andere Maßnahmen, die unmittelbar nach dem deutschen Einmarsch auf dem Balkan getroffen wurden, signalisierten eine ideologische Annäherung an Deutschland, vor allem was den Umgang mit Minderheiten (nicht nur, aber auch der jüdischen Bevölkerung) betraf. So wurden Männer aus der nichtmuslimischen Bevölkerung, insbesondere Armenier, Griechen und Sepharden, zum Arbeitsdienst herangezogen.

Damit sollten, so die Begründung, die vermeintlich unzuverlässigen Bewohner der Hauptstadt von der potentiellen Front ferngehalten werden. Doch die Einführung einer Vermögenssteuer im Jahr darauf zeigte, dass es vor allem um die Verdrängung dieser Bevölkerungsteile aus der Wirtschaft des Landes ging. Offiziell sollte die im November 1942 durch Ministerpräsident Şükrü Saraçoğlu (im Amt 1942–1946) eingeführte Steuer Spekulationsgewinne abschöpfen, um damit die Kosten der Mobilisierung zu decken. Allerdings wurde sie so einseitig angewandt, dass an ihrer minderheitenfeindlichen Ausrichtung kein Zweifel bestehen konnte: 87 Prozent der Besteuerten waren Nichtmuslime, obwohl ihr Anteil an der türkischen Gesamtbevölkerung nur noch zwei Prozent betrug. Die Höhe der Zahlungen wurde meist willkürlich festgelegt. Die Vermögenssteuer trieb vor allem jüdische Importeure und kleinere Kaufleute und Handwerker, die zu einer Zahlung in der Höhe eines Jahresgehaltes verpflichtet wurden, in den Ruin. Zudem wurden allein aus Istanbul ab Anfang 1943 ca. 1200 Zahlungsunfähige in Arbeitslager in Ostanatolien verschickt. Die schwere Arbeit und schlechte Versorgung setzten vielen von ihnen gesundheitlich stark zu, und es kam sogar zu einzelnen Todesfällen. Ein Jahr später hingegen, als die Wehrmacht nach den Niederlagen von Stalingrad und Leningrad ihre Aura der Unbesiegbarkeit verloren hatte, schwenkte die Türkei wieder auf die alliierte Linie ein, ließ die Internierten frei und erließ ihre Restschulden. Auch wenn die unmittelbare Bedrohung zunächst vorüber war, offenbarte die Vermögenssteuer, dass die regierende Republikanische Volkspartei sich keineswegs an die Verlautbarung ihres ersten Vorsitzenden Mustafa Kemal von 1923 gebunden fühlte. Dieser hatte seinerzeit einen Staat in Aussicht gestellt, der seine Bürger ohne Unterschied ihrer Muttersprache, Herkunft oder Religion gleichbehandeln werde. Es ist nicht verwunderlich, dass nach Kriegsende etwa die Hälfte der seinerzeit 85 000 türkischen Juden emigrierten, vor allem nach Israel.[42]

Konsum, Autobahn und NATO: Der neue Kurs der 1950er Jahre

Obwohl sie sich aus den Kämpfen herausgehalten und den Achsenmächten im Februar 1945 nur noch pro forma den Krieg erklärt hatte, brachte das Ende des Zweiten Weltkriegs für die Türkische Republik große Veränderungen. Während Präsident İsmet İnönü sich zuvor *Milli Şef* (nationaler Chef) nennen ließ – in Anlehnung an Bezeichnungen wie »Führer«, »Duce«, »Conducător« oder »Caudillo« –, war das Land nun darauf bedacht, Anschluss an die neue Weltmacht USA zu finden. Hierzu gehörte eine Erneuerung des politischen Systems. 1946 wurde mit der Demokratischen Partei (DP) erstmals eine zweite Partei neben der CHP zugelassen. Bei den Mehrparteienwahlen von 1950 gewann die DP prompt 53 Prozent der Stimmen. Die Opposition gegen den Laizismus der CHP, die Werbung einflussreicher Kreise für eine unternehmer- und landbesitzerfreundliche Politik, aber auch die Empörung über nationalistische Exzesse wie die Vermögenssteuer bescherten der neuen Kraft zunächst einen deutlichen Vertrauensvorschuss auch unter den nichtmuslimischen Istanbulern. Der neue Ministerpräsident Adnan Menderes (reg. 1950–1960), Sohn eines westanatolischen Großgrundbesitzers, stand für eine Aufbruchsstimmung, die sich in einem gesteigerten Traditionsbewusstsein, einer stärker kapitalistisch organisierten Wirtschaft und dem Beitritt zum Nordatlantikpakt (NATO) ausdrückte.

Die neue Ära hatte auch unmittelbare Auswirkungen auf das Istanbuler Stadtbild. So entstand in diesen Jahren am oberen Rande der Maçka-Schlucht das angeblich erste *Hilton Hotel* in Europa und dem Nahen Osten. Das Gebäude in Form eines riesigen langgezogenen Bienenstocks signalisierte der Stadtbevölkerung und vor allem der Mittel- und Oberschicht, die sich den Aufenthalt dort leisten konnte, dass sie nach fast drei Jahrzehnten der von Ankara aus verordneten Konzentration auf das Nationale nun wieder Anschluss an die weitere Welt und ihren Luxus finden konnte. Das neue Regime durchzog die Stadt zudem mit breiten Ausfallstraßen, darunter die Vatan und die Millet Caddesi (Vaterlands- und Nationsallee), die autobahnartige Küstenstraße und der Atatürk-Boulevard, der die Altstadt von Nord nach Süd durchtrennt. Alle vier Straßen erinnern mit ihrer überdimensionierten Breite und ihren großzügigen Grünstreifen inklusive Palmen eher an die auf dem Reißbrett entworfenen nordamerikanischen Großstädte als an eine über anderthalb Jahrtausende alte Metropole. Für ihren Bau wurde viel von der alten Substanz zerstört oder verunstaltet. Die theodosianische Landmauer wurde an zwei Stellen niedergerissen, um dem Verkehr der Vatan und der Millet Caddesi freie Bahn zu schaffen. Die Küstenstraße hingegen schnitt erstmals in 1500 Jahren die theodosianische Seemauer von der See ab. Und der sechsspurige Autoverkehr des Atatürk-Boulevards führt durch den 1600 Jahre alten Aquädukt des Valens. Beim Bau des Boulevards und des angrenzenden Rathauses für Groß-Istanbul stieß man auf die Grundmauern von St. Polyeuktos, der von Anicia Juliana zu Beginn des 6. Jahrhunderts gestifteten, seinerzeit größten und prächtigsten Kirche der Stadt. Diese Überreste sind bis heute vernachlässigt und verfallen am Rande der Boulevard-Auffahrt. Es erging ihnen allerdings besser als den Überbleibseln des Antiochos-Palastes aus dem 5. Jahrhundert bei der heutigen Straßenbahnhaltestelle Sultanahmet, die größtenteils unter dem Parkplatz des dort ebenfalls in den 1950er Jahren gebauten Justizpalastes verschwanden.[43] Die Modernisierungsoffensive für das Istanbuler Stadtbild unter Menderes war so umfassend, dass ihr reihenweise nicht nur spätantike, sondern ebenso osmanische Bauten zum Opfer fielen. Nicht nur Raimondo D'Aroncos Jugendstilmoschee in Karaköy, auch die Kaserne von Tophane und sogar Moscheen aus deutlich früherer Zeit wurden für die Durchgangsstraßen dem Erdboden gleichgemacht. Zwar hatten in Aksaray, wo sich die drei großen Straßen Vatan, Millet und Atatürk kreuzen, große Brände zu Beginn des Jahrhunderts bereits erhebliche Schäden am historischen Erbe verursacht und somit teilweise Baulücken geschaffen. Doch galt insgesamt für das Istanbul der 1950er Jahre, dass Modernität (oder das, was man unter dem Einfluss der Massenautomobilisierung durch

Henry Ford und der Wirtschaftshilfe durch den amerikanischen Außenminister George C. Marshall dafür hielt) stets vor Tradition ging.[44]

Dies war ein Balanceakt, denn die Wählerschaft der Demokratischen Partei setzte sich größtenteils aus konservativen Kreisen und der Provinzbevölkerung zusammen, die vor allem aus Opposition zur Religionsfeindlichkeit und zum modernen Menschenbild der Republikanischen Volkspartei ihre Stimmen Menderes gaben. Solange sie Wirtschaftswachstum, neue Weltgeltung durch das Bündnis mit Amerika und andere greifbare oder symbolische Erfolge vorzuweisen hatte, konnte die neue Regierung es bei eher inhaltsleeren rhetorischen Bezügen auf die Tradition belassen. Doch 1952 endeten die Zahlungen im Rahmen des Marshallplans, mit dem die USA die Wirtschaft der nicht an die Sowjetunion gebundenen Staaten Europas inklusive der Türkei ankurbelten, und in den folgenden Jahren war eine deutliche Verlangsamung des Wachstums festzustellen.

Zurück zur Homogenisierungspolitik

Als sich 1953 zum 500. Mal die Eroberung Istanbuls durch Mehmed II. jährte, beschwor Adnan Menderes in seiner Rede das historische Vorbild: »Die Stadtplanung Istanbuls ist ein Triumphzug. Wir werden Istanbul erneut erobern.« Was man als Auftakt für den ambitionierten Stadtumbau lesen könnte, trug eine zweite Bedeutung in sich. In den 1950er Jahren wuchs die Stadt erstmals wieder deutlich. Von etwa 1,1 Millionen 1950 stieg die Einwohnerzahl bis 1960 auf über 1,8 Millionen. Dies war insbesondere dem rasanten Zuzug vom Land geschuldet. Während der kemalistischen Periode von 1923 bis 1950 hatte der Staat erheblich in die Infrastruktur Anatoliens investiert, insbesondere in die Eisenbahn. Durch den Marschallplan war die Landwirtschaft stärker mechanisiert worden, so dass der Bedarf an Landarbeitern sank. Anstatt die Modernisierung Anatoliens voranzutreiben, wirkten die Mechanisierung und die Eisenbahnlinien wie riesige Staubsauger, die arbeitsfähige und mobile junge Männer aus der Provinz in die großen Städte sogen, allen voran nach Istanbul. In Haydarpaşa, dem asiatischen Endbahnhof der Stadt, angekommen, sahen sie von der Freitreppe vor dem Bahnhofsgebäude aus die beeindruckende Skyline aus Sultan-Ahmed-Moschee, Hagia Sophia und Topkapı-Palast, und manche von ihnen erblickten zum ersten Mal das Meer.

Die Zuwanderung der jungen Männer wirkte sich auf die Demographie der Stadt aus: Zu dieser Zeit betrug der Männeranteil an der Istanbuler Bevölkerung 54 Prozent – ein klarer Hinweis, dass es viele alleinstehende Männer gab, die zunächst Arbeit suchten, ehe sie ihre Familie nachholten oder heirateten. Zugleich sank zwischen 1950 und 1960 der Anteil der Nichtmuslime in der Stadt von 26 auf 10 Prozent. Angesichts der Konkurrenz um Wohnraum, Studiums- und Arbeitsplätze sowie der konservativen Ausrichtung vieler Zuwanderer boten sich für sie die vor Ort etablierten Nichtmuslime als Sündenböcke, wenn sie in der großen Stadt scheiterten. Um als Einzelner in der Großstadt eine Bleibe, eine Arbeit oder ein Studium zu organisieren, verließen sich viele von ihnen auf Zuwandererverbände aus ihren Heimatregionen, religiöse Vereinigungen oder weltanschauliche Gruppen, die sich auch um die politische Orientierung der jungen Männer kümmerten und ihnen ein konservatives Weltbild als Schutz vor der Desorientierung in der Großstadt vermittelten.[45]

Dies versuchte auch die Demokratische Partei für sich zu nutzen. Von ihrem zuvor vergleichsweise minderheitenfreundlichen Kurs schwenkte sie um auf den nationalen Homogenisierungskurs, der zuvor unter den Jungtürken, Atatürk und İnönü geherrscht hatte. Der »Eroberungsfeldzug« begnügte sich also nicht mit der Zerstörung der Mauern, Kirchen und Paläste, die Mehmed II. einst verschont hatte, sondern zielte ebenso auf die verbleibende nichtmuslimische Bevölkerung ab. Um 1955 kochten die Gemüter wegen der Zypernfrage hoch. Im Rahmen der Dekolonisierung war Großbritannien bereit, die Insel zwischen der syrischen und kilikischen Küste aufzugeben, wollte aber wegen ihrer strategischen Lage die dortigen Militärstützpunkte behalten, da sie für

Angriffe auf den Nahen Osten strategisch günstig liegen. Die aus Griechen und Türken bestehende Bevölkerung war über die Zukunft ihrer Insel zerstritten. Eine lautstarke Bewegung unter den Griechen befürwortete die Vereinigung Zyperns mit der Republik Griechenland. Die Türken befürchteten, dass sie in diesem Fall vertrieben würden.[46]

In die Verhandlungen platzte am 6. September 1955 die Nachricht, dass auf das Geburtshaus Atatürks in Thessaloniki, das zugleich als türkisches Konsulat diente, ein Bombenanschlag verübt worden sei – eine Inszenierung der Menderes-Regierung und des türkischen Geheimdienstes, wie sich in der historischen Rekonstruktion herausstellte. Unmittelbar nach dem angeblichen Anschlag wurden Regierungsanhänger aus der Vereinigung »Zypern ist türkisch« sowie aus konformistischen Gewerkschaften und Studentenverbänden, die sich schon länger auf diesen Abend vorbereitet hatten, mit Bussen an die Wohn- und Arbeitsplätze der griechischen Istanbuler chauffiert. Während des folgenden Pogroms wurden mindestens elf Menschen getötet. Es kam zu Körperverletzungen, Vergewaltigungen und Plünderungen. Wie es scheint, waren diese Vorfälle Übertretungen der Vorgaben durch die Organisatoren; es überwog bei weitem die Sachbeschädigung.[47]

Bis zur endgültigen Schließung des in der Einleitung erwähnten Cafés Pandos in Beşiktaş um 2014 durch den spekulierenden Hauseigentümer zierte die Marmorplatte, die als Tresen diente, ein Riss. Dieser Riss erinnerte an die Zerstörungen des Septembers 1955, bei denen auch das Schaufenster eingeschlagen worden war. Wie Pandos Laden erging es vielen Adressen in der ganzen Stadt. Über 10 000 Wohnungen, Geschäfte und Institutionen wurden in dieser Nacht verwüstet. Die İstiklal Caddesi, die ehemalige Grande Rue, war über ihre gesamte Länge mit den Warenauslagen der anliegenden Geschäfte bedeckt. Sogar das Kloster der Muttergottes von der Quelle oder »Fischkloster«, in dem man die Nachricht von der Einnahme Istanbuls 1453 achselzuckend zur Kenntnis genommen und weiter das Abendessen vorbereitet hatte, wurde 1955 zum Schauplatz von Gewalt. Die organisierten Empörer setzten das Gebäude in Brand, brachen die Gräber der dort bestatteten griechisch-orthodoxen Patriarchen auf und zerstückelten deren Gebeine.[48]

Die Septembervorfälle *(6–7 Eylül olayları/Septemvriana)* von 1955 sollten der griechischen Seite signalisieren, dass im Falle von Übergriffen gegen die Zyperntürken auch in der Türkei eine bedeutende Anzahl von Griechen Schaden erleiden würde. Zugleich waren sie der Auftakt zu einer Wirtschaftspolitik, in der nicht mehr nur amerikanisch generiertes Wachstum wie durch den Marshallplan, sondern ebenso die Umverteilung des Handels aus nichtmuslimischen in türkische Hände zur Bereicherung und zum Aufbau einer türkischen Wirtschaftsbourgeoisie führten. Menderes sollte sich noch fünf Jahre an der Macht halten, ehe die ihm nicht wohlgesinnten Generäle 1960 putschten, ihn absetzten und erhängten; einer der Anklagepunkte war die Organisation der Septembervorfälle. Allerdings bedeutete die Rückkehr zu einer kemalistischen Politik keineswegs, dass die Politik der nationalen Homogenisierung aufgegeben wurde. Unter İsmet İnönü, der nun erneut als Ministerpräsident fungierte (1961–1965) kam es zu Schikanen insbesondere gegenüber den vor allem in Istanbul ansässigen griechischen Staatsbürgern. Die griechische *community* Istanbuls pflegte nach wie vor lebhaften Austausch mit der Republik Griechenland. Ehen zwischen türkischen und griechischen Staatsbürgern orthodoxer Religionszugehörigkeit waren an der Tagesordnung. Doch eine Reihe von Gesetzen, insbesondere der Ausschluss von Ausländern aus über 30 angeblich sensiblen Berufsgruppen bis hin zu Krankenschwestern und schließlich die Aufhebung der Aufenthaltstitel griechischer Staatsbürger, vertrieben nicht nur diese, sondern zugleich den Großteil der türkischen Staatsbürger griechischer Abstammung aus Istanbul.

Erstmals in ihrer Geschichte wies Istanbul ab Mitte der 1960er Jahre eine fast homogene muslimische Bevölkerung auf. Wer jedoch im Sinne der Nationalisten glauben mochte, dass sich hiermit das Konfliktpotential innerhalb der städtischen Gesellschaft erledigt habe, lag falsch. Bereits vor, doch verstärkt nach der vermeintlich abgeschlossenen Homogenisierung der Einwohnerschaft zeigten sich die zahlreichen anderen gesellschaftlichen Gegensätze: zwischen verschiedenen islamischen Glaubensrichtungen, zwischen Muslimen verschiedener Sprachen und regionaler Herkunft, zwischen Stadt und Land, laizistisch und religiös, arm und reich, links und rechts. Das Problem lag nicht in den Unterschieden zwischen den Menschen, die in einer Stadt mit langer Geschichte, weltweiten Beziehungen und großer wirtschaftlicher Anziehungskraft stets vorhanden sind. Es lag vielmehr in der bereits zu Beginn des 19. Jahrhunderts unter Sultan Mahmud sich abzeichnenden *gouvernementalité*, der zufolge sich die Untertanen einer starken Führung zu unterwerfen haben, während die Führung der nichtkonformen Bevölkerung ihre Rechte versagen kann. Eine solche Mentalität zeichnete beileibe nicht allein die Herrscher über Istanbul aus, sondern zeitigte in weiten Teilen Europas und Asiens ähnlich verheerende und vielerorts weit schlimmere Konsequenzen. Sie ist jedoch ein Grund, warum es auch im 20. und 21. Jahrhundert zu Gewaltexzessen kam in einer Stadt, die seit 1453 keinen Krieg in ihren eigenen Mauern erfahren hatte. Spätestens wenn sie unter gewaltsamem oder politischem Druck standen, griffen die meisten Machthaber, angefangen mit Abdülhamid und den Jungtürken über die Kemalisten, die Demokratische Partei und die Militärjuntas bis hin zu den späteren populistischen Parteien, auf dieselbe Doktrin zurück: Nämlich, dass es im Zweifelsfall dem Staat und seinen Anführern erlaubt sei, zum Erreichen ihrer Ziele Gewalt und politische Verfolgung anzuwenden, bis der Widerstand überwunden ist.

Istanbul

Ein Gedicht von Vedat Türkali (1944)

Akazien im morgendlichen Wind
Blauer Batist an zerschlissen Schiffen
Ich denke in der Ferne an Dich, Istanbul
Ein Abend am Goldenen Horn der tausendundeinen Masten
Frühling auf den Inseln
Die Sonne über deiner Süleymaniye
Ach, du bist schön, Stadt unserer Kämpfe
Und in der Ferne habe ich diese Tage an dich gedacht
In meinen Blicken deine abendliche Dunkelheit
In meinen Ohren deine Stimme, Istanbul
Und in der Ferne
Und in der Ferne habe ich diese Tage an dich gedacht
Du bist jetzt in den Händen der Räuber, Istanbul

Die Schwarzhändler an den Stränden
Haben ihre fetten Bäuche auf dem Sand ausgestreckt
Junge Mädchen, die abgetrieben haben, machen ihnen schöne Augen
Den Gewinn aus Bohnen in einem Lager im Fischmarkt versteckt
Bringen sie gemeinsam durch
Du bist jetzt in den Händen der Räuber, Istanbul

Fleisch, Butter, Zucker
Sind die drei Söhne des Sultans in den Randvierteln
Mit Märchen von Eiern zieht man die Kinder groß
Keine Freiheit
Kein Brot
Kein Recht
Die Hände auf den Rücken gebunden

Deine Straßenmündungen abgeschnitten
Es gibt kein Leben ohne die Räuber

Es nahmen die Zügel in die Hand
Eine Handvoll Spekulanten, Investoren, Landherren
Ihre Freunde, die ihre abgenagten Knochen ablecken
Ihre Musikanten, Villen, Ärzte, Zahnärzte
Und dich, Händler, dich, Bauer, dich, Beamter, dich, Intellektueller
Und dich
Und dich, Arbeiter aus Ortaköy, aus Cibali, der du vom Recht sprichst
Dich töten sie
Dich schicken sie ins Exil
Die Krisen tragen sie auf deinem Rücken aus
Wegen Seidenmatratzen, Hummer
Und dem idiotischen Seelenheil
Werden über dich Todesurteile gesprochen

Unschuldige Menschen, die auf ihr Recht bestanden
Verschleppten sie an einem regnerischen Märzabend
In die düsteren Verliese deiner Stadt
Der Tag der Henker ist angebrochen
Du hast ein Augenpaar, das mit geschwisterlichem Schmerz brennt
Ein beschriebenes Blatt hast du
Ein paar Worte, die die Backen verbrennen, hast du
Die darf man nicht sagen
Die Räuber haben deine Straßenmündungen abgeschnitten
Die Peitschen der Polizei, das Seil des Henkers, das Maul des Sprechers, die Druckerpresse
In den Händen der Räuber
Und die Menschen in deinen Verliesen warten
Den Kampf im Herzen, den Sieg im Herzen
Die kindische Sehnsucht im Inneren begraben
Die Genossen des Herzens sind versteckt in deinen Verliesen

Istanbul hat solche Schmerzen nicht vergebens erlitten
Stimmen hinter den Wolken wie Tropfen
Mit lächelnden Mienen und Mut

Traten mir die Freunde gegenüber
Hörten den Schmerz in meinen Scherzen

Ich kannte eine Genossin
Die Frau eines Bruders
Lungenkrank trug sie ihre knochigen Schultern
Und schaute mit traurigem Ausdruck den Kindern hinterher
Am Tag, an dem die Räuber in ihrem Palast den Henkern den Befehl erteilten
War sie im neunten Monat schwanger
Die hungrigen Wölfe überfielen die Vorstädte
Um die verschneite Mitternachtsstunde
Sie wurde aus einem fernen Dorf auf dem Rücken heruntergetragen
35 Kilo, unser Geheimnis
Der Sieg ist blutig, der Sieg ist blutrot

Istanbul hat solche Schmerzen nicht vergebens erlitten
Warte auf uns
Mit deiner großen und ruhigen Süleymaniye
Mit deinen Parks, deinen Brücken, deinen Türmen, deinen Plätzen
Mit deinen Kaffeehäusern mit weißen Tischen
An deinen blauen Meeren gelegen, warte
Mit deinen dreckigen Kindern
Die die Yeni Hayat für einen Groschen verkaufen*
Und in Tophanes düsteren Straßen
Wie eine Schafsherde beieinander schlafen, warte auf uns
Warte, bis wir mit Siegesliedern deine Alleen entlang ziehen
Warte auf deine Zeit des Dynamits
Warte auf unsere Fäuste
Dein Sultanat der Räuber soll untergehen
Warte, bis diese Tage kommen, Istanbul, warte
Du bist uns versprochen

* *Yeni Hayat: 1922 erschienene kommunistische Zeitschrift*

14.
»In den Händen der Räuber«

Revolution und Reaktion von 1960 bis 1980

Vedat Türkali ist der eloquenteste Dichter, der die harten Kämpfe der Linken während des 20. Jahrhunderts, die unzumutbaren Zustände in den Arbeitervorstädten, den Hass auf Ausbeuter, Opportunisten und willfährige Sicherheitskräfte, das Trauma der Verfolgung und zugleich die Hoffnung, die »Königin der Städte« von all dem zu befreien, in Worte gefasst hat. 1919 geboren, erlebte er bereits die Kommunistenverfolgung während der Einparteienherrschaft der CHP 1923 bis 1950 und anschließend unter Menderes in den 1950ern. Sein Gedicht »Istanbul« hat als Klassiker sowohl 1968 als auch die 1970er Jahre und den Putsch von 1980 überdauert. Vor seinem Tod im Jahr 2016 erlebte Vedat Türkali noch die Besetzung des Gezi-Parks, bei der die vertonte Fassung des Gedichts fast den Status einer Hymne annahm.

Bereits seit dem Waffenstillstand von 1918 hatte es unterschiedliche Kräfte gegeben, die sowohl die jungtürkische als auch die kemalistische Revolution als unzureichend betrachteten und eine sozialistische Ordnung anstrebten, teilweise mit enger Unterstützung vonseiten Moskaus. Während des Unabhängigkeitskrieges hatten sie angesichts der äußeren Bedrohung die Führung in Ankara unterstützt und die soziale Frage auf einen späteren Zeitpunkt vertagt. Umgekehrt musste die Nationalregierung die Kommunisten zeitweise tolerieren, da sie auf Waffenlieferungen und logistische Unterstützung aus der Sowjetunion angewiesen war. Nach der Konsolidierung der Türkischen Republik jedoch setzte die CHP ihr Machtmonopol uneingeschränkt durch.[1]

Betroffen war neben vielen anderen der Dichter Nâzım Hikmet, der durch seine radikal einfache Sprache wie kein anderer die Poesie von der Tradition der stark persisch geprägten Hofdichtung befreite und so für jedermann verständlich machte. Nâzım Hikmet entstammte einem kosmopolitischen Elternhaus der Istanbuler Hofbürokratie. Einer seiner Urgroßväter war ein aus Deutschland stammender Hugenotte, der mit zwölf Jahren auf einem Schiff angeheuert hatte. Als das Schiff vor Istanbul ankerte, flüchtete der Junge in die Stadt, konvertierte zum Islam und machte als osmanischer Offizier Karriere. Ein anderer Urgroßvater stammte aus Polen und hatte an der Revolution von 1848 gegen die Habsburger teilgenommen, ehe er auf osmanisches Gebiet floh, ebenfalls konvertierte und in der Armee diente. Außerdem gab es in der Familie einen weiteren Konvertiten serbischer Herkunft sowie viele Tscherkessen. Nâzım selbst war während des Ersten Weltkriegs noch Marinekadett auf der Insel Heybeliada bei Istanbul und ging anschließend nach Anatolien. Dort unterstützte er den Befreiungskrieg und setzte sich für die Emanzipation der Landbevölkerung ein. 1921 reiste er in die Sowjetunion, 1924 trat er der illegalen Kommunistischen Partei der Türkei bei. Als Kommunist wurde er mehrfach verhaftet, schließlich wurde er 1938 zu einer achtundzwanzigjährigen Haftstrafe verurteilt. Erst 1950 wurde er begnadigt, musste jedoch bereits 1951 über Rumänien nach Moskau fliehen, wo er bis an sein Lebensende wohnte. Seine enorm beliebten Gedichte blieben bis 1965 in der Türkei verboten.

Kemalisten, Sozialisten und das Bündnis vom 27. Mai

Die in den 1950er Jahren herrschende Demokratische Partei hatte in ihrem Eifer, dem amerikanischen Modell zu folgen, alsbald mit einer Kommunistenverfolgung nach dem Vorbild des US-Senators Joseph

McCarthy begonnen. Der Putsch von 1960 und die Absetzung von Ministerpräsident Adnan Menderes, der anschließend auf der Insel Yassıada im Marmarameer vor Istanbul gehängt wurde, lösten im Land eine neue Aufbruchsstimmung aus. Die Organisatoren des Putsches waren junge Offiziere mit progressiven Ansichten. Unter ihrem Einfluss wurde die fortschrittlichste Verfassung verabschiedet, die die Türkei je hatte. In ihr wurden die Menschenrechte, das Versammlungsrecht, die Koalitionsfreiheit, Hochschul- und Rundfunkautonomie, ein Sozialstaat und Gewaltenteilung verankert. Dies kam insbesondere den türkischen Linken zugute. Nun erschienen sie als natürliche Verbündete der Kemalisten, denn beiden lag an einer Weiterentwicklung der Gesellschaft. Beide Lager gingen auf Distanz zu den Unternehmern und Großgrundbesitzern, standen aber ebenso der einfachen Landbevölkerung skeptisch gegenüber, da sie in ihnen die Träger des verhassten Menderes-Regimes sahen. Außerdem sahen sie die enge Orientierung an den USA kritisch. Es begann eine Tauwetterperiode, in der 1965 mit der vier Jahre zuvor von linken Gewerkschaftern gegründeten Arbeiterpartei der Türkei *(Türkiye İşçi Partisi, TİP)* erstmals eine sozialistische Partei ins Parlament gelangte.[2] Der Kampf um das »Recht auf Stadt«, um Partizipation am allgemeinen gesellschaftlichen Reichtum und die Gestaltung des Gemeinwesens verlagerte sich in die Fabriken und auf die Campusse der Universitäten, wurde aber auch im städtischen Raum ausgefochten.

Viele Studenten sahen sich nun als Teil eines Bündnisses, das die Errungenschaften der kemalistischen Revolution bewahren wollte und das Teile der Verwaltung, Justiz, Armee und die Republikanische Volkspartei umfasste. Die Unschärfen der kemalistischen Weltsicht lassen Raum für interpretatorischen Spielraum. Seine nationalistischen und autoritären Elemente erinnern manche an den italienischen Faschismus, sein progressives Menschenbild und die Imperialismuskritik hingegen lassen andere auf eine Nähe zum Sozialismus schließen. Gemäß dem Zeitgeist der 1960er Jahre tendierte die Interpretation nach links. Wenngleich sich Studenten wie gesagt zu Beginn des Jahrzehnts meist als Avantgarde sahen, die ebendiese progressiven Elemente befördern wollte, war ein ausdrücklicher Bezug auf den Sozialismus noch selten. Sie konnten in dieser Rolle zunächst meist auf – teils stillschweigende, teils aktive – Unterstützung des sogenannten »Bündnisses vom 27. Mai 1960« (Tag des Putsches) rechnen. Als beispielsweise der vom Militär abgesetzte Staatspräsident Celâl Bayar (DP, im Amt 1950–1960) im Rahmen eines Ausgleichs zwischen der CHP und der DP bereits 1963 aus der Haft entlassen wurde, protestierten die kemalistischen Studenten energisch gegen diese Entscheidung. Daraufhin formierte sich Ende März 1963 ein rechtsgerichteter Demonstrationszug, dessen 5000 Teilnehmer überwiegend Bewohner der Armenviertel Istanbuls und zugezogene Studenten aus der Provinz waren. Sie warfen den Aktivisten vor, Kommunisten unter dem Deckmantel des Kemalismus zu sein. Sie versammelten sich in Saraçhane nahe dem Aquädukt des Valens und dem neuen Rathaus und marschierten von hier zum Taksim-Platz. Als Reaktion versammelten sich etwa 20 000 Kemalisten auf dem Beyazıt-Platz vor der Universität Istanbul (dem ehemaligen osmanischen Kriegsministerium) und zogen ebenfalls Richtung Taksim. Als sie auf dem Weg die Redaktionsräume der rechtsgerichteten Zeitung *Yeni İstanbul* passierten, warfen sie dort die Scheiben ein. Die rechten Demonstranten hatten inzwischen von der Gegendemonstration erfahren und zogen vom Taksim-Platz ihren Gegnern entgegen, bewaffnet mit Stöcken und Steinen. Die Armee, die die Demonstranten trennen sollte, griff nun die Rechten an, und da der linke Demonstrationszug gleichzeitig die Gegend erreichte, misshandelten Linke und Soldaten teilweise gemeinsam die Teilnehmer des kleineren Protestzuges. In den folgenden Tagen wurden die verbleibenden Faschisten aus den Institutionen der Universität verdrängt. Der rechtsgerichtete Verleger İlhan Darendelioğlu wurde beispielsweise in der Kantine der Universität Istanbul ergriffen und vor eine Art Volkstribunal gestellt, vor dem er sich entschuldigen musste, ehe er der Polizei übergeben wurde.[3]

Zwischen Paris und Hanoi: Die Istanbuler Universitäten als Teil des weltweiten antiimperialistischen Kampfs

Doch in den folgenden Jahren kam es zu einer schleichenden ideologischen Radikalisierung der Studentenschaft. Man war enttäuscht von der Republikanischen Volkspartei, die zu Koalitionen und Kompromissen mit den 1960 geschassten Kräften gezwungen war und so die emanzipativen Inhalte der neuen Verfassung kaum vorantrieb. Zugleich erstarkten die rechten politischen Kräfte unter Süleyman Demirel (reg. 1965–1971 und wiederholt danach) wieder und gewannen zunehmend Einfluss auf Polizei und Armee. All dies ließ das Vertrauen auf das »Bündnis vom 27. Mai 1960« schwinden. Hinzu kam, dass sich sozialistische Ideen auch unter dem Eindruck emanzipativer Bewegungen anderer Länder verbreiteten. Viele suchten nun Inspiration in den Schriften von Marx, Lenin und Mao und durch die zeitgenössischen antiimperialistischen Bewegungen. An den Befreiungskampf der 1920er Jahre erinnernd, der sich gegen die Pläne der imperialistischen Mächte zur Aufteilung des Osmanischen Reichs gerichtet hatte, betrachteten viele den Platz der Türkei an der Seite der USA und in der NATO als einen Fehler. Stattdessen sahen sie die blockfreien Staaten als natürliche Verbündete. Auch die weltweite Solidarität mit dem vietnamesischen antiimperialistischen Kampf spielte eine Rolle für die Radikalisierung, ebenso wie regionale Faktoren. Als im April 1967 in Griechenland eine Junta die Macht ergriff, betrachtete die türkische Linke sie als faschistische Handlager der CIA, die die griechischen Sozialisten unterdrücken wollten. Im November des Jahres massakrierten der Junta nahestehende Milizen auf Zypern 24 türkischstämmige Zivilisten. Dies sahen viele als Grund, dass die Türkei aus der NATO austreten und eine humanitäre Intervention auf der Insel durchführen müsse. Im selben Jahr, im Juni 1967, hatten die linken Studenten zudem während des Sechstagekrieges das blockfreie, arabisch-sozialistische Ägypten Nassers gegen Israel unterstützt.[4]

In allen drei Konflikten galten die USA als eigentliche Triebkraft. Entsprechend richteten sich Aktionen der türkischen Linken gegen die Sechste Flotte der US-Marine, die im östlichen Mittelmeer die militärische Hegemonie ausübte und häufig in Istanbul vor Anker lag. Ende Juni versammelten sich 4000 Demonstranten auf dem Beyazit-Platz und marschierten nach Taksim. Von dort war es nur noch ein Kilometer bergab nach Dolmabahçe zu den amerikanischen Kriegsschiffen. Die zum Schutz der Verbündeten angerückte türkische Armee wurde von den Studenten freundlich begrüßt, die amerikanische Flagge im Hafen jedoch heruntergeholt und durch eine türkische ersetzt. Die Proteste wiederholten sich beim nächsten Anlegen der Flotte im Oktober. Die Belagerer versuchten, den Landgang der Schiffsbesatzungen durch eine Sitzblockade zu verhindern. Die Offiziere mussten den Besuch bei ihren örtlichen Kollegen per Hubschrauber absolvieren. Insbesondere prangerten die Studenten an, dass die amerikanischen Matrosen auf Landgang sich für ihre sexuelle Befriedigung mit türkischen Frauen einließen. In den Straßen und in Klubs kam es zu Belästigungen bis hin zu tätlichen Angriffen auf Angehörige der US-Marine.[5]

Wie in anderen Ländern führte das Erstarken der Linken zu einer Gegenbewegung faschistischer militanter Antikommunisten. Während der Antikommunismus in der Türkei sich zuvor vor allem aus islamistischen Kreisen rekrutiert hatte, traten um 1968 verstärkt Panturkisten um Alparslan Türkeş in Erscheinung, der 1969 die neofaschistische Partei der Nationalistischen Bewegung *(Milliyetçi Hareket Partisi, MHP)* gründete. Bei einer »Aufzuchtversammlung« auf dem Taksim-Platz Anfang 1968 verlangten sie den Ausschluss der TİP aus dem Parlament, während die Demonstranten ungehindert Mordaufrufe gegenüber den linken Studentenvertretern verbreiteten.[6] In den folgenden Monaten häuften sich die Angriffe. Die Rechten machten ihre zahlenmäßige Unterlegenheit in der Studentenschaft durch Hilfe von außen und durch Bewaffnung mit Stöcken, Messern und Schusswaffen wett und wendeten Kampftechniken an, die sie in durch Alparslan Türkeş organisierten paramilitärischen Trainingscamps gelernt hatten.

Der Sommer von 1968

Auf der anderen Seite begannen die sozialistischen Studierenden verstärkt, den Campus zu verlassen und für ihre Anliegen in der Öffentlichkeit zu werben. Eine Aktionswoche im Frühling 1968 im Vorfeld einer Kampagne gegen die NATO konzentrierte sich auf die *gecekondu*s, die Siedlungen von Zuwanderern, die in Selbsthilfe ihre Unterkünfte errichtet hatten. Straßentheater und originelle Transparente warben für die antiimperialistischen Ziele.[7] Mitten in diese Kampagne platzten erschreckende Nachrichten von anderen Schauplätzen emanzipativer Bewegungen. Am 4. April wurde der amerikanische Bürgerrechtler Martin Luther King ermordet. Wenige Tage später, am 11. April, wurde der westdeutsche Studentensprecher Rudolf Dutschke bei einem Attentat schwer verletzt. In beiden Ländern kam es zu heftigen Reaktionen der systemoppositionellen Kräfte. Der wichtigste Auslöser für die verstärkten Aktionen türkischer Studenten waren die Ereignisse des Mai 1968 in Paris. Hier schafften es die Pariser Studenten zusammen mit streikenden Arbeitern, zeitweise die Oberhand über die Staatsmacht zu gewinnen.[8]

Ausgehend von einer spontanen Besetzung einer Fakultät der Universität Ankara am 10. Juni kam es zu türkeiweiten Universitätsbesetzungen, unter anderem auch der Universität Istanbul und der Technischen Universität Istanbul. Die Besetzungen, die sich gegen die Studienbedingungen richteten, brachten viele neue Aktivisten in die Reihen der sozialistischen Studentenbewegung. Getragen von dieser Aufbruchsstimmung wurde ein Besuch der Sechsten Flotte im Juli zum Großereignis. Die amerikanischen Marinesoldaten wurden während ihres Landgangs mit schwarzer Tinte bespritzt, einigen wurden die Mützen vom Kopf geschlagen. In der Nacht vom 17. Juli verhaftete die Polizei 17 Angreifer. Um ihre Kommilitonen freizupressen, hielten wiederum Studenten einen Polizeikommissar fest. Sie erreichten zwar, dass der Polizist später in der Nacht gegen immerhin einen der Festgenommenen ausgetauscht wurde. Doch nach vier Uhr früh führte die gedemütigte Polizei eine Razzia in einem Studentenwohnheim der Technischen Universität Istanbul im Stadtviertel Gümüşsuyu durch. Bei dieser Aktion wurden viele Bewohner verletzt und der Student Vedat Demircioğlu laut Zeugenaussagen aus dem Fenster geworfen. Entsprechend aufgeheizt war am nächsten Tag die Stimmung bei der bereits zuvor angekündeten Demonstration gegen die Sechste Flotte. Die sowohl um ihren Ruf als auch um Deeskalation bemühte Polizei hinderte die Protestierenden nicht, zur Anlegestelle der Schiffe zu marschieren. Dort griffen die Demonstranten Angehörige der US-Marine an und warfen sie ins Wasser. Vedat Demircioğlu erlag seinen Verletzungen. Ähnlich wie beim Tod des Studenten Benno Ohnesorg in Westberlin nur kurze Zeit zuvor führte dieser erste Tod eines protestierenden Studenten seit dem Putsch von 1960 zur weiteren Radikalisierung der Linken wie der Rechten und der Ordnungsmacht. Die Demonstration, die am folgenden Tag von der Universität Istanbul zum Gouverneursamt (am ehemaligen Sitz der Hohen Pforte) führte, wurde auf beiden Seiten von Gewalt begleitet.[9]

Showdown mit der Sechsten Flotte, der Blutsonntag und die Eskalation der Gewalt

Zu Beginn des Wintersemesters kam es erneut zu zahlreichen Campusbesetzungen. Weil zunehmend Molotowcocktails und andere Waffen ins Spiel kamen und die Polizei häufiger auf den Campus gerufen wurde, verloren die Studierenden zunehmend an Unterstützung in kemalistischen Kreisen des Establishments. Gleichzeitig gingen die faschistischen Paramilitärs dazu über, das »Kommunistenproblem« durch Selbstjustiz zu »lösen«, und schreckten selbst vor Mord nicht zurück.

Anfang 1969 legte die Sechste Flotte wieder einmal in Istanbul an. Am 10. Februar gab es eine große Demonstration, am nächsten Tag wurde eine rote Flagge mit dem Porträt Vedat Demircioğlus aus dem Beyazıt-Turm gehängt, die durch eine Bildmanipulation in der rechten Presse als kommunistische Flagge erschien. Eine anschließende Demonstration wurde auf der İstiklal Caddesi von der Polizei abgedrängt, es gab 50 Verletzte und 20 Festnahmen. An den beiden folgenden Tagen gab es eine Demonstration zum Gericht und eine Frauendemonstration, die überwiegend friedlich blieben. Am Sonntag, dem 16. Februar, sollte eine Großdemonstration mit 20000 bis 30000 Teilnehmern gegen die Sechste Flotte stattfinden. Obwohl sich die Teilnehmer bewusst waren, dass aufgrund der antikommunistischen Hetze in der rechten Presse die Gefahr von Angriffen groß war, vertrauten sie auf ihre zahlenmäßige Überlegenheit. Von Beyazıt ging es zum Taksim-Platz. Dort warteten bereits etwa 10000 Rechte, die den Marsch mit Molotowcocktails, Stöcken und Messern empfingen. Zwei tote Arbeiter und 200 Verletzte waren das Resultat des Zusammenstoßes. Die Rechten feierten ihren Sieg an diesem »Blutsonntag« mit einem Marsch nach Saraçhane.[10]

Die Gewalt eskalierte weiter. Auch linke Studenten bewaffneten sich nun zunehmend zum Selbstschutz. Am 19. September 1969 starb Mehmet Cantekin, ein Forstwirtschaftsstudent der Universität Istanbul, bei einer Auseinandersetzung auf dem Campus der privaten Işık-Fachhochschule. Wenige Tage später versuchten Zivilpolizisten, auf dem Campus der Universität Istanbul den bekannten linken Militanten Deniz Gezmiş zu verhaften. Eine Gruppe von Studenten konnte den Zugriff verhindern. Als die Polizisten daraufhin einen von ihnen, Taylan Özgür, verhaften wollten, floh er und wurde von hinten erschossen. Im Dezember töteten Rechte Mehmet Büyüksevinç an der Yıldız-Fachhochschule (auf dem ehemaligen Palastgelände Abdülhamids). Wenige Tage später wurde am selben Ort Battal Mehetoğlu aus einer Gruppe rechter Militanter heraus erschossen. 1970 starben vier linke und zwei rechte Studenten bei Auseinandersetzungen in Ankara. Große öffentliche Demonstrationen fanden so gut wie nicht mehr statt, die Gewalt dominierte. Auf die Morde wurde durch Geiselnahmen reagiert, die zu einer unabhängigen Ermittlung der Täter führen sollten. Studentenwohnheime dienten als autonome Zonen und Hauptquartiere der Bewegungen.[11]

Alle Räder stehen still: Der Ausstand vom Juni 1970

Studenten waren nicht die einzigen, die in diesen Jahren durch spektakuläre Aktionen auf ihre Anliegen aufmerksam machten. Auch die Arbeiterschaft entwickelte eine neue Dynamik. Im Jahr 1967 gründete sich die Konföderation der Revolutionären Arbeitergewerkschaften (DİSK). Sie entstand zur Unterstützung eines Streiks in der Glasfabrik Paşabahçe, den der konformistische Gewerkschaftsbund TÜRK-İŞ als illegal betrachtete. Generell stieg die Streikaktivität in den 1960er Jahren enorm. Allein zwischen 1963 und 1968 wurden 320 legale Streiks mit 40000 Unterstützern sowie 38 wilde Streiks mit sogar 70000 Teilnehmenden gezählt. Möglich wurde dieser Aktivismus nicht nur durch das freiheitlichere Klima nach der Absetzung von Menderes, sondern auch durch die enorme Zunahme der Industriearbeit. In den 1960er Jahren verdoppelte sich das Bruttoinlandsprodukt der Türkei nahezu, während der industrielle Output sich fast verdreifachte. Arbeiter spielten also eine zunehmend wichtigere gesellschaftliche Rolle. Zwar waren die Arbeitsbedingungen überwiegend bescheiden, allerdings stiegen die Reallöhne während der 1960er Jahre stetig an. Zugleich hatten die studentischen Aktionsformen Schule gemacht. Für Landarbeiter wie Fabrikarbeiter waren Streiks und Besetzungen nun effektive Möglichkeiten, die eigenen Interessen durchzusetzen. Die vermutliche erste Fabrikbesetzung war die von Derby. Arbeiter hatten noch im Sommer 1968 Kontakt mit Studenten aufgenommen, da ihr Streik schon länger dauerte, ohne viel erreicht zu haben. Eine Besetzung erschien ihnen nun als effektiveres Kampfmittel. Sie suchten Rat und logistische Hilfe bei der Vorbereitung ihrer Aktion. In den kommenden Monaten folgten viele Belegschaften dem Beispiel der Derby-Arbeiter. So wurde im Januar 1969 die Singer-Nähmaschinenwerkstatt besetzt und die Demir-Döküm-Fabrik im Stadtteil Silahtarağa am oberen Goldenen Horn. Beide Aktionen provozierten spektakuläre Zusammenstöße mit der Polizei. Bei Auseinandersetzungen um eine Elektromotorenfabrik im Stadtteil

Topkapı kam ein Arbeiter im Dezember 1969 ums Leben. Der Höhepunkt der Arbeiterkämpfe waren der 15. und 16. Juni 1970.[12]

Zum Anlass der Proteste vom 15. und 16. Juni 1970 wurde eine Novelle des Gewerkschaftsrechts, die es kleineren Gewerkschaften wie DİSK erschweren sollte, das Tarifverhandlungsrecht der Arbeiter wahrzunehmen, und TÜRK-İŞ stärken sollte. Dagegen organisierte DİSK eine Demonstration, deren Teilnehmerzahl die Erwartungen weit übertraf: Statt 20000 verließen um die 150000 Menschen ihre Arbeitsplätze und versammelten sich auf den Straßen Istanbuls. Mühelos überwanden sie die Sperren der Polizei und Armee, zogen über die Hauptverkehrsstraßen und legten das Arbeitsleben lahm. Um ein Zusammentreffen der Massen auf dem Taksim-Platz zu verhindern, wurden die Klappbrücken über das Goldene Horn hochgezogen und der Fährverkehr über den Bosporus eingestellt. Die auf diese Weise im asiatischen Kadıköy gestrandeten Protestierer gerieten mit Sicherheitskräften aneinander; drei Arbeiter und ein Polizist starben. Am nächsten Tag gingen die Proteste weiter. Weil sie keine andere Möglichkeit sah, die Ruhe wiederherzustellen, rief die Regierung das Kriegsrecht aus. Das Gesetz zur Einschränkung der Rechte der kleineren Gewerkschaften wurde im Folgejahr vom Obersten Gerichtshof kassiert, da es mit der Verfassung von 1961 unvereinbar war. Dies war den nach wie vor vorhandenen progressiven Tendenzen im kemalistisch geprägten Staats- und Justizapparat geschuldet.[13]

Als das Kriegsrecht nach drei Monaten aufgehoben wurde, gingen die sozialen Proteste und die politische Gewalt unvermindert weiter. Schließlich zwang das Militär die Regierung Demirel im März 1971 zum Rücktritt. Das Kriegsrecht wurde erneut verhängt, diesmal für zwei Jahre, und es wurde eine große Regierungskoalition von Gnaden der Generäle eingesetzt. Angebliches Ziel war es, dem »Bruderkrieg« im Land ein Ende zu machen. Anders als 1960 verfolgten die Putschisten keine progressiven Werte, sondern lediglich die Durchsetzung von Recht und Ordnung.

Der Putsch kam zu einer Zeit, als sich die linken Gruppierungen bereits entlang ideologischer und persönlicher Differenzen zersplittert hatten. Es gab Gruppen, die sich an den Vorbildern Maos und Che Guevaras orientierten und eine Landguerilla propagierten. Einige der studentischen Militanten schlossen sich tatsächlich zu Kampfzellen zusammen, wurden aber unter den Bedingungen des Kriegsrechts im Kampf getötet, gefangen genommen und hingerichtet oder zu Tode gefoltert. Unter den gehängten Guerilleros war auch der erwähnte prominente ehemalige Studentenaktivist Deniz Gezmiş, der so zur Legende wurde.[14]

1973–1977: Die Rückrunde im Kampf zwischen links und rechts

Zum Ende des Militärregimes 1973 setzte wiederum Tauwetter ein, wenngleich die Illusion einer breiten gesellschaftlichen Koalition von der radikalen Linken bis in die Offiziersränge zerstört war. Alle Seiten, die Sozialisten wie die Rechten, hatten aus ihren Fehlern und Niederlagen aus der 1968er-Zeit gelernt und gingen besser vorbereitet in die erneute Auseinandersetzung um die gesellschaftliche Hegemonie. Der Hoffnungsschimmer für die Linke war das Erstarken der CHP, deren neuer Vorsitzender Bülent Ecevit sich eindeutig sozialdemokratisch positioniert hatte und der, unterstützt durch sehr heterogene Koalitionen, mehrfach Ministerpräsident wurde (1974, 1977 und 1978/1979). Eine Amnestie für politische Gefangene und Neugründungen sozialistischer Parteien begleiteten seinen Amtsantritt. Die Gewerkschaften erhielten verstärkten Zulauf, was unmittelbar zu neuen Streikwellen führte, die größer als die früheren waren. Deutlichster Ausdruck des neuen Selbstbewusstseins der Arbeiterbewegung waren die Feiern zum 1. Mai 1976. Obwohl seit 1926 das öffentliche Begehen des Tags der Arbeit in der Türkischen Republik verboten war, versammelten sich am 50. Jahrestag des Verbots etwa 200 000 Menschen zum Maifeiertag auf dem Taksim-Platz.[15]

Das neue Aufbruchsklima wurde dadurch befördert, dass in vielen großen Berufsverbänden – wie den Lehrer-, Architekten- oder Ingenieurskammern – mittlerweile viele Absolventen der 68er-Generation vertreten waren. Sie nutzten diese Verbände, um gesellschaftliche und politische Probleme öffentlich zu benennen.[16] Die Tauwetterphase brachte außerdem eigene Kultur- und Musikformen hervor. Durch die zunehmende Verstädterung, die Zuwanderung von Menschen verschiedener Herkunft und durch den Rundfunk ging für viele Menschen der traditionelle Bezug zu den regional sehr unterschiedlich ausgeprägten Musikstilen Anatoliens und der großen Städte verloren. An ihre Stelle trat eine »erfundene Tradition«, das heißt ein Stil, der mit Versatzstücken traditioneller Musik operierte, aber an sich völlig neu war und dem seinerzeit internationalen Trend zu Liedermachern ebenso viel schuldete wie dem anatolischen Liederrepertoire. Der Stil namens »Arabesk« war geboren, der sich aus so unterschiedlichen Quellen wie der arabischen Musik, Tavernenliedern, Pop, den *Türkü*s (Volksliedern) und der Marschmusik der Janitscharen zusammensetzte. Diese Musik wirkte gerade auf die neuen Zuwanderer in der Stadt »authentisch« und stellte eine Nische dar, in der die vom städtischen Establishment verachteten, weil vermeintlich ungehobelten Provinzler Karriere als Musiker machen konnten.[17] Einige dieser Liedermacher verbanden die oft von Herzschmerz und Pathos geprägten Lieder mit dem politischen Zeitgeist. So sang beispielsweise der später zur Legende gewordene Orhan Gencebay in einem 1973 erschienenen Song: »Diese Welt soll untergehen« *(Batsın bu dünya)*, und zwar um, wie er seinem Publikum vor dem Anstimmen des Liedes erklärte, einer gerechteren Weltordnung Platz zu machen.

Auch die Guerilleros hatten gelernt, ihre Aktivitäten auf die alltäglichen Nöte der ärmeren Stadtbevölkerung abzustimmen. In dieser Phase wurden die *gecekondu*-Viertel Schwerpunkte der Bewegung. Da mit dem rasanten Anstieg der Stadtbevölkerung seit der Marshallplan-Hilfe weder der privatwirtschaftliche noch der öffentliche Wohnungsbau mithalten konnte, waren diese in Selbsthilfe errichteten Häuser und Stadtviertel weit verbreitet. Die Siedlungen waren von gegenseitiger Unterstützung und häufig von landsmannschaftlichen Verbindungen geprägt. Um eine Duldung oder Legalisierung sowie Wasser-, Strom- und Telefonanschlüsse zu erreichen sowie zur Bewältigung vieler anderer alltäglicher Probleme, waren die Bewohner auf ein gemeinsames Vorgehen angewiesen. In diesen Verhältnissen fanden Aktivisten des Revolutionären Pfades *(Dev-Yol)* ein Betätigungsfeld. Sie organisierten das Leben in manchen *gecekondu*s, unter anderem durch Landzuweisung, Beschlagnahmungen beispielsweise von Bäckereien, um dort billiges Brot zu backen, Gründung von Lebensmittelkooperativen, Verteilung von Heizmaterial und Wasser, Bildung von militanten Gruppen zum Selbstschutz, Schlichtung von Konflikten und auch Sanktionen gegen Einzelne bei Fehlverhalten.[18] Aktionistischer gab sich die Revolutionäre Linke *(Dev-Sol)*. Sie überfiel und beraubte beispielsweise Transporte der multinationalen Lebensmittelkonzerne *Unilever* und *Migros* oder beschlagnahmte Schwarzmarktware und verteilte die Beute in Armenvierteln. Um die Ausübung von Folter durch Polizisten zu ahnden, verübte die Gruppe Anschläge auf Polizeistationen, wobei weitere Waffen erbeutet wurden.[19]

Auf diese Erfolge der Linken reagierten die Faschisten mit verstärkter Gewalt. 1978 gab es insgesamt etwa 2000 politische Morde im Land, die größtenteils auf das Konto der Grauen Wölfe, der paramilitärischen Organisation von Alparslan Türkeş, und ihrem Umfeld gingen; 1979 waren es bereits 2500 Morde. Die Grauen Wölfe handelten dabei nicht komplett aus Eigeninitiative. In den 1950er Jahren war die NATO-Unterorganisation *Gladio* gegründet worden, offiziell zum Aufbau von Widerstandsgruppen im Fall einer Invasion durch den Warschauer Pakt; Ausbildung und Koordination lagen weitgehend beim amerikanischen Geheimdienst CIA. Bald entwickelte *Gladio* weitergehende Aktivitäten. Besonders in Italien, aber auch in der Türkei war es ihre Aufgabe, nach dem Vorbild der CIA-Aktivitäten in Lateinamerika mit örtlichen Sicherheitsdiensten zusammenzuarbeiten, um als Kommunisten geltende Oppositionelle, Gewerkschafter und Journalisten zu ermorden. *Gladio* rekrutierte Handlager und Mittelsmänner aus dem Umfeld der faschistischen Organisation Graue Wölfe sowie ihrem politischen Arm, der Partei der Nationalistischen Bewegung, aus dem türkischen Geheimdienst und aus der Armee. Sie umging weitestgehend die offiziellen staatlichen Verantwortungsträger. Die spektakulärste und vermutlich blutigste Aktion von *Gladio* fand am Maifeiertag 1977 statt.[20]

Ermutigt durch den Zuspruch und den friedlichen Ablauf im Vorjahr folgten mindestens 500 000 Menschen dem Aufruf des revolutionären Gewerkschaftsbundes DİSK zur Versammlung auf dem Taksim-Platz. Nach der Hauptrede gab es deutlich hörbare Schüsse (die nach manchen Angaben von den ausgeladenen Maoisten stammten). Daraufhin schossen *Gladio*-Angehörige auf die Demonstranten, ohne dass die zu Tausenden anwesenden Polizisten eingriffen. Scharfschützen feuerten von umstehenden hohen Gebäuden wie dem *Hotel Intercontinental* (heute *Marmara Hotel*) und den Wasserwerken sowie aus Fahrzeugen. Gepanzerte Polizeiwagen rasten in die Menge hinein, Panik griff um sich. Die schlimmsten Szenen spielten sich am Kazancı Yokuşu ab, einer steilen, engen Seitengasse unmittelbar neben dem Hotel. Da der Weg durch einen Lastwagen verstellt war, wurden die Fliehenden durch die nachfolgende Menge zerquetscht oder erstickt. Insgesamt gab es nach offiziellen Zahlen 34 Tote und 220 Verletzte. Nur in vier Fällen ließen sich Schüsse als Todesursache eindeutig belegen. Es kam nie zu Verurteilungen, obwohl es Zeugenaussagen gab, dass angeblich die oberen Stockwerke des *Intercontinental* von der Polizei für diesen Tag abgesperrt worden waren, Amerikaner dort anwesend gewesen sein sollen und sogar Scharfschützen auf dem Dach der Wasserwerke festgenommen worden seien. Ab 1978 wurden Versammlungen zum 1. Mai wieder kategorisch verboten.[21]

Die Junta, der IWF und der Aufbruch in den Neoliberalismus

Neben der politischen verschärfte sich die wirtschaftliche Krise. Das Land hatte wie andere kapitalistische Schwellenländer in Lateinamerika und Asien an eine rasche Angleichung an den nordatlantischen

Lebensstandard geglaubt und für dieses Ziel leichtfertig Kredite aufgenommen. Gleichzeitig hatte man aber an Staatsmonopolen und Importsubstitution festgehalten. Zudem konnte die Türkei keine attraktiven Exportgüter für den Weltmarkt bieten. All das führte zu einer starken Verschuldung, und noch dazu stiegen zum Ende der 1970er Jahre die Zinsen drastisch. Da nur noch der Internationale Währungsfonds (IWF) dem nicht kreditwürdigen Land neue Anleihen bewilligte, musste sich die Türkei dessen neoliberalen Sparregime unterwerfen. Zu dessen Maßnahmen gehörten: ein Einfrieren von Löhnen und Gehältern, die Aufhebung des Streikrechts, Privatisierung der Staatsbetriebe, die Abwertung der Türkischen Lira, eine Verringerung der staatlichen Ausgaben für Bildung, Gesundheit und Soziales sowie eine Senkung der Subventionen für Lebensmittel. Die vom erneut an die Macht gelangten Ministerpräsidenten Süleyman Demirel eingeleiteten Reformen wurden von dem ehemaligen Weltbankmitarbeiter Turgut Özal koordiniert.

Die Reaktion auf Sparmaßnahmen und Freiheitsbeschränkungen waren Streiks. Zugleich kam es weiter zu tödlichen Übergriffen durch Graue Wölfe, insbesondere gegen Aleviten. Diese Situation bot dem Militär den Anlass, um erneut zu putschen.[22] Am 12. September 1980 übernahm eine Junta unter Generalstabschef Kenan Evren die Macht. Sie griff auf sehr viel rigorosere Weise in das gesellschaftliche Leben ein als die vorherigen Militärregierungen. Es gab massive Verhaftungen (über 650000 Menschen), Folter, Verschwindenlassen von Personen, 500 Todesurteile, davon 27 vollstreckt. Es gab Dutzende Todesfälle in der Haft und hunderte Tote durch diverse Militäraktionen, Partei- und Gewerkschaftsverbote folgten.[23] Die türkische Gesellschaft erholte sich nie vollständig von diesen Ereignissen. Die fortschrittliche Verfassung von 1961 wurde durch ein Grundgesetz ersetzt, in dem viele Freiheiten gestrichen oder eingeschränkt waren. Zahlreiche neue Institutionen dienten nun dem Zweck der gesellschaftlichen Kontrolle, beispielsweise der Hochschulbildungsrat (YÖK), der erheblich in die Autonomie der Universitäten eingriff, oder der Nationale Sicherheitsrat, mit dem sich die Generäle ein institutionalisiertes Mitspracherecht in der Politik sicherten. Der politische Islam wurde fortan als ein nützliches Gegengift gegen den Sozialismus betrachtet, geduldet und teilweise sogar gefördert. Die *gouvernementalité* der unbedingten Machtsicherung hatte durch den antikommunistischen Zeitgeist und die Schützenhilfe der NATO-Partner neue Legitimation und Ressourcen erhalten, mit deren Hilfe sie den gesellschaftlichen Aufbruch und den Verteilungskampf um den Mehrwert der Stadt brutal unterdrückte. Trotz der Missachtung der Menschenrechte und trotz der antidemokratischen Reformen wurde Kenan Evren gefeiert, und zwar sowohl von den sich nach Stabilität sehnenden türkischen Bürgern als auch von den NATO-Partnern. Die amerikanische Zeitschrift *Time* widmete ihm ein Titelbild: der Mann, »der die Türkei zusammenhält«.[24]

1983 fanden erstmals nach dem Putsch wieder Wahlen statt. Turgut Özal wurde Ministerpräsident (bis 1989) für die neu gegründete Mutterlandspartei (ANAP). Er führte eine neue Wirtschaftspolitik ein, die nicht mehr auf die Produktion, sondern auf die Konsummöglichkeiten abzielte, womit sie im weltweiten Trend der neoliberalen Wende der 1980er Jahre lag, die vor allem von Ronald Reagan und Margaret Thatcher forciert wurde.

Die einst lebhafte linke Bewegung der späten 1960er und der 1970er Jahre blieb fortan marginalisiert. Zwar existieren linksgerichtete Guerillagruppen nach wie vor; sie haben aber ihr breites Mobilisierungspotential verloren. Die große Ausnahme war die Arbeiterpartei Kurdistans (PKK), die erst nach dem Putsch und verstärkt ab den 1990ern den Kampf für die Abspaltung des Südostens des Landes und für die sozialistische Umgestaltung der dortigen gesellschaftlichen Verhältnisse ernsthaft aufnahm. Allerdings diente der Bürgerkrieg im Südosten als willkommener Anlass, die zuvor entstandenen Strukturen einer im Untergrund agierenden Organisation aus militanten Faschisten und Mitarbeitern der Sicherheitsbehörden auch nach dem Ende des kapitalistisch-sozialistischen Systemwettbewerbs beizubehalten und sogar weiterzuentwickeln. Die nicht als Guerilla organisierte Linke musste vorsichtig manövrieren, um überhaupt in der Öffentlichkeit auftreten zu können. Während in den Städten der kurz zuvor von ihren Juntas befreiten Mittelmeerländer Griechenland und Spanien anarchistische Gruppen, die Hausbesetzerbewegung und der Feminismus eine Blütezeit erlebten, herrschte in Istanbul und der Türkei mit wenigen Ausnahmen geradezu Grabesruhe. Kaderartige Strukturen blieben weiterhin wichtig, nicht nur für die Untergetauchten, sondern auch für diejenigen, die nach Entlassungen oder langen Haftstrafen wieder Fuß fassen mussten. Durch die Morde an Studenten und die späteren Justizmorde waren Beerdigungen und Trauerfeiern sowie Mahnwachen für Gefangene und Verschwundene zu den eigentlichen Manifestationen der Bewegung geworden. Zugleich wurden damit die ursprünglichen Ziele, die einst kreativen Protestformen und die bunte Kultur verdrängt durch einen Kult um die gefallenen Genossen und die Forderung nach Bestrafung der Mörder in den rechten Organisationen, der Regierung und der Justiz. Bis zum polizeilichen Verbot 2018 demonstrierten jeden Samstag die Mütter von Verschwundenen und Inhaftierten auf dem Vorplatz des Galatasaray-Lyzeums für die Aufklärung des Schicksals ihrer Kinder und Hafterleichterungen für die langjährigen, oft kranken Gefangenen.

Im Rückblick auf die 1970er Jahre schrieb Yusuf Hayaloğlu, der zu dieser Zeit in Istanbul studierte:

> »Alle meine Freunde habe ich auf den Demonstrationsplätzen
> Und Friedhöfen zurückgelassen
> Ach Istanbul, ach Istanbul
> Königin des Schmerzes
> Erschöpfte Mutter der Hoffnung und des Widerstandes«[25]

15.

Die Entstehung der Megacity

Am Bosporus im globalen Zeitalter

Zu Beginn des 20. Jahrhunderts war Istanbul marginalisiert worden und fungierte seitdem nicht mehr als Hauptakteurin der weiteren Entwicklung in diesem Teil der Welt. An die Stelle der einstigen Hauptstadt war Ankara getreten, von wo aus ein Staat regiert wurde, der zwar ursprünglich ein progressives neues Menschen- und Gesellschaftsbild anstrebte, aber in seinem Umgang mit Differenz und Widerspruch ähnlich kompromisslos vorging wie die späten Sultane und die Jungtürken. Hundert Jahre später hatte sich das Blatt erneut gewendet. Die 1923 gegründete Republik (oder vielmehr, was die zeitgenössischen politischen Kräfte daraus gemacht hatten) scheiterte an der Aufgabe, ihren Einwohnern ein sicheres und menschenwürdiges Leben zu ermöglichen. Gleichzeitig trat Istanbul aus dem Schatten und eroberte sich einen Platz im Rampenlicht der Geschichte zurück.

Drei Beben, die das System zu Fall bringen

In den 1990er Jahren regierten auf nationaler Ebene meist fragile Dreiparteienkoalitionen aus Rechts- und Linkskemalisten sowie panturanische Faschisten (die zuvor erwähnte MHP), die oft mehr gegen- als miteinander arbeiteten. Um diese unglückliche Situation aufzubrechen, beschloss schließlich die rechtskemalistische Partei des Rechten Weges (DYP) unter Tansu Çiller eine Koalition mit der an den Wahlurnen erfolgreichen islamistischen Wohlfahrtspartei (RP) Necmettin Erbakans (reg. 1996–1997). Erbakan hatte als Vordenker der islamistischen und zugleich nationalistischen Bewegung »Nationale Ansicht« *(Millî Görüş)* fungiert und mehreren Koalitionsregierungen seit den 1970er Jahren angehört. Die »Nationale Ansicht« genoss große Unterstützung in den traditionell konservativen Landesteilen und in Istanbul unter den Zuwanderern aus diesen Regionen. Ihre Anhänger waren gegen das laizistische Regime, demzufolge Religion Privatsache sei. Stattdessen schwebte ihnen eine religiös fundierte und gerechtere Gesellschaftsordnung vor, die auch die Gegnerschaft zur NATO-Mitgliedschaft der Türkei und zur kapitalistischen Weltordnung mit einschloss. In Istanbul waren sie sich außerdem meist einig in ihrer Opposition gegen den großstädtischen Lebensstil und die Stadtplanung. Sie setzten insbesondere in den von ihnen dominierten Vororten Strukturen durch, die an die Kleinstädte in ihren Herkunftsregionen erinnerten.[1]

Doch nach weniger als zwei Jahren drohte der Nationale Sicherheitsrat einzuschreiten. Erbakan sah sich zum Rücktritt gezwungen. In der Folge wurde er mit einem Politikverbot belegt und seine Partei wie auch bald ihre Nachfolgerin verboten. Damit konnten die Militärs kurzfristig das Staatsprinzip des Laizismus und die militärische und wirtschaftliche Anbindung an Europa und Nordamerika retten. Gleichzeitig führte dieses Vorgehen den religiös orientierten Kreisen jedoch vor Augen, dass ihre politischen Ansichten selbst 15 Jahre nach dem letzten Militärputsch innerhalb der engen Grenzen der türkischen Demokratie nicht durchsetzbar waren und sie dieses System grundsätzlich verändern mussten. Die untereinander ideologisch und persönlich hoffnungslos zerstrittenen anderen Parteien setzten hingegen erneut das nun noch alternativlosere Pokerspiel um kurzlebige Koalitionen, die wenig erreichten, fort.

Während die politische Klasse auf diese Weise mit sich selbst beschäftigt war, führten drei Ereignisse der türkischen Bevölkerung vor Augen, dass das Land für zahlreiche Fragen dringend Lösungen brauchte. Das erste Ereignis war 1996 ein Autounfall. Bei dem Unglück starben drei von vier Insassen eines Wagens auf der Landstraße bei Susurluk in Nordwestanatolien. Wie sich herausstellte, handelte es sich um Hüseyin Kocadağ, stellvertretender Polizeipräsident von Istanbul, Abdullah Çatlı, einen Rechtsextremisten, der 1978 sieben sozialistische Studenten erschossen hatte und offiziell von Interpol gesucht wurde, und das Model Gonca Us. Schwerverletzt überlebte der DYP-Abgeordnete Sedat Edip Bucak. Im Wagen fanden sich zahlreiche Waffen, gefälschte Pässe und viel Bargeld. Der Unfall veranschaulichte in ungewöhnlich deutlicher Weise die Existenz eines oft erahnten, aber selten greifbaren extralegal operierenden Netzwerkes aus Militär, Geheimdienst, militanten extremen Rechten und gesellschaftlichen Eliten. Ein bedeutender Teil der Öffentlichkeit verlangte, dass dieser Komplex, der nun »tiefer Staat« genannt wurde, offengelegt werde. Der sinnlos brutale Krieg im Südosten gegen die PKK, die unaufgeklärten Verbrechen der 1990er Jahre an Journalisten, Menschrechtsaktivisten und anderen Zivilisten, die ungesühnten Morde und das »Verschwindenlassen« während des Ausnahmezustandes der 1980er Jahre sowie zahlreiche weitere unaufgeklärte Verbrechen erschienen nicht mehr als sinn- und zusammenhangslos, sondern als genau geplante und behutsam eingefädelte Taten eines Bündnisses, das durch die Leiden seiner Opfer profitierte.

Das zweite Ereignis war ein Erdbeben am 17. August 1999, das vor allem die historischen Städte İzmit und İznik (ehemals Nikomedia und Nikäa) südöstlich des Marmarameers verwüstete, aber auch in Istanbul für erhebliche Schäden sorgte. Das Beben mit der Stärke von 7,5 kostete über 17000 Menschen das Leben, mehr als 300000 Wohnungen und Arbeitsstätten wurden zerstört oder beschädigt. Der Staat war auf eine Katastrophe dieses Ausmaßes vollkommen unvorbereitet und versagte bei der Behebung des Notstands. Ausländische Rettungsmannschaften und Freiwillige aus Istanbul und anderen nahen Städten sorgten dafür, dass das angerichtete Chaos nicht noch größer wurde. Das Erdbeben offenbarte gleichzeitig, wie sehr die Behörden die Kontrolle des Bausektors vernachlässigt hatten, denn bei angepasster Bauweise und Einhaltung der geltenden Bestimmungen wäre der Schaden selbst bei einem Erdbeben dieser Größenordnung überschaubar gewesen. Ungenehmigte Bauten oder Umbauten, ungenügendes Baumaterial und mangelnde Rücksicht auf das natürliche Umfeld ließen Häuser zu tödlichen Fallen für ihre Bewohner werden. Das Gefühl, hilflos einem Unglück ausgesetzt zu sein, nährte sich auch aus dem Wissen, dass Istanbul in naher Zukunft ein noch weit stärkeres Erdbeben drohen könnte. Aus historischen Quellen ließ sich rekonstruieren, dass die Stadt etwa alle 500 Jahre dem Erdboden gleichgemacht wird. 557 stürzte ein Großteil der Stadt ein und die neuen Prachtbauten Kaiser Justinians nahmen erheblichen Schaden. 1010, zu Zeiten des Bulgarentöters, Kaiser Basileios II., versank die Insel Vardonisi im Marmarameer. 1509, unter Sultan Bayezid II., wurde die Stadt von einem erheblichen Beben und einem Tsunami heimgesucht. Die im Jahr 2000 auf 8,8 Millionen Einwohner angewachsene Stadt war angesichts der erheblichen baulichen Verdichtung, der schlechten Bausubstanz und der fehlenden Notfallvorsorge weitgehend unvorbereitet auf ein solches Desaster.

Während die moralische Krise von Susurluk und die Gefahr weiterer Erdbeben noch immer das Bewusstsein prägten, brach 2001 eine Finanzkrise in der Türkei aus und fraß über Nacht die Ersparnisse der Bevölkerung auf – das dritte Ereignis. Das Land musste beim Internationalen Währungsfonds erneut um einen Kredit über 23 Milliarden US-Dollar bitten und sich verstärkt den IWF-Reformauflagen unterwerfen. Um diese Reformen zu garantieren und die Sorgen der Bevölkerung vor weiterem Wertverlust zu zerstreuen, berief die Koalition unter Ministerpräsident Bülent Ecevit (reg. zuletzt 1999–2002) aus linkskemalistischer Demokratischer Linkspartei (DSP), rechtskemalistischer Mutterlandspartei (ANAP) und faschistischer MHP den ehemaligen Weltbankmitarbeiter Kemal Derviş in die Regierung. Tatsächlich stabilisierten der Kredit und die Auflagen des IWF die wirtschaftliche Situation und sorgten bereits 2002 wieder für ein deutliches Wachstum. Doch der moralische, administrative und wirtschaftliche Bankrott des Establishments war in den vergangenen Jahren zu offensichtlich geworden, als dass der Staat mit einigen Sofortmaßnahmen das Vertrauen der Wählerschaft hätte zurückgewinnen können.

Die Stunde des »moderaten« politischen Islams

Angesichts dieser Situation war es wenig verwunderlich, dass zahlreiche der etablierten Parteien bei den Wahlen von 2002 unter die Zehn-Prozent-Hürde rutschten und so den Einzug ins Parlament verfehlten. Im konservativen bis islamistischen Wählerspektrum der früheren Erbakan-Anhänger hingegen konnte sich die neu gegründete Gerechtigkeits- und Entwicklungspartei (AKP) eindeutig durchsetzen. Weil so viele der anderen Parteien gescheitert waren, errang sie mit nur 34 Prozent der Stimmen die absolute Mehrheit der Parlamentssitze. Ihr Name versprach einerseits »Gerechtigkeit«, also eine Aufarbeitung des »tiefen Staates«, und andererseits »Entwicklung«, das heißt eine wirtschaftsfreundliche Politik, die den Ausweg aus der Krise einleiten würde. In Abgrenzung zu ihrem Ziehvater Erbakan präsentierte sich der Führungszirkel der neuen Partei nicht als Hardliner des politischen Islams, sondern als Pragmatiker. Einige Parteivertreter, darunter der Interims-Ministerpräsident (2002/2003) und spätere Präsident (2007–2014) Abdullah Gül, präsentierten sich als Vertreter einer aufstrebenden kapitalistischen Klasse aus den inneranatolischen Städten. Diese forderte ihren Anteil an den lukrativen Geschäften der bisherigen kemalistischen Eliten ein und wollte keineswegs den Kapitalismus in Frage stellen, obwohl der Islam eigentlich Bescheidenheit vorschreibt. So waren auch ausländische Beobachter beruhigt, allen voran die US-Regierung unter George W. Bush, und betrachteten die AKP als Vertreter eines »moderaten« (also konservativ-kapitalistischen) Islams. Auch jene türkischen Investoren, die nicht das Weltbild der neuen Partei teilten, erhofften sich von der neuen Regierung Stabilität, ein günstiges

Wirtschaftsklima und mehr wirtschaftspolitische Kompetenz als unter den Dreiparteienkoalitionen.

Das liberale und linke Spektrum war gespalten. Ein Teil sah die AKP als nützlich an. Die neue Partei konnte eventuell einige Schritte in die richtige Richtung erreichen. Es gab keine starke politische Gruppierung links von den Kemalisten, und es lag sowohl im Interesse der Linken wie der Islamisten, dass die AKP die antidemokratischen Privilegien des Militärs und des »tiefen Staates« stutzte. Der einzige Weg, die Armeeführung dazu zu bringen, ebenfalls die neue Regierung zu tolerieren, war die Angleichung an EU-Standards der Rechtsstaatlichkeit. Die EU-Integration versprach außerdem sowohl einen höheren Lebensstandard als auch einen Ausweg aus der nach 1980 eingetretenen Isolation des Landes. Diese Perspektive genoss um die Jahrtausendwende große Beliebtheit. Ferner erschien das islamistische Menschenbild der AKP als eine mögliche Brücke zu den durch die Nationalisten ausgegrenzten Kurden. Skeptiker hingegen glaubten, dass die Gerechtigkeits- und Entwicklungspartei die Unterstützung durch die kurdische, progressive und proeuropäische Bevölkerung lediglich ausnutzen wolle, um die sie einschränkenden Institutionen wie den Nationalen Sicherheitsrat aus dem Weg zu räumen. Anschließend würde sie ihre dominante Stellung in den Institutionen ausnutzen, um eine ähnlich chauvinistische Politik wie zuvor Erbakan zu verfolgen. Diese Spaltung manifestierte sich in erhitzten Debatten im Vorfeld des Referendums von 2010, in dem die AKP eine Mehrheit von 58 Prozent für eine Verfassungsänderung gewinnen konnte. Durch sie wurde die Generalamnestie für Verbrechen im Rahmen des Militärputsches 1980 abgeschafft, Streik- und Verhandlungsrechte der Gewerkschaften erweitert und jedem Bürger das Recht zur Anrufung des Verfassungsgerichts gewährt. Auch sollte künftig ein Teil der Richter des Verfassungsgerichts durch das Parlament ernannt werden. Vor allem diese Regelung weckte Befürchtungen, dass die AKP ihre dominante Stellung ausnutzen könnte, um die Kontrolle durch andere Verfassungsorgane auszuhebeln.

Die Rückkehr der »Königin der Städte« im globalen Zeitalter

Während die von Ankara aus regierte Republik auf diese Weise eine Vertrauenskrise durchlebte und sich in den ersten Jahren nach dem Machtwechsel zu einer nichtkemalistischen Regierung noch im Umbruch befand, richteten sich die Blicke verstärkt auf die ehemalige Hauptstadt. Etwa ab der Jahrtausendwende war Istanbul wieder da. In der neuen globalisierten Wirtschaftsordnung zählte die »Königin der Städte« erneut. Zwar konnte sie es nicht mit den neuen Königinnen der internationalen Finanzwelt, New York, London und Tokio, aufnehmen. Karten der globalen Finanzströme zeigten sie allerdings als unangefochtene Herrscherin mindestens über den Raum zwischen Rom und Dubai.

Wie kam Istanbul zu diesen neuen Ehren? Im Prinzip lag das an der weltwirtschaftlichen Dynamik nach Ende der Blockkonfrontation und verstärkt um die Jahrtausendwende. Die kapitalistischen Wirtschaftsordnungen hatten während des Kalten Krieges stets ein Stück weit auf einen klassenübergreifenden und landesweiten Ausgleich des Reichtums achten müssen, doch im Laufe der 1990er Jahre geriet diese Notwendigkeit zusehends aus dem Blickfeld. Zugleich ergaben sich dank neuer Technologien und neuer Finanzprodukte enorme Möglichkeiten, Kapital flüssig und verfügbar zu machen. In dieser neuen Weltordnung zählten nicht mehr so sehr die Wirtschaftsleistungen ganzer Länder. Vielmehr rivalisierten nun große und infrastrukturell gut erschlossene Städte miteinander um die Ansiedlung der international agierenden Finanzdienstleister und ihrer Zuarbeiter.[2]

Obwohl die 1990er Jahre in vielerlei Hinsicht eine Zeit der politischen Lähmung und des Übergangs für die Türkei waren, schafften es die Regierungen der Stadt wie des Staates, die Weichen für den Anschluss an die globale Wirtschaft zu stellen. Istanbuls Oberbürgermeister Recep Tayyip Erdoğan (im Amt 1994–1998) nahm diese Errungenschaften im Nachhinein für sich in Anspruch, vor allem verbesserte Wasserversorgung und Müllabfuhr, obwohl er nur während eines kurzen Abschnitts dieser Umbruchszeit regierte. Erdoğan stammt aus dem unscheinbaren Werftenviertel Kasimpaşa am Goldenen Horn, bekannt für seine Zuwanderer vom Schwarzen Meer, sein Haschisch und seinen Fußballverein. Als Kandidat der Wohlfahrtspartei wurde er zum Oberbürgermeister gewählt und gewann mit lediglich 25 Prozent der Stimmen, da sein Vorgänger, der Sozialdemokrat Nurettin Sözen (im Amt 1989–1994), aufgrund eines Veruntreuungsskandals bei den städtischen Wasserwerken nicht erneut antrat. Nach der Gründung der AKP stieg Erdoğan schnell zur dominierenden Persönlichkeit in der Partei auf und wurde gleichzeitig Millionär.

Viele Impulse für den Umbau der Stadt zur *global city* kamen zudem von Sözen oder der Zentralregierung sowie unmittelbar von der Weltbank, deren Rat die Türkei wegen ihrer Auslandsverschuldung berücksichtigen musste. Hierzu gehörte auch die Empfehlung in einem Weltbank-Bericht von 1995, sich auf ein oder zwei Städte zu konzentrieren und diese zu Standorten für das global agierende Kapital auszubauen.[3] Die Schaffung einer *global city* rechtfertigte, dass deutlich mehr in Istanbul investiert und der Ausgleich mit anderen Landesteilen vernachlässigt wurde. Der Informationsfluss wurde modernisiert, ab etwa 2004 verfügte man überall über schnelles Internet. Neue Bankenviertel voller Bürohochhäuser wurden erschlossen: Levent, Maslak und Ataşehir entstanden entlang oder in der Nähe des zweiten Autobahnrings um die Stadt. Dabei war bei der Einweihung der zweiten städtischen Autobahn 1988 ausdrücklich beteuert worden, dass es sich um eine reine Umgehungsstraße handele und die von ihr tangierten nördlichen Wälder auch in Zukunft nicht durch zusätzliche Büro- und Wohnbauten in Mitleidenschaft gezogen würden. Ehemals in Ankara angesiedelte Bankzentralen zogen nun an den Bosporus. Die Etablierung als Schauplatz für große internationale Konferenzen war ein weiteres Mittel, um in der Hierarchie der *global cities* aufzusteigen. Ein erster großer Erfolg war die UN-Konferenz *Habitat II* 1996, die sich den Städten und der Wohnungsfrage widmete. Neue Kongresszentren wurden errichtet, beispielsweise jenes in Maçka, das sich über acht ober- und unterirdische Stockwerke mit 120000 Quadratmetern Fläche erstreckt und 2009 mit der Jahrestagung von IWF und Weltbank eingeweiht wurde.

Zur globalen Stadt gehört auch die Luft. Die beiden Flughäfen Atatürk und Sabiha Gökçen wurden sukzessive ausgebaut. Seit Frühjahr 2019 existiert ein neuer Flughafen in den Wäldern 40 Kilometer nördlich der Stadt, der Atatürk ersetzen soll. Durch einen gewagten Expansionskurs wurden *Turkish Airlines* zu einer weltweit agierenden Gesellschaft und Istanbul zu ihrer Drehscheibe. Ein dichtes Angebot an Verbindungen, Flüge in Länder, für die andere Gesellschaften Sicherheitsbedenken anmelden, und attraktive Angebote insbesondere für Umsteige- und Umwegverbindungen sowie vergleichsweise guter Service sorgten für eine hohe Nachfrage. Die Bewohner Istanbuls leiden einerseits unter dem fast permanenten Lärm der startenden und landenden Jets, profitieren andererseits von den zahlreichen Verbindungen in andere Teile Europas, des Nahen Ostens und des Mittelmeers.

Im Tourismusbereich arbeiteten die Behörden ebenfalls daran, die Stadt möglichst beliebt zu machen. Hier machte sich der natürliche Vorteil Istanbuls, ihre Position zwischen zwei Kontinenten, bemerkbar. Europäische Reisende suchten am Bosporus die spektakulären antiken und mittelalterlichen Bauten und den exotischen Orient, den sie in den Hamams und Basaren vermuteten. Seit der Jahrtausendwende interessieren sie sich auch für die Stadt der Gegenwart, die Kunstszene oder das Nachtleben. Für Touristen aus dem Iran war Istanbul stets eine Möglichkeit, dem repressiven heimischen System zu entfliehen und größere Freiheiten auszuleben. Nach 2013 hat der Anteil der Reisenden von der arabischen Halbinsel stark zugenommen, die unter anderem wegen des urbanen Lebens, der grünen Natur und des Wassers kommen.

Ein wesentlicher Pluspunkt Istanbuls im Wettbewerb mit den europäischen Großstädten im weiteren Umfeld ist seine junge und vergleichsweise gut gebildete Bevölkerung, die obendrein zu günstigeren Konditionen arbeitet als in Westeuropa. Zudem zählen im Wettbewerb zwischen den globalen Städten nicht nur unmittelbare materielle Standortvorteile, sondern ebenso der Glamour-Faktor. Städte mit weltweitem Ruf, großer Geschichte, lebendigem Kulturleben und attraktiver Natur sind hier deutlich im Vorteil gegenüber ehemaligen industriellen Aschenputteln wie an der Ruhr oder Retortenstädten wie am Persischen Golf. Die Stadt punktete, indem sie sich beispielsweise 2010 als europäische Kulturhauptstadt profilierte und in diesem Rahmen ihr jahrhundertealtes multireligiöses Erbe präsentierte. Hagia Sophia, das ehemalige Pantokrator-Kloster, die Süleymaniye-Moschee und die 200 Jahre alten Docks am Goldenen Horn wurden genutzt, um sich dem internationalen Kapital anzudienen. Dass die Stadt wenige eigene international renommierte Museen, Orchester oder Theater zu bieten hatte, war sicherlich ein Standortnachteil, doch hier konnte der Staat auf die Initiative privater Stifter verweisen: Das Borusan-Orchester (gegründet von der Borusan Holding), das Museum *Istanbul Modern* (gegründet von der Milliardärsfamilie Eczacıbaşı) oder die Istanbuler Biennale (von der Istanbuler Kultur- und Kunststiftung İKSV, ebenfalls gegründet durch die Eczacıbaşıs) vermochten durchaus, ein internationales Publikum und international renommierte Künstler anzuziehen.

»Wo die Straßen mit Gold gepflastert sind«: Istanbuls Anziehungskraft

Bereits zuvor war die Kluft zwischen Istanbul und dem Rest des Landes, vor allem dem durch Landflucht (und zuvor durch den Völkermord an den Armeniern) fast entvölkerten Nordosten und dem diskriminierten und durch den Bürgerkrieg verwüsteten Südosten, immens. Der Erfolg der *global city* Istanbul hat diese Kluft weiter vergrößert. 2017 wohnten offiziell 15 Millionen Menschen in der Stadt, 18 Prozent der türkischen Bevölkerung. Viele Istanbuler behaupten, die wahre Zahl müsste noch deutlich höher sein, da viele Zuwanderer nach wie vor in der Provinz gemeldet blieben und viele ausländische Migranten und Flüchtlinge nicht registriert seien. Im Jahr 2017 wurden 31 Prozent des türkischen Bruttosozialprodukts hier erwirtschaftet. Auch das Bruttosozialprodukt pro Kopf in Istanbul war das höchste im Land und zugleich etwa das Fünffache des Wertes, den die östlichen Bezirke Şanlıurfa, Van oder Ağrı jeweils erwirtschafteten.[4]

Die gestiegene und besser nach außen kommunizierte Attraktivität der Stadt zeigte nicht nur Wirkung auf Investoren. Nach wie vor saugt Istanbul aus den Klein- und Mittelstädten und den Dörfern Anatoliens Menschen ab, die Arbeit suchen, Geschäfte eröffnen oder zum Studium kommen oder die Möglichkeiten eines vielseitigeren großstädtischen Lebens auskosten möchten. Insbesondere die höhere Bildung hat sich fast ausschließlich auf Istanbul konzentriert. Außer in Ankara gibt es ansonsten im ganzen Land keine international angesehenen Universitäten. Elf staatliche Universitäten und eine schwindelerregende Zahl von 41 durch privatrechtlich organisierte Stiftungen getragene Universitäten locken die Jugend in die große Stadt.[5] Die staatlichen Hochschulen rangieren von Massenbildungsstätten auf ansehnlichem Niveau bis hin zu international renommierten Einrichtungen, die Bandbreite der privaten Hochschulen reicht von prestigeträchtigen Eliteinstitutionen, die dem guten Ruf der sie fördernden Milliardärsfamilien dienen, bis hin zu Bildungsdiscountern, die gut an denjenigen verdienen, die bei der Aufnahmeprüfung für die staatlichen Unis durchgefallen sind.

Die Ausstrahlungskraft des Istanbuler Hochschulstandortes macht nicht an den Landesgrenzen halt. Durch die Beitrittsverhandlungen mit der Europäischen Union und die Teilnahme am Bologna-Prozess zur Harmonisierung europäischer Studiengänge ist die Türkei an das Erasmus-Austauschprogramm angeschlossen. Darüber kamen aus dem europäischen Ausland Tausende für ein halbes oder ganzes Jahr an Istanbuler Universitäten, vor allem an jene, die auf Englisch unterrichten. Die Attraktivität der Universitäten war nicht auf Westeuropa beschränkt. Zentral- und südasiatische, osteuropäische und afrikanische Studierende waren keine Seltenheit in der Stadt. Außer dem beruflichen und akademischen internationalen Austausch war die Stadt auch gut in globale Künstler-Netzwerke integriert.

Neben diesen relativ etablierten Formen des Austausches wurde Istanbul für irreguläre und marginalisierte Zuwanderer und Durchziehende eine wichtige Adresse. Auf sehr viel bescheidenere Weise als in der Luftfahrt dient die Stadt hier ebenfalls als interkontinentale Drehscheibe. Unmittelbar nach dem Zusammenbruch der realsozialistischen Wirtschaftssysteme sicherten viele Menschen aus Osteuropa und Zentralasien ihre Existenz durch Handel, allerdings auf einem Niveau, wie man es auch hunderte Jahre vorher hätte vorfinden können. Sie reisten nach Istanbul auf der Fähre aus Odessa, in 24-Stunden-Busfahrten aus Tiflis oder im Nachtzug aus Sofia. Sie verkauften subventionierte Billigware aus ihrer Heimat und kauften in den Basaren Lederjacken, Schmuck und andere Luxusprodukte, die bei den neuen Eliten und Mittelschichten ihrer Länder gefragt waren. Mittlerweile hat sich diese Form prekärer Transmigration deutlich reduziert und spielt nur noch für wenige Länder, beispielsweise Georgien, eine Rolle.

Das heißt nicht, dass die Migration aus den ehemals sozialistischen Ländern abgenommen hätte; insbesondere aus Zentralasien ist sie nach wie vor erheblich. Bei den Migranten handelt es sich vor allem um Frauen, die die private Pflege älterer Menschen übernehmen. Da sie durch die Einbindung in Familienhaushalte eher selten in der Öffentlichkeit zu sehen sind, fallen sie wenig auf. Schätzungen gehen von insgesamt einer Million Zentralasiatinnen im ganzen Land aus.[6] Stärker im Stadtbild und im öffentlichen Bewusstsein präsent sind die Kriegsflüchtlinge aus Irak, Syrien und Afghanistan sowie diejenigen, die aus Perspektivlosigkeit das subsaharische Afrika verlassen haben. Im nichtmodernisierten Altstadtviertel Kumkapı beim armenischen Patriarchat sind ganze Straßenzüge von den afrikanischen, arabischen und südasiatischen Zuwanderern geprägt. Junge Männer aus Afghanistan stehen früh am Morgen in Göksu, an den ehemaligen »Süßen Wassern Asiens«, am Straßenrand und warten auf Arbeit als Tagelöhner. Und bis vor kurzem konnte man an der Meerespromenade nahe dem Verlies der Sieben Türme Afghanen antreffen, die den traditionellen Sport ihrer Heimat, das Ringen, betrieben, sowie Pakistanis, die hier Cricket spielten. Auch Fußballmannschaften afrikanischer Migranten gibt es in Istanbul.

Links sein in der Megacity

Hatten die alten linken Bewegungen in dieser neoliberalen Schönen Neuen Welt mit ihren deregulierten und prekarisierten Arbeitsabläufen und multidirektionalen Migrationen noch einen Platz? Zweifelsohne gab es keine starke Gewerkschaftstradition mehr, und wie auch andernorts litten diese Bewegungen am Scheitern des Moskauer Realsozialismus. Dennoch ist an einigen Stellen in der Stadt das Erbe der 1970er Jahre noch deutlich spürbar, und in der öffentlichen Debatte sind die Veteranen der Linken nach wie vor präsent. Einige ehemalige Angehörige linker Gruppen konnten zwar aufgrund ihrer Vorgeschichte nicht mehr im öffentlichen Dienst Fuß fassen. Paradoxerweise eröffneten sich ihnen aber in den 1980er Jahren ausgerechnet durch das Programm der Neoliberalisierung neue Chancen. Die aus dem Boden schießenden privat finanzierten Stiftungsuniversitäten interessierten sich oft nicht für die Vorgeschichte ihrer Dozenten oder wussten sie sogar zu schätzen. Ebenso waren die neuen Medien und Privatfernsehsender sehr viel offener als die staatlichen, sofern nur die Einschaltquoten stimmten. In gesellschaftlichen Debatten haben sich hingegen die Berufsverbände als wichtige Akteure bewahrt und werden wie bereits seit den 1970er Jahren von ehemals sozialistisch orientierten Mitgliedern dominiert. Die Mitglieder der Ingenieurs-, der Architekten- oder der Stadtplanerkammer haben als Einzelne am Bauboom und den Infrastrukturprogrammen gut verdient, zugleich aber traten sie als wichtiges Korrektiv in der Debatte um die Stadtentwicklung auf und mahnten zur Einhaltung von konservatorischen, ökologischen und sozialen Standards.

Kulturell ist vor allem die Bedeutung der Musik für die Linke nach wie vor spürbar. Nicht nur gehören die Schlager der linken Arabesk-

Ikonen zum musikalischen Allgemeingut. Auch nach dem Putsch entstandene Musikgruppen entwickelten das revolutionäre Lied fort. Das herausragende Phänomen dieser Entwicklung ist *Grup Yorum*. 1985 formierte sich die Band unter Studenten der Marmara-Universität. Sie nahmen die Volksmusik Anatoliens mitsamt türkischen, kurdischen, arabischen und lasischen (eine an der Schwarzmeerküste verbreitete Sprache) Texten auf und entwickelten daraus eine Spielart des Folk, die an Mercedes Sosa oder Joan Baez erinnert. Die Gruppe machte keinen Hehl aus ihrer Überzeugung, dass die Welt revolutionäre Veränderungen brauche, und komponierte Lieder zum Gedenken an gefallene Anhänger der militanten Revolutionären Volksbefreiungspartei-Front (DHKP-C), die als Selbstmordattentäter, im Kampf oder durch Hungerstreik ums Leben kamen. Deswegen werden sie von den Behörden als Teil dieser Guerillaorganisation betrachtet und juristisch verfolgt. Dennoch ist die Musik von *Grup Yorum* äußerst beliebt. Auf YouTube sind mehrere ihrer Lieder bereits über zehn Millionen Mal aufgerufen worden; zu ihren jährlich stattfindenden kostenlosen Konzerten in einem Park in Istanbul kamen 2012 200000 und 2013 sogar 500000 Besucher.

Die progressiven Gewerkschaften hatten es hingegen schwerer, in der neoliberalen Ordnung Fuß zu fassen. Zwar wurde DİSK wieder zugelassen und fand insbesondere unter kritischen Staatsangestellten Zulauf. Allerdings erreichte sie kaum die prekarisierten Arbeiter und vor allem die gering qualifizierten Angestellten im Dienstleistungsbereich. Auch mögen die Gewerkschaftsstrukturen und die Funktionäre, Veteranen aus den Kämpfen der 1970er Jahre, wenig zeitgemäß gewirkt haben. In einem Punkt erwies sich DİSK jedoch durchaus auf der Höhe der Zeit. So erkannten die Gewerkschafter, dass in der *global city* eine »Zentralität des Ortes« (Saskia Sassen) herrscht: Wer mit seinen Anliegen Gehör finden will, muss sie in den Zentren des geschäftlichen, gesellschaftlichen und touristischen Geschehens vorbringen. Vor diesem Hintergrund begann DİSK erneut den Kampf um den 1. Mai. Demonstrationen zum Tag der Arbeit waren zwar schon lange wieder zugelassen, ihnen wurden aber durch den Gouverneur Istanbuls stets dezentrale und verhältnismäßig kleine Versammlungsorte zugewiesen, ein Platz in den europäischen Innenstadtbezirken blieb ihnen verwehrt. Ab 2007, dem 30. Jahrestag des blutigen Massakers, weigerte sich DİSK, sich an diesen Ausweichorten zu versammeln, und bestand auf den Taksim-Platz. Hier wollte man an die Kämpfe der 1970er Jahre anschließen und der Toten von 1977 gedenken. Der Stadtteil Beyoğlu, in dem der Taksim-Platz liegt, hatte sich als Folge der gestiegenen Popularität Istanbuls zum Zentrum einer lebhaften Kulturszene entwickelt, beheimatete zahlreiche Geschäfte und beherbergte Touristen aus aller Welt. Die Behörden verweigerten deshalb die Genehmigung. Daraufhin wurde der Maifeiertag über Jahre hinweg zum Kampftag. Von gestandenen Gewerkschaftsveteranen bis hin zu unorganisierten Jugendlichen aus den Vorstädten versuchten Zigtausende Jahr für Jahr, die Polizeisperren rund um Taksim zu durchbrechen oder zu umgehen. Angesichts der Hartnäckigkeit der Gewerkschaften und der Demonstranten entschied sich die AKP-Regierung zum Einlenken. 2009 wurde der 1. Mai in der Türkei zum Feiertag erklärt, 2010 die zentrale Demonstration auf dem Taksim-Platz zugelassen. Schon 2011 hatte man mit einer halben Million Teilnehmer die Zahl der bisher größten Versammlung von 1977 eingeholt. Wie schon damals passten auch jetzt bei weitem nicht alle Demonstranten auf den Platz.[7]

»Wir waren dem Frieden noch nie so nahe«: Umbruch- und Aufbruchsstimmung

So stellte sich die Situation zu Beginn der zweiten Dekade des 21. Jahrhunderts dar. In Bezug auf das »Recht auf Stadt« bot sie Anlass zu gemischten Gefühlen. Einerseits hatte sich die Lebensqualität in der Stadt teilweise deutlich gesteigert. Die Bemühungen um eine funktionierende Infrastruktur wie Wasserversorgung, Verkehrswege und Müllentsorgung sowie um ein ästhetischeres Stadtbild, aber auch die rasante Entwicklung, die Kunst, Kultur und Bildung in Istanbul durchliefen, boten den Einwohnern deutlich mehr Möglichkeiten als wenige Jahrzehnte zuvor (wenngleich Wasser- und Stromsperrungen nach wie vor zum Alltag gehören und Istanbul weiterhin weltweit auf Platz zwei der Städte mit den verstopftesten Straßen steht). Andererseits fraßen die Entwicklung zur Megacity, der ungebremste Zuzug und das touristische, finanzspekulative und geschäftliche Interesse große Mengen der städtischen Ressourcen und verknappten wichtige Güter, vor allem Wohnraum für die Großzahl der Bewohner. Trotz allem aber hatte man das Gefühl, eine Aufbruchsstimmung mitzuerleben. Im Rückblick schreibt die Soziologin Çağla Aykaç:

> »Alle Schattierungen von Islamisten und Nationalisten fühlten sich zunehmend wohl, Frauen waren überall, LGBTIQ-Aktivistinnen waren stolz, die Säkularen und Kemalisten machten weiter und Minderheiten erzielten die Anerkennung einiger ihrer Grundrechte. (…) Es war chaotisch, gewalttätig, doch es war voller Verheißungen. (…) Istanbul glänzte, ein historisches Juwel am Bosporus.
> Ungerechtigkeit war überall, aber wir redeten über Gerechtigkeit. Das kulturelle und intellektuelle Leben pulsierte, es war aufregend, voller Übersetzungen und Experimente. Die im Ausland lebten, kamen zurück und genossen es. Ausländer aus West und Ost wollten ebenfalls hier eintauchen. Wir waren dem Frieden noch nie so nahe.«[8]

Obwohl sich die zivilgesellschaftlichen Spielräume deutlich erweitert hatten, blieben nachhaltige politische Veränderungen in Richtung einer offenen Gesellschaft aus. Das Referendum von 2010 hatte theoretisch die Weichen für eine zivilere und menschlichere Politik und für den Bruch mit Militarismus und Autoritarismus gestellt. Umso mehr waren die Jahre von 2010 bis 2013 eine Enttäuschung für alle, die auf das systemreformierende Potential der AKP gesetzt hatten. Die erhofften raschen Fortschritte im EU-Beitrittsprozess scheiterten an der Zypernfrage. Durch geschicktes Taktieren hatte es der Südteil der Insel geschafft, ohne einen Friedens- und Einigungsprozess mit dem Nordteil der EU beizutreten.[9] Nun verlangte der südzypriotische Staat, dass die

Türkei ihn auch ohne weitere Friedensfortschritte anerkenne und seine Schiffe in türkische Häfen einlaufen dürften. Die AKP-Regierung aber weigerte sich, den EU-Beitrittsprozess auf Kosten Nordzyperns voranzutreiben. Die Aufarbeitung der Vergangenheit stockte ebenfalls. Der Juntachef von 1980, Kenan Evren, wurde zwar angeklagt und verurteilt. Das Urteil wurde jedoch nie rechtskräftig, und Evren starb 2015, ohne jemals für seine Taten gebüßt zu haben. Abgesehen von diesem symbolischen Verfahren fand eine Bewältigung der Putschzeit oder des »tiefen Staates« erst gar nicht statt. Der Friedensprozess im Südosten, bei dem die AKP-Regierung sich einerseits an die parlamentarischen Vertreter der prokurdischen Parteien und andererseits inoffiziell auch an den seit 1999 inhaftierten PKK-Chef Abdullah Öcalan und über ihn an die PKK-Führung im irakischen Exil wandte, kam nicht entscheidend voran und erlebte Höhen und Tiefen. In den schwierigen Phasen nahmen die Kämpfe jeweils an Intensität zu.

Auch die Hoffnung, dass die türkische Polizei künftig unparteiisch agieren und Menschrechtsstandards einhalten werde, erwies sich als Trugschluss. Am 14. September 2012 warteten zwei Musikerinnen von *Grup Yorum*, Selma Altın und Ezgi Dilan Balcı, zusammen mit 25 anderen Personen vor der Gerichtsmedizin in Istanbul auf die Freigabe des Leichnams von İbrahim Çuhadar. Der DHKP-C-Anhänger hatte sich drei Tage zuvor auf einer Polizeiwache im Stadtteil Sultangazi in die Luft gesprengt und dabei einen Polizisten mit in den Tod gerissen sowie sieben Beamte verletzt. Dass die Polizisten auf die Wartenden nicht gut zu sprechen waren, kann man ihnen schlecht verübeln, ihre Reaktion überstieg jedoch jedes Maß. Sie gingen mit Gewalt gegen die Gruppe vor und verhafteten 17 Menschen. Als neun von ihnen vier Tage später in den Hausarrest entlassen wurden, wiesen die Musikerinnen deutliche Spuren von Misshandlung auf. Der Geigerin Balcı hatte man die Hand gebrochen, der Sängerin Altın war als Folge von Schlägen das Trommelfell in beiden Ohren geplatzt.[10]

Monopoly in einer Stadt von über zehn Millionen

Weit mehr Menschen waren von den wirtschaftlichen und urbanistischen Weichenstellungen dieser Zeit betroffen. Das Wachstum Istanbuls im globalen Zeitalter hatte seinen Preis. Um attraktiv für internationale wie nationale Investoren zu sein, wurde an der Sicherheit am Arbeitsplatz gespart, durch unzureichende Arbeitsschutzregelungen und vor allem zu seltene ernsthafte Kontrollen. Allein 2017 starben in der Türkei über 2000 Menschen an ihrer Arbeitsstätte, darunter nicht wenige auf den schlecht gesicherten Großbaustellen und Werften der Megacity Istanbul.[11] Verheerend wirkt sich das Wachstum auf die Stadtentwicklung aus. Wegen des Meeres konnte die Stadt größtenteils nur in Ost-West-Richtung wachsen, so dass sie heute die Gestalt eines sich über 100 Kilometer erstreckenden Bandes hat. Einst entlegene Vororte und Dörfer wurden binnen weniger Jahre zu hoch verdichteten Stadtteilen. Stadtautobahnen wurden durch Dauerstau verstopft, und Pendlerfahrten zwischen bezahlbarem Wohnraum in den Vororten und den Geschäftsvierteln wie Levent und Maslak mutierten zu mehrstündigen Reisen.

Das Wachstum der Vororte ist ein Ergebnis der enorm gestiegenen Nachfrage in einer Stadt, deren Bevölkerung sich allein zwischen 2000 und 2018 fast verdoppelt hat, von 8,5 auf 15 Millionen Menschen. Hinzu kam die enorme Verbreitung kommerzieller Infrastruktur wie Shopping Malls, Bürozentren und Hotels. Das Wachstum fand in einem neoliberalen Rahmen statt: Wie in anderen Ländern nach der Jahrtausendwende wurden staatliche Institutionen zielgerecht auf die Bedürfnisse des Finanzkapitals zugeschnitten. Bereits ein Jahr nach ihrer Machtübernahme erließ die AKP ein Gesetz zum Umbau des Amts für Wohnungsbau (TOKİ). Gegründet wurde das Amt 1983 unter Ministerpräsident Turgut Özal im Rahmen seiner Förderung des Apartmentbaus auf legalisiertem ehemaligem *gecekondu*-Land; es hatte zuvor vor allem Kredite an mittelständische Developer *(yapsatçı/müteahhit)* vergeben.

2003 wurden seine Kompetenzen deutlich erweitert. Künftig durfte TOKİ Flächennutzungspläne erstellen und allein über die Vergabe von öffentlichem Land im Stadtgebiet entscheiden (aufgrund der aus oströmischer und osmanischer Zeit stammenden Tradition, nach der der Großteil des Landes Staatseigentum war, betrug der Anteil öffentlichen Grundbesitzes 2012 noch 54 Prozent). Es konnte außerdem eigene kommerzielle Firmen gründen und mit profitorientierten Unternehmen aus dem In- und Ausland Partnerschaften eingehen sowie profitorientierte Bauprojekte in Partnerschaft mit diesen betreiben. Ezgi Doğru nennt TOKİ aufgrund dieser Kompetenzballung ein Labor für die Herausbildung des Autoritarismus unter neoliberaler Ägide. Diese Ballung hoheitlicher und privatwirtschaftlicher Macht in einer Institution hat es TOKİ erlaubt, insbesondere Istanbul in eine riesige Baustelle zu verwandeln. Angeblich gingen bis zu 68 Prozent der Aufträge an Firmen mit engen persönlichen Beziehungen zum Regierungslager.[12]

Der Bauboom in der Türkei und insbesondere in Istanbul wurde jedoch nicht nur durch eine immense Nachfrage, willfährige Behörden und opportunistische Baufirmen befeuert. Zahlreiche Neubauten dienten nicht der Befriedigung der unmittelbaren Nachfrage, sondern der Spekulation. Intensiviert wurde die Spekulation durch die 2008 ausgebrochene globale Finanzkrise. Obwohl auch die Türkei zunächst in eine Rezession abglitt, erholte sich die Wirtschaft erstaunlich schnell und erreichte 2011 mit 11 Prozent Wachstum Rekordhöhe. Der Grund dafür ist simpel: Wegen der Nullzinspolitik nach dem Börsencrash in den USA und der EU musste das international mobile Finanzkapital nach neuen lukrativen Anlagemöglichkeiten suchen und fand sie in Indien, Brasilien und der Türkei. Anlagen in diesen Ländern waren zwar risikoreicher als in den nordatlantischen Finanzstandorten, versprachen aber in dieser Zeit deutlich höhere Profite.[13] Steinerner Ausdruck dieser spekulativen Anlagen sind Hochhausapartments, deren luxuriöse Wohnungen reiche Familien von der arabischen Halbinsel bei ihren Kurzausflügen nach Istanbul nutzen, ehe sie nach ein paar Jahren weiterverkauft werden.

Die Stadt wuchs jedoch nicht nur in die Breite, sondern veränderte insgesamt ihr Gesicht, auch im Zentrum. Eine Kompetenz von TOKİ war wie erwähnt, den Stadtumbau in nicht baurechtlich legalisierten *gecekondu*s zu organisieren. Diese Viertel befinden sich verstreut über alle vor 1980 existierenden Stadtteile, darunter die Innenstadtbezirke. Da viele Gebäude in diesen Vierteln insbesondere unter Özal nachträglich legalisiert waren, gab es keine einfache Handhabe, ihre Besitzer zu enteignen. 2011 bot sich allerdings die Gelegenheit, ein neues Gesetz einzuführen. 2011 wurde die Stadt Van durch ein Erdbeben verwüstet, Hunderte Menschen starben. Nun beschloss die AKP-Regierung ein Gesetz zur städtebaulichen Erneuerung, das die Behörden in Gebieten, die sie aufgrund von Erdbebengefahr oder anderen Umständen als »gefährdet« eingestuft haben, mit noch umfassenderen Vollmachten versieht. Es macht auch vor grundbuchrechtlich legalen Gebäuden nicht halt. Das Gesetz wurde kritisiert, weil es keine klaren Kriterien für die Risikoeinstufung enthält. Es sei somit anfällig für den Missbrauch zugunsten von Investoreninteressen, setze auf Abriss und Neubau statt auf nachträgliche Verstärkung bestehender Gebäude und diene somit eher als Konjunkturprogramm für die Bauwirtschaft. Außerdem sehe es keine ausgewogene Interessenabwägung zwischen allen Betroffenen vor und räume den Gemeinden einen allzu großen Spielraum bezüglich der Höhe und Art der Entschädigung ein. Betroffen von den nun einsetzenden erzwungenen Abrissen zur angeblichen Erdbebenprävention sind vor allem mehrstöckige Gebäude, die nach deren Semilegalisierung in den 1980er und 1990er Jahren auf den Grundstücken ehemaliger *gecekondu*s entstanden waren.[14]

»Heute Sulukule, morgen Balat, Okmeydanı, Tarlabaşı, Gezi-Park«[15]

Der sogenannte Stadtumbau diente zwei Zielen. Einerseits transformierte er das Wohnen in der Megacity, das zuvor in der Ära der *gecekondu*s durch Eigeninitiative und ab den 1980er Jahren, der Ära der *yapsatçı*s, durch mittelständische Unternehmer und Eigentümer geprägt gewesen war. Nun wurden Häuser und Wohnungen zu einer Ware auf Weltmarktniveau, von der in- und ausländische Investoren, große Baufirmen und der öffentliche Träger profitierten. Andererseits sollte der Stadtumbau die Attraktivität des Standortes steigern. Ein Lehrsatz aus dem Bausatz der *global city* lautet, dass die Innenstädte in möglichst keimfreie Kulturerlebniszonen für Touristen, Mittel- und Oberschichten transformiert werden sollten.[16] Dies bedeutete insbesondere für Istanbul eine Herausforderung, da die Stadt im Laufe der Zeit ein überaus kompliziertes Nebeneinander verschiedenster Kulturen, Klassen und Lebensstile entwickelt hatte. Die erhaltenen *gecekondu*s mit ihren teils alevitischen, teils kurdischen, teils anderen landsmannschaftlichen Prägungen, die in einigen Fällen nahe an Villensiedlungen liegen, bedeuteten eine Herausforderung, genau wie die heruntergekommene Altbausubstanz mit ihren Bewohnern aus der Unterschicht.

Zu Beginn des Jahres 2013 bewegten unter anderem drei Maßnahmen des »Stadtumbaus« die Öffentlichkeit, obwohl zahlreiche weitere zu dieser Zeit bereits begonnen hatten. Am Hang zwischen der Süleymaniye-Moschee und dem ehemaligen Pantokrator-Kloster lag ein Viertel aus meist einfachen Häusern, in denen zu einem hohen Anteil arme Großfamilien aus den östlichen Provinzen wohnten, die von der Suche nach recycelbarem Material in den Müllcontainern der Stadt lebten. Die Stadtverwaltung wollte diese einfache Siedlung in der Nähe der Prachtmoschee der Stadt nicht länger dulden. Stattdessen förderte sie den Bau von Häusern in traditioneller Holzbauweise, die dem historischen Stadtbild nachempfunden waren, und später auch weniger ambitionierte Architektur, doch der Umbau ist nach wie vor nicht abgeschlossen.

2012 wurde die großangelegte Räumung, Entkernung und der Neubau unter Beibehaltung oder Nachahmung historischer Fassaden in Tarlabaşı begonnen. Das Viertel schließt unmittelbar an Beyoğlu, das historische Pera, an und liegt an einem Hang. Im 19. Jahrhundert lebten in den engen, steilen Gassen mit ihren schmalen Apartmenthäusern meist die einfachen Angestellten, die in Pera arbeiteten. Nach der massiven Abwanderung der Nichtmuslime Mitte des 20. Jahrhunderts bildete sich in Tarlabaşı eine bunte Mischung heraus: kurdische Zuwanderer, Roma, Transvestiten und Musiker, die im Nachtleben in Beyoğlu ihr Auskommen fanden. Deren Häuser sollten nun enteignet, entkernt und zu mittelschichtfreundlichen Wohnungen und Büros mitten in der Stadt umgebaut werden. Beauftragt wurde eine Baugesellschaft, die zur Çalık Holding gehört. Deren Geschäftsführer war Berat Albayrak, der Schwiegersohn Erdoğans und spätere Finanzminister (seit 2018). Während die Hausbesitzer teilweise profitierten, gab es für Mieter weder Kompensation noch Ersatz.

Am meisten Aufsehen erregte der Stadtumbau von Sulukule, ein Viertel unmittelbar an der theodosianischen Landmauer und der Mihrimah-Sultan-Moschee aus dem »prächtigen Jahrhundert«. Auch dieses Gebiet sollte Teil einer keimfreien *glamour zone* für die obere Mittelschicht werden ohne den störenden Anblick der einfachen Häuser. Das Viertel war seit Jahrhunderten durch Roma bewohnt, die unter anderem im Nachtleben und als Musiker arbeiteten. Die Bewohner wurden nicht durch gleichwertigen Ersatz entschädigt, sondern erhielten lediglich eine Anzahlung auf neue Wohnungen, die in entfernten Vororten lagen und die sie größtenteils selbst abbezahlen mussten. Weder auf ihre gemeinsame Nachbarschaft noch darauf, dass die Musiker darauf angewiesen waren, in akzeptabler Nähe zu ihren Auftrittsorten in der Innenstadt zu wohnen, wurde Rücksicht genommen. Anstelle der alten Häuser wurde eine Townhouse-Siedlung errichtet, deren Erker Zitate osmanischen Stils sein sollen. Aus dem Protest ging *Tahribad-i İsyan* (Aufstand der Zerstörung) hervor, eine jugendliche Hip-Hop-Band, deren Mitglieder aus Sulukule und ähnlichen Vierteln stammen und die sich als authentische Stimme der bedrohten Vorstädte Gehör verschaffte. Ihre mit Slang und Schimpfwörtern gespickten, explizit politischen Texte waren eher vom amerikanischen Gangster-Rap inspiriert als vom gutbürgerlichen Mainstream des türkischen Hip-Hop.

Stadt ohne Grenzen: Die Megaprojekte

Viele Stadtbewohner, vor allem jene, die vom Stadtumbau nicht persönlich betroffen waren, scherten sich wenig um die große Politik und zogen es vor, ihr »Recht auf Stadt« durch den Genuss der kulturellen, landschaftlichen und Freizeitmöglichkeiten Istanbuls auszukosten. Doch auch sie konnten in der Phase zwischen 2010 und 2013 nicht übersehen, dass ihr »Recht auf Stadt« und dessen Grundlagen eingeengt werden sollten. So fällt in diese Zeit der wiederholte Spruch des Ministerpräsidenten, dass Frauen mindestens drei Kinder bekommen sollten. Im Rahmen der pronatalistischen Politik der AKP wurde ein Gesetz angekündigt, mit dem das Recht auf Schwangerschaftsabbruch empfindlich eingeschränkt werden sollte. Es wurde aber letztlich nicht auf den Weg gebracht.

Im Stadtteil Beyoğlu, der sich schon lange von seinem Niedergang in den 1950er Jahren erholt hatte und zur zentralen Ausgehmeile der Stadt avanciert war, wurde im Sommer 2011 plötzlich ein Verbot von Cafétischen auf der Straße verfügt. Unabhängig davon, ob die Betreiber eine Lizenz für den Außenausschank besaßen oder nicht, fuhren im ganzen Stadtteil ohne Warnung Wagen des Bezirksordnungsamtes vor. Tische und Stühle wurden kurzerhand aufgeladen und waren in den meisten Fällen nicht wieder aufzutreiben. Es folgten zahlreiche verleumdende Kampagnen gegen Alkoholkonsum, die durch den später zur staatlichen Institution aufgewerteten prohibitionistischen Verein »Grüner Halbmond« *(Yeşilay)* sowie Ministerpräsident Erdoğan (reg. 2002–2014; seitdem Präsident) persönlich geführt wurden. Außerdem gab es eine Gesetzesinitative zur Einschränkung des Konsums.

Was die AKP anstelle von Cafétischen mit Bier oder *Rakı*, an denen kinderlose Frauen sitzen, im öffentlichen Raum sehen wollte, war bald klar. Auf dem höchsten Berg der Stadt, dem Großen Çamlıca oberhalb des asiatischen Bosporusufers, auf dem es bereits zu Beginn des 20. Jahrhunderts einen Biergarten gegeben hatte, wurde nun eine riesige

Moschee für über 60 000 Besucher geplant, die aufgrund der exponierten Lage weithin zu sehen ist. Es gab breite Kritik, unter anderem an der Lage und Größe der Megamoschee. Architekten meinten, sie sei nicht mehr als eine architektonisch einfallslose, aufgeblasene Kopie des Gotteshauses des glücklosen Sultans Ahmed I.

Die Stadtplanung, von der man sich bessere U-Bahn-Verbindungen, Strom- und Wasserversorgung erhofft hatte, nahm insgesamt eine unheilvolle Wendung. Unter völliger Missachtung der Bebauungspläne, die auf Grundlage von wissenschaftlichen und politischen Debatten erstellt worden waren, und des Masterplans Verkehr aus dem Jahr 2010 überraschte der Ministerpräsident mit der Ankündigung immer neuer Megaprojekte, die die Probleme der Stadt offensichtlich nicht lösen, sondern verschlimmern würden. Ein dritter Autobahnring durch die Stadt samt dritter Bosporusbrücke wurde bereits 2008 angekündigt, obwohl Erdoğan als Oberbürgermeister noch selbst davor gewarnt hatte. Eine dritte Brücke werde einem Mord an der Stadt gleichkommen, so seine Worte, da sie zu spekulativem Bauen und zur Versiegelung und Zerstörung der grünen Lunge der Stadt, der nördlichen Wälder, führen würde. Die Verwunderung war groß, dass die nun angekündigte Autobahnbrücke den Bosporus ausgerechnet an seinem nördlichsten Punkt bei Poyrazköy queren sollte, was etwa 30 Kilometer vor der Stadt in dünn besiedeltem und reich bewaldetem Gebiet liegt. Kritiker meinten, der einzige Grund für diese Entscheidung sei, der Immobilienspekulation neue Betätigungsfelder zu eröffnen. Diese Befürchtungen verstärkten sich, als die Region auch als Standort des zukünftigen Flughafens angekündigt wurde. Eine Umweltschutzbewegung formierte sich, die die nördlichen Wälder vor dem Kahlschlag zu retten versuchte. Diese trotz des Protestes und ohne Umweltverträglichkeitsprüfung in Angriff genommenen Bauprojekte wurden noch übertroffen von der Ankündigung eines »irrwitzigen Projektes«, nämlich den Bosporus durch einen künstlichen Kanal in den westlichen Vororten quasi zu duplizieren. Die Durchfahrt durch die Meerenge ist aufgrund internationaler Verträge kostenlos, doch Erdoğan behauptete, die Frachtschiffe, die wegen des regen Verkehrs oft tagelang auf die Durchfahrt warten müssen, würden die Gebühren für eine Kanalfahrt, mit denen er das Projekt finanzieren wollte, freiwillig zahlen.

Während man so zwischen 2010 und 2013 mit den wachsenden autoritären Tendenzen der Regierung und des Staatsapparates und der Gewalt der neoliberalen Ordnung gegen einfache Mieter und Lohnabhängige sowie mit der Gefahr der ökologischen und urbanistischen Katastrophe beschäftigt war, kam es zu dramatischen politischen Entwicklungen in der arabischen und westlichen Welt. Die wirtschaftlichen Zumutungen infolge der durch den globalen Börsencrash von 2008 ausgelösten Rezession führten dazu, dass Menschen in ganz verschiedenen Ländern gegen autoritäre Herrschaft und neoliberale Ordnung aufbegehrten. Die Machthaber in Tunesien, Libyen und Ägypten wurden durch mutige Massenproteste hinweggefegt. Gleichzeitig forderten Protestierende insbesondere in der New Yorker Wall Street und an der Madrider Puerta del Sol ein Ende des Vorrangs finanzkapitalistischer Interessen vor den Bedürfnissen der breiteren Bevölkerung. In Istanbul folgte man diesen Entwicklungen mit großer Anteilnahme. Allerdings hatte niemand den Eindruck, dass dies viel mit der eigenen unmittelbaren Realität zu tun hatte. Die AKP genoss anders als die arabischen Autokraten große Zustimmung in einem halbwegs fairen Mehrparteienwettbewerb, und auch die antiglobalistische Protestkultur, obwohl durchaus vorhanden, war kein Massenphänomen. Die nationale Politik drängte sich zu sehr in den Vordergrund.

16.
Drei Wochen im Park

»Einzig und frei wie ein Baum, geschwisterlich wie ein Wald«

Als angekündigt wurde, dass im Rahmen der Verschönerung der Innenstadt der Taksim-Platz künftig autofrei und die bisherigen Straßen durch Tunnel ersetzt werden sollten, fielen die ersten Reaktionen verhalten positiv aus. Der Platz war an und für sich keine Schönheit. Die Nordseite unmittelbar vor den Stufen hoch zum Gezi-Park nahm ein Busbahnhof in Beschlag. Von den Bussen oder aus dem U-Bahnhof kommend mussten die Hunderttausende auf ihrem täglichen Weg in die İstiklal Caddesi und die anderen Straßen Beyoğlus erst den dicht fließenden Straßenverkehr teilweise mehrfach durchqueren; fußgängerfreundlichere Lösungen schienen also sinnvoll. Doch als einige Monate später die genauen Pläne bekannt wurden, schlugen die Stadtplaner Alarm. Die ausführenden Ingenieure hatten offensichtlich sehr viel mehr die etwaigen Bedürfnisse der Autofahrer bedacht als die der sehr viel zahlreicheren Fußgänger. Die vorgesehenen Autotunnel waren übertrieben hoch und breit, so dass der markante und zentrale Taksim-Platz drohte, zu einer Autobahnüberbauung zu verkommen. Für jede der auf den Platz zuführenden Straßen war nicht nur eine Tunneleinfahrt, sondern auch ein großzügiger Wendehammer geplant. Da so für die Zufahrtsstraßen mehr Raum benötigt wurde als zuvor, hatte man vorgesehen, die bestehenden Gehwege wegzureißen. Die Stadtplaner warnten, dass so zwar ein autofreier Platz entstehe, mangels Bürgersteig aber kein Stadtbewohner ihn noch erreichen könne. Erst recht fehlte dem Plan ein Konzept, wie der frei werdende Platz ästhetisch und nutzerfreundlich gestaltet werden sollte. Noch mehr Aufregung verursachte das Vorhaben für den angrenzenden Gezi-Park. Im Rahmen der durch die AKP geförderten nostalgischen Hinwendung zur osmanischen Vergangenheit wollte man den Park abreißen und an seiner Stelle eine Nachbildung der früheren Kaserne errichten, die in den Kämpfen von 1909 stark beschädigt und später nach den Plänen Henri Prosts abgerissen worden war. Der Stadtteil Beyoğlu lief Gefahr, seine einzige größere Grünfläche zu verlieren. So formierte sich 2012 die Taksim-Solidaritätsplattform, die von der Architektenkammer, kritischen Gewerkschaftsverbänden wie DİSK und Vereinen aus Beyoğlu getragen wurde.

Ein Hauch von Frühling: das Konzert im Park

Im November 2012 wurden Bauzäune quer über Taksim hochgezogen, um die Baustelle für den ersten Autotunnel von der Cumhuriyet Caddesi westlich des Platzes bis zur Kreuzung nördlich des Gezi-Parks abzuschirmen. Während der unwirtlichen Wintermonate versuchten Aktivisten, zwischen U-Bahn-Ausgang und Bauzaun Passanten anzusprechen und Unterschriften gegen die Umbaupläne zu sammeln, mit mäßigem Erfolg. Angesichts der zahlreichen zeitgleichen Herausforderungen, der nach wie vor prekären Arbeitsmarktlage nach der Rezession von 2008, der Vertreibungen durch den Stadtumbau und des stockenden Friedensprozesses im Südosten des Landes wunderten sich nicht einmal die Aktivisten der Taksim-Solidaritätsplattform, dass ihr Anliegen nur auf mittelmäßige Resonanz stieß.

Im Frühling 2013 erfolgte der symbolische erste Spatenstich für die Moschee auf dem Großen Çamlıca-Berg. Man konnte nun ahnen, wie bald eine Reihe von monumentalen Gebäuden aus Gussbeton mit nachgeahmten osmanischen Verzierungen die Sichtachsen der Stadt beherrschen würden, von der aufgeblasenen Kopie der Sultan-Ahmed-Moschee auf der asiatischen Anhöhe bis hin zur Artilleristenkaserne, die anstelle von Gezi errichtet werden sollte. Der Großteil der Bewohner sollte außerhalb dieser Sichtachsen in den monotonen Wohnhochhäusern von TOKİ in den entfernten Vororten verschwinden. Zwar war der Wiederaufbau der Kaserne noch nicht während dieser ersten Bauphase vorgesehen, Aktivisten hegten jedoch die Befürchtung, dass bereits Fakten geschaffen werden könnten.

Zu einer Wende im öffentlichen Bewusstsein kam es im April. Im frühlingshaften Gezi-Park veranstaltete die Plattform ein Festival als Demonstration für seinen Erhalt. Deutlich mehr Teilnehmer als gedacht fanden sich zusammen, allen Alters und aus allen sozialen Schichten. Die Veranstaltung rief den Platz wieder stärker ins öffentliche Bewusstsein.[1] Der Park war nicht im besten Zustand: Die Stadt hatte ihn vernachlässigt, die Taksim-Baustelle nutzte ihn als Baumateriallager und die Polizei als Dauerparkplatz. Bis dahin hatten viele Istanbuler den zentral gelegenen Park nur hastig durcheilt, manche Wohnungs- oder Arbeitslose hatten sich dort den Tag vertrieben, während sich nachts einige Männer dort für zwanglosen Sex trafen. Nun erkannten Stadtbewohner aus unterschiedlichen Schichten jedoch, was der Park für sie bedeuten könnte.

Mai 2013: Verbote und Tränengas

Der Mai brachte eine bislang beispiellose Ballung von Provokationen seitens der Regierung. Am 29. April 2013 erklärte Ministerpräsident Erdoğan, dass die Versammlung zum 1. Mai nicht wie in den Vorjahren auf dem Taksim-Platz stattfinden dürfe. Vorgeblicher Grund war die Baustelle, die angesichts der erwarteten Teilnehmerzahl zum Sicherheitsrisiko werden könne. Die Gewerkschafter von DİSK ahnten, dass es sich bei dem Verbot nicht um eine einmalige Entscheidung handelte, sondern dass man ihnen den kürzlich erkämpften zentralen Platz in der *global city* grundsätzlich wieder wegnehmen wollte. Sie riefen die Demonstranten auf, trotz des Verbots Richtung Taksim-Platz zu marschieren. Am 1. Mai 2013 glich Istanbul einer Stadt unter Belagerung. Die Maßnahmen der Polizei standen denen vom 15. Juni 1970 in nichts nach. Der Fährverkehr zwischen Asien und Europa wurde eingestellt, die Brücken über das Goldene Horn hochgezogen, auf der gesamten Halbinsel von Beyoğlu verkehrten weder U-Bahnen noch Busse. Die Gruppen, die dennoch Richtung Platz zogen und es bis in die Nachbarbezirke Beşiktaş und Şişli schafften, wurden dort durch massive Polizeisperren aufgehalten und auseinandergetrieben, unter massivem Einsatz von Tränengas und Wasserwerfern, die mit chemischen Reizstoffen versetztes Wasser in die verschiedenen Gruppen schossen, gleich ob es sich um ältere Gewerkschafter, Volkstänze aufführende Frauen oder Jugendliche handelte. Die Bilder von dieser Gewalt lieferten dem Ministerpräsidenten die Vorlage, um wenige Tage später das vorgeblich einmalige Versammlungsverbot zu verschärfen: Aufgrund der potentiellen Einschränkungen für Gewerbe und Verkehr würden auch nach dem Ende des Platzumbaus keine Demonstrationen in Taksim mehr geduldet und ebenso wenig in Kadıköy. Alle Großveranstaltungen hätten zukünftig auf einem im Marmarameer bei Yenikapı neu aufgeschütteten Gelände stattzufinden.[2]

Zahlreiche weitere Konflikte kochten im Mai 2013 hoch. Ein Gesetz wurde verabschiedet, das die Werbung für Alkohol und dessen Verkauf drastisch einschränkte. Die neue Linie des totalen Versammlungsverbotes für Beyoğlu zeigte sich Mitte Mai, als eine an sich kleine Veranstaltung zum Gedenken an den 41. Jahrestag des Justizmordes an den Guerilleros Deniz Gezmiş, Yusuf Aslan und Hüseyin İnan brutal aufgelöst wurde. Ähnlich erging es den Fußballfans. Am 11. Mai fand das letzte Spiel des Fußballvereins Beşiktaş im 1947 eröffneten Stadion in Dolmabahçe statt, das mittlerweile an seine Kapazitätsgrenzen gestoßen war. Mit geschätzt 40 000 Zuschauern war die Partie gegen Gençlerbirliği aus Ankara das meistbesuchte Ereignis aller Zeiten im alten Stadion. Der Neubau sollte an derselben Stelle erfolgen, die historische

Front zum Bosporus sollte dabei integriert werden. Die angereisten Fans hatten nichts gegen diese Maßnahme, sie wollten lediglich vom alten Stadion Abschied nehmen. Dennoch wurden sie von der Polizei mit Tränengasschwaden und Schlägen empfangen. Auch anderen Formen des Zeitvertreibs ging es an den Kragen. Das 1924 zur Zeit der lebhaften frührepublikanischen Ausgehkultur eröffnete *Emek*-Kino, dessen prächtiger Jugendstilsaal sich bei Filmfestivals großer Beliebtheit erfreute, wurde zum Abriss freigegeben. An der Stelle des Gebäudes in einer Seitengasse der İstiklal Caddesi sollte eine gläserne Shopping Mall entstehen, in deren oberstes Stockwerk das Kino umziehen sollte. Demonstrationen aufgebrachter Cineasten wurden durch Tränengas auseinandergetrieben, um den Abrissplan in die Tat umzusetzen.

Auch die Stadtplanung und der Denkmalschutz wurden nun verstärkt diskutiert. Bereits in seiner Rede Ende April hatte Erdoğan die Archäologen allgemein beschimpft. Er warf ihnen vor, dass sie die Bauarbeiten in Yenikapı für einen neuen unterirdischen S-Bahnhof unnötig aufhielten »wegen drei bis fünf Stück Geschirr und Besteck«. Wenn sich Archäologen so sehr um die Vergangenheit sorgten, warum unterstützten sie nicht sein Anliegen, die Fassade der Artilleristenkaserne in Gezi als Teil eines Wohnhauses mit Luxusapartments wieder aufzubauen?[3] Der Bezug auf »drei bis fünf Stück Geschirr« war eine bewusste Fehlinformation, denn es handelte sich in Yenikapı mitnichten bloß um Funde gewöhnlicher Alltagsgegenstände. Die Baugrube lag im ehemaligen, mittlerweile verlandeten Hafengelände aus der Zeit Theodosios' I., welches vom späten 4. bis zum 13. Jahrhundert in Gebrauch gewesen war und das man nun als unterirdischen Kreuzungsbahnhof für eine S- und zwei U-Bahn-Linien ausgesucht hatte. Hier hatte man die älteste erhaltene Mauer Konstantinopels gefunden, ferner 36 gesunkene Schiffe mit teilweise kompletter Ladung, 177 menschliche und 22 000 tierische Skelette, darunter Kamele und Pferde, und insgesamt 25 000 Artefakte. Ferner entdeckte man an derselben Stelle in größerer Tiefe Spuren einer prähistorischen Siedlung. Sowohl die Vorgeschichte von Byzantion als auch die Wirtschafts- und Kulturgeschichte des mittelalterlichen Konstantinopels wird man dank der Funde von Yenikapı in einigen Jahren neu schreiben können.[4]

Erdoğans provokante Forderung, die Archäologen sollten lieber ein Wohnhaus mit der Fassade der Artilleristenkaserne unterstützen – mit der er nebenbei dem Oberbürgermeister seiner eigenen Partei, Kadir Topbaş (im Amt 2004–2017) widersprach, der hier ein Stadtmuseum versprochen hatte –, rief zwei weitere umstrittene Eingriffe in das Stadtbild am Taksim in Erinnerung. Bereits 2008 hatte das am Ostrand des Platzes gelegene Atatürk-Kulturzentrum (AKM), das unter anderem als Oper diente, den Betrieb eingestellt, da es gründlich modernisiert werden sollte. Zwischenzeitlich folgten Diskussionen darüber, ob eine Renovierung sinnvoll sei oder ein Abriss die bessere Lösung wäre. Der Ministerpräsident hatte angekündigt, dass er anstelle des in den späten 1960er Jahren errichteten AKM mit seinem nicht mehr zeitgemäßen Äußeren lieber einen Neubau mit Barockfassade sähe. Erdoğans Plan zum Abriss des Kulturzentrums erinnerte viele daran, dass bereits seit der Regierung Erbakan die Parteien des politischen Islams den Bau einer monumentalen Moschee auf dem Taksim-Platz gefordert hatten und auch die AKP dieses Vorhaben verfolgte. Nach langer Verzögerung begannen schließlich 2012 doch Renovierungsarbeiten, mit dem Ziel einer Wiederherstellung des ursprünglichen Zustands, nachdem ein Gericht gegen einen Abriss entschieden hatte. Allerdings wurden die Arbeiten im Mai 2013 eingestellt.

Es war der Monat, in dem sich binnen weniger Wochen mehrere Konflikte, die zwischen Erdoğan und der AKP auf der einen und verschiedensten Teilen der Istanbuler Bevölkerung auf der anderen Seite schwelten, offen ausbrachen. Einer davon war der bereits beschriebene Kampf der Arbeiterbewegung um ihr Versammlungsrecht auf dem Taksim-Platz, der sich verschärfte, als sie nun erneut abgedrängt werden sollte, dieses Mal auf eine leere Fläche am Rand des Meeres. Auch eine Reihe unterschiedlicher Gruppen, die das Bild, das die AKP-Führung vom künftigen Istanbul entwarf, nicht teilten, organisierten Proteste und wurden in ihre Schranken gewiesen. In diesen Konflikten wurde sowohl um die Zukunft als auch um die Vergangenheit der Stadt gerungen. Die eine Seite sah neue Flughäfen, Autobahnen und Wohnhochhäuser als Ausdruck einer höheren Entwicklungsstufe an. Die anderen sorgten sich um gesundes Wasser, saubere Luft und die Natur sowie um bezahlbaren Wohnraum und gewachsene Nachbarschaftsstrukturen und lehnten den eingeschlagenen kompromisslosen Fortschrittskurs ab. Erdoğan und die AKP wollten ihre Symbole des Fortschritts mit nostalgischen Zitaten osmanischer Architektur versehen, was sie als Bewahrung des historischen Erbes propagierten. Ihre Widersacher forderten dagegen, das vielseitige, gewachsene und authentische bauliche Erbe Istanbuls zu schützen, ob es sich um Ostrom, das eklektische 19. und frühe 20. Jahrhundert oder die 1970er Jahre handelte. Zusätzlich stellte sich bei den Istanbulern das Gefühl ein, dass sie selbst zunehmend zur Zielscheibe der islamistischen Konservativen wurden, wenn sie einen hedonistischen Lebensstil pflegten (einschließlich des Genusses von Alkohol) und die traditionell vorgesehenen Geschlechterrollen missachteten. Sie alle vereinte die Sorge um die zunehmenden autoritären Tendenzen der Regierung, die abweichenden Ansichten und Lebensstilen nur noch mit massivem Einsatz von Polizei und Tränengas begegnete. Gewerkschafter, durch Wohnungslosigkeit bedrohte Vorstadtbewohner, Umwelt- und Denkmalschützer, selbstbestimmt lebende Frauen, Menschen, die Alkohol tranken, feiernde Fußballfans oder Cineasten – sie alle bekamen den langen Arm der Regierung zu spüren.

Von fünf Bäumen bis zum Volksaufstand

In dieser Situation traten die Bauarbeiten für die Untertunnelung des Taksim-Platzes in eine neue Phase. An der Tunnelausfahrt nördlich des Gezi-Parks wollten die Ingenieure nachträglich doch noch der Kritik der Taksim-Solidaritätsplattform Rechnung tragen und neben mehreren Spuren Autoverkehr einen schmalen Gehweg anlegen. Da die Breite der Straße nicht zur Debatte stand, sollte der Gehweg auf Kosten des Parks realisiert werden. Zu diesem Zweck wurde in der Nacht vom 27. Mai, einem Montag, begonnen, die unmittelbar an der Straße gelegenen Bäume zu fällen und die Mauer abzureißen, die den Park von der tiefer liegenden Straße trennte. Dies rief die Plattform und andere besorgte Einwohner auf den Plan, die eine vorzeitige Kahlschlagaktion befürchteten. Noch in der Nacht begaben sie sich in den Park und blieben dort, um weitere Fällungen zu verhindern. Etwa 50 Istanbuler schlugen Zelte auf, um die Bäume in den nächsten Tagen zu bewachen. Am Dienstag rückte der Bautrupp erneut an, diesmal zusammen mit Beamten des Bezirksordnungsamtes, aber auch die Mahnwache im Park hatte Verstärkung bekommen. So konnte die Gruppe, auch mit Hilfe des Abgeordneten der undogmatisch linken und prokurdischen Partei für Frieden und Demokratie (BDP) Sırrı Süreyya Önder, einen weiteren Abriss zunächst verhindern, indem sie auf die Vorlage einer Baugenehmigung im Gezi-Park bestanden, die der Bautrupp nicht vorweisen konnte.

Unter den Protestierenden der ersten Tage im Park war Ceyda Sungur, Assistentin am Fachbereich Stadtplanung der Technischen Universität Istanbul. Sie trug an dem Tag ein rotes Sommerkleid, Sandalen und über der Schulter einen weißen Stoffbeutel. Ein Fotograf der Nachrichtenagentur Reuters hielt den Moment fest, als ein Polizist mit Gasmaske ihr aus nächster Nähe Pfeffergas ins Gesicht sprühte. Nichts an Ceyda Sungur war ungewöhnlich, sie stach nicht aus der Menge der Protestteilnehmer heraus. Gerade deswegen brachte das Bild den Konflikt auf den Punkt. Auf der einen Seite standen uniformierte, hinter Masken unkenntliche männliche Polizisten, die ihre Waffen gegen friedliche junge, oft weibliche Demonstrantinnen einsetzten, denen man beim besten Willen keine Militanz vorwerfen konnte. Das Foto der »Frau in Rot« wurde von der Agentur veröffentlicht und binnen kürzester Zeit zehntausendfach über Twitter weiterverbreitet. Es beschleunigte die sowohl landesweite als auch globale Solidarisierung mit den Protestierenden.

Am Mittwoch, dem 29. Mai, jährte sich die Einnahme Istanbuls durch Mehmed II. zum 560. Mal. Die AKP-geführte Stadtregierung beging den Jahrestag aufgrund ihrer positiven Identifizierung mit der osmanischen Dynastie stets als Großveranstaltung. 2013 hatte man diesen Tag für den Baubeginn der dritten Bosporusbrücke ausgewählt. Ministerpräsident Erdoğan provozierte bei der Grundsteinlegung, indem er zum einen bekräftigte, dass die Bebauung des Gezi-Parks durchgezogen werde. Zum anderen gab er der umstrittenen Bosporusquerung den Namen »Yavuz-Sultan-Selim-Brücke«. Besagter Selim I. (reg. 1512–1520) war unter der alevitischen Bevölkerung vor allem dafür bekannt, dass er vor einem Feldzug gegen Persien Tausende Aleviten hinrichten ließ, da er sie als potentielle fünfte Kolonne des Schahs ansah.

Im Gezi-Park wurden an jenem Abend die Abrissarbeiter erneut vertrieben und Zelte aufgestellt. Die Demonstranten pflanzten neue Bäume anstelle der gefällten. Am darauffolgenden Donnerstagmorgen räumte die Polizei das Lager, in dem sich etwa 150 Menschen befanden. Die Abrissarbeiten wurden fortgesetzt, mussten aber später aufgrund einer Blockade, an der sich wieder Sırrı Süreyya Önder beteiligte, erneut abgebrochen werden.

Am Freitag, dem 31. Mai, überfiel die Polizei das Zeltlager gegen fünf Uhr mit großer Brutalität und unter massivem Einsatz von Tränengas, obwohl die meisten Anwesenden noch in ihren Zelten schliefen. Die nach der Räumung beschlagnahmten Zelte wurden an Ort und Stelle verbrannt. Am selben Tag kassierte das Verwaltungsgericht die Baugenehmigung für das kasernenartige Gebäude. Die Bilder von Polizisten und Mitarbeitern des Ordnungsamts, die die Zelte anzündeten, und die Schilderungen der brutalen Räumung der Zeltstadt riefen in den sozialen Medien erneut große Empörung hervor. Sie führten dazu, dass die Menge der Versammelten deutlich anwuchs. Tausende kamen nun nach Taksim, um die Parkbesetzer zu unterstützen, obwohl der gesamte öffentliche Nahverkehr eingestellt war. Die Polizei riegelte den Platz ab. Die Kämpfe konzentrierten sich auf die Zufahrtsstraßen wie İstiklal und Cumhuriyet Caddesi. Wieder kam es zu massivem Einsatz von Tränengas sowie von Plastikgeschossen, wodurch zahlreiche Protestierer schwere Vergiftungen und Verletzungen erlitten. Als Reaktion wurden Barrikaden errichtet, Feuer an Barrikaden gelegt und die Polizisten mit Pflastersteinen beworfen. Die Proteste griffen auf andere Stadtteile über, und aus zahlreichen Wohnungen ertönte lautstarkes Schlagen auf Kochtöpfe und Pfannen zur Unterstützung. In vielen weiteren türkischen Städten kam es zu Solidaritätsbekundungen mit den Istanbulern.

Die Wende brachte der 1. Juni, ein Samstag. Verschiedene Amtsträger, allen voran Präsident Abdullah Gül, riefen zur Mäßigung auf. Die Proteste hatten sich mittlerweile auf große Teile der Stadt ausgeweitet. Von der anatolischen Seite zogen Demonstranten zu Fuß über die erste Bosporusbrücke, die normalerweise für Fußgänger gesperrt ist. Die Zahl der Protestteilnehmer in der gesamten Stadt war immens gestiegen. Vor allem in den traditionell unruhigen Vorstädten mit überwiegend alevitischer Einwohnerschaft wie Gazi und Okmeydanı wurde die Polizei herausgefordert. Gegen 16 Uhr nachmittags zogen sich die Polizisten vom Taksim-Platz zurück. Die nachrückenden Protestierer setzten einige dort geparkte Fahrzeuge in Brand, darunter Kamerawagen von regierungsnahen Medien und städtische Busse, die für den Transport von Polizisten requiriert worden waren.[5] Die ausgebrannten Busse dienten nun als Barrikaden. Die Zeltstadt im Park wurde mit großer Beteiligung wiederaufgebaut. Als Protestierer das angrenzende Atatürk-Kulturzentrum betraten, bestätigten sich ihre Befürchtungen: Das Gebäude war weitestgehend entkernt worden. Es schien einem Abbruch näher als der versprochenen und gerichtlich angeordneten Instandsetzung. Die Fassade des AKM mutierte daraufhin zu einer riesigen »Pinnwand« für Transparente aller möglichen Bewegungen und Forderungen.

»Komm, wer immer du bist!«

Es begann ein einzigartiges Experiment in Selbstorganisation in der jüngeren Geschichte Istanbuls, das zugleich hinsichtlich seiner Teilnehmerzahl womöglich das größte war, das die Stadt je erlebt hatte. Wer waren die Menschen im Park, und was wollten sie? Dies sind die am meisten gestellten Fragen über den Aufruhr. Die von der Taksim-Plattform am 3. Juni veröffentlichten Forderungen waren vergleichsweise moderat und realistisch: kein Abriss des Gezi-Parks und des Atatürk-Kulturzentrums, Rücktritt des Gouverneurs von Istanbul Hüseyin Avni Mutlu und des Polizeipräsidenten Hüseyin Çapkın sowie aller weiteren Verantwortlichen für die unverhältnismäßige Gewalt, Freilassung der in den vergangenen Tagen Verhafteten, unbedingte Versammlungsfreiheit in der gesamten Türkei ohne Verbote für bestimmte Plätze, unbeschränkte Meinungsfreiheit.[6] Zweifelsohne gingen die Wünsche und Idealvorstellungen der Teilnehmer weit über diese moderaten Ziele hinaus, was schon in den häufig skandierten Rücktrittsaufforderungen an die Regierung zum Ausdruck kam und aus der Gesamtschau der in den Monaten zuvor auftretenden Zumutungen für verschiedenste Bevölkerungsteile deutlich wird.

Eine zu der Zeit durchgeführte Umfrage ergab, dass der Großteil der Teilnehmer sehr jung, hochgebildet (mit laufendem oder abgeschlossenem Studium) und zuvor nicht politisch organisiert war.[7] Der abschließende Polizeibericht kommt zu dem Schluss, dass sich landesweit 3,6 Millionen Menschen an den Gezi-Protesten beteiligten und es sich in erster Linie um einen Aufstand der Aleviten gehandelt habe. Die Zahl wird vermutlich zu niedrig sein und die Rolle der Aleviten übertrieben. Zweifelsohne waren sie überrepräsentiert unter den Teilnehmern wie auch unter den Todesopfern. Doch eine Konfessionalisierung oder Ethnisierung des Konfliktes greift zu kurz. Auch das hohe Bildungsniveau sollte man nicht absolut sehen. Im Park konnte man neben Universitätsprofessoren genauso gut Bäckerlehrlinge aus der Altstadt oder Jugendliche aus den *gecekondu*s antreffen. Zielführender als die Teilnehmer demographisch zu sezieren ist es, sich Henri Lefebvres These vom »Recht auf Stadt« und seine am Beispiel der Pariser Kommune von 1871 gemachten Beobachtungen in Erinnerung zu rufen. Letztendlich sei die Kommune vor allem ein Fest gewesen, bei dem man die Stadt und ihre Vielfalt gefeiert und fast allen Menschen freien Zugang zum Mehrwert der urbanen Produktion, ihrem Wissen und ihren Schönheiten geboten habe.

Ähnlich verhält es sich mit der vierzehntägigen Besetzung des Parks.

Die Besetzer entschieden basisdemokratisch. Die Versorgung wurde antikapitalistisch organisiert, durch Freiwilligenarbeit und durch Spenden. Politische Meinungen und kulturelle Aktivitäten wurden nicht zensiert. Die Ähnlichkeit zu einem Festival ist nicht zu übersehen. Die zahlreichen Parolen und Zitate, die den Park, Taksim und die weitere Umgebung schmückten, reflektierten den Karnevalscharakter des Aufstandes, der seine Inspirationen aus den verschiedensten Quellen zog. Çağla Aykaç zählt einige auf:

> »Frantz Fanon hieß einen an einem der Barrikadentore willkommen im Bereich der Verdammten dieser Erde. Nazim Hikmet appellierte an einen, so einzigartig und frei wie ein Baum und gleichzeitig so freundlich wie ein Wald zu sein. Marx erinnerte einen, dass die Schatten von Bäumen nicht zu verkaufen waren. An den Mauern konnte man lesen, dass die Revolution nicht im Fernsehen ausgestrahlt wird – hier trafen sich die Pinguine mit Guy Debord (siehe S. 384, Anm. MF). Der Quran erinnerte einen an die Bedeutung des Teilens. Tayyip Erdoğan, verkleidet als Marie-Antoinette, argumentierte, dass, wenn das Volk kein Brot habe, es ja Gras essen könne.
> Mevlana lud alle ein zu kommen, wer immer sie sind … (siehe S. 385, Anm. MF) alle außer Tayyip natürlich. Deniz Gezmiş und seine Freunde riefen auf zu einem langem Leben der Bruderschaft zwischen Kurden und Türken. Emma Goldman lud uns ein, durch die Revolution zu tanzen. Die Zapatistas grüßten. Orwells Großer Bruder folgte uns, unter ständiger Beobachtung. Die Geschichte lehrte uns, trieb uns an zu größeren Mühen, voll wissend um die Risiken und den hohen Preis.«[8]

Eine Bibliothek gespendeter Bücher, Informationsstände, allabendliche Foren und Tanzeinlagen waren einige der gängigen Mittel, mit denen organisierte Gruppen ihre jeweiligen Sichtweisen und Probleme, aber auch ihre Kultur darstellten. Das junge Alter der meisten Protestierenden war prägend für die Form der Gemeinschaft, die sich 14 Tage lang ohne staatlichen Eingriff entwickelte. Anstelle der durch ihre vielen Toten, einen Trauerkult um die Gefallenen und Nostalgie geprägten sozialistischen Bewegungen aus den 1970ern dominierte eine freudige Aufbruchsstimmung, getragen von Witz und Selbstironie. Die Menschen weigerten sich, zu verhärten, sich zu militarisieren oder sich abzuschirmen, trotz oder gerade als Kontrapunkt zu der erfahrenen Gewalt. Die zahlreichen Graffitis, die in diesen Tagen entstanden, zeugten von einer Jugendkultur, die bisher durch die gegebenen restriktiven Umstände unterdrückt wurde und sich nun frei entfalten konnte.

Gezi war von diesen zahlreichen bunten Bewegungen geprägt, die erst nach der Hochphase des Sozialismus in der Türkei während der 1970er entstanden waren und undogmatische Standpunkte vertraten. Sie waren in der öffentlichen Wahrnehmung zuvor meist als »marginal« wahrgenommen und kaum beachtet worden. Anarchismus, Antiglobalismus, Feminismus und LGBTIQ-Bewegung prägten die Atmosphäre und ebenso die Regeln, die auf dem Platz herrschten. Geradezu hofiert durch die anderen Teilnehmer wurden die relativ kleinen Gruppen der Antikapitalistischen Muslime und der Revolutionären Muslime. Sie leiten anders als die AKP aus dem Koran die Aufforderung zu einem bescheidenen Leben ab und keineswegs einen Chauvinismus gegenüber anderen Lebensstilen. Das Interesse der Parkbesetzer an diesen Gruppen resultierte aus dem Interesse dafür, wie man einen politischen Islam unabhängig von der moralisch-kleinbürgerlichen und kapitalistischen Interpretation der AKP formulieren konnte. Und es bewies, dass die neue revolutionäre Kultur sich nicht gegen den religiösen Lebensstil richtete. Insbesondere dieser Brückenschlag wurde von der Regierung durch bewusste Falschmeldungen hintertrieben. Zehra Develioğlu, Tochter des AKP-Bürgermeisters des Stadtteils Bahçelievler, behauptete, am Rande der Proteste von halbnackten Männern in Leder angerempelt und angepinkelt worden zu sein. Obwohl es keine Zeugen gab und die Auswertung von Überwachungskameras ebenfalls keine Beweise lieferte, wiederholte der Ministerpräsident die Geschichte mehrfach. Gleichermaßen wurde behauptet, die Demonstranten hätten in der Moschee von Dolmabahçe Alkohol getrunken. Der Imam Halil Necipoğlu, der das Gotteshaus geöffnet hatte, um Verletzten einen Schutzraum zu bieten, beteuerte dagegen, nichts dergleichen gesehen zu haben.

Fußballfans und insbesondere die Mitglieder des linksgerichteten Beşiktaş-Fanclubs *Çarşı* erwiesen sich als wichtiger Bestandteil des breiten Bündnisses, da sie wie Aleviten, Kurden und Sozialisten über Erfahrung im Umgang mit Polizeibrutalität verfügten. Ein legendärer Moment, der ihnen zugeschrieben wird, fand in Dolmabahçe statt. Beflügelt von ihrem Erfolg, den Platz befreit zu haben, marschierten die Demonstranten am 2. und 3. Juni abends in Richtung des Dolmabahçe-Palastes, wo sich in einem Nebengebäude der Istanbuler Dienstsitz des Ministerpräsidenten befand. Als sie von der Polizei zurückgetrieben wurden, setzten einige von ihnen einen Bagger von der nahen Baustelle des Beşiktaş-Stadions in Bewegung und vertrieben so zeitweise die Wasserwerfer.

Der Festival- und Karnevalscharakter und die Botschaft Mevlanas, »Komm, wer immer du bist!«, von der später noch die Rede sein wird, ermöglichten es, dass traditionell verfeindete Gruppen zusammenfinden konnten. Obwohl nur ein Jahr zuvor das Endspiel der türkischen Liga zwischen Fenerbahçe und Galatasaray in einer großen Straßenschlacht geendet hatte, erklärten Anhänger der beiden Clubs und von Beşiktaş das Ende ihrer traditionellen Animositäten und riefen den fiktiven Fußballverein »Istanbul United« ins Leben, dem sie alle angehörten. Wie geschichtsträchtig die Vereinigung aller großen Fangemeinschaften der Stadt gegen den Herrscher war, war zumindest einigen Teilnehmern und Beobachtern bewusst, die eine Parallele zum Nika-Aufstand gegen Justinian zogen.

Auch an anderer Stelle wurde die Stadtgeschichte thematisiert. Einige wiesen darauf hin, dass die Kaserne von Taksim ein Hort der Anhänger von Abdülhamid in der Konterrevolution von 1909 gewesen war und das politische Signal ihres Wiederaufbaus damit reaktionär und dschihadistisch sei. Andere diskutierten den für die Aktivisten ungemütlichen Umstand, dass das Gelände, auf dem sich der hintere Teil des Parks und das *Divan*-Hotel befinden, Teil des um 1940 enteigneten Surp-Agop-Friedhofs ist und somit Bestandteil der damaligen Türkifizierung Istanbuls.[9] Erdoğans abschätzige Bemerkung über die oströmischen Funde im theodosianischen Hafen wurde ebenfalls aufgegriffen. Ein Zelt, das Archäologen im Park aufgestellt hatten, trug ein Transparent mit der Aufschrift: »Das Geschirr und Besteck ist dir um die Ohren geflogen!«

Gezi wurde zum Massenphänomen, weil nicht nur Bürgerinitiativen und antiautoritäre Gruppierungen beteiligt waren (wenngleich diese den Ton angaben), sondern ein breites Spektrum konventioneller politischer Strömungen. Zahlreiche größere und kleinere Parteien und Bewegungen waren vertreten, von marxistisch und maoistisch geprägten Organisationen über PKK-Sympathisanten bis hin zu Kemalisten. Ganz reibungsfrei verlief dieses Nebeneinander der teils ideologisch verfeindeten Gruppen nicht. Der häufig von den Kemalisten angestimmte Sprechchor »Wir sind die Soldaten Mustafa Kemals!« wurde von den antinationalistischen Linken mit »Wir sind die Soldaten Mustafa Kesers!« parodiert. Der Volksmusiker Mustafa Keser war über seine neuen militanten Anhänger verwundert und wurde von den regierungsnahen Medien genötigt, jegliche Beziehung zu ihnen zu dementieren. Auch die PKK-Sympathisanten mussten Zugeständnisse machen. In stillen Verhandlungen erreichten andere Teilnehmer, dass die PKK-Anhänger das Konterfei Abdullah Öcalans von ihrer Stellwand abhängten, da es für die Nationalisten die größte denkbare Provokation war. Trotz dieser Unstimmigkeiten führte die freie und offene Atmosphäre im Park zu mehr als gegenseitigem Erdulden oder Kompromissen auf der Basis des kleinsten gemeinsamen Nenners, der Gegnerschaft zu Erdoğan. Die Atmosphäre des gegenseitigen Respekts und der Solidarität wurde als eine Errungenschaft an sich verstanden, die man der alltäglichen Polarisierung der türkischen Gesellschaft entlang von Ideologien, Geschichtsbildern und Lebensstilen entgegensetzte. Ein weiteres ikonisch gewordenes Foto dieser Tage zeigt eine Frau mit einer Mustafa-Kemal-Fahne und einen Mann mit einem Banner der prokurdischen BDP, die sich am Tag der Räumung von Taksim einander an den Händen haltend vor einem Wasserwerfer in Sicherheit bringen.

Ökonomie einer Revolution

Der zentralste Platz der 14-Millionen-Metropole war nun ohne Polizeipräsenz. Allerdings mieden auch die Feuerwehr und die Müllabfuhr Taksim. Busse machten einen weiten Bogen um die Gegend, private Sammeltaxis *(Dolmuş)* hingegen fuhren bis an die Barrikaden und wendeten dort. Die U-Bahn fuhr ebenfalls. Gleichzeitig zerstreute sich die Menge keineswegs, sondern wuchs weiter an. Im Park entstand eine Zeltstadt von Menschen, die mehr oder weniger permanent dort blieben. Der Platz glich einem Jahrmarkt, da die verschiedenen politischen Gruppierungen, die sich am Aufstand beteiligt hatten, zahleichen Stände, Banner und Aufführungen präsentierten.

Tag für Tag strömten Hunderttausende auf den Platz. Trotzdem funktionierte die Selbstorganisation erstaunlich gut. Die spontane Hilfsbereitschaft war überwältigend. Stand man einen Moment ratlos herum, weil man seine Bekannten im Gedränge verloren hatte, fragte sofort jemand, ob alles in Ordnung sei oder man Hilfe brauche. Ein Restaurantbesitzer an der Gümüşsuyu Caddesi, wo sich am 1. Juni die schweren Kämpfe ereigneten, berichtete, er habe zahlreichen Opfern der Tränengasangriffe Zuflucht gewährt. Darunter sei eine an Asthma leidende Schülerin, die trotz der Unruhen am naheliegenden Campus der Technischen Universität Istanbul eine Aufnahmeprüfung ablegen musste. Nachdem er über Facebook um ärztliche Hilfe gebeten hatte, standen ungeachtet der Kämpfe binnen weniger als einer Stunde gleich mehrere Ärzte vor dem Restaurant. Bereits während der gewalttätigen Auseinandersetzungen mit der Polizei hatten sich Sanitätsstationen aus freiwilligen Ärzten, Krankenpflegern und Medizinstudenten gebildet, denen die wichtigsten Medikamente und Zubehör gespendet wurden. Überhaupt konnte man vielerorts in der Stadt eine spontane Hilfsbereitschaft bemerken, obwohl die Arbeit und der Alltag für die meisten Menschen weiterliefen. Angestellte im Anzug, die aus dem Büro oder von einer Messe kamen und gesammelte Medikamente oder gespendete

Gasmasken für die Sanitäter zum Park brachten, waren durchaus kein seltener Anblick. Auch vor Nahrungsmittelspenden, vom spontan gebackenen Kuchen bis zu Großrationen, konnten sich die Besetzer kaum retten. In großen Volksküchen wurden aus den geschenkten Lebensmitteln Mahlzeiten für alle gekocht. Das anhaltende Engagement und die ständigen kleinteiligen Aushandlungsprozesse bedeuteten eine enorme Anstrengung für die maßgeblich Beteiligten, und doch ließen sie in dem mehrere Wochen dauernden Protest nicht nach. Die tolerante Stimmung kippte trotz der andauernden Anspannung nicht um.

Wie gesagt gründete die Ordnung im Park auf Basisdemokratie und Freiwilligkeit. Entscheidungen wurden in Foren getroffen, großen offenen Versammlungen, in denen jeder Rederecht hatte, aber sich kurz fassen musste, um alle Redewilligen zu Wort kommen zu lassen. Eine der wichtigsten Regeln des Platzes war, dass alles umsonst war und nichts gegen Geld veräußert werden durfte. Dies wurde nie in letzter Konsequenz durchgesetzt, denn wie bei allen Großveranstaltungen in Istanbul gab es auch hier Straßenverkäufer. Sie boten Banner, Getränke und in diesem Fall auch Taucherbrillen und andere Utensilien an, die gegen das Tränengas schützten, und man wollte ihnen ihren ohnehin geringen Gewinn nicht versagen. Bei Konflikten, etwa unter zufälligen Passanten, griffen die Umstehenden beherzt ein und brachten die Streitenden auseinander. Auch auf Feuer wurde geachtet und notfalls gelöscht. Den angesichts der Massen beträchtlichen Müll sammelten zahlreiche Freiwillige ein und trugen ihn an eine Stelle jenseits der Barrikaden. Es hieß, dass die Müllabfuhr eines oppositionell regierten Nachbarbezirks ihn abtransportierte.

Die Rückeroberung des Wortes und des Bildes

Trotz der Gewalt begleiteten von Anfang an Kunst, Satire und Humor den Aufstand. Die Kunsthistorikerin Wendy Shaw, die den Aufstand aus der Ferne über Facebook verfolgte, schreibt über die Nacht vom 31. Mai auf den 1. Juni:

»Die Nachtpause der Proteste kam plötzlich, und dann begann die Kunst. Humorvoll und leidenschaftlich kam sie als Performance, Graphic Design, Comic, Tweet und Graffiti. Sie versprühte Liebe als Gegenmittel gegen die Gewalt. Herzlich und größtenteils anonym, kommunizierte sie prägnant wie die effektivste politische Kunst, verweigerte sich aber in ihrer virtuellen Flüchtigkeit der Kommodifizierung.«[10]

Die Demonstrierenden nutzten bewusst die Nachrichtenmedien. Die australische Gaststudentin Kate Mullen stellte sich am Morgen des 1. Juni mit ausgestreckten Armen einem Wasserwerfer in den Weg. Sie wurde mit Wasser beschossen. Später sagte sie, dass sie die zahlreichen anwesenden Fotografen bemerkt und die Aktion gestartet habe in der Hoffnung, dass die so entstehenden medial wirksamen Fotos internationale Aufmerksamkeit für die in der Türkei begangene Polizeibrutalität wecken würden. Wegen ihres schwarzen Sommerkleides wurde sie im Gegensatz zu Ceyda Sungur als »Frau in Schwarz« bekannt.[11]

Angesichts der zunehmend einseitigen Berichterstattung der vorangegangen Jahre insbesondere im Fernsehen ging die Besetzung nicht nur mit einer Rückeroberung des städtischen Raumes einher, sondern auch mit der Rückeroberung der Hegemonie über das medialisierte Wort und Bild. Als der Ministerpräsident die Protestierenden vor laufenden Kameras als »Marodeure« *(çapulcu)* diffamierte, übernahmen sie den Namen als Eigenbezeichnung und erfanden neue Redewendungen damit, beispielsweise den englischen Satz »Everyday I'm *çapulcing*«. Da der Nachrichtensender *CNN Türk* in der Nacht vom 31. Mai auf den 1. Juni, als die Proteste zum Massenereignis anwuchsen, nicht berichtet, sondern eine Dokumentation über Pinguine ausgestrahlt hatte, wurden Pinguine zum Symbol der Zensur und zu beliebten Objekten von Karikaturen. Die Gasmaske wurde zum Symbol des Widerstandes.

Ein weiteres oft reproduziertes Bild war das von Ziya Azazi. Der in Wien lebende Künstler, der modernen Tanz mit Sufitänzen kombiniert, trat im Gezi-Park in einem Sufirock, teils nacktem Oberkörper und einer Gasmaske über dem Gesicht auf. Mit seinem Tanz und den Bildern davon beschwor Azazi die undogmatische Botschaft des im 13. Jahrhundert in der rumseldschukischen Hauptstadt Konya tätigen Mystikers Mevlana Celaleddin von Rum, die alle Menschen unabhängig von ihrem Glauben und ihren Sünden willkommen heißt, als Teil von Gezi herauf und konterte so die konservative, intolerante und einseitige Auslegung des Islams, für die die AKP stand.[12] Die Kompatibilität der Botschaft Mevlanas aus dem 13. Jahrhundert mit dem libertären Zeitgeist des 21. Jahrhunderts schien sich auch in der großen Beliebtheit elektronischer Musik mit seinen persischen Texten zu bestätigen, insbesondere den Kompositionen des kanadisch-türkischen Musikers Mercan Dede und vor allem der Aufnahme von Mevlanas Gedicht »Man u to« durch den Berliner DJ Nu und Anahita Yaghmaei.

In Gezi wurde der Satz der Anarchistin Emma Goldman, dass bei Revolutionen unbedingt getanzt werden müsse, so konsequent umgesetzt wie selten zuvor. Es wurde viel gesungen, musiziert, getrommelt, getanzt und komponiert. Musik diente einerseits zur Verarbeitung der erlebten Gewalt, zur Herstellung eines Gemeinschaftsgefühls und der Versicherung der eigenen Ziele, andererseits aber auch zur Verhöhnung der politischen und polizeilichen Gegner. Selbst auf den Barrikaden, in Sichtweite der anrückenden Polizei und zwischen Tränengasschwaden, wurde bis zur letzten möglichen Minute getrommelt und getanzt. Binnen weniger Tage wurden zahlreiche Lieder speziell zum Anlass der Besetzung geschrieben. So unterschiedliche Musiker wie die Rockgruppe *Duman*, die Hip-Hopper von *Tahribad-i İsyan* und die Ethnomusiker von *Kardeş Türküler* thematisierten in ihren spontan entstandenen Songs das Leid und die durch Polizeigewalt erlittenen Schmerzen, die Peinlichkeiten, die sich die politische Führung leistete, und den Widerstand der Istanbuler gegen die Verunstaltung durch den Stadtumbau. Auch aus anderen Ländern kamen musikalische Solidaritätsadressen. Weitaus verbreiteter auf und um den Platz aber waren einfache Melodien und Texte, die man wie Stadiongesänge skandieren konnte. Äußerst beliebt war ein an die Polizisten gerichtetes Schmählied, welches insbesondere von Fußballfans oft angestimmt wurde:

»Sprüh nur, sprüh nur
Sprüh dein Pfeffergas, na los!
Zieh deinen Helm aus, lass deinen Schlagstock,
Lass uns sehen, wer der hübsche junge Mann darunter ist!«

Musikalisch war auch die am weitesten verbreitete Form des Protestes. Jeden Abend um halb zehn traten zahlreiche Menschen an ihre Fenster und trommelten auf ihr Küchengeschirr. So konnten selbst diejenigen, die aus familiären und sonstigen Verpflichtungen, aufgrund von Alter, Krankheit oder anderen Gründen Taksim nicht persönlich aufsuchten, ihren Unmut über die autoritäre Führung zum Ausdruck bringen. Ironischerweise erklangen so das »Besteck und Geschirr« als weithin hörbares Signal des Protestes, die abfällige Bezeichnung, die Erdoğan für das historische Erbe Istanbuls benutzt hatte.

Angst, Schmerz und Tod

Trotz der Karnevalsatmosphäre wussten die Teilnehmer, dass sie in hohem Maße ihre körperliche Unversehrtheit riskierten. Es war mitunter diskutiert worden, ob man angesichts der Opfer nicht lieber schwarz tragen solle. Doch dann setzte sich die Auffassung durch, dass farbenfrohe Kleidung ihrem Andenken angemessener sei. Ein großes Konzert in der befreiten Zone, zu dem sich zahlreiche namhafte Musiker bereit erklärt hatten, wurde jedoch aus Respekt vor den Opfern abgesagt.

Wie bei allen Aufständen musste zunächst die eigene Angst überwunden werden. Diese Überwindung hatte etwas Befreiendes. Möglicherweise resultierten die kreative Energie und das Vermögen, große physische und psychische Anstrengungen zu meistern, gerade aus dieser Konfrontation mit der eigenen Angst. Çağla Aykaç beschreibt diesen Prozess:

»Es gab einen bestimmten Moment, in dem man damit konfrontiert wurde, wer man ist und was man fürchtet. Dann musste man auch betrachten, an was man glaubt; welche Beziehung man hat zu seinem eigenen Körper, der Obrigkeit, Gerechtigkeit und Wissen; und letztendlich natürlich zur Freiheit. Nach diesem ersten Check-up kamen die Empfindungen. (...) Die Liebe hypnotisierte in Gezi. Sie fegte die Ratio hinweg. Sie hinterließ dich nackt, verletzlich und glücklich. (...) Sie hatte einen transformierenden Effekt, wie ein psychedelischer Trip, bei dem man aus den Fugen gerät.«[13]

Tatsächlich war die Teilnahme an den Protesten mit einem erheblichen Risiko verbunden. Im gesamten Verlauf der Ereignisse gab es fast 10 000 Verletzte. Neben Schlagstöcken, Tritten und Fausthieben seitens der Polizei und später auftretenden selbsternannten Bürgerwehren kam eine ganze Reihe von aus der Entfernung eingesetzten Waffen zum Einsatz. Die mit Chemikalien versetzte Ladung der Wasserwerfer verätzte die Haut und hatte noch Tage später Nachwirkungen. Medizinisch ließ sich ihnen nur schwer beikommen, da die Zusammensetzung unbekannt blieb. Durch scharf geschossene Plastikkugeln verloren zahlreiche Menschen eines ihrer Augen. Die Tränengasexzesse führten regelmäßig zu Erstickungsanfällen, die vor allem bei Asthmatikern und anderen Personen mit geschwächter Konstitution lebensbedrohlich werden konnten. Der Musiker Selim Önder, 88 Jahre alt, bekam am 31. Mai auf dem Taksim-Platz eine Überdosis Tränengas ab und erlitt daraufhin einen Herzinfarkt. Er starb zwei Wochen später. Auch die fünfundfünfzigjährige Zeynep Eryaşar, die an Diabetes litt, starb am 15. Juni an einem Herzinfarkt nach Tränengaseinwirkung.

Die schwersten Verletzungen wurden durch Gaskartuschen verursacht. Während sie eigentlich unmittelbar in die Nähe von Aufrührern geschossen werden sollten, zielten nicht wenige Polizisten direkt in die Menschenmenge. Bereits am Maifeiertag musste die Schülerin Dilan Alp nach einem Treffer notoperiert werden. Am 31. Mai wurde Lobna Allamii von einer Gaskartusche am Kopf getroffen, während sie auf dem Taksim-Platz im Gras nahe dem Denkmal der Republik saß. Die palästinensisch-türkische Musikkuratorin war kurz zuvor von Istanbul nach Berlin umgezogen und befand sich in der Stadt, um eine längerfristige Aufenthaltsgenehmigung beim deutschen Generalkonsulat zu beantragen. Allamii fiel in ein Koma, musste drei Gehirnoperationen über sich ergehen lassen und schließlich sowohl einfache Bewegungen als auch die Sprachen Arabisch, Türkisch und Englisch, die sie zuvor fließend gesprochen hatte, mühsam neu erlernen. Noch Jahre später litt sie unter plötzlichen Ohnmachten.[14] Der vierzehnjährige Schüler Berkin Elvan wurde am Morgen des 16. Juni, nach der Räumung des Parks, in der Vorstadt Okmeydanı von einer Kartusche getroffen, während er laut Aussage seiner Familie zum Brotkauf auf die Straße gegangen war. Er starb nach neun Monaten im Koma. Auch der 20-jährige Mehmet Ayvalıtaş wurde getötet und sein Cousin schwer verletzt, als sie zusammen mit anderen am 3. Juni die Stadtautobahn auf der asiatischen Seite besetzten und zwei Autos ungebremst in die Menge rasten. Die Fahrer flüchteten. Ein Prozess gegen die mutmaßlichen Fahrer lief Anfang 2019 noch immer. Weitere Tote gab es in den Städten, die sich den Protesten angeschlossen hatten.

Letzter Tanz auf der Titanic

Indes war die Zeit der friedlichen Kultur im Park begrenzt. Nachdem am Samstag, dem 1. Juni, sogar der Ministerpräsident konziliante Töne angeschlagen hatte und den Tränengaseinsatz als Fehler bezeichnet hatte, gleichzeitig der Platz befreit war, waren die Protestierenden in ihrer ersten Euphorie an den Abenden des 2. und des 3. Juni Richtung Dolmabahçe gezogen, dort aber zurückgeschlagen worden. In den folgenden Tagen konzentrierte sich die Bewegung auf Taksim und Umgebung sowie die anderen sich im Aufstand befindenden Stadtteile.

Die relative Ruhe dieser Tage auf dem Platz selbst rührte auch daher, dass Erdoğan am Abend des Montags, des 3. Juni, zu einer lange geplanten Reise nach Marokko und Tunesien aufbrach. Dass er mitten in dem Volksaufstand das Land verließ, kann man so verstehen, dass er denjenigen unter den AKP-Politikern, die auf eine Verhandlungslösung drängten, eine Chance einräumen wollte. Allerdings erklärte er einer Journalistin noch am Flughafen: »Wir halten nur mit Mühe mindestens 50 Prozent der Bevölkerung davon ab, auf die Straße zu ziehen.« Dies wurde als Warnung verstanden, dass er seine Anhänger zu Angriffen auf die Aufständischen aufrufen könnte. Präsident Gül ließ am selben Tag mit Blick auf die Gezi-Bewegung verlauten, man habe deren »wohlmeinende Nachricht vernommen. Zu gegebener Zeit« werde man »das Notwendige tun«. Der stellvertretende Ministerpräsident Bülent Arınç (im Amt 2009–2015) empfing am 5. Juni eine Delegation der Taksim-Solidaritätsplattform, die von einer kleinen Bürgerinitiative zum Sprachrohr einer Massenbewegung geworden war. Dass der Ministerpräsident seinem Stellvertreter nicht viel Zeit lassen würde, um den zivilen Frieden wiederherzustellen, erwies sich bereits bei seiner Rückkehr am Donnerstag, dem 6. Juni. Seine Ankunft am Atatürk-Flughafen wurde zu einer großen Solidaritätskundgebung. Er hielt eine Ansprache vor Tausenden Anhängern. Zwei Tage später fand eine lange Krisensitzung mit Mitgliedern der Partei in Istanbul statt, in deren Verlauf Erdoğan den Aufstand als »zivilen Putsch« bezeichnet haben soll, angezettelt von »der Zinsenlobby, George Soros und ihren inländischen Kollaborateuren«. Diese Verschwörungstheorie wurde von den regierungsnahen Medien aufgegriffen und verbreitet.

Der folgende Sonntag, der 9. Juni, sah die größte Versammlung auf dem Taksim-Platz seit Beginn des Aufstandes. Hunderttausende bekräftigten die Forderungen, den Park unberührt zu lassen und die Verantwortlichen für die Gewaltexzesse zur Rechenschaft zu ziehen. Am Vormittag des folgenden Dienstags erfolgte jedoch die Räumung des Taksim-Platzes. Von der Polizei geschützte Baumaschinen rissen die Barrikaden ein, so dass Mannschaften mit Wasserwerfern auf den Platz vordringen konnten. Die Polizei erklärte wiederholt durch Lautsprecher, sie werde den Park nicht betreten, sondern nur die Gewalt über den Platz übernehmen. Dennoch kam es zu kleineren Gefechten auf dem Platz. Die Polizei eroberte das Atatürk-Kulturzentrum zurück und riss die Transparente von den Fenstern. Nach einer abendlichen Demonstration auf dem Platz setzten sich die Auseinandersetzungen zwischen Polizei und Aufständischen in den Seitenstraßen fort.

Die relativ leichte Rückeroberung des Platzes durch die Polizei hatte gezeigt, dass sich der Erfolg der ersten Woche nicht wiederholen würde. Mehrfach riefen die Regierungsvertreter die Protestierenden auf, den Park zu verlassen. Doch die Zahl der Anwesenden ließ nicht nach. Das im Park abgehaltene Forum wies die Forderung nach einer Selbstauflösung zurück. Funda Soysal beschreibt die folgenden Tage als ein »Warten auf der sinkenden *Titanic*«.[15] Alle spekulierten darüber, an welchem Tag die Polizei zur Räumung des Parks anrücken werde. Gezi war von Polizisten umstellt, doch sie ließen Passanten durch, und der Zustrom war nach wie vor sehr lebhaft. Auch zurückhaltende, friedliche Ereignisse auf dem Taksim-Platz waren noch möglich. Die Pianisten Yiğit Özatalay und Davide Martello stellten einen Flügel auf dem Platz auf und gaben Konzerte, die sich bei den Aufständischen wie bei den Polizisten großer Beliebtheit erfreuten.

In der Nacht vom 11. auf den 12. Juni empfing Erdoğan in Ankara eine Delegation, die aus Vertretern der Taksim-Plattform sowie bekannten Schauspielern und Künstlern bestand. Halit Ergenç, der zu der Zeit in einer Fernsehserie Sultan Süleyman spielte, trat gegen 3.30 Uhr vor die Kameras und erklärte, dass der Ministerpräsident ihnen zugesagt habe, zunächst die Entscheidungen der weiteren gerichtlichen Instanzen abzuwarten. Falls diese den Nachbau der Artilleristenkaserne erlauben sollten, wolle er das Projekt einem Volksentscheid unterziehen. Ferner habe er versprochen, dass alle Vorfälle von Gewalt, für die ausreichende Beweise vorlägen, juristisch verfolgt würden.[16]

Allerdings konnten diese Zusagen wenig beruhigen. Statt einer Verfolgung der gewalttätigen Polizisten kam es eher zu einer weiteren Verfolgung des zivilen Ungehorsams und Unterdrückung der freien Meinungsäußerung. Ermittlungsverfahren wurden eingeleitet gegen Personen, die in den sozialen Medien Stellung bezogen hatten, und gegen Ärzte und Pfleger, die in den improvisierten Sanitätsstationen rund um den Park tätig waren. Ausgerechnet an einem Samstagnachmittag, am 15. Juni, als der Park aufgrund des Wochenendes besonders voll war, erfolgte schließlich die Räumung. Viele Besetzer waren zu ihrem Schutz mit Gasmasken und Bauarbeiterhelmen ausgerüstet, aber die Polizei stieß auf keine große Gegenwehr und konnte den Park in kurzer Zeit räumen. Es folgten Schlachten in weiten Teilen der Stadt, bei denen eine noch nie da gewesene Anzahl von Menschen auf die Straßen eilte und sich den Polizisten in den Weg stellte. In den nächsten Tagen kam es in verschiedenen Stadtteilen noch zu zahlreichen Protesten und Kämpfen. Doch das Ergebnis war nicht mehr rückgängig zu machen. Währenddessen hatte die AKP für den 16. Juni zu einer Großveranstaltung mit Erdoğan in Kazlıçeşme vor der theodosianischen Landmauer mobilisiert, bei der ihm Hunderttausende zujubelten.[17]

17.
Schrecken und (k)ein Ende?

Sieben Jahre nach Gezi, 1488 Jahre nach Nika

Ein Buch sollte idealerweise zu einem klaren Ende kommen – am besten zu einem glücklichen, und wenn das nicht möglich ist, eben zu einem tragischen. Gern hätte auch ich dieses Buch mit einer klaren Zäsur beendet, hätte gerne verkündigt, dass sich ein Regime etabliert hat, das eine möglichst gerechte Verteilung des Mehrwerts der Stadt für alle Bewohner garantiert, oder zumindest, dass die Auseinandersetzungen um das »Recht auf Stadt« in Konstantinopel-Istanbul mittlerweile mit Respekt für die fundamentalen Rechte der anderen Seite ausgetragen werden und nicht mehr so, dass zumindest eine Seite die bürgerliche oder sogar physische Existenz ihrer Gegner zu vernichten trachtet. Doch gerade bei einer über anderthalbtausend Jahre reichenden Geschichte muss der Chronist sich bescheiden geben und sollte nicht vorzeitig eine große historische Wende in seiner eigenen Zeit deklarieren. Den Zeitpunkt einer nachhaltigen Veränderung zu erkennen bleibt zukünftigen Beobachtern vorbehalten. Allerdings gab es 2019 einige Anzeichen, dass sowohl die Verteilung des Mehrwerts als auch die Auseinandersetzung um ihn gerechtere und friedlichere Formen annehmen könnten.

Die Nachwirkungen von Gezi 2013–2015: Bunte Stufen statt Handgranaten

Insbesondere die Jahre unmittelbar nach der Besetzung des Gezi-Parks boten eher Stoff für ein tragisches als für ein glückliches Ende. Allerdings verschwanden die Energie und der Geist von Gezi keineswegs über Nacht. Noch Monate später hielten Großdemonstrationen (zunächst auch noch auf dem Taksim-Platz, später eher in Kadıköy oder anderen Stadtteilen) die Behörden auf Trab, die nach wie vor an Tränengas- und Schlagstockeinsätzen nicht sparten. Die wahrscheinlich größte Demonstration fand anlässlich der Beerdigung Berkin Elvans am 12. März 2014 statt. Hunderttausende begleiteten den Sarg des Fünfzehnjährigen, der nach neun Monaten im Koma gestorben war, zum Friedhof. Gleichzeitig bedeutete die Prozession ein Ende der todesverachtenden und lebensfrohen Aura von Gezi. Die Bewegung trug ihr jüngstes Todesopfer zu Grabe.

Die DHKP-C versuchte, an die Empörung anzuknüpfen. Am 2. Januar 2015 warfen Anhänger der Untergrundorganisation Granaten auf wachhabende Polizisten am Dolmabahçe-Palast, die aber nicht explodierten. Am 31. März 2015 nahmen zwei ihrer Mitglieder, Bahtiyar Doğruyol und Şafak Yayla, den Staatsanwalt Mehmet Selim Kiraz, der im Fall des Todes von Berkin Elvan ermittelte, als Geisel. Nach mehrstündiger Belagerung stürmte die Polizei sein Büro im Justizpalast in der europäischen Stadthälfte in Çağlayan. Sowohl die Geiselnehmer als auch die Geisel starben. Am nächsten Tag kam eine weitere Anhängerin, Elif Sultan Kalsen, ums Leben, als sie allein das Istanbuler Polizeihauptquartier angriff. Am 10. August verübte eine Gruppe von DHKP-C-Anhängerinnen zeitgleiche Anschläge gegen das US-Konsulat in Istanbul und eine Polizeistation im Stadtteil Sultanbeyli, bei denen außer den meisten Angreiferinnen ein Polizist ums Leben kam.

Die Militarisierung von Gezi blieb jedoch aus. Viele Aktivisten hatten vielmehr aus den Protesten für sich die Lehre gezogen, dass man Selbstorganisation, Basisdemokratie und Engagement in den Alltag einbringen konnte. Noch im Lauf des Sommers 2013 fanden in vielen anderen Parks Istanbuls Foren statt, bei denen Anwohner über die großen Themen, die die Bewegung und die ganze Stadt betrafen, diskutierten und andererseits sich verstärkt den Angelegenheiten ihrer Stadtbezirke und Viertel zuwandten, wo sie sich mehr Einflussmöglichkeiten erhofften. Unmittelbar nach der Auflösung der Besetzung hatte sich zumindest der Istanbuler AKP-Oberbürgermeister Topbaş konziliant gegeben und Fehler in der Kommunikation eingeräumt, durch die der Eindruck einer groß angelegten Fällaktion im Gezi-Park entstanden sei. Künftig werde die Stadtverwaltung stets rechtzeitig informieren und selbst bei der Verlegung einer Bushaltestelle die Bevölkerung einbeziehen.[1] Obwohl niemand dieser Erklärung so recht Glauben schenken wollte und sie offensichtlich nicht für die vom Ministerpräsidenten initiierten Megaprojekte galt, schien es zumindest einen beschränkten Spielraum für kleinteilige Veränderungen zu eröffnen. Als die dezentralen Parkforen nach mehreren Monaten an Zulauf verloren, setzte ein Kern von Aktivisten die Arbeit in Stadtteilinitiativen fort.

Auch die direkte künstlerische Aktion erfreute sich noch großer Beliebtheit. Mehrere Monate nach der Parkbesetzung strichen Unbekannte einige der sehr langen Treppen an den Steilhängen Beyoğlus und Beşiktaş' über Nacht in Regenbogenfarben. Zunächst übertünchten städtische Angestellte die bunten Treppen hastig mit grauer Farbe, genau wie die zahlreichen politischen Graffiti im Stadtbild. Als das Beispiel Schule machte und von anderen Aktivisten kopiert wurde, versprach der Oberbürgermeister, dass künftig auch die Stadt Treppen bunt gestalten werde. Indes blieb es bei solchen symbolischen Aktionen vonseiten der Aktivisten, und die Stadtentwicklung blieb auf quantitatives Wachstum und den internationalen Kapitalmarkt fixiert.

2015: Der kurze Frühling des Friedens

Ein Hoffnungsschimmer für eine Wende zu mehr Demokratie und innerem Frieden zeichnete sich Anfang 2015 ab. Der Friedensprozess zwischen der PKK und dem türkischen Staat erreichte scheinbar eine neue Qualität. Nachdem sich die PKK im März 2013 zu einem formell einseitigen Waffenstillstand und zum Abzug ihrer Kämpfer aus der Türkei in ihr Hauptquartier im irakischen Kandil-Gebirge verpflichtet hatte, hatte es lange keine weiteren Fortschritte gegeben. Unter Erdoğans Nachfolger als Ministerpräsident, Ahmet Davutoğlu, fanden hingegen wieder intensive Geheimgespräche mit dem auf der Marmara-Insel İmralı inhaftierten PKK-Anführer Abdullah Öcalan, der prokurdischen Partei im Parlament HDP und der PKK-Führung in Kandil statt. Am 28. Februar 2015 traten der stellvertretende Ministerpräsident Yalçın Akdoğan, der Innenminister Efkan Ala und drei Abgeordnete der HDP im Dolmabahçe-Palast vor die Presse, um zu verkünden, dass sich beide Seiten über den weiteren Weg zu einem Friedensabkommen verständigt hätten. Anstatt durch den bewaffneten Kampf eine regionale Autonomie anzustreben, werde die PKK künftig den Umbau der Türkei zu einem demokratisch-pluralistischen System unterstützen, das allen Bürgern ihre Rechte garantiert. Selbstbestimmung solle nicht durch einen angestrebten Bundesstaat, sondern auf der Ebene der Stadtverwaltungen stattfinden. Statt durch Geheimdiplomatie solle ab jetzt durch offene Verhandlungen der Prozess vorangetrieben werden. Sırrı Süreyya Önder verlas wenige Wochen später beim traditionellen politischen Frühlingsfest Newroz in Diyarbakır am 21. März den Aufruf Öcalans an die PKK, sich zu einer zivilen Organisation umzuformieren. Einen Tag später fand ein weiteres großes und von der Polizei nicht behelligtes Newrozfest in Kazlıçeşme nahe dem Goldenen Tor der Istanbuler Landmauer statt, bei dem der Co-Vorsitzende der HDP Selahattin Demirtaş sprach.

Die HDP (Demokratische Partei der Völker) schien auf die nun anbrechende Zeit bestens vorbereitet. Die Partei ist eine Dachorganisation und vereint die Nachfolgepartei der BDP und mehrere kleine außerparlamentarische Parteien aus dem Westen des Landes zu einem Bündnis, das eine starke parlamentarische Stimme für die antinationalistische und pluralistische Linke bilden sollte. Trotz ihrer Teilnahme am Friedensprozess profilierte die HDP sich zugleich als glaubwürdige Opposition, die nicht wie die anderen Parteien mal mit und mal gegen die AKP stimmte. So stimmte sie gegen das Gesetzespaket zur inneren Sicherheit und argumentierte deutlich gegen die Absicht des neuen Präsidenten Erdoğan (im Amt seit 2014), ein Präsidialsystem einzuführen.

Die Aufbruchsstimmung wurde ferner dadurch verstärkt, dass die Volksverteidigungseinheiten von Rojava (YPG), dem selbsterklärten autonomen kurdischen Staat in Nordsyrien, mit Hilfe der USA gerade die entscheidende Wende im Kampf gegen die Truppen des sogenannten Islamischen Staates eingeleitet hatten. Sie hatten dessen Belagerung der Stadt Kobani in Rojava unmittelbar an der türkischen Grenze nach vier Monaten durchbrochen und die Gegner in die Flucht geschlagen.

Das linke Wahlbündnis und die überzeugende Oppositionsarbeit der HDP zeigten Wirkung. Im Juni zog die HDP mit 13 Prozent deutlich gestärkt ins Parlament, während die AKP mit 41 Prozent der Stimmen in Koalitionsgespräche mit der kemalistischen CHP (25 Prozent) und der faschistischen MHP (16 Prozent) treten musste. Die MHP nannte als Vorbedingung für eine Koalition den Abbruch der Verhandlungen mit der PKK.

2015: Der Winter naht

Und doch brachte der Sommer 2015 eine Wende – es begann eine Phase in der Geschichte Istanbuls, die selbst im Vergleich mit vorangegangenen Jahrhunderten als besonders blutig und tragisch eingestuft werden muss. Durch den Wahlkampf war der Friedensprozess bereits zum Erliegen gekommen. Die AKP-Politiker verlangten als nächsten

Schritt die Selbstentwaffnung der PKK, während diese und die HDP erwarteten, dass die Regierung zuerst demokratische Reformen einleitete. Schon zuvor hatte sich auch in der AKP Uneinigkeit über den Prozess breitgemacht. Präsident Erdoğan hatte sich bereits im März von der Erklärung von Dolmabahçe distanziert. Gespräche zwischen Öcalan und HDP-Politikern wurden ab April unterbunden. Zugleich begann die türkische Armee eine Offensive im südöstlichen Bergland, nachdem sie sich ebenfalls vom Friedensprozess distanziert hatte. Nach den Wahlen setzte eine Eskalation ein, die durch Gewalttaten aller Seiten gesteigert wurde: Es erfolgten Anschläge des Islamischen Staates und anderer Dschihadisten auf Personen, die den YPG nahestanden, sowie auf kurdische Zivilisten. Anhänger der PKK verübten daraufhin Angriffe auf Sicherheitskräfte und umgekehrt. Nach Repressionen der Polizei gegenüber den Dschihadisten verübten diese schließlich Anschläge auf weitere zivile Ziele in der Türkei. Die prokurdischen und linken Gruppen sahen die zahlreichen Anschläge der Islamisten als Beweis, dass die Regierung in Ankara oder der »tiefe Staat« das Agieren der Islamisten auf türkischem Boden entweder duldeten oder sogar förderten. Auch ausländische Beobachter hatten beklagt, die Türkei dulde oder fördere die Durchreise dschihadistischer Freiwilliger nach Syrien, ihre medizinische Betreuung in der Türkei und den Transport von Nachschublieferungen über die türkisch-syrische Grenze. Als nun die PKK ihren einseitigen Waffenstillstand gegenüber der türkischen Armee aufkündigte – ein Fall, auf den offensichtlich beide Seiten sich durch Aufrüsten gut vorbereitet hatten –, fanden die Kämpfe nicht nur im Bergland, sondern vor allem in den Städten des Südostens statt. Es verwundert nicht, dass sich ein Teil der Wähler angesichts des eskalierenden Konflikts eine stabile Regierung wünschte und die AKP bei den Neuwahlen im November 2015 wieder die absolute Mehrheit der Sitze bekam.

Allerdings lehnten nach wie vor viele Menschen im Land die Eskalation ab. Eine Großdemonstration vor dem Hauptbahnhof in Ankara im Oktober 2015, zu der Teilnehmer aus dem ganzen Land angereist waren, forderte ein Ende der Kämpfe. Ein Selbstmordanschlag durch zwei

Islamisten aus Adiyaman brachte die Demonstration zu einem blutigen Ende. Die Opfer, die sie mit in den Tod rissen, stammten aus Ankara, Istanbul, Adana, Urfa, Izmir und vielen anderen Orten der Türkei, es waren Menschen aller Altersgruppen, Schüler und Studenten, Angestellte, Bauarbeiter, Anwälte oder Hausfrauen, sie waren als Gewerkschafter, Anhänger von Parteien oder Nichtregierungsorganisationen oder unabhängig politisch aktiv gewesen.[2] Mit über hundert Toten fiel die Bilanz noch deutlich schrecklicher aus als auf dem Taksim-Platz 38 Jahre zuvor. Auch dieses Mal trug die Polizei zumindest eine Mitverantwortung, weil sie auf die sonst üblichen Zugangskontrollen verzichtet und im Durcheinander nach dem Anschlag mit Tränengas auf die Verwundeten geschossen hatte.

2015 bis 2016: Zwei Jahre unablässiges Blutvergießen

Obwohl die meisten Opfer des dreiseitigen Konflikts zwischen türkischen Sicherheitskräften, Dschihadisten und kurdischen Autonomisten im Südosten und in Ankara zu beklagen waren, war auch Istanbul erheblich betroffen. Die Anschläge, von denen die Stadt 2015 und 2016 überzogen wurde, waren von einer ganz anderen Größenordnung und Willkür als die vorangegangenen der DHKP-C. Nachdem der türkische Sicherheitsapparat begonnen hatte, systematisch gegen die militanten Islamisten vorzugehen, nahmen diese den Tourismus in Istanbul ins Visier, um so die wirtschaftliche Basis des Landes zu schädigen. Bereits am 6. Januar 2015 sprengte sich Diana Ramazova aus dem russischen Dagestan im Büro der Touristenpolizei nahe der Zisterne aus Justinians Zeiten in die Luft und riss einen Polizisten mit in den Tod. Sie war ursprünglich mit dem Islamischen Staat über die Türkei nach Syrien gereist, wo sie ihren Mann im Kampf verloren hatte. Am 12. Januar 2016 zündete ein aus Syrien stammender Selbstmordattentäter seinen Sprengstoffgürtel, während er bei einer deutschen Reisegruppe auf dem Hippodrom unmittelbar vor dem theodosianischen Obelisken stand.

Er tötete dabei zwölf Menschen. Am 19. März ermordete ein anderer Islamist aus Gaziantep ebenfalls per Sprengstoffgürtel drei Touristen aus Israel und einen Iraner auf der İstiklal Caddesi. Am 28. Juni 2016 ließen sich drei aus Russland und Zentralasien stammende Männer mit dem Taxi am Atatürk-Flughafen vorfahren, wo sie das Feuer auf Polizisten, Angestellte und Reisende eröffneten, bevor sie sich in die Luft sprengten. 45 Menschen, zur Hälfte türkische Staatsbürger, ansonsten vor allem aus dem Nahen Osten und der ehemaligen Sowjetunion stammend, sowie die Attentäter starben an diesem Tag. In der Silvesternacht 2016/2017 betrat der usbekische Staatsbürger und IS-Anhänger Abdulkadir Mašaripov den am Bosporus gelegenen Nachtclub *Reina* und eröffnete wahllos das Feuer. 39 Menschen starben, fast ausnahmslos Muslime, die außer aus der Türkei aus Ländern wie Saudi-Arabien, Irak, Israel oder Indien angereist waren. Die Rechtfertigung des später verhafteten Mašaripov lautete, dass Silvester ein christliches Fest sei, und es zu feiern dem Abfall vom Islam gleichkäme.

Zugleich hatte auch der Konflikt zwischen der PKK und den türkischen Sicherheitskräften Auswirkungen auf Istanbul. Zu den Anschlägen im Zentrum und im Westen des Landes bekannten sich stets die »Freiheitsfalken Kurdistans« (TAK). Ihr Ziel war nicht, wie für den Islamischen Staat, der massenhafte Tod unbeteiligter Zivilisten. Allerdings nahmen sie diesen bei ihren Anschlägen auf Polizisten und Soldaten billigend in Kauf. Womöglich hatten sie einen bereits am 1. Dezember 2015 verübten, noch immer ungeklärten Rohrbombenanschlag bei Bayrampaşa zu verantworten. Das mutmaßliche Ziel, ein Mannschaftsbus der Polizei, blieb unbeschädigt, aber eine oberirdisch verkehrende U-Bahn wurde stark in Mitleidenschaft gezogen und vier Passanten verletzt. Am 23. Dezember 2015 beschossen die »Freiheitsfalken« mit einem Mörser auf dem Sabiha-Gökçen-Flughafen abgestellte Flugzeuge. Dabei kam Zeyhra Yamaç ums Leben, die gerade eines der Flugzeuge reinigte. Bei einem Autobombenanschlag auf einen Polizeikonvoi nahe der Prinzenmoschee am 12. Juni 2016 starben fünf Polizisten und sieben Zivilisten. Am 6. Oktober explodierte eine an einem Motorrad angebrachte Bombe nahe einer Polizeistation in Yenibosna, die mehrere Zivilisten verletzte. Am 10. Dezember 2016 fand das Spiel Beşiktaş gegen Bursaspor im wiedereröffneten Stadion in Dolmabahçe statt. Als die Besucher nach dem Ende des Spiels dabei waren, das Stadion zu verlassen, zündete ein Attentäter eine Autobombe und ein anderer einen Sprengstoffgürtel, um möglichst viele der anwesenden Polizisten mit in den Tod zu reißen. 46 Menschen wurden Opfer dieses Anschlags, darunter acht Zivilisten. Bei allen Anschlägen von TAK und IS kam eine große Zahl Verwundeter hinzu.

2016 bis 2018: Putsch und Ausnahmezustand

Nach den Dutzenden von Toten in Dolmabahçe und im Club *Reina* zum Jahresende 2016 endete die Anschlagswelle in Istanbul. Ihren Höhepunkt erreichte die Gewalt in diesen Jahren aber in der Nacht vom 15. auf den 16. Juli 2016. Mitten im Hochsommer und im lebhaften Freitagabendverkehr marschierten überraschend Soldaten in Istanbul auf. Sie besetzten die südlichste Bosporusbrücke und stoppten den Verkehr. Während zunächst Verwunderung über die Aktion herrschte, drang allmählich durch, dass es sich um einen Putsch handelte. Die meisten Istanbuler verschanzten sich in ihren Wohnungen, während Kampfflugzeuge tief über die Häuser flogen. Vom Gebäude des Geheimdienstes nahe dem Yıldız-Palast tönten die Flugabwehrgeschütze, aus den Lautsprechern der Moscheen wurden ununterbrochen Totengebete gelesen (als Aufruf an die Bevölkerung zu widerstehen), und in der Stadt fielen Schüsse. Mutige Anhänger des Präsidenten gingen trotzdem auf die Straßen, um die Soldaten an der Besetzung der öffentlichen Plätze zu hindern. Landesweit starben in dieser Nacht mindestens 250 Menschen, die meisten von ihnen Zivilisten. In Istanbul wurden Dutzende Menschen durch gezielte Schüsse von Soldaten getötet oder durch schwere Fahrzeuge überrollt. Auf der Bosporusbrücke und bei der Polizeistation des Bosporusvorortes Çengelköy, vor dem Rathaus in Saraçhane, auf dem Taksim-Platz und dem Atatürk-Flughafen sowie vor dem Hauptquartier der Einsatzpolizei in Bayrampaşa opferten in dieser Nacht Menschen ihr Leben, um den Putsch zu verhindern. Dieser Versuch eines Staatsstreichs war von Anfang an schlecht koordiniert, überstürzt ausgeführt und hatte keine ausreichende Unterstützung in den Streitkräften, so dass er scheiterte. Manche der Rekruten waren zudem nicht bereit, auf die größtenteils unbewaffneten Demonstranten zu schießen.

Dass anders als 1960 oder 1980 niemand den Putsch öffentlich guthieß und dass er unter anderem am Widerstand der Bürger scheiterte, war ein Novum in der türkischen und Istanbuler Geschichte. Dennoch wurde dieses Ereignis nicht zum Schulterschluss der demokratischen Kräfte genutzt. Obwohl Präsident Erdoğan schon am nächsten Tag die Lage wieder vollkommen unter Kontrolle hatte, wurde der Ausnahmezustand verhängt, um potentielle Hintermänner in Polizei, Militär, Verwaltung und Justiz auszuschalten. Diese tatsächlichen oder angeblichen Unterstützer wurden mit den Anhängern des charismatischen Predigers Fetullah Gülen gleichgesetzt. Zweifelsohne waren Mitglieder von Gülens sehr einflussreichem Netzwerk, das noch während der Gezi-Proteste die Regierung unterstützt hatte, am Putsch beteiligt. Allerdings stellt sich die Frage, ob die Regierung sich nicht voreilig auf die Gülenisten als einzige Triebkraft festgelegt hat, um unangenehmere Zusammenhänge, beispielsweise einen Dissens zwischen Regierung und Offizierskorps, nicht öffentlich einräumen zu müssen.[3]

Anders als zunächst zugesichert mutierte der Ausnahmezustand, der über zwei Jahre in Kraft war, alsbald zum wohlfeilen Mittel, mit dem man sowohl legislative als auch juristische Verfahrensweisen umgehen konnte. Verschiedenste Maßnahmen, von trivialen Angelegenheiten wie dem Verbot von Brautschausendungen im Fernsehen bis hin zu Massenentlassungen, wurden per Notstandsdekret ohne Anhörung oder Appellationsrecht verkündet. Die Suche nach Drahtziehern des Militärputsches, an und für sich gerechtfertigt, entwickelte sich zu einer Säuberung des Staatsapparates von jeglichen Personen, deren Sympathien für die aktuelle Regierung fraglich waren. Armeekommandeure, Polizei- und Verwaltungschefs, Staatsanwälte, Richter und Universitätsrektoren waren angehalten, sämtliche Gülen-Anhänger unabhängig von ihrer individuellen Verstrickung in den Putsch zu entfernen. Wer zu wenige Personen meldete, erweckte den Eindruck, andere zu schützen. Da sich die Mitgliedschaft im Gülen-Netzwerk nicht nachweisen lässt, wurde es gängige Praxis, Leute zu denunzieren, aus persönlicher Missgunst oder um von der eigenen Verstrickung abzulenken. Zwei Jahre nach dem Beginn des Ausnahmezustandes waren laut offiziellen Angaben über 125 000 Personen aus ihren öffentlichen Ämtern entfernt und 50 000 in Untersuchungshaft festgehalten worden.[4] Ferner wurde in dieser Zeit per Volksentscheid eine neue Verfassung beschlossen, die das Amt des Ministerpräsidenten abschaffte und stattdessen den Staatspräsidenten zugleich zum Regierungschef machte. Neuwahlen bestätigten Erdoğan als Präsidenten. Um die verlorene absolute Mehrheit der AKP im Parlament zu kompensieren, konnte er sich künftig auf die rechtsextreme Partei der Nationalen Bewegung (MHP) verlassen. Ein neues Sicherheitsgesetz wandelte einige der Sondervollmachten, die für den Ausnahmezustand galten, in dauerhaftes Recht um.

Bereits vor dem Ausnahmezustand hatte eine Repressionswelle gegen die regierungskritische Presse und Oppositionsparteien eingesetzt. Zwar wurde die HDP nicht verboten. Allerdings wurde zahlreichen führenden Mitgliedern und nach Verabschiedung eines Gesetzes im Juni 2016, das ihre Immunität aufhob, auch vielen Abgeordneten der Prozess gemacht. Nun dienten die Kontakte der Partei zur PKK, die zuvor im Friedensprozess von der Regierung aktiv unterstützt worden waren, als Beweis für ihre Verstrickung in den Terror. Seit November 2016 befindet sich zudem der Co-Vorsitzende Selahattin Demirtaş wegen diverser Meinungsdelikte in Haft. Der Ausnahmezustand bot der Regierung neue Möglichkeiten, die Pressefreiheit einzuschränken. Viele Zeitungen, Fernsehsender und ebenso internetbasierte Medien wurden per Dekret verboten, bis nur noch sehr wenige kritische Medien existierten. Ende 2016 waren mindestens 81 Journalisten im Gefängnis. In manchen Fällen wurden auch die Drucker verhaftet und im Fall der im Stadtteil Şişli angesiedelten Zeitung *Cumhuriyet* sogar der Kantinenbetreiber.[5] Außer Gülenisten trafen die Repressionen prokurdische, linke, republikanische und investigative Medien.

Nicht nur in der Presse, auch im Lehrbetrieb wurden politische Gegner weit über den Kreis der Anhänger Fetullah Gülens hinaus Ziel von Ermittlungen und außerordentlichen Entlassungen. Laut einer Gewerkschaftsstudie wurden weit mehr Personen im Bildungssektor als in der Armee oder in der Polizei entlassen.[6] Für die Säuberungsmaßnahmen an den Universitäten diente vor allem eine Petition vom Januar 2016 als Vorwand, die von vielen Akademikern unterzeichnet worden war. Die Petition hatte das Leiden der Zivilbevölkerung während der Kämpfe zwischen der türkischen Armee und der PKK angeprangert. Mindestens 350000 Menschen in den betroffenen Gebieten hatten fliehen müssen, über 1700 Gebäude waren in den umkämpften Städten zerstört worden, vor allem da die Armee versucht hatte, den Häuserkampf durch das Niederlegen ganzer Stadtviertel zu beenden. In der Stadt Cizre etwa waren bei einem Feuer, das durch Artilleriebeschuss entstanden war, mindestens 189 Menschen gestorben, die zuvor wochenlang ohne frisches Wasser oder Essen in Kellern ausgeharrt hatten. Die Gesamtzahl der Toten wurde auf über 2000 geschätzt, ließ sich aber nicht verifizieren, da die zerstörten Stadtteile und Gebäude oft abgerissen wurden, ohne dass vorher systematisch nach Leichen gesucht worden war.[7] In der Petition war die Rede von einem »Massaker« und »bewusster und planmäßiger Abschlachtung«, die sofort eingestellt und deren Verantwortliche juristisch zur Rechenschaft gezogen werden sollten.[8] Von den über 2000 Unterzeichnern verloren Hunderte ihre Stellen an den Universitäten, sie wurden entweder zum Rücktritt genötigt, auf Grundlage des Notstandserlasses entlassen oder im Falle von privaten Trägern gekündigt. 650 von ihnen mussten sich aufgrund ihrer Unterschrift wegen »Verunglimpfung staatlicher Instanzen« und »terroristischer Propaganda« bis Juli 2019 vor Gericht verantworten, 200 sind bereits verurteilt, in der Regel zu 15 Monaten Haft auf Bewährung. In 35 Fällen allerdings sahen die Urteile bis zu drei Jahre Haft vor, ohne die Strafe zur Bewährung auszusetzen. Das erste vollstreckbare Urteil traf die emeritierte Professorin Füsun Üstel von der Galatasaray-Universität. Sie trat ihre Haft am 8. Mai 2019 an,[9] kam jedoch nach einer Entscheidung des Verfassungsgerichts zwei Monate später wieder frei.

Im Zuge der Abrechnungen mit politischen Gegnern vergaß man auch Gezi nicht. Die Mitglieder der Taksim-Solidaritätsplattform waren zwar 2015 freigesprochen worden, am 18. Januar 2017 wurde jedoch der Förderer und Aktivist verschiedener Kulturvereine Osman Kavala verhaftet. Über zwei Jahre später wurde eine 657 Seiten umfassende Anklageschrift vorgelegt, die Kavala als einen von 16 Drahtziehern darstellt, die den Aufstand als Teil einer internationalen Verschwörung heimlich vorbereitet hätten, und lebenslange Haft vorsieht. Sie listet umfangreiche nicht belastbare Indizen auf, ein substantieller Beweis bleibt jedoch aus.[10]

Das Ermatten des »Juwels am Bosporus«

Man würde lügen, würde man das Istanbul der Jahre 2015 bis 2018 als einen trostlosen grauen Ort schildern, in dem die Menschen sich nicht auf die Straße trauten. Wer in dieser Zeit erstmals zu Besuch kam, dürfte immer noch eine lebhafte Stadt wahrgenommen haben, deren Bevölkerung in den Stadien und Einkaufsstraßen, auf den Uferpromenaden und in den Tavernen und Cafés das Leben genoss. Wer jedoch dort lebte oder die Stadt auch in früheren Jahren schon besucht hatte, konnte eindeutige Veränderungen feststellen. So nahm infolge der Repression und der Anschläge sowie der wiederholten Verbalattacken des Präsidenten gegen verschiedene Länder die Zahl der Reisenden, aber auch der Austauschstudenten, Wissenschaftler, Manager und Politiker aus anderen Ländern in Istanbul ab. Inhaftierungen, Flucht ins Exil, die Abwanderung in Städte im Ausland mit größerer ausgelebter Vielfalt und Meinungsfreiheit sowie die Eigenzensur haben außerdem zu einer deutlichen Ausdünnung des kulturellen und intellektuellen Lebens geführt. Die freie Kunst-, Theater- und Filmszene ist ebenfalls durch die veränderten Bedingungen stark beeinträchtigt.

An den meisten Universitäten wägen die Dozenten jedes Wort genau ab, um nicht durch einen Studenten oder Kollegen angeschwärzt zu werden. Ein Konsulatsangestellter, der regelmäßig inhaftierte Journalisten besuchte, sagte, das Großgefängnis in Silivri (dem mittelalterlichen Selymbria) 85 Kilometer westlich von Istanbul bringe heute die Intellektuellen auf dieselbe Weise zusammen wie einst das Stadtviertel Cihangir nahe dem Taksim-Platz. Ein halbes Dutzend bevorzugter Orte des Exils wie Athen, Berlin oder Genf ließen sich als neue Zentren der ehemals Istanbuler Wissenschaftler und Künstler hinzufügen. Vor allem Beyoğlu, obwohl immer noch der kulturelle Mittelpunkt der Stadt, hat viel von seinem Glanz verloren. Wegen der permanenten Tränengasangriffe der Polizei wichen schon im Sommer 2013 viele Besucher nach Beşiktaş oder Kadıköy aus. Die Stadt entwickelte sich auch durch den bereits zuvor angelaufenen Bauboom noch mehr zur Megacity. Die meisten Megaprojekte, wie der dritte Autobahnring samt Bosporusbrücke, der dritte Flughafen und die Çamlıca-Moschee, sind mittlerweile eröffnet. Noch steht der Baubeginn des Kanals parallel zum Bosporus aus.

Die Pläne für den Taksim-Platz und den Gezi-Park hingegen sind noch nicht vollständig umgesetzt worden. Die bereits vor der Besetzung begonnenen Arbeiten am ersten Autotunnel und dem darüber liegenden Areal wurden im Eiltempo durchgeführt. Seitdem müssen Fahrgäste an einer abgasverpesteten, lauten Haltestelle im Tunnel auf ihren Bus warten. Der neue, größere Platz darüber ist nach wie vor kaum attraktiv. Nachdem die Betonoberfläche bei Regen regelmäßig zu einer großen Pfütze mutierte, wurde der neue Platz schließlich gepflastert, mit einem Abfluss versehen und mit Pflanzenkübeln und Stellwänden für Ausstellungen aufgelockert. Gleichzeitig wurde der Park als Teil der Charme-Offensive des Oberbürgermeisters unmittelbar nach den Unruhen erneuert und nach monatelanger Sperrung wieder freigegeben, wenn er auch stets von zahlreichen Zivilpolizisten im Blick behalten wird. Das Atatürk-Kulturzentrum wurde schließlich komplett abgerissen. Um den Kritikern den Wind aus den Segeln zu nehmen, wurde der Sohn des Architekten des alten AKM, Murat Tabanlıoğlu, mit dem Neubau beauftragt. Dieser soll weitgehend die Umrisse des alten Gebäudes aufnehmen, gleichzeitig aber durch den Einsatz von mehr Glas das AKM transparenter und somit besser in den Platz integriert erscheinen lassen. Das Pendant zum Kulturzentrum wird künftig eine den Platz überragende Moschee bilden. Diese ist zwar mit 30 Metern nicht wesentlich höher als die aus dem 19. Jahrhundert stammenden Kirchen der Umgebung, allerdings so breit, dass sie bei weitem das massivste Gebäude in der Gegend sein und alle anderen dominieren wird. Der Präsident hat mehrfach angekündigt, dass auch der Kasernennachbau und die weiteren Autotunnel unter dem Platz noch realisiert würden. Im Sommer 2019 waren hierfür jedoch noch keine konkreten Schritte erkennbar.

Trotz der zahlreichen Anschläge, der Verhaftungen und Massenentlassungen, der Flucht ins Exil und des ungebremsten Wachstums der Stadt geschah Anfang 2019 etwas Unvorhergesehenes. Am 31. März standen landesweit die Kommunalwahlen an. Die AKP gab sich siegessicher, da sie und ihre Vorgängerparteien bereits seit 25 Jahren jede Istanbuler Wahl gewonnen hatten und sie nach wie vor die Medien beherrschte. Erdoğan engagierte sich durch zahlreiche Wahlauftritte am Bosporus, in denen er wie gewohnt die Gefahr durch den Terror in Gestalt von Gülenisten, PKK-Anhängern und ihren Kollaborateuren beschwor. Doch erstaunlicherweise lag nach der vollständigen Auszählung der Stimmen der Kandidat der kemalistischen CHP, Ekrem Imamoğlu, mit einer hauchdünnen Mehrheit vor dem AKP-Kandidaten. Die Regierungspartei veranlasste durch Beschwerden bei den Wahlkommissionen mehrere Nachzählungen und als dies nicht fruchtete, schließlich eine Wahlwiederholung. Doch alle Taktiken, die die AKP nun anwendete, bewirkten das Gegenteil des erwünschten Effektes. Bereits die Ankündigung der Wahlwiederholung aus fadenscheinigen Gründen erweckte den Eindruck, dass die Politiker mehr an ihrem eigenen Wohlergehen als an jenem der Bürger interessiert waren. Neu angekündigte Großprojekte, die die Probleme der Stadt im Handumdrehen in den Griff bekommen sollten, wirkten unglaubhaft von einer Partei, die bereits 25 Jahre die Stadt regierte. Der Versuch einer erneuten konzilianteren Politik gegenüber der kurdischen Wählerschaft überzeugte diese nicht, sondern verprellte nur die türkischen Nationalisten. Die Unterstellungen, İmamoğlu stünde den Terroristen nahe, bedrohe die freie Religionsausübung der Gläubigen, oder sei ein heimlicher Grieche, prallten alle ab, da der Kandidat der CHP wie selten einer vor ihm sowohl bieder als auch integer wirkte.

So baute İmamoğlu beim erneuten Urnengang am 23. Juni seinen Vorsprung auf unanfechtbare neun Prozent aus. Sogar zahlreiche ärmere und traditionell konservative Stadtteile, darunter das Goldene Horn und die Altstadt, gingen der AKP erstmals verloren. Autokorsos und spontane Straßenfeste dauerten die ganze Nacht an. Es folgten riesige Versammlungen mit dem neuen Oberbürgermeister, die den Vergleich mit früheren Veranstaltungen mit Erdoğan nicht zu scheuen brauchen. İmamoğlus Wahlversprechen waren an und für sich bescheiden. Die erneute Orientierung an den Prinzipien der *res publica* und der moderaten Umverteilung des urbanen Mehrwerts wirkten aber nach den langen Jahren des Nepotismus und Autoritarismus geradezu revolutionär. Der städtische Haushalt solle künftig nicht länger der Verschwendung durch eine kleine Gruppe, sondern dem Wohl der Mehrheit dienen, insbesondere durch Sozialprojekte, Bildung, und öffentlichen Verkehr. İmamoğlu kündigte insbesondere an, dass der Haushalt nicht länger zur Subvention parteinaher Institutionen dienen solle, Ausschreibungen ergebnisoffen erfolgen und Stellen nach Eignung anstatt nach Parteibuch vergeben würden. Ein Oberbürgermeister ist kein Großwesir oder Sultan, und die Zentralregierung hat zahlreiche Möglichkeiten, seinen Einfluss zu beschränken. Doch wenn ein Blick zurück in die Geschichte irgendetwas lehren kann, dann ist es, dass dem Ende einer Herrschaft die Erkenntnis vorausgeht.

Vom Bedrohungsszenario zurück zum Mehrwert

»Vor vielen Jahren lebte ein Kaiser, der so ungeheuer viel auf neue Kleider hielt, daß er all sein Geld dafür ausgab, um recht geputzt zu sein. (…) In der großen Stadt, in welcher er wohnte, ging es sehr munter zu; an jedem Tage trafen viele Fremde daselbst ein. Eines Tages kamen auch zwei Betrüger an; sie gaben sich für Weber aus und sagten, daß sie das schönste Zeug, das man sich denken könne, zu weben verstanden. Die Farben und das Muster wären nicht allein ungewöhnlich schön, sondern die Kleider, die von dem Zeuge genäht würden, besäßen die wunderbare Eigenschaft, daß sie für jeden Menschen unsichtbar wären, der nicht für sein Amt tauge oder der unverzeihlich dumm sei. (…) Sie stellten auch zwei Webstühle auf und thaten, als ob sie arbeiteten; aber sie hatten nicht das Geringste auf dem Stuhle. Frischweg verlangten sie die feinste Seide und das prächtigste Gold, das steckten sie in ihre eigenen Taschen und arbeiteten an den leeren Stühlen bis spät in die Nacht hinein. (…) So ging der Kaiser in Procession unter dem prächtigen Thronhimmel, und alle Menschen auf der Straße und in den Fenstern sprachen: ›Gott, wie sind des Kaisers neue Kleider unvergleichlich; welche Schleppe der am Kleide hat, wie schön das sitzt!‹ Keiner wollte es sich merken lassen, daß er nichts sehe, denn dann hätte er ja nicht zu seinem Amte getaugt oder wäre sehr dumm gewesen. Keine Kleider des Kaisers hatten solches Glück gemacht, wie diese.
›Aber er hat ja nichts an!‹, sagte endlich ein kleines Kind. ›Herr Gott, hört des Unschuldigen Stimme!‹, sagte der Vater; und der Eine zischelte dem Andern zu, was das Kind gesagt hatte.
›Aber er hat ja nichts an!‹, rief zuletzt das ganze Volk. Das ergriff den Kaiser, denn es schien ihm, als hatten sie Recht; aber er dachte bei sich: ›Nun muß ich die Procession aushalten.‹ Und die Kammerherren gingen noch straffer und trugen die Schleppe, die gar nicht da war.«[11]

Hans Christian Andersens Märchen »Des Kaisers neue Kleider« könnte gut in der »großen Stadt« Konstantinopel spielen, die für die Sucht ihrer Bewohner nach feinen Stoffen ebenso wie für die Intrigen und die Missgunst am Hof berüchtigt war. Es beschreibt, unabhängig vom zeitlichen und örtlichen Kontext, wie ein herrschaftlicher Diskurs, der eine Zeitlang die gesamte Bevölkerung in seinem Bann gehalten hat, schließlich als hohl entlarvt wird. In den letzten Jahren beruhte der beherrschende Diskurs in der Türkei vor allem auf einem Bedrohungsszenario, demzufolge das Land durch Terror, Geheimbünde und internationale Verschwörungen von allen Seiten angriffen werde. All diese Elemente hat es zweifelsohne gegeben, doch wurde in den Darstellungen der Regierung der angeblich an ihnen beteiligte Personenkreis von Mal zu Mal größer und das Ausmaß ihrer Kooperation immer mysteriöser. Diese teils realen, teils übertrieben ausgeschmückten Bedrohungen waren die Basis für die Forderung nach einer starken Hand an der Spitze der Regierung und die Rechtfertigung für eine weitere Konzentration der Macht. Wie schon der spätantike Geschichtsschreiber Prokop mit Blick auf die Zirkusparteien zu Justinians Zeit schrieb, ist Gewalt durch nichtstaatliche Akteure ein gut geeignetes Mittel, um von der Korruption oder auch der Unfähigkeit der Amtsträger abzulenken. Doch alle inflationär gebrauchten politischen Begriffe – beispielsweise »Terror« – verlieren irgendwann an Glaubwürdigkeit, vor allem wenn die tatsächliche Bedrohung nachlässt und die Menschen wieder genug Ruhe und Muße haben, darüber nachzudenken, ob sie ausreichend am gesellschaftlichen Mehrwert beteiligt werden oder ob andere über die Maßen von diesem profitieren.

Der Mehrwert einer Stadt kann rein materialistisch definiert werden, doch meist vermischen sich Elemente, deren Marktwert klar berechenbar ist, mit abstrakteren Elementen. Die verbündeten Venezianer und Kreuzfahrer waren wie zahlreiche andere Belagerer vor ihnen vom materiellen Reichtum der Stadt angezogen und machten sogar die antiken Bronzestatuen auf den Straßen Konstantinopels zu Münzgeld. Die Sammelwut der mitreisenden katholischen Kleriker konzentrierte sich hingegen auf die zahllosen Gebeine von Heiligen, die sich als Reliquien in den Kirchen der Stadt befanden und die ihnen als größere Schätze galten. Jedes Zeitalter hat diese weniger kalkulierbaren Elemente des Mehrwertes auf andere Weise definiert. Den Istanbulern des 18. Jahrhunderts galt die liebliche Natur in der Umgebung der Stadt als einer ihrer Hauptwerte. In den Gärten und Parks zu verweilen und sich dabei an Musik und Dichtung und der Schönheit der Angehörigen beiderlei Geschlechts zu erfreuen galt als höchster Genuss. Die Natur, ob in der Stadt selbst oder um sie herum, ist auch im 21. Jahrhundert ein wichtiges Element des städtischen Mehrwerts. Dies zeigte sich im Widerstand in Gezi und gegen die Abholzung der nördlichen Wälder für Autobahn und Flughafen. Im 17. Jahrhundert hingegen erschien die Stadt für manche Bewohner erst dadurch an Wert zu gewinnen, dass sie ihnen Raum bot für romantisch verklärte Kaffee- und Weinexzesse. Die Zeitgenossen des 19. Jahrhunderts wiederum waren mit sich und ihrer Stadt dank der Symbole des Fortschritts wie der Straßenbahn und dem Modegetränk Bier in Einklang.

Zu welchen Zeiten der Streit um den Mehrwert der Stadt mit Fäusten ausgetragen wurde und zu welchen Zeiten es in der Stadt friedlich blieb, hing von mehreren Faktoren ab. Zum einen war es sicherlich eine Verteilungsfrage. Wenn das von Konstantinopel-Istanbul aus regierte Reich sich ausdehnte, gab es meist genug für alle. Das Oströmische Reich unter den Komnenen und das Osmanische Reich von Mehmed II. bis zu Süleyman I. konnten imposante Paläste und Klöster oder Moscheen bauen, ohne den Unmut der Stadtbevölkerung zu provozieren, da es genügend Posten, Ländereien und öffentliche Aufträge zu verteilen gab. Zum anderen war es natürlich eine Frage der öffentlichen Ordnung. Die Polizei Abdülhamids II. mag bei der eigentlichen Verbrechensbekämpfung wenig erfolgreich gewesen sein, doch war sie es umso mehr bei der Überwachung der Untertanen und der präventiven Unterbindung von Unmut, der für den Herrscher gefährlich werden konnte. Umgekehrt erscheinen das Ende der Herrschaft des *Protosebastos* durch Andronikos' Anhänger, der Sturz des Andronikos durch die von Isaak Angelos angeführte Erhebung wie auch der Patrona-Halil-Aufstand eher als Meuterei oder Versagen der Ordnungsmacht denn als übermächtige Volksbewegungen. Doch nicht nur die Schatzkammern des Reichs, die Effizienz der Ordnungshüter und die vorausschauende Politik der Herrscher spielten eine Rolle für den Frieden auf Istanbuls Straßen. Mindestens genauso wichtig war die Frage, ob es eine selbstbewusste städtische Gesellschaft gab, die in der Lage war, ihre Bedürfnisse und ihr Handeln eigenständig zu formulieren. In der Zeit nach dem nahezu kompletten Austausch der Bevölkerung von 1453, als laut Edhem Eldem alle Bewohner Istanbuls Fremde in der eigenen Stadt waren, und auch im folgenden »prächtigen Jahrhundert« ist diese im Vergleich zu früheren und späteren Jahrhunderten noch schwach ausgeprägt. Ab dem 17. Jahrhundert sehen wir nicht nur einen schwächeren Staat, sondern vor allem laut Cemal Kafadar zugleich eine reifere und stärkere städtische Gesellschaft.

Ein weiterer wichtiger Punkt sind die Kanäle, über die der städtische Mehrwert verteilt wird. Allein der Umstand, dass die *res publica* als abstraktes Ideal gilt, verhindert natürlich nicht Ungleichheit und Vorteilsnahme. Allerdings sollte dieses Ideal gewisse Mechanismen des Aushandelns und gleichberechtigten Zugang zum Recht, zu staatlichen Leistungen und zur Bildung garantieren. Hat ein erheblicher Teil der Einwohnerschaft den Eindruck, dass die Nähe zu einflussreichen Familien bei der Verteilung des städtischen Mehrwerts wichtiger ist als allgemeingültige Prinzipien, ist die Herrschaft fragil. So stürzte das späte Oströmische Reich in den Bürgerkrieg zwischen den verschiedenen *Oikoi*. So kam es zum Aufstand von 1703 gegen den Scheich ül-Islam Feyzullah Efendi, der den Staatsapparat mit seinen Söhnen und Nutznießern besetzt hatte und sowohl den Großwesir als auch den Sultan kontrollierte. 1730 ereilte Großwesir Damad Ibrahim Pascha von Nevşehir und seine Schwiegersöhne dasselbe Schicksal. Wenn das Amt für Wohnungsbau (TOKİ) seine öffentlichen Aufträge zu 68 Prozent an Firmen mit engen persönlichen Beziehungen zur Regierungspartei vergibt, der Schwiegersohn des Ministerpräsidenten/Staatspräsidenten persönlich am Abriss und Neubau des Armenviertels Tarlabaşı verdient und zugleich der Bogenschützenverein, in dem der Sohn des Staatspräsidenten im Vorstand sitzt, mit Millionenmitteln aus dem Istanbuler Haushalt subventioniert wird, verwundert es nicht, dass ein beträchtlicher Teil der städtischen Öffentlichkeit der herrschenden Partei jegliches Interesse an der *res publica* abspricht. Sogar nach den mittelalterlichen Kriterien Ibn Khalduns handelt es sich bei der AKP um eine Gruppe, die in sehr kurzer Zeit die Metamorphose durchmachte von einer breiten gesellschaftlichen Kraft, die die besten kreativen, politischen und organisatorischen Kräfte ihrer führenden Mitglieder zusammenbrachte, über einen Kult um ihren Parteivorsitzenden, in dessen Umfeld zunehmend nur noch Ja-Sager geduldet wurden, hin zu einer Organisation, in der der persönliche Luxus mehr und mehr in den Vordergrund tritt. Dass sich dies in einem Land ereignet, in dem nach wie vor die seit dem 19. Jahrhundert etablierte *gouvernementalité* des Vorrangs von Staatsinteressen gegenüber den Rechten der Individuen bei einem Teil der Bevölkerung auf eine breite Akzeptanz stößt und zugleich die Mechanismen des »tiefen Staates« fortexistieren, hat in den letzten Jahren zu der spezifischen Mischung aus Nepotismus und breiter staatlicher Verfolgung Andersdenkender geführt.

Partizipation und Raum

Ob gegen Kaiser, Sultan oder Präsident, ob gegen *Protosebastos*, Großwesir oder Ministerpräsident – alle Aufstände begannen damit, dass zunächst kleine Gruppen die Versprechen der Mächtigen als Lügen bezeichneten und ihre Amtsführung öffentlich kritisierten. Die Grünen, die im Hippodrom Justinian einen Mörder nannten, Isaak Angelos samt Onkel und Cousin, die in der Hagia Sophia Andronikos einen Tyrannen nannten, Patrona Halil und seine 30 Freunde von den Straßen Istanbuls, die das Luxusleben der Eliten in ihren Meerespalästen im Großen Basar anprangerten, oder die Umweltaktivisten, die im Gezi-Park Bäume umklammerten – sie alle erlebten von ihrer Umgebung zunächst Ablehnung, verhaltene Neugier oder abwartende Distanz, ehe die Stimmung kippte und ein bedeutender Teil der städtischen Bevölkerung sich auf ihre Seite schlug.

Kommentatoren haben über die Aufstände des 21. Jahrhunderts, insbesondere über *Occupy*, den Arabischen Frühling und Gezi, oft bemerkt, welche bedeutende Rolle zeitgenössische Kommunikationsformen wie Facebook, Youtube und Twitter bei der Etablierung einer Gegenöffentlichkeit gegenüber den gleichgeschalteten Medien und auch in der praktischen Organisation spielten. Dies mag sein, erstaunlicher aber erscheint mir, wie konstant andere Bestandteile der Revolte über die Jahrhunderte geblieben sind. Nach wie vor bietet das massenhafte Zusammenkommen im Stadion die Gelegenheit, den Dissens mit dem Herrscher offen und unzensiert zum Ausdruck zu bringen. Ähnlich wie Justinian in seiner Zeit wurde Recep Tayyip Erdoğan bei der Einweihung des neuen Stadions von Galatasaray 2011 ausgepfiffen, bis er das Stadion noch vor dem Spiel verließ. Die Eröffnung des neuen Stadions von Beşiktaş 2016 feierte man vorsichtshalber gleich in kleiner, geschlossener Gesellschaft von Fußballfunktionären sowie Präsident, Ministerpräsident und Ministern, während die Zuschauertribünen leer blieben. In den Monaten nach Gezi hatten die Beşiktaş-Fans stets in der 34. Spielminute »Überall ist Taksim, überall ist Widerstand« skandiert. Das Fernsehen war gezwungen, bei jeder Übertragung ab der 33. Minute den Ton abzudrehen. Nach İmamoğlus Wahlsieg und bevor er offiziell zum Oberbürgermeister ernannt worden war, riefen die Fans: »Rück die Ernennungsurkunde raus!«

Ein anderes und noch wichtigeres Element neben den Stadionsprechchören zieht sich durch die Geschichte der Istanbuler Aufstände bis heute: die »Zentralität des Ortes«. Während einige Sozialwissenschaftler zu Beginn der Internetrevolution erklärten, dass der genaue Aufenthaltsort der Menschen künftig irrelevant für ihre Arbeit sowie ihre gesellschaftliche und politische Teilhabe sein werde, wissen wir spätestens seit Saskia Sassens Analysen, dass das Gegenteil der Fall ist. Die räumliche Dimension ist heute mindestens so wichtig wie in vergangenen Zeiten. Menschen, die politische Verhältnisse ernsthaft in Frage stellen wollen, brauchen genauso wie zu Justinians Zeiten einen Ort, der als selbstverständlicher Mittelpunkt der Stadt, als Forum oder Agora dient und an dem man Gleichgesinnte treffen kann, um ideelle und praktische Solidarität auszuüben und gegebenenfalls Widerstand zu organisieren.

Dies war in Istanbul über bald anderthalb Jahrtausende in erster Linie das Hippodrom und seit etwa hundert Jahren der Taksim-Platz. Für die Janitscharen galt der Et Meydanı, für Gewerbetreibende der Große Basar und für Studenten der Beyazıt-Platz als erster Anlaufpunkt, bevor man sich auf die größeren und besser bewachten Plätze wagte.

Die Schulbücher lehren meist frei nach Hegel (oder eher nach den vulgärhegelianischen Ansichten Francis Fukuyamas), dass die Geschichte der Menschheit eine lange Entwicklung von der Unfreiheit zur Freiheit sei. Vor der Erfindung der modernen Demokratie hätten Herrscher nach ihrem Gutdünken regiert. Die Demokratie sei eine Erfindung des 18. und 19. Jahrhunderts und habe sich im 20. Jahrhundert weltweit verbreitet. Wenn einmal die Mehrparteienherrschaft und der Kapitalismus überall durchgesetzt seien, habe die Geschichte ihren Endpunkt erreicht.[12] Aus der kritischen Geschichtswissenschaft wissen wir allerdings, dass Herrscher zu allen Zeiten zu einem gewissen Maß mit den Beherrschten die Rahmenbedingungen der Macht aushandeln mussten. Dies sieht man bereits im Hippodrom des frühen Konstantinopels, in dem 491 die Stadtbewohner Bedingungen für die Nachfolge des verstorbenen Kaisers Zenon stellten, in den Debatten zwischen kaiserlichem Herold und den Zirkusparteien unter Justinian, den symbolischen Respektverweigerungen der Janitscharen gegenüber dem Sultan sowie den Campusbesetzungen und Demonstrationen der 68er-Bewegung. Dies sind keine gesetzlich institutionalisierten Prozesse der Entscheidungsfindung, aber dennoch etablierte und ritualisierte Formen der Einflussnahme auf die Politik. Gleichermaßen konnten Aufständische, wenn sie sich die Freiräume dafür geschaffen hatten, durchaus zu hochgradig partizipatorischen Formen der Meinungsbildung finden. Beispiele sind die öffentliche Diskussion während des Nika-Aufstandes über die Alternativen zwischen Erstürmung oder Isolierung des Kaiserpalastes, die einer römischen Senatsdebatte in nichts nachstand, die Diskussion und Akklamation, mit der die Aufständischen von 1703 ihre Gegenregierung wählten, oder Gezi, dessen Foren Ähnlichkeiten zu den Entscheidungsprozessen der älteren Aufstände aufwiesen.

Um von den Herrschenden ernst genommen zu werden, mussten oppositionell gesinnte Untertanen stets mit Gewaltanwendung drohen und – falls ihre Forderungen nicht respektiert wurden – auch handgreiflich werden. Es findet letztendlich ein Aushandlungsprozess statt, in dessen Verlauf die Untertanen Lobpreisungen, Gehorsam und Ordnung als Anreize und Unordnung, Gewalt und Schmähungen als Drohkulisse einbringen.

Doch würde man den Aufrührern vergangener Jahrhunderte und auch unserer Zeit Unrecht tun, wenn man ihnen unterstellte, sie würden den enormen Aufwand und die großen Gefahren nur für ein paar materielle Vorteile eingehen. Ein Aufstand ist stets zugleich ein karnevaleskes und utopisches Unterfangen, ein Versuch, die bestehende Ordnung auf den Kopf zu stellen und Freiräume den eigenen Idealen entsprechend zu gestalten. Folglich handelt dieses Buch nicht nur von Barrikadenkämpfen, sondern auch von den verschiedenen Visionen der Stadt, die es über die Jahrhunderte gegeben hat.

Konstantinopel-Istanbul ist im Laufe der Zeit durch verschiedene Einflüsse geformt worden. Grundlegend ist sicher die herausragende geostrategische Lage, die den Bosporus zum idealen Umschlagplatz für Güter aus allen Himmelsrichtungen machte. Auf diese Weise kam es zu einer Konzentration von Reichtum an dieser Stelle, die sich wiederum im Laufe der Jahrhunderte an veränderte weltwirtschaftliche Lagen anpasste und mehrere Revolutionen im interkontinentalen Verkehr überdauerte. Dies zog nicht nur diverse Kaiser, Könige, Sultane und Emire sowie Händler von Seide über Chrom bis hin zu Hochhausimmobilien an, sondern vor allem auch Migranten. Sklaven, Söldner und Kreuzritter wollten genauso am Reichtum der Stadt und ihrem Mehrwert partizipieren wie heutige Dienstleistungsspezialisten, Studenten oder Kriegsflüchtlinge. Zweifelsohne haben die Herrscher und vor allem die einflussreicheren unter ihnen die Stadt am stärksten geprägt: ob die oströmischen Kaiser Konstantin I., Justinian I., Manuel I. und Alexios I. Komnenos, die osmanischen Sultane Mehmed II., Süleyman I., Ahmed III., Abdülmecid I. und sein Bruder Abdülaziz und Abdülhamid II., oder die Minister- und Staatspräsidenten Mustafa Kemal Atatürk, Adnan Menderes und Recep Tayyip Erdoğan. Sie alle hatten eine spezifische Vision von der Stadt und ihrem Platz als Herrscher in ihr; und davon, wie Konstantinopel-Istanbul aussehen sollte, damit an der Stellung der Stadt in der Welt, und damit der ihres Herrschers, kein Zweifel bestand.

Die Stadt an den Meeresengen war aber nie lediglich Residenzstadt. Sie war zugleich die größte Ballung menschlichen Lebens des Staates, zu dem sie jeweils gehörte, was zu Enge und Not führte, aber auch Vielfalt und Möglichkeiten bot. Häufiger als durch Aufstände oder durch Plünderungen versuchten die Einwohner Konstantinopel-Istanbuls, sich durch Aneignung ihren Anteil am Mehrwert der Stadt zu sichern: Anstatt offen den Gehorsam zu verweigern, nutzten sie die Möglichkeiten, die sich durch die bestehende Ordnung ergaben, offensiv zu ihren eigenen Gunsten aus. Dieser »Eigen-Sinn«[13] lässt sich bereits beim exzessiven Mitfiebern der Zirkusparteien mit ihren Wagenlenkern und später am spätoströmischen Hof ausmachen, den zahlreiche Angehörige zu ihrem eigenen Vorteil einspannen wollten. Klarer noch tritt er im Istanbul des 17. Jahrhunderts hervor, als ein Teil der Stadtbevölkerung den städtischen Raum und seine Vielfalt dazu nutzte, sich am Wein, an Knabentänzen oder am Kaffee zu erfreuen, während ein anderer Teil die Legitimationsquelle des Herrscherhauses, die Religion, auf radikale Weise uminterpretierte, um ein sittenstrenges Leben einzufordern. Im 18. Jahrhundert entdeckte der Hof seine Vorliebe für die Natur in der Umgebung der Hauptstadt. Dies bot vielen Istanbulern die Gelegenheit, in den Parks die Natur zu genießen, zu dichten und zu flirten, und zwar in einem solchen Maße, dass der Großwesir Damad Ibrahim Pascha von Nevşehir, der diesen Trend mit ausgelöst hatte, schließlich die Verfolgung solchen Treibens anordnete. Gleichermaßen meldeten sich die Alt-68er, nachdem sie von den staatlichen Institutionen ausgeschlossen waren, durch private Fernsehsender und Universitäten zu Wort, welche erst durch Turgut Özals Wende zum Neoliberalismus in den 1980er Jahren entstanden waren. Auch die bunte Szene aus LGBTIQ- und NGO-

Aktivistinnen, Wissenschaftlern, Film-, Theater- und Kunstschaffenden, Architektinnen, Ingenieuren und Medienarbeiterinnen, die zum Auftakt der Gezi-Bewegung in Istanbul existierte, hatte wesentlich von der gesteigerten internationalen Attraktivität ihrer Stadt in den vorangegangenen Jahren profitiert. Dabei hatte sich die AKP hiervon vor allem wirtschaftliche, technische und diplomatische Vorteile versprochen und sicher nicht auf einen freien internationalen Austausch gezielt, der ihre konservative Weltsicht untergraben könnte.

Doch letztendlich ist es die Offenheit, die Konstantinopel-Istanbul über die Jahrtausende stets aus dem Abseits befreit und zurück unter die bedeutenden Städte des euromediterranen Raums befördert hat. Der schnelle Transfer von Wissen, Techniken und Gütern sowie der zu den meisten Zeiten vergleichsweise leichte Zugang für Zuziehende aus den verschiedenen Teilen der Region und der Welt haben mindestens so viel zum Erfolg der Stadt beigetragen wie die Protektion durch ihre Herrscher. Ihre Geschichte ist allerdings anfällig für alle möglichen Essentialisierungen. In der frühen Republik wurde sie zum »Trümmerhaufen« des Kosmopolitismus stilisiert. Heute dagegen wird sie im Rahmen der herrschenden Verhältnisse als idealtypische islamische Stadt oder gar als »Trutzburg des Türkentums« verklärt.[14] Außerhalb der Türkei träumen manche christliche Irredentisten ihrerseits davon, in der Hagia Sophia zu ihrem Gott zu beten. In ihrem Bild des historischen Konstantinopels haben die polyamorösen Eskapaden der oströmischen Kaiserinnen und Kaiser, die buntgemischte Zusammensetzung des oströmischen Heeres aus Eunuchen, Schismatikern und Heiden oder die Tatsache, dass christliche Einwohner 1203 eine Moschee vor der Brandstiftung durch Kreuzritter retteten, keinen Platz. Umgekehrt fehlen im Bild von Istanbul als der idealen islamischen Stadt die Gedichte Mehmeds II., die Wein, Jesus und die Knabenliebe verherrlichen, die mehr um ihr eigenes Wohl als um die Landesverteidigung besorgten Janitscharen in den Kaffeehäusern und Abdülhamids persönliche Vorliebe für westliche Klassik anstatt orientalischer Musik. Das seit Menderes übliche Beschwören der großen osmanischen Vergangenheit projiziert Werte und Bilder auf die ehemalige Reichshauptstadt, die es nie gegeben hat. Gerade deswegen hat sich diese Form einer »erfundenen Tradition« als besonders gefährlich für die erhaltene Bausubstanz des historischen Istanbuls erwiesen. Wer nur ein bestimmtes Element der Vergangenheit herausfiltern möchte, begnügt sich lieber mit endlosen Kopien von Bauten eines verklärten Zeitalters und verachtet alle Spuren der Vergangenheit, die andere Geschichten erzählen, als überflüssiges »Geschirr und Besteck«. Demgegenüber steht das Bild einer Stadt, deren Bewohner ihre widersprüchliche Geschichte, ihre Diversität und ihr erhaltenes Erbe respektieren, gleichzeitig aber nach neuen Ausdrucksformen suchen, um die Gegenwart ihren Wünschen entsprechend zu gestalten. Wie dies gelingen kann, hat der Sommer 2013 gezeigt.

Dank

Meine Reise nach Istanbul und insbesondere in die Vergangenheit der Stadt begann mit einer Studiumsexkursion vor mittlerweile 28 Jahren. Heinrich Schlange-Schöningen (heute Saarbrücken) habe ich diese ersten unvergesslichen Eindrücke der Altertümer zu verdanken. Meine Einführung in die vielseitige Geschichte der Region verdanke ich den klaren und pointierten Vorlesungen Norbert Reiters und Holm Sundhaussens, die beide leider bereits von uns gegangen sind. Auch Heinrich Volkmann, durch den ich in die Protestforschung eingeführt wurde, weilt leider nicht mehr unter uns.

Ich danke von ganzem Herzen meiner Lektorin Tanja Hommen und ihren Kolleginnen und Kollegen beim S. Fischer Verlag für die Inspiration zu diesem Buch, den langen Atem und die stets konstruktive Zusammenarbeit. Vielen Dank auch an Matthias Michel für seine sehr umsichtige Durchsicht des Textes und die sehr hilfreichen inhaltlichen und stilistischen Anregungen. Rakiya El Matine und Ferdinand Schlechta waren eine sehr große Hilfe bei der Textüberarbeitung, allerbesten Dank. Das Buch begann ich als Mitarbeiter des Europa-Instituts der Istanbul-Bilgi-Universität. Zum Abschluss kam es am Leibniz-Zentrum Moderner Orient, Berlin. Es wurde ermöglicht durch die Förderung des Deutschen Akademischen Austauschdienstes und der Deutschen Forschungsgemeinschaft. Mein Dank gilt auch meinen Kolleginnen und Kollegen in Istanbul und Berlin für ihr Verständnis, ihre Hinweise und ihre Unterstützung, insbesondere Cemil Boyraz, Katrin Bromber, Veronica Ferreri und Nora Lafi. Auch von zahlreichen Hinweisen anderer Kolleginnen und Kollegen hat dieses Buch profitiert. Ernst Struck (Istanbul/Passau) danke ich für seine Einführung in die Geographie des Bosporus. Mustafa Erdem Kabadayı (Istanbul) war so freundlich, meine Fragen zu den Wirtschaftsverhältnissen der Stadt zu beantworten. Martina Becker (Berlin) gab hilfreiche Hinweise zur Literatur. Emin Alper (Istanbul) überließ mir freundlicherweise seine Dissertation. Danke auch an Anna Vakali (Istanbul), an Sara Nur Yıldız (Berlin) und ferner an die zahlreichen weiteren Kolleginnen und Kollegen für ihre spannende neuere Forschung zur Geschichte dieser Stadt, von der dieses Buch profitiert hat. Allen hier namentlich zu danken hätte den Rahmen gesprengt, deswegen bitte ich, die Literaturliste als Teil der Danksagungen zu betrachten.

Auch möchte ich den Menschen danken, die mich über all die Jahre in Istanbul gastfreundlich aufgenommen, ihr Wissen über die Stadt mit mir geteilt und mich zu ihren Schönheiten und Geheimnissen geführt haben. Insbesondere gilt mein Dank all den Menschen, die im Sommer 2013 sowie davor und danach bereitwillig ihre Türen den Verfolgten geöffnet, Erste Hilfe geleistet, Streit geschlichtet, Verhandlungen und Diskussionen geführt, Medikamente und Essen gespendet und andere Freiwilligeneinsätze geleistet haben.

Vor allem aber geht mein Dank an Funda Soysal für ihre zahlreichen Hinweise, ihren Beistand in Rat und Tat, ihre Unterstützung und Liebe. Danke, Funda.

Anmerkungen

Alle Übersetzungen von Quellen, Gedichten und Sekundärliteratur erfolgten durch Malte Fuhrmann auf Grundlage der angeführten Textstellen (wenn nicht auf deutsche Texte oder Übersetzungen verwiesen wird).

Einführung

1 Gebhardt u. Holm, »Einleitung«, S. 7–24.
2 Mazower, *Salonica*, S. 10–11.
3 *Hasret*.
4 Stachowski u. Woodhouse, »The Etymology of İstanbul«, S. 221–245.
5 Kafadar, »A Rome of One's Own«, S. 7–25.

1. Wie eine Landzunge zur Welthauptstadt wurde

1 Geromel, »Top 10 Billionaire Cities – Moscow Beats New York Again«.
2 INRIX, »Traffic Scorecard 2018«.
3 Ausführungen nach Ernst Struck.
4 Herrin, *Byzantium*, S. 5.
5 Ausführungen nach den Vorlesungen Heinrich Schlange-Schöningens.
6 Zosimus, *New History*, II. 30.
7 Zosimus, *New History*, II. 35.
8 Herrin, *Byzantium*, S. 5–8.
9 Riddle, *A History of the Middle Ages*, S. 19–22.
10 Riddle, *A History of the Middle Ages*, S. 37–40.

11 Herrin, *Byzantium*, S. 9–10.
12 Riddle, *A History of the Middle Ages*, S. 22, 23.
13 Zosimus, *New History*, II. 31.
14 Eusebius, *Das Leben Konstantins*, III. 54.
15 Zosimus, *New History*, II. 35.

2. *Die Wiedergeburt Roms*

1 Prokop, *Perserkriege*, I. 24, S. 175–177.
2 Ayaita, *Justinian und das Volk*, S. 19–23.
3 Riddle, *A History of the Middle Ages*, S. 100–102.
4 Zosimus, *New History* II. 30.
5 Riddle, *A History of the Middle Ages*, S. 102.
6 Riddle, *A History of the Middle Ages*, S. 102.
7 Ayaita, *Justinian und das Volk*, S. 53.
8 Ayaita, *Justinian und das Volk*, S. 54–56.
9 Ayaita, *Justinian und das Volk*, S. 26.
10 Ayaita, *Justinian und das Volk*, S. 48.
11 Ayaita, *Justinian und das Volk*, S. 49, 50.
12 Ayaita, *Justinian und das Volk*, S. 57–61; Riddle, *A History of the Middle Ages*, S. 101–103.
13 Ayaita, *Justinian und das Volk*, S. 64.
14 Ayaita, *Justinian und das Volk*, S. 64, 65, 80, 81.
15 Ayaita, *Justinian und das Volk*, S. 56, 67; Riddle, *A History of the Middle Ages*, S. 103.
16 Ayaita, *Justinian und das Volk*, S. 83, 84.
17 Prokop, *Geheimgeschichte*, IX. 9, S. 77–79; Riddle, *A History of the Middle Ages*, S. 97.
18 Prokop, *Geheimgeschichte*, IX. 9, S. 79–89; Riddle, *A History of the Middle Ages*, S. 103, 104.
19 Ayaita, *Justinian und das Volk*, S. 67–75; Riddle, *A History of the Middle Ages*, S. 103–105.
20 Dieses und die vorangegangenen Zitate stammen von Theophanes, zitiert nach Diehl, *Justinien et la civilisation byzantine*, S. 458–461.
21 Ayaita, *Justinian und das Volk*, S. 138, 139; Prokop, *Perserkriege*, I. 24, S. 177.
22 Ayaita, *Justinian und das Volk*, S. 75–85.

23 Venning, *A Chronology of the Byzantine Empire*, S. 100; Ayaita, *Justinian und das Volk*, S. 77–79.
24 Prokop, *Perserkriege*, I. 24, S. 179–183.
25 Ayaita, *Justinian und das Volk*, S. 162–165.
26 Prokop, *Perserkriege*, I. 24, S. 183–185.
27 Ayaita, *Justinian und das Volk*, S. 162–165.
28 Prokop, *Perserkriege*, I. 24, S. 185–189.
29 Riddle, *A History of the Middle Ages*, S. 107.
30 Croke, »Constantinople in the Age of Justinian«, S. 70.
31 Croke, »Constantinople in the Age of Justinian«, S. 69.
32 Paulos Silentarios, *Beschreibung der Kirche der Hagia Sophia*, S. 307–309, Z. 23–31.
33 Prokop, *Bauten*, I. 1, S. 23.
34 Inschrift nach Kozar u. Ünal, *Hayalet yapılar/Ghost buildings*, S. 30, 32.
35 Croke, »Constantinople in the Age of Justinian«, S. 72–73.
36 Croke, »Constantinople in the Age of Justinian«, S. 73–76.
37 Prokop, *Perserkriege*, II. 22, 23, S. 354–369.
38 Meier, *Das andere Zeitalter Justinians.*
39 Lysyk, »Purple Prose«, S. 33.

3. Die »große Stadt der Römer«

1 Choniates, *O City of Byzantium*, IX. 592, S. 325.
2 Ibn Khaldun, zitiert nach Herrin, *Byzantium*, S. 20.
3 Ibn Khaldun, *The Muqadimmah*, II. 16; IV. 11.
4 Ibn Khaldun, *The Muqadimmah*, IV. 18.
5 Ibn Khaldun, *The Muqadimmah*, IV. 18.
6 Ibn Khaldun, *The Muqadimmah*, III. 10–12.
7 Herrin, *Byzantium*, S. 285–289.
8 Ausführungen nach den Vorlesungen Norbert Reiters.
9 Herrin, *Byzantium*, S. 14.
10 Runciman, *Byzantine Civilization*, S. 163–178.
11 McLachlan, *Byzantium*, S. 197.
12 Runciman, *Byzantine Civilization*, S. 166.
13 Herrin, *Byzantium*, S. 19.
14 Herrin, *Byzantium*, S. 19, 20.
15 Runciman, *Byzantine Civilization*, S. 179.

16 Runciman, *Byzantine Civilization,* S. 183.
17 Runciman, *Byzantine Civilization,* S. 179–183.
18 Rapp, »A Medieval Cosmopolis«, S. 160–162.
19 Runciman, *Byzantine Civilization,* S. 179–182.
20 Magdalino, *Tradition and Transformation,* S. 92–111.
21 Magdalino, *Tradition and Transformation,* S. 95, 96.
22 Magdalino, *Tradition and Transformation,* S. 97–108.
23 Magdalino, *Tradition and Transformation,* S. 92.
24 Odo von Deuil, Zitat nach Magdalino, *Tradition and Transformation,* S. 92.
25 Magdalino, *Tradition and Transformation,* S. 232.
26 Maguire, »Images of the Court«, S. 183–191.
27 Choniates, *O City of Byzantium,* I. 47, S. 27.
28 Choniates, *O City of Byzantium,* I. 35–37, S. 20–21.
29 Anonym, zitiert nach Maguire, »Images of the Court«, S. 183.
30 Maguire, »Images of the Court«, S. 189; Choniates, *O City of Byzantium,* II. 1. 58, 59, S. 34–35; II. 3. 110–113, S. 62–64.
31 Liutprand von Cremona, zitiert nach Maguire, »Images of the Court«, S. 184.
32 Riddle, *A History of the Middle Ages*, S. 245–259.
33 Nicol, *Byzantium and Venice,* S. 25–45.
34 Runciman, *Byzantine Civilization,* S. 168.
35 Zonaras, *Militärs und Höflinge,* 28, 759–761, S. 178–180.
36 Choniates, *O City of Byzantium,* II. 2. 72–73, S. 43
37 Choniates, *O City of Byzantium,* I. 37–38, S. 21–22.
38 Peacock u. Yıldız, »Introduction«, S. 19–48.
39 Zonaras, *Militärs und Höflinge,* 21–29, 613–653, S. 89–113; Runciman, *Byzantine Civilization,* S. 49–51.
40 Runciman, *Byzantine Civilization,* S. 51.

4. *Das komnenische Jahrhundert*

1 Gregor IV., zitiert nach Tyerman, *God's War*, S. 61.
2 Tyerman, *God's War*, S. 92–99.
3 Tyerman, *God's War*, S. 106–111.
4 Tyerman, *God's War*, S. 118–124.
5 Lilie, »Die Schlacht von Myriokephalon«, S. 275.
6 Zonaras, *Militärs und Höflinge,* 20–21, 729–734, S. 160–163.

7 Choniates, *O City of Byzantium*, II. 1. 53–54, S. 31–32.
8 Runciman, Byzantine Civilization, S. 193; Van Millingen, *Byzantine Constantinople*, S. 154.
9 Runciman, *Byzantine Civilization*, S. 168, 169.
10 Choniatis, *O City of Byzantium*, II. 2, 85–86, S. 50–51.
11 Tyerman, *God's War*, S. 317–321; Choniates, *O City of Byzantium*, I. 60–67, S. 35–39.
12 Odo von Deuil, zitiert nach Brundage, *The Crusades*, S. 109–111.
13 Tyerman, *God's War*, S. 321–329; Brundage, *The Crusades*, S. 109–111.
14 Lilie, »Die Schlacht von Myriokephalon«, S. 257–275.
15 Tyerman, *God's War*, S. 533–536.
16 Choniates, *O City of Byzantium*, III. 223–225, S. 127–128; 244–245, S. 137–138.
17 Choniates, *O City of Byzantium*, III. 231–235, S. 130–132
18 Choniates, *O City of Byzantium*, III. 231–240, S. 134–135.
19 Choniates, *O City of Byzantium*, III. 240–243, S. 135–137.
20 Choniates, *O City of Byzantium*, III. 244–246, S. 137–139.
21 Choniates, *O City of Byzantium*, III. 249, 250, S. 140.
22 Choniates, *O City of Byzantium*, IV. 2. 325–335, S. 179–185.
23 Choniates, *O City of Byzantium*, III. 255, 256, S. 142–143.
24 Choniates, *O City of Byzantium*, III. 259, 260, S. 144–145; 265–274, S. 147–152; IV. 1. 275, 276, S. 153–154.
25 Choniates, *O City of Byzantium*, III. 267, 268, S. 148–149.
26 Choniates, *O City of Byzantium*, III. 250–253, S. 140–142; IV. 1. 286, S. 158–159.
27 Choniates, *O City of Byzantium*, III. 258–260, S. 144–145.
28 Choniates, *O City of Byzantium*, IV. 1. 292–296, S. 161–164.
29 Choniates, *O City of Byzantium*, IV. 1. 308–310, S. 170–172.
30 Choniates, *O City of Byzantium*, IV. 1. 310–312, S. 171–173.
31 Choniates, *O City of Byzantium*, IV. 1. 313–316, S. 173–174.
32 Choniates, *O City of Byzantium*, IV. 2. 334–338, S. 184–187.
33 Choniates, *O City of Byzantium*, III. 251, 252, S. 140–142.
34 Choniates, *O City of Byzantium*, IV. 2. 342–344, S. 188–190.
35 Choniates, *O City of Byzantium*, IV. 2. 344–348, S. 189–192.
36 Choniates, *O City of Byzantium*, IV. 2. 349–351, S. 192–194.

5. Wie die Königin der Städte gestürzt wurde

1 Ibn Shaddad, zitiert nach Tyerman, *God's War*, S. 420–421.
2 Tyerman, *God's War*, S. 417–430.
3 Tyerman, *God's War*, S. 495–513.
4 Tyerman, *God's War*, S. 514–527.
5 Tyerman, *God's War*, S. 514–521.
6 Tyerman, *God's War*, S. 521–533.
7 Tyerman, *God's War*, S. 515, 516.
8 Tyerman, *God's War*, S. 538–543.
9 Tyerman, *God's War*, S. 536, 544–546.
10 Tyerman, *God's War*, S. 544–546.
11 Tyerman, *God's War*, S. 546.
12 Tyerman, *God's War*, S. 546–547.
13 Tyerman, *God's War*, S. 547–548.
14 Tyerman, *God's War*, S. 549.
15 Tyerman, *God's War*, S. 549–552.
16 Tyerman, *God's War*, S. 552–554.
17 Innozenz III., zitiert nach Tyerman, *God's War*, S. 538, 541, 551.
18 Choniates, *O City of Byzantium,* X. 647, S. 357.
19 Choniates, *O City of Byzantium,* X. 647–655, S. 357–362.
20 Magoulias, »Notes on Translation«, XXIX.

6. Auserkoren und von Gott verlassen

1 Şahin, »Constantinople and the End Time«, S. 319.
2 Al-Harawi, zitiert nach Herrin, *Byzantium*, S. 20.
3 Finkel, *Osman's Dream*, S. 2–3.
4 Kritovoulos, »Histoires«, Abs. 184, 185.
5 Philippides, *Constantine XI Dragaš Palaeologus,* S. 1, 2.
6 Davutoğlu, *Stratejik Derinlik.*
7 Rapp, »A Medieval Cosmopolis«, S. 162–163.
8 Herrin, *Byzantium,* S. 281–305.
9 Herrin, *Byzantium,* S. 299–303.
10 Finkel, *Osman's Dream*, S. 1–10.
11 Finkel, *Osman's Dream*, S. 10–15.
12 Olivera soll nie konvertiert sein; Finkel, *Osman's Dream*, S. 15–21.

13 Manuel II. Palaiologos, zitiert nach Finkel, *Osman's Dream*, S. 23.
14 Herrin, *Byzantium*, S. 306–307.
15 Finkel, *Osman's Dream*, S. 24–47.
16 Finkel, *Osman's Dream*, S. 46; Angold, *The Fall of Constantinople*, S. 5.
17 Herrin, *Byzantium*, S. 308–309; Philippides, *Constantine XI Dragaš Palaeologus*, S. 270–274.
18 Runciman, *The Fall of Constantinople*, S. 77, 78.
19 Doukas, »Histoire turcobyzantine«, S. 154.
20 Philippides, *Constantine XI Dragaš Palaeologus*, S. 1–17; ähnlich bereits Angold, *The Fall of Constantinople*, S. 2.
21 Doukas, »Histoire turcobyzantine«, S. 155.

7. *Die »Schwelle zur Glückseligkeit«*

1 Tursun Bey, »Tarih-i Ebü-l-feth«, S. 219.
2 Eldem, »Foreigners at the Threshold of Felicity«, S. 114–131.
3 Finkel, *Osman's Dream*, S. 88.
4 Finkel, *Osman's Dream*, S. 53.
5 Finkel, *Osman's Dream*, S. 53–55.
6 Faroqhi, *Subjects of the Sultan*, S. 32, 33.
7 *Radikal*, 24. Dez. 2011, 31: »Kürdistanlı Fermanı«; Mansel, *Constantinople*, S. 5–7.
8 Finkel, *Osman's Dream*, S. 55.
9 Faroqhi, *Subjects of the Sultan*, S. 31, 32.
10 Finkel, *Osman's Dream*, S. 80.
11 Meyer zur Capellen, »Gentile Bellini«, S. 139–160; Rehm, »Westliche Reaktionen«, S. 161–176.
12 Andrews, »Speaking of Power«, S. 286, 287; İnalcık, »Istanbul«, S. 22, 23; Necipoğlu, *Architecture, Ceremonial, and Power.*
13 İnalcık, »Istanbul«, S. 22, 23.
14 Eldem, »Foreigners at the Threshold«, S. 114–131.
15 Mansel, *Constantinople*, S. 10, 11.
16 Mansel, *Constantinople*, S. 9, 10.
17 Krstić, »Moriscos in Ottoman Galata«, S. 269–285.
18 Finkel, *Osman's Dream*, S. 78, 79.
19 Finkel, *Osman's Dream*, S. 74–77.
20 Finkel, *Osman's Dream*, S. 77.

21 Goffman, »Izmir«, S. 82–86.
22 Eldem, »Istanbul«, S. 162, 163.
23 Finkel, *Osman's Dream*, S. 73.
24 Eldem, »Istanbul«, S. 149.
25 Zarinebaf, *Mediterranean Encounters*, S. 91–125.
26 Tezcan, *Second Empire*.
27 Finkel, *Osman's Dream*, S. 78, 79.
28 Finkel, *Osman's Dream*, S. 62.
29 Finkel, *Osman's Dream*, S. 46, 47.
30 Finkel, *Osman's Dream*, S. 148, 149.
31 Casale, *The Ottoman Age of Exploration*, S. 188.
32 Finkel, *Osman's Dream*, S. 120–149.
33 Casale, *The Ottoman Age of Exploration*, S. 180–203.
34 Casale, *The Ottoman Age of Exploration*, S. 198–203; Finkel, *Osman's Dream*, S. 158–162.

8. Konfession, Krise, Kaffee

1 Finkel, *Osman's Dream*, S. 555.
2 Finkel, *Osman's Dream*, S. 199–204, 206, 207, 234–236, 240–244, 249, 250.
3 Finkel, *Osman's Dream*, S. 236–239, 257–264.
4 Finkel, *Osman's Dream*, S. 219, 220.
5 Finkel, *Osman's Dream*, S. 225–227, 247, 248, 251, 252, 256–258.
6 Finkel, *Osman's Dream*, S. 253–289.
7 Finkel, *Osman's Dream*, S. 192, 279, 280.
8 Finkel, *Osman's Dream*, S. 193, 194.
9 Kafadar, »Janissaries and other Riffraff«, S. 119.
10 Andrews u. Kalpaklı (Hg.), *The Age of Beloveds*.
11 Eldem, »Istanbul«, S. 161, 162.
12 Kafadar, »Janissaries and other Riffraff«, S. 116–119.
13 Finkel, *Osman's Dream*, S. 212–213.
14 Kırlı, »Coffeehouses«, S. 161–181.
15 Kafadar, »Janissaries and other Riffraff«, S. 133.
16 Zitat und Ausführungen nach Kafadar, »Janissaries and other Riffraff«, S. 120.
17 Kırlı, »Coffeehouses«, S. 165–171.

18 Kırlı, »Coffeehouses«, S. 171–175.
19 Eldem, »Istanbul«, S. 151.
20 Eldem, »Foreigners at the Threshold of Felicity«, S. 119–125.
21 Avni (Mehmed II.), zitiert nach Eldem, »Istanbul«, S. 149, 150.
22 Evliya Çelebi, *An Ottoman Traveller,* S. 20, 21.
23 Evliya Çelebi, *An Ottoman Traveller,* S. 20, 21.
24 Enderunlu Fazıl, zitiert nach Avcı, »Shifts in Sexual Desire«, S. 766.
25 Avcı, »Shifts in Sexual Desire«, S. 767, 768.
26 Avcı, »Shifts in Sexual Desire«, S. 763, 769–772.
27 Avcı, »Shifts in Sexual Desire«, S. 763.
28 Finkel, *Osman's Dream*, S. 212–214.
29 Eldem, »Istanbul«, S. 155, 156.
30 Krstić, »Moriscos in Ottoman Galata«, S. 274.
31 Krstić, »Moriscos in Ottoman Galata«, S. 276–281.
32 Krstić, »Moriscos in Ottoman Galata«, S. 275.

9. *Krieg den Palästen!*

1 Finkel, *Osman's Dream*, S. 253–289.
2 Anonym, *Geschichte des osmanischen Reiches*, Band 2, S. 245–254.
3 Anonym, *Geschichte des osmanischen Reiches*, Band 2, S. 245–254.
4 Cantemir, *Geschichte des osmanischen Reiches*, 4.4., S. 30–59.
5 Finkel, *Osman's Dream*, S. 329.
6 Anonym, *Geschichte des osmanischen Reiches*, Band 2, S. 255–258.
7 Cantemir, *Geschichte des osmanischen Reiches*, 4.4., S. 122.
8 Hammer, *Geschichte des osmanischen Reiches*, Band 7, S. 74.
9 Anonym, *Geschichte des osmanischen Reiches*, Band 2, S. 258.
10 Finkel, *Osman's Dream*, S. 330.
11 Hammer, *Geschichte des osmanischen Reiches*, Band 7, S. 71.
12 Lafi, *Esprit civique*, S. 157–180.
13 Cantemir, *Geschichte des osmanischen Reiches*, 4.4., S. 111, 112.
14 Cantemir, *Geschichte des osmanischen Reiches*, 4.4., S. 113.
15 Finkel, *Osman's Dream*, S. 331.
16 Hammer, *Geschichte des osmanischen Reiches*, Band 7, S. 77.
17 Cantemir, *Geschichte des osmanischen Reiches*, 4.4., S. 114; Fn. 47, 48.
18 Hammer, *Geschichte des osmanischen Reiches*, Band 7, S. 77, 78.
19 Anonym, *Geschichte des osmanischen Reiches*, Band 2, S. 258.

20 Cantemir, *Geschichte des osmanischen Reiches*, 4.4., S. 120.
21 Anonym, *Geschichte des osmanischen Reiches*, Band 2, S. 258–266.
22 Finkel, *Osman's Dream*, S. 331, 332.
23 Cantemir, *Geschichte des osmanischen Reiches*, 4.5., S. 2.
24 Cantemir, *Geschichte des osmanischen Reiches*, 4.5., S. 2–4.
25 Zarinebaf, *Crime and Punishment*, S. 183–186.
26 Finkel, *Osman's Dream*, S. 330.
27 Cantemir, *Geschichte des osmanischen Reiches*, 4.4., S. 117.
28 Anonym, *Geschichte des osmanischen Reiches*, Band 2, S. 261, 262; Cantemir, *Geschichte des osmanischen Reiches*, 4.5., Fn. 1.
29 Hammer, *Geschichte des osmanischen Reiches*, Band 7, S. 77.
30 Kafadar, »Janissaries and other Riffraff«, S. 129–132.
31 Hammer, *Geschichte des osmanischen Reiches*, Band 7, S. 92, 93.
32 Lafi, *Esprit civique*, S. 124–140.
33 Finkel, *Osman's Dream*, S. 352, 353.
34 Anonym, *Geschichte des osmanischen Reiches*, S. 26–30.
35 Olson, »The Esnaf and the Patrona Halil Rebellion«, S. 337–339.
36 Zarinebaf, *Crime and Punishment*, S. 57.
37 Anonym, *Geschichte des osmanischen Reiches*, Band 3, S. 30–32.
38 Anonym, *Geschichte des osmanischen Reiches*, Band 3, S. 32; Zarinebaf, *Crime and Punishment*, S. 54, 55.
39 Zarinebaf, *Crime and Punishment*, S. 57.
40 Zarinebaf, *Crime and Punishment*, S. 57, 58.
41 Zarinebaf, *Crime and Punishment*, S. 58.
42 Finkel, *Osman's Dream*, S. 355.
43 Zarinebaf, *Crime and Punishment*, S. 59.
44 Abdi, zitiert nach Finkel, *Osman's Dream*, S. 354, 355.
45 Finkel, *Osman's Dream*, S. 355.
46 Olson, »The Esnaf and the Patrona Halil Rebellion«, S. 341.
47 Zarinebaf, *Crime and Punishment*, S. 58, 59.

10. Friede den Palästen!

1 Finkel, *Osman's Dream*, S. 338–341.
2 Şahin-Fuhrmann, »Steuerpacht im Osmanischen Reich«, S. 569–588.
3 Finkel, *Osman's Dream*, S. 382, 383.
4 Finkel, *Osman's Dream*, S. 346, 347.

5 Finkel, *Osman's Dream*, S. 349, 350.
6 Hamadeh, *The City's Pleasures*, S. 76–109.
7 Aktepe, *Patrona isyanı (1730)*, S. 46–48.
8 Aktepe, *Patrona isyanı (1730)*, S. 68, 69.
9 Hamadeh, *The City's Pleasures*, S. 33–36; Aktepe, *Patrona isyanı (1730)*, S. 46.
10 Hamadeh, *The City's Pleasures*, S. 17.
11 Hamadeh, *The City's Pleasures*, S. 25–27; Aktepe, *Patrona isyanı (1730)*, S. 46–57.
12 Hamadeh, *The City's Pleasures*, S. 27–31.
13 Hamadeh, *The City's Pleasures*, S. 44–75.
14 Mahmud II., zitiert nach Finkel, *Osman's Dream*, S. 343, 344.
15 Aktepe, *Patrona isyanı (1730)*, S. 60–68; Wishnitzer, »Into the Dark«, S. 513–531; Hamadeh, *The City's Pleasures*, S. 51–54.
16 Wishnitzer, »Into the Dark«, S. 521.
17 Wishnitzer, »Shedding New Light«, S. 70, 71.
18 Hamadeh, *The City's Pleasures*, S. 133–135.
19 Hamadeh, *The City's Pleasures*, passim.
20 Süruri, zitiert nach Hamadeh, *The City's Pleasures*, S. 139, 274, Fn. 1.
21 Enderunlu Fazıl, zitiert nach Hamadeh, *The City's Pleasures*, S. 165, 166, 283, 284, Fn. 57.
22 Hamadeh, *The City's Pleasures*, S. 167–169.
23 Aktepe, *Patrona isyanı (1730)*, S. 44.
24 Aktepe, *Patrona isyanı (1730)*, 42–43; Zarinebaf, *Crime and Punishment*, S. 87–90; Hamadeh, *The City's Pleasures*, S. 130–132; Finkel, *Osman's Dream*, S. 370, 371.
25 Hamadeh, *The City's Pleasures*, S. 130, 131.
26 Eremya Çelebi Kömürciyan, zitiert nach Hamadeh, *The City's Pleasures*, S. 123–127, 270, Fn. 50.

11. The party is over

1 Mustafa III., zitiert nach Finkel, *Osman's Dream*, S. 376.
2 MacFarlane, *Constantinople in 1828*, Band 2, S. 96.
3 Pouqueville, *Travels in Greece and Turkey*, S. 300.
4 Selim III., zitiert nach Başaran, *Selim III*, S. 1.
5 Başaran, *Selim III*, S. 1–3.

6 Şahin-Fuhrmann, »Steuerpacht im Osmanischen Reich«, S. 569–588.
7 Şahin-Fuhrmann, »Steuerpacht im Osmanischen Reich«, S. 569–588.
8 Başaran, *Selim III*, S. 214–219.
9 Foucault, »Die ›Gouvernementalität‹«, S. 822.
10 Thompson, »The Moral Economy«, S. 76–136.
11 Kafadar, »Janissaries and other Riffraff«, S. 129–133.
12 Mahmud II., zitiert nach Başaran, *Selim III*, S. 218.
13 Mansel, *Constantinople,* S. 240–244.
14 Ortaylı, *İmparatorluğun en uzun yüzyılı.*
15 Zarinebaf, *Mediterranean* Encounters, S. 91–125; Berchthold, *Recht und Gerechtigkeit.*
16 Ausführungen nach den Vorlesungen Holm Sundhaussens.
17 Girardelli, »In & Around Lord Elgin's Palace«.
18 Tuğlacı, *Balyan Ailesi,* S. 29–40, 46, 58–59.
19 Belge, »Istanbul Past and Future«, S. 161, 162.
20 Tuğlacı, *Balyan Ailesi,* S. 41, 148, 149, 162, 185, 286, 287, 321–324.
21 Belge, »Istanbul Past and Future«, S. 155–170.
22 Güvenç, *İstanbul 1910–2010*, ; Ersoy u. Anadol (Hg.), *Jacques Pervititch,* S. 235.
23 Schmitt, *Levantiner,* S. 220–228.
24 Jana, *»Behind the Hat there are Warships«.*
25 Eldem, »Mehmed Cemal Bey«, S. 93–116.
26 MacFarlane, *Constantinople in 1828*, Band. 1, S. 490, 491.
27 Aracı, *Naum Tiyatrosu,* S. 31–34.
28 Sevinçli, *İzmir'de tiyatro*, S. 10.
29 Cezar, *XIX. Yüzyıl Beyoğlu'su,* S. 383; Aracı, *Naum Tiyatrosu,* S. 66; Pannuti, *Les italiens d'Istanbul,* S. 567; Sevengil, *Türk Tiyatrosu Tarihi,* S. 3.
30 Aracı, *Naum Tiyatrosu,* S. 221.
31 *Levant Herald,* 11. Jan. 1873; Aracı, *Naum Tiyatrosu,* S. 304, 305; Schmitt, *Levantiner*, S. 128–130.
32 Sevengil, *Türk Tiyatrosu Tarihi,* S. 11–17.
33 Sevengil, *Türk Tiyatrosu Tarihi,* S. 11–17; Mestyan, *»A Garden with Mellow Fruits of Refinement«,* S. 289–311, 339.
34 Forneris, *Schicksale und Erlebnisse einer Kärtnerin,* S. 35.
35 Forneris, *Schicksale und Erlebnisse einer Kärtnerin,* S. 36.
36 Forneris, *Schicksale und Erlebnisse einer Kärtnerin,* S. 36–37.
37 Forneris, *Schicksale und Erlebnisse einer Kärtnerin,* S. 38–44.

38 Forneris, *Schicksale und Erlebnisse einer Kärtnerin,* S. 56–57.
39 Fuhrmann, »Beer, the Drink of a Changing World«, S. 83–89.
40 Schmitt, *Levantiner,* S. 290.

12. Die Belle Époque am Bosporus

1 Grandits, *Herrschaft und Loyalität;* Reinkowski, *Die Dinge der Ordnung;* Makdisi, *The Culture of Sectarianism.*
2 Ertem, »Considering Famine«, S. 151–172; Yapp, »Ottoman Empire«, Edgerton-Tarpley, »Famine«.
3 Ausführungen nach den Vorlesungen Holm Sundhaussens.
4 Eldem, »Osmanlı İmparatorluğu'ndan Günümüze«, S. 24–37; Yılmaz, »Anti-anarchism«.
5 Tuğlacı, *Balyan Ailesi,* S. 130, 131.
6 Alfieri, »D'Aronco and Mongeri«, S. 142–153.
7 Akpolat, *Alexandre Vallaury;* Fletcher, *Guide to Architecture,* S. 1445–1447.
8 Müller-Wiener, »Manufakturen und Fabriken in Istanbul«, S. 257–320; Quataert, *Ottoman Manufacturing,* S. 52–57.
9 Refik Halid Karay, zitiert nach Eren, *Anadolu'da Bira,* S. 62–63.
10 Fuhrmann, »Beer, the Drink of a Changing World«, S. 89–95.
11 Cezar, *XIX. Yüzyıl Beyoğlu'su,* S. 410.
12 *Stamboul,* 2., 3., 5. Jan. 1911.
13 Köse, *Westlicher Konsum am Bosporus,* S. 192–202.
14 Oğuz, »Mert Sandalcı«.
15 Fuhrmann, »North to South Migration«, S. 187–212; Quataert, *Social Disintegration;* Smith, *Colonial Memory;* Clancy-Smith, *Mediterraneans;* Gorman, »Foreign Workers«, S. 213–236; Huber, *Channelling Mobilities.*
16 Berchthold, *Recht und Gerechtigkeit;* Fuhrmann, »North to South Migration«, S. 187–212.
17 Bareilles, *Constantinople,* S. 74.
18 Fuhrmann, »›Western Perversions‹«, S. 159–172.
19 İleri, »İstanbul'un Yeraltı Dünyası«, S. 57–82; İleri, »Between the Real and the Imaginary«, S. 95–116; Lévy-Aksu, *Ordre et désordres; Zelepos, Rebetiko.*
20 Soysal, *Ottoman Empire.*

21 Soysal, *Ottoman Empire.*
22 Soysal, *Ottoman Empire.*
23 Fuhrmann, »Germany's Adventures«, S. 123–145.
24 Köse u. Albayrak (Hg.), *Osmanlı'da gösteri sanatları,* S. 248, 249.
25 Nestoroff, *The Istanbul Letters,* S. 56, 57.
26 Nestoroff, *The Istanbul Letters,* S. 69.
27 Nestoroff, *The Istanbul Letters,* S. 70.
28 Nestoroff, *The Istanbul Letters,* S. 72.
29 Nestoroff, *The Istanbul Letters,* S. 70.

13. Der Absturz

1 Zürcher, *What Was Different.*
2 Hall, »Balkan Wars«.
3 Fuhrmann, »Spies, Victims, Collaborators«, S. 189–212.
4 Ginio, *The Ottoman Culture of Defeat.*
5 Fuhrmann, »Potsdam«, S. 209–214.
6 Oberhaus, *»Zum wilden Aufstande entflammen«.*
7 Aksakal, *The Ottoman Road to War.*
8 Hans Humann, zitiert nach Fuhrmann, »Zwei Völker in Waffen«, S. 231–244.
9 Gottschlich, *Beihilfe zum Völkermord,* S. 86–114.
10 Gottschlich, *Beihilfe zum Völkermord,* S. 155–161.
11 Sarınay, »What Happened«.
12 Dündar, *Crime of Numbers.*
13 MacArthur-Seal, »Intoxication and Imperialism«, S. 305.
14 MacArthur-Seal, »Intoxication and Imperialism«, S. 301–302.
15 MacArthur-Seal, »Intoxication and Imperialism«, S. 308.
16 Willy Sperco, zitiert nach Pannuti, *Les italiens d'Istanbul,* S. 253.
17 MacArthur-Seal, »Intoxication and Imperialism«, S. 304.
18 Halide Edip, zitiert nach Mansel, *Constantinople,* S. 390.
19 Sunata, *İstanbul'da işgal yılları,* S. 74.
20 Mansel, Constantinople, S. 396.
21 Sunata, *İstanbul'da işgal yılları,* S. 91–95.
22 Sunata, *İstanbul'da işgal yılları,* S. 94–97.
23 Mansel, *Constantinople,* S. 392–397.
24 Georgelin, *La fin de Smyrne,* S. 201–219.
25 Morack, »Griechenland und die Türkei«, S. 30–33.

26 Mansel, *Constantinople,* S. 404–407.
27 Harold Armstrong, zitiert nach MacArthur-Seal, »Intoxication and Imperialism«, S. 300.
28 John Kennedy, zitiert nach MacArthur-Seal, »Intoxication and Imperialism«, S. 303.
29 Paul Bonatz, zitiert nach Bohle u. Dimog (Hg.), *Architekturführer Istanbul,* S. 11.
30 Özlü, »Republican Response«.
31 Ziya Gökalp zitiert nach Vakkasoğlu, *Ziya Gökalp.*
32 Mansel, *Constantinople,* S. 405.
33 Okday, *Der letzte Großwesir,* S. 99.
34 Guttstadt, *Die Türkei,* S. 181–193; Fuhrmann u. Riedler, »Vertreibung der Juden«, S. 422.
35 Mansel, *Constantinople,* S. 398–400.
36 Gingeras, *Mustafa Kemal Ataturk.*
37 Fuhrmann, »Vom stadtpolitischen Umgang«, S. 44.
38 Fuhrmann, »Vom stadtpolitischen Umgang«, S. 44, 45.
39 Fuhrmann, »Taksim Square«, S. 177–181.
40 Bozdoğan u. Akcan, *Turkey,* S. 73–79.
41 Okday, *Der letzte Großwesir,* S. 132, 133.
42 Guttstadt, *Die Türkei,* S. 487.
43 Kozar u. Ünal (Hg.), *Hayalet yapılar,* S. 16–37.
44 Fuhrmann, »Hattuscha gegen Hellas«.
45 Akpınar, »Menderes«, S. 85–89.
46 Güven, *Nationalismus und Minderheiten,* S. 154–166.
47 Güven, *Nationalismus und Minderheiten,* S. 26–32.
48 Güven, *Nationalismus und Minderheiten,* S. 30.
49 Türkali, »İstanbul«.

14. *»In den Händen der Räuber«*

1 Brauns, »Geschichte der Linken«, S. 52–138.
2 Brauns, »Geschichte der Linken«, S. 142–151; Alper, *Student Movement*, S. 206–241.
3 Alper, *Student Movement*, S. 242–246.
4 Alper, *Student Movement*, S. 243–308.
5 Alper, *Student Movement*, S. 308–315.

6 Alper, *Student Movement*, S. 316–345.
7 Alper, *Student Movement*, S. 345–351.
8 Alper, *Student Movement*, S. 327–347.
9 Alper, *Student Movement*, S. 351–372.
10 Alper, *Student Movement*, S. 373–406.
11 Alper, *Student Movement*, S. 425–428.
12 Brauns, »Geschichte der Linken«, S. 142–153; Alper, *Student Movement*, S. 422–423.
13 Brauns, »Geschichte der Linken«, S. 176–178; Alper, *Student Movement*, S. 443–451.
14 Alper, *Student Movement*, S. 451–484; Brauns, »Geschichte der Linken«, S. 150–185.
15 Brauns, »Geschichte der Linken«, S. 197–201.
16 Brauns, »Geschichte der Linken«, S. 197–201.
17 Gürbilek, *Vitrinde yaşamak,* S. 24.
18 Brauns, »Geschichte der Linken«, S. 216–223.
19 Brauns, »Geschichte der Linken«, S. 229–232.
20 Brauns, »Geschichte der Linken«, S. 237–240.
21 Brauns, »Geschichte der Linken«, S. 229–232; Yazıcı, *Sabahın Sahibi Var,* S. 39–49.
22 Brauns, »Geschichte der Linken«, S. 240–246.
23 Brauns, »Geschichte der Linken«, S. 253–256.
24 *Time*, 29. Sept. 1980.
25 Hayaloğlu, »Acılar kraliçesi«.

15. Die Entstehung der Megacity

1 Tuğal, »The Greening«, S. 64–80.
2 Sassen, »Whose City Is It?«, S. 205–223.
3 Yapıcı, Interview, in: *Ekümenopolis,* 12:05.
4 *Hürriyet Daily News,* 7. Jan. 2019: »Istanbul's share«.
5 T. C. İstanbul Valiliği, »Üniversiteler Şehri İstanbul«.
6 Sancak, »Central Asia(n)'s Gendered Directions of Hope«.
7 Yazıcı, *Sabahın Sahibi Var.*
8 Aykaç, »›Banned from our Lives‹«.
9 Asmussen, »Cyprus after the Failure«.
10 Yüksel u. Abisel, »Grup Yorum'dan İşkence Protestosu«.

11 *Hürriyet Daily News,* 8. Jan. 2018: »2006 Workers Killed«.
12 Doğru, The ›Benevolent Hand‹, S. 8.
13 Kaufmann, »China kriegt euch alle«.
14 Candaş; Flacke u. Yomralıoğlu, »Understanding Urban Regeneration«, S. 669–675; Pérouse, »›Mülk Allah'ındır‹«, S. 283–302.
15 »Wonderland«, 1:40.
16 Sassen, »Whose City Is It?«, S. 220, 221.

16. Drei Wochen im Park

1 Soysal, Interview in: »Außer Tränengas«.
2 *Hürriyet,* 5. Mai 2013: »Başbakan'dan Kızılcahamam kampında önemli mesajlar«.
3 *Haberler,* 29. Apr. 2013: »Başbakan Erdoğan«.
4 Fuhrmann, »Taksim Square«, S. 168, 169.
5 *BBC Türkçe,* 31. Mai 2018: »Gezi Parkı eylemleri«.
6 *BBC Türkçe,* 31. Mai 2018: »Gezi Parkı eylemleri«.
7 Bilgiç u. Kafkaslı, *Gencim, özgürlükçüyüm, ne istiyorum?*
8 Aykaç, »Strong Bodies«.
9 Watenpaugh, »Learning from Taksim Square«.
10 Shaw, »Turkey's Summer of Love«.
11 Shaw, »Turkey's Summer of Love«.
12 Shaw, »Turkey's Summer of Love«.
13 Aykaç, »Strong Bodies«.
14 Kazaz, »Lobna Allamii«.
15 Soysal, Interview in: »Außer Tränengas«.
16 Halit Ergenç, zitiert nach »Başbakan Erdoğan'la Görüşen Halit Ergenç'den Gezi Parkı Açıklaması«.
17 *BBC Türkçe,* 31. Mai 2018: »Gezi Parkı eylemleri«.

17. Schrecken und (k)ein Ende?

1 *T24,* 20. Juni 2013: »Topbaş«.
2 Kural u. Tahaoğlu, »Ankara'da Hayatını Kaybedenlerin Hikayeleri«.
3 Seufert, »Anatomie eines Putsches«.
4 *Akşam,* 9. Juli 2018: »Kamuda iki yılda 125 bin kişi ihraç edildi«; Morris, »Reality Check«.

5 Beiser, »Record number«.
6 *Evrensel*, 19. Jul. 2018: »OHAL'de ordudan 15 bin, eğitimden 41 bin kişi ihraç edildi«.
7 United Nations Office of the High Commissioner for Human Rights, »UN report«.
8 Barış için Akademisyenler, »Bu suça ortak olmayacağız!«.
9 Pişkin, Tansu, »Bir Günde 19 Akademisyen Yargılandı«, in: Bianet, 16. Juli 2019, https://bianet.org/bianet/ifade-ozgurlugu/210523-bir-gunde-19-akademisyen-yargilandi (Zugriff: 18. Juli 2019).
10 Human Rights Watch, »Turkey: Baseless Charges«.
11 Andersen, H. C. *Andersen's sämmtliche Märchen.*
12 Fukuyama, »The End of History?«.
13 Lüdtke, *Eigen-Sinn.*
14 Fuhrmann, »Hattuscha gegen Hellas«.

Literatur

Akpınar, İpek, »Menderes imar hareketleri Türkleştirme politikalarının bir parçası mıydı?«, in: *Arrademento* (Mai 2015), S. 85–89.

Akpolat, Mustafa S., *Fransız kökenli Levanten mimar Alexandre Vallaury*, Dissertation, Hacettepe-Universität, Ankara 1991.

Aksakal, Mustafa, *The Ottoman Road to War in 1914. The Ottoman Empire and the First World War*, Cambridge 2010.

Akşam, 9. Jul. 2018: »Kamuda iki yılda 125 bin kişi ihraç edildi«, https://www.aksam.com.tr/guncel/kamuda-iki-yilda-125-bin-kisi-ihrac-edildi/haber-752643 (Zugriff: 27. Mai 2019).

Aktepe, M. Münir, *Patrona isyanı (1730)*, Istanbul 1958.

Alfieri, Bianca Maria, »D'Aronco and Mongeri. Two Italian Architects in Turkey«, in: *Environmental Design: Journal of the Islamic Environmental Design Research Centre* (1990), S. 142–153.

Alper, Emin, *Student Movement in Turkey from a Global Perspective, 1961–1971*, Dissertation, Boğaziçi-Universität, Istanbul 2009.

Andersen, Hans Christian, *H. C. Andersen's sämmtliche Märchen*, https://gutenberg.spiegel.de/buch/sammtliche-marchen-einzige-vollstandige-vom-verfasser-besorgte-ausgabe-6246/5 (Zugriff: 27. Mai 2019).

Andrews, Walter G., »Speaking of Power. The ›Ottoman Kaside‹«, in: Sperl, Stephan u. Shackle, Christopher (Hg.), *Qasida Poetry in Islamic Asia and Africa*, Leiden 1996, S. 281–300.

Andrews, Walter G. u. Kalpaklı, Mehmet (Hg.), *The Age of Beloveds. Love and the Beloved in Early-Modern Ottoman and European Culture and Society*, Durham 2005.

Angold, Michael, *The Fall of Constantinople to the Ottomans. Contexts and Consequences*, Harlow 2012.

Anonym, *Geschichte des osmanischen Reiches von seiner Entstehung bis auf die neuesten Zeiten*, Band 2, Wien 1811.

Aracı, Emre, *Naum Tiyatrosu. 19. Yüzyıl İstanbulu'nun İtalyan Operası*, Istanbul 2010.

Asmussen, Jan, »Cyprus after the Failure of the Annan Plan«, in: *ECMI-Brief* 11 (Juli 2004).

Avcı, Mustafa, »Shifts in Sexual Desire. Bans on Dancing Boys (Köçeks) throughout Ottoman Modernity (1800s-1920s)«, in: *Middle Eastern Studies* 53 (5/2017), S. 762–781.

Ayaita, Joanna Jessica, *Justinian und das Volk im Nikaaufstand*, Dissertation, Ruprecht-Karls-Universität Heidelberg 2014.

Aykaç, Çağla, »Strong Bodies, Dirty Shoes. An Ode to the Resistance«, in: *ROAR*, 8. Jan. 2014, https://roarmag.org/essays/gezi-spirit-poetry-art-resistance (Zugriff: 27. Mai 2019).

Aykaç, Çağla, »›Banned from our Lives‹. Intellectuals Mourn the Turkey that once was«, in: *The Conversation*, 28. Feb. 2017, https://theconversation.com/banned-from-our-own-lives-intellectuals-mourn-the-turkey-that-once-was-73231 (Zugriff: 27. Mai 2019).

Bareilles, Bertrand, *Constantinople. Ses cités franques et levantines (Péra – Galata – banlieue)*, Paris 1918.

Barış için Akademisyenler, »Bu suça ortak olmayacağız! Em ê nebin hevparên vî sûcî!«, 11. Jan. 2016, https://barisicinakademisyenler.net/node/62 (Zugriff: 27. Mai 2019).

Başaran, Betül, *Selim III, Social Control and Policing in Istanbul at the End of the Eighteenth Century. Between Crisis and Order*, Leiden 2014.

BBC Türkçe, 31. Mai 2018: »Gezi Parkı eylemleri: Protestolarda gün gün neler yaşandı?«, https://www.bbc.com/turkce/haberler-turkiye-44304326 (Zugriff: 27. Mai 2019).

Beiser, Elana, »Record Number of Journalists Jailed as Turkey, China, Egypt Pay Scant Price for Repression«, in: *CPJ*, 13. Dez. 2017, https://cpj.org/reports/2017/12/journalists-prison-jail-record-number-turkey-china-egypt.php (Zugriff: 27. Mai 2019).

Belge, Murat, »Istanbul Past and Future«, in: Ministry of Culture (Hg.), *Istanbul*, Istanbul 1993, S. 155–170.

Berchthold, Johannes, *Recht und Gerechtigkeit in der Konsulargerichtsbarkeit. Britische Exterritorialität im Osmanischen Reich 1821–1914*, München 2009.

Bilgiç, E. E. u. Kafkaslı, Z., *Gencim, özgürlükçüyüm, ne istiyorum? #direngeziparkı Anketi Sonuç Raporu*, Istanbul 2013.

Bohle, Hendrik u. Dimog, Jan (Hg.), *Architekturführer Istanbul*, Berlin 2014.

Bozdoğan, Sibel u. Akcan, Esra, *Turkey. Modern Architectures in History*, London 2012.

Brauns, Nikolaus, »Geschichte der Linken und Arbeiterbewegung vom Osmanischen Reich bis zum Militärputsch 1980«, in: Brauns, Nikolaus u. Çakır, Murat (Hg.), *Partisanen einer neuen Welt. Eine Geschichte der Linken und Arbeiterbewegung in der Türkei*, Berlin 2018, S. 23–266.

Brundage, James, *The Crusades. A Documentary History*, Milwaukee 1962.

Candaş, Ezgi; Flacke, Johannes u. Yomralıoğlu, Tahsin, »Understanding Urban Regeneration in Turkey«, in: *Archives of the Photogrammetry, Remote Sensing and Spatial Information Sciences* 41–B4 (2016), S. 669–675.

Cantemir, Dimitri, *Geschichte des osmanischen Reiches nach seinem Anwachsen und Abnehmen*, übersetzt von Lorenz, Johann, Hamburg 1745.

Casale, Giancarlo, *The Ottoman Age of Exploration*, Oxford: Oxford University Press, 2010.

Çelik, Zeynep, *The Remaking of Istanbul. Portrait of an Ottoman City in the Nineteenth Century*, Berkeley 1986.

Cezar, Mustafa, *XIX. Yüzyıl Beyoğlu'su*, Istanbul 1991.

Choniates, Niketas, *O City of Byzantium. Annals of Niketas Choniatēs*, übersetzt von Magoulias, Harry J., Detroit 1984.

Clancy-Smith, Julia, *Mediterraneans. North Africa and Europe in an Age of Migration, c. 1800–1900*, Berkeley 2011.

Croke, Brian, »Constantinople in the Age of Justinian«, in: Maas, Michael (Hg.), *The Cambridge Companion to the Age of Justinian*, Cambridge 2005, S. 60–86.

Davutoğlu, Ahmet, *Stratejik Derinlik. Türkiye'nin Uluslararası Konumu*, Istanbul 2001.

Diehl, Charles, *Justinien et la civilisation byzantine au VIe siècle*, Band 1, New York 1960.

Doğru, Havva Ezgi, The ›*Benevolent Hand*‹ *of the Turkish State. The Turkish Mass Housing Administration. State Restructuring, and Capital Accumulation in Turkey*, Dissertation, York Universität, Toronto 2016.

Doukas, »Histoire turcobyzantine«, in: Déroche, Vincent u. Vatin, Nicolas

(Hg.), *Constantinople 1453. Des Byzantins aux Ottomans. Textes et documents*, übersetzt von Flusin, B., Toulouse 2016, S. 105–186.

Dündar, Fuat, *Crime of Numbers. The Role of Statistics in the Armenian Question (1871–1918)*, New Brunswick 2010.

Edgerton-Tarpley, Kathryn, »Famine in Imperial and Modern China«, (März 2017), http://oxfordre.com/asianhistory/view/10.1093/acrefore/9780190277727.001.0001/acrefore-9780190277727-e-133 (Zugriff: 27. Mai 2019).

Eldem, Edhem, »Istanbul. From Imperial to Peripheralized Capital«, in: Eldem, Edhem; Goffmann, Daniel u. Masters, Bruce Alan (Hg.), *The Ottoman City between East and West. Aleppo, Izmir, and Istanbul*, Cambridge 1999, S. 135–206.

Eldem, Edhem, »Foreigners at the Threshold of Felicity. The Reception of Foreigners in Ottoman Istanbul«, in: Calabi, Donatella u. Christensen, Stephen Turk (Hg.), *Cultural Exchange in Early Modern Europe*, Band 2: *Cities and Cultural Exchange in Europe, 1401–1700*, Cambridge 2007, S. 114–131.

Eldem, Edhem, »An Exercise in Ottoman Sartorial Micro-History. The Many Breeches, Shoes, and Fezzes of Mehmed Cemal Bey, 1851–1864«, in: Ulbrich, Claudia u. Wittmann, Richard (Hg.), *Fashioning the Self in Transcultural Settings. The Uses and Significances of Dress in Self-Narratives*, Würzburg 2015, S. 93–116.

Eldem, Edhem, »Osmanlı İmparatorluğu'ndan Günümüze Adalet, Hukuk, Eşitlik ve Siyaset«, in: *Toplumsal Tarih* 288 (Dez. 2017), S. 24–37.

Eren, Ercan, *Geçmişten Günümüze Anadolu'da Bira*, Istanbul 2005.

Ergenç, Halit, zitiert nach »Başbakan Erdoğan'la Görüşen Halit Ergenç'den Gezi Parkı Açıklaması«, *YouTube*, https://www.youtube.com/watch?v=PEDMTO1pO3w (Zugriff: 27. Mai 2019).

Ersoy, Seden u. Anadol, Çağatay (Hg.), *Jacques Pervititch sigorta haritalarında İstanbul/Istanbul in the Insurance Maps of Jacques Pervititch*, Istanbul 2000.

Ertem, Özge, »Considering Famine in the Late Nineteenth Century Ottoman Empire. A Comparative Framework and Overview«, in: *Collegium* 22 (2017), S. 151–172.

Eusebius von Caesarea, *Über das Leben des Kaisers Konstantin*, Winkelmann, Friedhelm (Hg.), Berlin 1991.

Evliya Çelebi, *An Ottoman Traveller. Selections from the Book of Travels of Evliya Çelebi*, übersetzt und kommentiert von: Dankoff, Robert u. Kim, Sooyong, London 2010.

Evrensel, 19. Jul. 2018: »OHAL'de ordudan 15 bin, eğitimden 41 bin kişi ihraç edildi«, https://www.evrensel.net/haber/357319/ohalde-ordudan-15-bin-egitimden-41-bin-kisi-ihrac-edildi (Zugriff: 27. Mai 2019).

Faroqhi, Suraiya, *Subjects of the Sultan. Culture and Daily Life in the Ottoman Empire*, London 2000.

Finkel, Caroline, *Osman's Dream. The Story of the Ottoman Empire, 1301–1923*, New York 2005.

Fletcher, Sir Banister, *Guide to Architecture*, London 2001.

Forneris, Anna, *Schicksale und Erlebnisse einer Kärtnerin während ihrer Reisen in verschiedenen Ländern und fast 30jährigen Aufenthalts im Oriente, als: in Malta, Corfu, Constantinopel, Smyrna, Tiflis, Tauris, Jerusalem, Rom ... beschrieben von ihr selbst*, Klagenfurt 1985.

Foucault, Michel, »Die ›Gouvernementalität‹«, in: Foucault, Michel, *Schriften in vier Bänden. Dits et Ecrits. Bd. III: 1976–1979*, übersetzt von: Gondek, Hans-Dieter, Frankfurt (Main) 2003, S. 796–823.

Fuhrmann, Malte, *Der Traum vom deutschen Orient. Zwei deutsche Kolonien im Osmanischen Reich 1851–1918*, Frankfurt (Main) 2006.

Fuhrmann, Malte, »Zwei Völker in Waffen. Türkisch-deutsche Interdependenzen beim Nation Building«, in: Brunnbauer, Ulf, Helmedach, Andreas u. Troebst, Stefan (Hg.), *Schnittstellen. Gesellschaft, Nation, Konflikt und Erinnerung in Südosteuropa. Südosteuropäische Arbeiten* 133, München 2007, S. 231–244.

Fuhrmann, Malte, »Potsdam. Die Enver-Pascha-Brücke«, in: van der Heyden, Ulrich u. Zeller, Joachim (Hg.), *Kolonialismus hierzulande*, Erfurt 2008, S. 209–214.

Fuhrmann, Malte, »Vom stadtpolitischen Umgang mit dem Erbe der Europäisierung in Istanbul, Izmir und Thessaloniki«, in: Tischler, Ulrike u. Zelepos, Ioannis (Hg.), *Bilderwelten – Weltbilder. Die Gegenwart der Vergangenheit in postosmanischen Metropolen Südosteuropas. Thessaloniki, Istanbul, Izmir*, Frankfurt (Main) 2009, S. 19–62.

Fuhrmann, Malte, »›Western Perversions‹ at the Threshold of Felicity. The European Prostitutes of Galata-Pera (1871–1915)«, in: *History and Anthropology* 21 (2/2010), S. 159–172.

Fuhrmann, Malte, »Germany's Adventures in the Orient. A History of Ambivalent Semi-Colonial Entanglements«, in: Langbehn, Volker u. Salama, Mohammad (Hg.), *Colonial (Dis)-Continuities. Race, Holocaust, and Postwar Germany*, New York 2011, S. 123–145.

Fuhrmann, Malte u. Riedler, Florian, »Varlık Vergisi (1942)«, in: Benz, Wolfgang u.a. (Hg.), *Handbuch des Antisemitismus. Judenfeindschaft in Geschichte und Gegenwart*, Band 4, München 2011, S. 412.

Fuhrmann, Malte u. Riedler, Florian, »Vertreibung der Juden aus Thrakien (1934)«, in: Benz, Wolfgang u. a. (Hg.), *Handbuch des Antisemitismus. Judenfeindschaft in Geschichte und Gegenwart*, Band 4, München 2011, S. 422.

Fuhrmann, Malte, »Beer, the Drink of a Changing World. Beer Consumption and Production on the Shores of the Aegean in the 19th Century« in: *Turcica* 45 (2014), S. 79–123.

Fuhrmann, Malte »North to South Migration in the Imperial Era. Workers and Vagabonds between Vienna and Constantinople«, in: Freitag, Ulrike u. Lafi, Nora (Hg.), *Urban Governance Under the Ottomans. Between Cosmopolitanism and Conflict*, London 2014, S. 187–212.

Fuhrmann, Malte, »Spies, Victims, Collaborators and Humanitarian Interventionists. The Germans on the Hellenic and Ottoman Shore of the Aegean«, in: Panayi, Panikos (Hg.), *Germans as Minorities During the First World War. A Global Comparative Perspective*, Farnham (Surrey) 2014, S. 189–212.

Fuhrmann, Malte, »Taksim Square and the Struggle to Rule Istanbul's Past«, in: *Critique & Humanism* 46 (2016), S. 163–190.

Fuhrmann, Malte, »Hattuscha gegen Hellas, Medina gegen Rom: Die nicht abgeschlossene Suche nach einem historischen Vorbild der türkischen Stadtentwicklung«, in: *Südosteuropa-Jahrbuch* 44 (erscheint 2019).

Fukuyama, Francis, »The End of History?«, in: *The National Interest*, Sommer 1989.

Gebhardt, Dirk u. Holm, Andrej, »Einleitung«, in: Gebhardt, Dirk u. Holm, Andrej (Hg.), *Initiativen für ein Recht auf Stadt. Theorie und Praxis städtischer Aneignungen*, Hamburg 2011, S. 7–24.

Georgelin, Hervé, *La fin de Smyrne. Du cosmopolitisme aux nationalismes*, Paris 2005.

Geromel, Ricardo, »Top 10 Billionaire Cities – Moscow Beats New York Again«, in: *Forbes*, https://www.forbes.com/sites/ricardogeromel/2013/03/14/forbes-top-10-billionaire-cities-moscow-beats-new-york-again/# (Zugriff: 27. Mai 2019).

Gingeras, Ryan, *Mustafa Kemal Ataturk. Heir to the Empire*, Oxford 2015.

Ginio, Eyal, *The Ottoman Culture of Defeat. The Balkan Wars and Their Aftermath (1912–1914)*, London 2016.

Girardelli, Paolo, »In & Around Lord Elgin's Palace at Pera. European, Levantine & Ottoman Intersections in Architectural Culture (ca. 1798–1831)«, Vortrag gehalten beim *Anamed Fellows' Symposium*, Research Center for Anatolian Civilizations Istanbul, 22. Apr. 2016.

Goffman, Daniel, »Izmir. From Village to Colonial City« in: Eldem, Edem, Goffman, Daniel u. Masters, Bruce (Hg.), *The Ottoman City between East and West. Aleppo, Izmir, and Istanbul*, Cambridge 1999, S. 79–134.

Gorman, Anthony, »Foreign Workers in Egypt 1882–1914. Subaltern or Labour Elite?«, in: Cronin, Stephanie (Hg.), *Subalterns and Social Protest. History from Below in the Middle East and North Africa*, London 2008, S. 213–236.

Gottschlich, Jürgen, *Beihilfe zum Völkermord. Deutschlands Rolle bei der Vernichtung der Armenier*, Berlin 2015.

Grandits, Hannes, *Herrschaft und Loyalität in der spätosmanischen Gesellschaft. Das Beispiel der multikonfessionellen Herzegowina*, Wien 2008.

Gürbilek, Nurdan, *Vitrinde yaşamak. 1980'lerin Kültürel İklimi*, Istanbul 1992.

Guttstadt, Corry, *Die Türkei, die Juden und der Holocaust*, Berlin 2008.

Güven, Dilek, *Nationalismus und Minderheiten. Die Ausschreitungen gegen die Christen und Juden der Türkei vom September 1955*, München 2012.

Güvenç, Murat, *İstanbul 1910–2010. Kent Yapılı Çevre, Mimarlık Kültürü Sergisi, Santralistanbul (14 Eylül-20 Kasım 2010)*, Istanbul 2010.

Haberler, 29. Apr. 2013: »Başbakan Erdoğan. Üç Beş Çanak Çömlek, Marmaray'ı 4 Yıl Geciktirdi«, https://www.haberler.com/basbakan-erdogan-ucbes-canak-comlek-marmaray-i-4-4573088-haberi/ (Zugriff: 27. Mai 2019).

Hall, Richard C., »Balkan Wars 1912–1913«, in: *1914–1918-online. International Encyclopedia of the First World War*, https://encyclopedia.1914-1918-online.net/article/balkan_wars_1912-1913, (Zugriff: 27. Mai 2019).

Hamadeh, Shirine, *The City's Pleasures. Istanbul in the Eighteenth Century*, Seattle 2008.

Hammer, Joseph von, *Geschichte des osmanischen Reiches*, Band 7, Pest 1831.

Hasret (Dir: Ben Hopkins), 2015.

Hayaloğlu, Yusuf, »Acılar kraliçesi«, https://sarki.alternatifim.com/sarkici/yusuf-hayaloglu/istanbul-acilar-kralicesi (Zugriff: 27. Mai 2019).

Herrin, Judith, *Byzantium. The Surprising Life of a Medieval Empire*, London 2007.

Hosfeld, Rolf, *Tod in der Wüste. Der Völkermord an den Armeniern*, München 2015.

Huber, Valeska, *Channelling Mobilities. Migration and Globalisation in the Suez Canal Region and Beyond, 1869–1914*, Cambridge 2013.

Human Rights Watch, »Turkey: Baseless Charges over Landmark 2013 Protests«, 25. März 2019, https://www.hrw.org/news/2019/03/25/turkey-baseless-charges-over-landmark-2013-protests (Zugriff: 27. Mai 2019).

Hürriyet, 5. Mai 2013: »Başbakan'dan Kızılcahamam kampında önemli mesajlar« http://www.hurriyet.com.tr/gundem/basbakandan-kizilcahamam-kampinda-onemli-mesajlar-23203460 (Zugriff: 27. Mai 2019).

Hürriyet Daily News, 8. Jan. 2018: »2,006 Workers Killed in Workplace Accidents in 2017 in Turkey: Report«, http://www.hurriyetdailynews.com/2-006-workers-killed-in-workplace-accidents-in-2017-in-turkey-report-125387 (Zugriff: 27. Mai 2019).

Hürriyet Daily News, 7. Jan. 2019: »Istanbul's Share in Total GDP Stood at 31 Percent in 2017«, http://www.hurriyetdailynews.com/istanbuls-share-in-total-gdp-stood-at-31-percent-in-2017-140330 (Zugriff: 27. Mai 2019).

Ibn Khaldun, Abd-ar-Rahman Ibn-Muhammad, *The Muqadimmah. An Introduction to History*, Band 2, übersetzt von: Rosenthal, Franz, Princeton 1967.

İleri, Nurçin, »İstanbul'un Yeraltı Dünyası. Bıçakçı Petri ve Cinayet Destanları«, in: *Kampfplatz* 7 (Okt. 2014), S. 57–82.

İleri, Nurçin, »Between the Real and the Imaginary: Late Ottoman Istanbul as a Crime Scene«, in: *Journal of the Ottoman and Turkish Studies Association* 4 (1/2017), S. 95–116.

İnalcık, Halil, »Istanbul. An Islamic City«, in: *Journal of Islamic Studies* 1 (1990), S. 1–23.

INRIX, »INRIX 2018 Global Traffic Scorecard«, http://inrix.com/scorecard/ (Zugriff: 27. Mai 2019).

Jana, Katja, *»Behind the Hat there are Warships« – Nationalism, Colonialism and Masculinities in late Ottoman and early Turkish Republican Society and Politics*, Dissertation, Universität Göttingen 2016.

Johannes Zonaras, *Militärs und Höflinge: Ringen um das Kaisertum, Byzantinische Geschichte von 969 bis 1118 nach der Chronik des Johannes Zonaras*, übersetzt von: Trapp, Erich, Graz 1986.

Kafadar, Cemal, »A Rome of One's Own. Reflections on Cultural Geography and Identity in the Lands of Rum«, in: *Muqarnas* 24 (2007), S. 7–25.

Kafadar, Cemal, »Janissaries and other Riffraff of Ottoman Istanbul. Rebels without a Cause?«, in: *International Journal for Turkish Studies 13* (2007, 1/2), S. 113–134.

Kaufmann, Stephan, »China kriegt euch alle«, in: *Freitag* 24/2018, https://www.freitag.de/autoren/der-freitag/china-kriegt-euch-alle (Zugriff: 27. Mai 2019).

Kazaz, Gözde, »Lobna Allamii: Dokunulmazlığı kalkan herkese dava açacağım«, in: *Agos*, 12. Jun. 2015, http://www.agos.com.tr/tr/yazi/11866/lobna-allamii-dokunulmazligi-kalkan-herkese-dava-acacagim (Zugriff: 27. Mai 2019).

Kırlı, Cengiz, »Coffeehouses. Leisure and Sociability in Ottoman Istanbul«, in: Borsay, Peter Nigel u. Furnee, Jan Hein (Hg.), *Leisure Cultures in Urban Europe, 1701–1870*, Manchester 2016, S. 161–181.

Köse, Resul u. Albayrak, Muzaffer (Hg.), *Arşiv belgelerine göre Osmanlı'da gösteri sanatları*, Istanbul 2015.

Köse, Yavuz, *Westlicher Konsum am Bosporus. Warenhäuser, Nestlé & Co. im späten Osmanischen Reich (1851–1923)*, München 2010.

Kozar, Cem u. Ünal, Işıl (Hg.), *Hayalet Yapılar/Ghost Buildings*, Istanbul 2010.

Kritovoulos, »Histoires«, in: Déroche, Vincent u. Vatin, Nicolas (Hg.), *Constantinople 1453. Des Byzantins aux Ottomans, textes et documents*, übersetzt von: Déroche, Vincent, Toulouse 2016, S. 241–322.

Krstić, Tijana, »Moriscos in Ottoman Galata, 1601–1620s«, in: García-Arenal, Mercedes u. Wiegers, Gerard (Hg.), *The Expulsion of the Moriscos from Spain. A Mediterranean Diaspora*, Leiden 2014, S. 269–285.

Kural, Beyaz u. Tahaoğlu, Çiçek, »10 Ekim 2015'te Ankara'da Hayatını Kaybedenlerin Hikayeleri«, in: *Bianet*, 12. Okt. 2015, http://bianet.org/bianet/toplum/168240-ankara-da-hayatini-kaybedenlerin-hikayeleri (Zugriff: 27. Mai 2019).

Lafi, Nora, *Esprit civique et organisation citadine dans l'Empire ottoman (XVe-XXe siècles)*, Leiden 2018.

Levant Herald, 11. Jan. 1873.

Lévy-Aksu, Noémi, *Ordre et désordres dans l'Istanbul ottomane (1879–1909)*, Paris 2013.

Lilie, Ralph-Johannes, »Die Schlacht von Myriokephalon (1176). Auswirkungen auf das byzantinische Reich im ausgehenden 12. Jahrhundert«, in: *Revue des Études Byzantines* 35 (1977), S. 257–275.

Lüdtke, Alf, *Eigen-Sinn. Fabrikalltag, Arbeitserfahrungen und Politik vom Kaiserreich bis in den Faschismus*, Hamburg 1993.

Lysyk, Stephanie, »Purple Prose. Writing, Rhetoric and Property in Justinian Corpus«, in: *Law and Literature* 10 (1998), S. 33–60.

MacArthur-Seal, Daniel-Joseph, »Intoxication and Imperialism. Nightlife in Occupied Istanbul, 1911–1923«, in: *Comparative Studies of South Asia, Africa and the Middle East* 37 (2017), S. 299–313.

MacFarlane, Charles, *Constantinople in 1828. A Residence of Sixteen Months in the Turkish Capital and Provinces. With an Account of the Present State of the Naval and Military Power, and of the Resources of the Ottoman Empire*, Band 1, London 1828.

MacFarlane, Charles, *Constantinople in 1828. A Residence of Sixteen Months in the Turkish Capital and Provinces. With an Account of the Present State of the Naval and Military Power, and of the Resources of the Ottoman Empire*, Band 2, London 1829.

Magdalino, Paul, *Tradition and Transformation in Medieval Byzantium*, Aldershot 1991.

Maguire, Henry, »Images of the Court«, in: Evans, Helen C. u. Wixom, William D. (Hg.), *The Glory of Byzantium. Art and Culture of the Middle Byzantine Era, A. D. 843 – 1261*, New York 1997.

Makdisi, Ussama, *The Culture of Sectarianism. Community, History, and Violence in Nineteenth-Century Ottoman Lebanon*, Berkeley 2000.

Mansel, Philip, *Constantinople. City of the World's Desire, 1453–1924*, London 1995.

Mazower, *Mark, Salonica. City of Ghosts. Christians, Muslims and Jews 1430–1950*, London 2005.

McLachlan, Sean, *Byzantium. An Illustrated History*, New York 2004.

Meier, Mischa, *Das andere Zeitalter Justinians. Kontingenzerfahrung und Kontingenzbewältigung im 6. Jahrhundert n. Chr.*, Göttingen 2003.

Mestyan, Adam, *»A Garden with Mellow Fruits of Refinement« – Musical Theatres and Cultural Politics in Cairo and Istanbul, 1867–1892*, Dissertation, Central European University, Budapest 2011.

Meyer, Jürg, »Gentile Bellini als Bildnismaler am Hofe Mehmets II«, in: Asutay-Effenberger, Neslihan und Rehm, Ulrich (Hg.), *Sultan Mehmet II. Eroberer Konstantinopels – Patron der Künste*, Köln 2009, S. 139–160.

Mittag, Jürgen, »Istanbul and Essen/Ruhr 2010 as European Capitals of Culture. Common and Different Features«, Vortrag gehalten bei *Urban Landscapes of Modernity. Istanbul and the Ruhr Area 2010*, Istanbul Bilgi Universität, 17. Dez. 2010.

Morack, Ellinor, »Griechenland und die Türkei: Der ›Bevölkerungsaustausch‹«, in: *INAMO* 79 (2014), S. 30–33.

Morris, Chris, »Reality Check: The Numbers behind the Crackdown in Turkey«, in: *BBC World*, 18. Jun. 2018, https://www.bbc.com/news/world-middle-east-44519112, (Zugriff: 27. Mai 2019).

Müller-Wiener, Wolfgang, »Manufakturen und Fabriken in Istanbul vom 15.–19. Jahrhundert«, in: *Mitteilungen der Fränkischen Geographischen Gesellschaft* 33/34 (1986/1987), S. 257–320.

Necipoğlu, Gülrü, *Architecture, Ceremonial, and Power. The Topkapı Palace in the Fifteenth and Sixteenth Centuries*, Cambridge 1991.

Nestoroff, Alka, *The Istanbul Letters of Alka Nestoroff*, Volarić, Klara (Hg.), Bonn 2015.

Nicol, Donald M., *Byzantium and Venice. A Study in Diplomatic and Cultural Relations*, Cambridge 1988.

Oberhaus, Salvador, *»Zum wilden Aufstande entflammen«. Die deutsche Propagandastrategie für den Orient im Ersten Weltkrieg am Beispiel Ägypten*, Saarbrücken 2007.

Oğuz, Ayşegül, »Mert Sandalcı, Interview«, in: *Radikal Hayat*, 21. März 2009, http://www.radikal.com.tr/Default.aspx?aType=HaberYazdir&ArticleID=927015, (Zugriff: 27. Mai 2019).

Okday, Şefik, *Der letzte Großwesir und seine preußischen Söhne*, Göttingen 1991.

Olson, Robert W., »The Esnaf and the Patrona Halil Rebellion of 1730. A Realignment in Ottoman Politics?«, in: *Journal of the Economic and Social History of the Orient* 17 (1974/3), S. 329–344.

Ortaylı, İlber, *İmparatorluğun en uzun yüzyılı, Istanbul* 2013.

Özlü, Nilay, »Republican Response to Levantine Architectural Heritage. the Example of Alexandre Vallaury«, Vortrag gehalten bei der Konferenz *Levantines of Beyoğlu*, Casa d'Italia Istanbul, 24. Sept. 2016.

Pannuti, Alessandro E., *Les italiens d'Istanbul au XXe siècle. Entre préservation identitaire et effacement*, Istanbul 2008.

Paulos Silentiarios, »Beschreibung der Hagia Sophia«, in: Prokop von Caesarea, *Bauten*, übersetzt von: Veh, Otto, München 1970.

Peacock, Andrew C. S. u. Yıldız, Sara Nur, »Introduction. Literature, Language and History in Late Medieval Anatolia«, in: Peacock, Andrew C.S u. Yıldız, Sara Nur (Hg.), *Islamic Literature and Intellectual Life in Fourteenth and Fifteenth Century Anatolia*, Würzburg 2016, S. 19–48.

Pérouse, Jean-François, »›Mülk Allah'ındır‹ (›This House is God's Property‹). Legitimizing Land Property in the Suburbs of Istanbul«, in: Ababsa, Myriam; Dupret, Baudouin u. Denis, Eric (Hg.), *Popular Housing and Urban Land Tenure in the Middle East Case Studies from Egypt, Syria, Jordan, Lebanon, and Turkey*, Kairo 2012, S. 283–302.

Philippides, Marios, *Constantine XI Dragaš Palaeologus (1404–1453). The Last Emperor of Byzantium*, Abingdon 2019.

Pişkin, Tansu, »Bir Günde 19 Akademisyen Yargılandı«, in: Bianet, 16. Juli 2019, https://bianet.org/bianet/ifade-ozgurlugu/210523-bir-gunde-19-akademisyen-yargilandi (Zugriff: 18. Juli 2019).

Pouqueville, François, *Travels in Greece and Turkey*, London 1820.

Prokop von Caesarea, *Bauten*, übersetzt von: Veh, Otto, München 1970.

Prokop von Caesarea, *Geheimgeschichte des Kaiserhofs von Byzanz*, übersetzt von: Veh, Otto, München 1970.

Prokop von Caesarea, *Perserkriege*, übersetzt von: Veh, Otto, München 1970.

Quataert, Donald, *Social Disintegration and Popular Resistance in the Ottoman Empire, 1881–1908*, New York 1983.

Quataert, Donald, *Ottoman Manufacturing in the Age of the Industrial Revolution*, Cambridge 1993.

Radikal, 24. Dez. 2011, 31: »Kürdistanlı Fermanı«.

Rapp, Claudia, »A Medieval Cosmopolis. Constantinople and its Foreign Inhabitants«, in: Asgeirsson, Jon Ma. u. van Deusen, Nancy (Hg.), *Alexander's Revenge. Hellenistic Culture through the Centuries*, Reykjavik 2002, S. 153–171.

Rehm, Ulrich, »Westliche Reaktionen auf die Eroberung Konstantinopels im Bild«, in: Asutay-Effenberger, Neslihan und Rehm, Ulrich (Hg.), *Sultan Mehmet II. Eroberer Konstantinopels – Patron der Künste*, Köln 2009, S. 161–176.

Reinkowski, Maurus, *Die Dinge der Ordnung. Eine vergleichende Unter-*

suchung über die osmanische Reformpolitik im 19. Jahrhundert, München 2005.

Riddle, John M., *A History of the Middle Ages, 301–1500*, Lanham 2008.

Runciman, Steven, *Byzantine Civilization*, London 1975.

Runciman, Steven, *The Fall of Constantinople 1453*, Cambridge 1965.

Şahin, Kaya, »Constantinople and the End Time. The Ottoman Conquest as a Portent of the Last Hour«, in: *Journal of Early Modern History* 14 (2010), S. 311–354.

Şahin-Fuhrmann, Canay, »Steuerpacht im Osmanischen Reich im 18. Jahrhundert: Ausverkauf oder erfolgreiches Outsourcing?«, in: Rauscher, Peter; Serles, Andrea u. Winkelbauer, Thomas (Hg.), *Das »Blut des Staatskörpers«: Forschungen zur Finanzgeschichte der Frühen Neuzeit*, München 2012, S. 569–588.

Sancak, Meltem, »Central Asia(n)'s Gendered Directions of Hope«, Vortrag gehalten bei *Routes of Hope. Transitions and Destinations in Global Migration Flows*, IFEA, Istanbul, 8. Feb. 2018.

Sarınay, Yusuf, »What Happened on 24 April 1915?«, in: *Turks and Armenians*, http://turksandarmenians.marmara.edu.tr/en/what-happened-on-24-april-1915/ (Zugriff: 27. Mai 2019).

Sassen, Saskia »Whose City Is It?. Globalization and the Formation of New Claims«, *Public Culture* 8 (1996), S. 205–223.

Schmitt, Oliver J., *Levantiner. Lebenswelten und Identitäten einer ethnokonfessionellen Gruppe im osmanischen Reich im »langen 19. Jahrhundert«*, München 2005.

Seufert, Günter, »Anatomie eines Putsches«, in: *Le Monde diplomatique* (deutsche Ausgabe), https://monde-diplomatique.de/artikel/!5313962 (Zugriff: 27. Mai 2019).

Sevengil, Refik Ahmet, *Türk Tiyatrosu Tarihi*, Band III: *Tanzimat Tiyatrosu*, Istanbul 1961.

Sevinçli, Efdal, *İzmir'de tiyatro*, Izmir 2002.

Shaw, Wendy, »Turkey's Summer of Love and the Art of Political Protest«, in: *X-TRA* 16 (3/2014), https://www.x-traonline.org/article/turkeys-summer-of-love/ (Zugriff: 27. Mai 2019).

Smith, Andrea L., *Colonial Memory and Postcolonial Europe. Maltese Settlers in Algeria and France*, Bloomington 2006.

Soysal, Funda, Interview, in: »Außer Tränengas und Gummigeschossen nichts gewesen?«, *Radio Obskura*, 5. Sept. 2013, https://radiaobskura.wordpress.

com/2013/09/05/auser-tranengas-und-gummigeschossen-nichts-gewesen/ (Zugriff: 27. Mai 2019).

Soysal, Funda, *Ottoman Empire in the Age of Global Financial Capitalism. The Causes and Consequences of the 1895 Stock-Market Crash in Istanbul*, Dissertation, Boğaziçi Universität, Istanbul, laufend.

Stachowski, Marek u. Woodhouse, Robert, »The Etymology of İstanbul. Making Optimal Use of the Evidence«, in: *Studia Etymologica Cracoviensia* 20 (2015), S. 221–245.

Stamboul, 2., 3., 5. Jan. 1911.

Sunata, İ. Hakkı, *İstanbul'da işgal yılları. Anı*, Istanbul 2006.

T. C. İstanbul Valiliği, »Üniversiteler Şehri İstanbul«, http://www.istanbul.gov.tr/universite-sehri-istanbul (Zugriff: 27. Mai 2019).

T24, 20. Juni 2013: »Topbaş: Otobüs durağının yeri bile halka sorulacak«, https://t24.com.tr/haber/topbas-otobus-duraginin-yeri-bile-halka-sorulacak,232406 (Zugriff: 27. Mai 2019).

Tezcan, Baki, *The Second Ottoman Empire. Political and Social Transformation in the Early Modern World*, Cambridge 2010.

Thompson, Edward P., »The Moral Economy of the English Crowd in the Eighteenth Century«, in: *Past and Present* 50 (1971), S. 76–136.

Time, 29. Sept. 1980.

Tuğal, Cihan, »The Greening of Istanbul«, in: *New Left Review* 51 (Mai/Jun. 2008), S. 64–80.

Tuğlacı, Pars, *Osmanlı Mimarlığında Batılılaşma Dönemi ve Balyan Ailesi*, Istanbul 1981.

Tursun Bey, »Tarih-i Ebü-l-feth«, in: Déroche, Vincent u. Vatin, Nicolas (Hg.), *Constantinople 1453. Des Byzantins aux Ottomans, textes et documents*, übersetzt von: Vatin, Nicolas, Toulouse 2016, S. 187–232.

Türkali, Vedat, »İstanbul«, in: ders., *Eski şiirler, yeni Türküler*, Istanbul 1979.

Tyerman, Christopher, *God's War. A New History of the Crusades*, London 2006.

United Nations Office of the High Commissioner for Human Rights, »UN Report Details Massive Destruction and Serious Rights Violations since July 2015 in Southeast Turkey«, 10. März 2017, https://www.ohchr.org/EN/NewsEvents/Pages/DisplayNews.aspx?NewsID=21342 (Zugriff: 27. Mai 2019).

Vakkasoğlu, Vehbi, *Tarih Aynasında Ziya Gökalp*, Istanbul 2012.

Van Millingen, Alexander, *Byzantine Constantinople. The Walls of the City and Adjoining Historical Sites*, Cambridge 2010.

Venning, Timothy (Hg.), *A Chronology of the Byzantine Empire*, Basingstoke 2006.

Watenpaugh, Heghnar, »Learning from Taksim Square. Architecture, State Power, and Public Space in Istanbul«, in: *Huffington Post*, 14. Jun. 2013, http://www.huffingtonpost.com/heghnar-watenpaugh/learning-from-taksim-squa_b_3443505.html (Zugriff: 27. Mai 2019).

Wishnitzer, Avner, »Into the Dark. Power, Light, and Nocturnal Life in 18th Century Istanbul«, *in: International Journal of Middle Eastern Studies* 46 (2014/3), S. 513–531.

Wishnitzer, Avner, »Shedding New Light. Outdoor Illumination in Late Ottoman Istanbul«, in: Meier, Josiane u.a. (Hg.), *Urban Lighting, Light Pollution and Society*, London 2014, S. 66–88.

Wonderland (Dir: Altındere; Ergin; Tahribad-i İsyan), 2014.

Yapıcı, Mücella, Interview, in: *Ekümenopolis. Ucu Olmayan Şehir* (Dir: İmre Azem), 2012.

Yapp, Malcolm Edward, »Ottoman Empire: The Empire From 1807 To 1920«, *Encyclopedia Britannica*, https://www.britannica.com/place/Ottoman-Empire/The-empire-from-1807-to-1920 (Zugriff: 27. Mai 2019).

Yazıcı, Göksun, *Sabahın Sahibi Var (2004'ten 2010'a 1 Mayıs Alanı'nı Geri Alma Mücadelesi)*, Istanbul 2011.

Yılmaz, İlkay, »Anti-anarchism and Security Perceptions During the Hamidian Era«, in: *ZapRuder World I: The Whole World is Our Homeland. Italian Anarchist Networks in Global Context, 1871–1939* 1 (2014), http://zapruderworld.org/journal/archive/volume-1/anti-anarchism-and-security-perceptions-during-the-hamidian-era/ (Zugriff: 27. Mai 2019).

Yüksel, Rüya u. Abisel, Tomris Alvala, »Grup Yorum'dan İşkence Protestosu«, in: *Bianet*, 17. Sept. 2012, https://m.bianet.org/bianet/ifade-ozgurlugu/140915-grup-yorum-dan-iskence-protestosu (Zugriff: 27. Mai 2019).

Zarinebaf, Fariba, *Crime and Punishment in Istanbul 1701–1800*, Berkeley 2010.

Zarinebaf, Fariba, *Mediterranean Encounters. Trade and Pluralism in Early Modern Galata*, Oakland 2018.

Zelepos, Ioannis, *Rebetiko. Die Karriere einer Subkultur*, Köln 2001.

Zosimus Costantinopolitanus, *Zosimus. New History*, übersetzt und kommentiert von: Ridley, Ronald T., Canberra 1982.
Zürcher, Erik Jan, *What Was Different about the Ottoman War?*, Bonn 2014.

Personen- und Ortsregister